5胡16國時期 諸種族과 政權 연구 (上)

■ 김영환 金榮煥

서울 출생
명지대학교 인문대학 사학과(문학사)
중화민국 국립대만대학 역사학대학원 석사반(문학석사)
동 대학 박사반(문학박사)
위진남북조사(5호16국사) 전공
현재 남서울대학교 중국학과 교수

· 저서
『魏晉南北朝時期 北方民族史硏究』, 서울, 아이반호출판사, 2003 외 10권
· 역서
『5胡16國』, 서울, 경인문화사, 2007 외 6권
· 논문
「5胡16國時期 後趙의 衰亡 연구」, 『中國學報』 93, 2020 외 42편

5胡16國時期 諸種族과 政權 연구 (上)

초판 인쇄 2021년 08월 20일
초판 발행 2021년 08월 30일

지은이   김영환
펴낸이   신학태
펴낸곳   도서출판 온샘

등 록   제2018-000042호
주 소   서울시 용산구 한강대로 208-6 1층
전 화   (02) 6338-1608   팩스 (02) 6455-1601
이메일   book1608@naver.com

ISBN 979-11-971705-8-4 93910
값 30,000원
ⓒ2021, Onsaem, Printed in Korea
* 잘못 만들어진 책은 구입하신 서점에서 교환해 드립니다.

5胡16國時期 諸種族과 政權 연구(上)

김 영 환

일러두기

1. 본서는 상권과 하권 전체 2권으로 구성되었다.
2. 본서는 5호16국시기 여러 종족과 정권의 역사와 문화를 중심으로 하고, 일부는 위진남북조시대를 포함하였다.
3. 본서의 각 장은 독립적으로 서술하여 학술지에 발표한 것을 모은 것으로, 일부는 내용상 중복된 부분도 있다. 학술지 출처는 각 장의 끝부분에 명기하였다.
4. 본서 작성의 사료 출처와 지명 대조에 관한 내용은 각 장절의 주석에 상세히 표기하였다. 『文淵閣四庫全書電子版』(北京, 迪志文化出版, 1991)을 인용한 경우에는 페이지를 생략하였다.
5. 본서에 등장하는 왕조 명칭 중 몇몇은 혼란을 방지하기 위하여 前漢, 後漢, 曹魏, 北魏(건국 이전은 代國), 5호16국, 劉漢(劉淵의 漢을 가리킴), 前趙, 後趙, 大夏 등 보편적인 명칭으로 통일하였다.
6. 본서의 국명, 지명, 관명, 인명(최초 출현은 중국 발음 첨부) 등 고유명사는 각 장을 기준으로 최초 출현은 원래 명칭으로 기재하였고, 재차 출현한 경우에는 국문으로 기록하였다.
7. 본서의 연도 등 숫자표기는 아라비아 숫자로 통일하였다.
8. 본서의 연호 다음의 ( ) 안에는 서력 기년으로 표기하였다.
9. 본서의 주석 번호는 각 장에 따라서 새로 시작하였다.
10. 본서의 문장 부호는 단일 서적과 잡지 간행물은 『 』, 논문 및 단일 서적의 편 또는 장은 「 」, 인용문은 " ", 소인용문은 ' ' 등 신식 표점 부호와 국문의 관행을 따랐다.

서문

 본서는 5호16국 시기의 여러 종족과 그들이 건립한 정권에 대한 연구서이다. 5호16국 시기에 북방 유목 종족으로 중원에 진입한 종족은 5개(匈奴, 鮮卑, 氐, 羯, 羌族)이 대표적이다. 그들의 분포 상황은 대략 다음과 같다.

匈奴(Xiōngnú)

 기원전 52년(前漢 宣帝 甘露2年), 흉노의 呼韓邪(hūhányé)單于가 통솔하는 5천여 부락이 前漢에 항복했다. 기원 50년 後漢의 光武帝는 선우로 하여금 西河郡 美稷縣(美稷은 西晉 시기에 左國城으로 이름을 바꿨으며, 山西省 離石縣 동북에 있다)에 들어와 거주하도록 하였다. 흉노족은 후한을 위하여 변경을 지켰고 변경에 접해 있는 각 군현에 분산되어 한족과 섞여 살았다. 후한 왕조에서 파견한 관리의 통치를 받았고, 또한 세금 면제의 대우를 받았으며 이후 호구가 늘었다.
 216년 曹操(cáocāo)는 흉노를 좌, 우, 남, 북, 중의 5부로 나누었다. 호한야의 자손(曹魏 시기에 성을 劉氏로 바꿨다)을 부락의 우두머리로 세우고 右賢王 去卑(qùbēi)로 하여금 平陽(山西省 臨汾縣)에 거주하면서 5부를 감시하게 하였다. 西晉 武帝는 부락 우두머리의 명칭을 都尉로 고쳤다. 좌부가 통솔하는 대략 1만여 부락은 玆氏縣(山西省 汾陽縣)에 거주하였고, 우부가 통솔하는 대략 6천여 부락은 祁縣(山西省 祁縣)에 거주하였으며, 남부의 약 3천여 부락은 浦子縣(山西省 隰縣)에 거주하고, 북부의 약 4천여 부락은 新興縣(山西省 忻縣)에, 중부의 약 6천여 부락은 大陵縣(山西省 文水縣)에 거주하도록 하였다. 유씨가 거느린 흉노족은 적어도 3만 호는 되었다. 게다가 기타 귀의하는 흉노 부락까지 더한다면 총수는 수십만 명에 달했다.

서진 시기에 중원 안으로 들어온 흉노는 대략 19 종류였고, 각 종족마다 각자의 부락을 가지고 있었으며 서로 섞이지 않았다. 그중 屠各族이 가장 세력이 있어 여러 종족을 통솔하였다. 유씨는 도각족 중에서 가장 지위가 높은 씨족이고, 呼衍, 卜, 蘭, 喬姓의 4개의 씨족이 유씨를 보좌하였다. 비록 흉노족과 한족이 뒤섞여 살면서 농업에 종사하여 이미 서진의 백성이 되었지만, 유씨를 우두머리로 하는 흉노 귀족들은 여전히 전통적인 명성과 위엄을 가지고 있어서 통솔력이 컸다. 또한 이미 갖추어진 5부 조직은 신속하게 군사조직으로 변할 수 있었다. 이렇게 볼 때 劉淵(liúyuān)이 제일 먼저 군대를 일으켜 서진을 배반하고 정권을 건립한 것은 자연스러운 일이었다. 당시 흉노 귀족 출신의 문화 수준은 이미 서진 사대부(士族)의 수준에 이르렀다. 그러나 사회적 지위는 오히려 서진의 중, 하급 사대부에 비해서 낮았고 벼슬길에 나가려는 희망도 없었다. 일반 흉노족은 서진 지주 집안의 佃客이 되었으며 일부 지주는 흉노족 전객을 많게는 수천 명까지 고용하였다. 실의에 빠진 흉노 귀족과 노역에 고생하는 군중들이 결합하여 서진에 반란하는 주력 군대가 되었던 것이다.

鮮卑(Xiānbēi)

東胡의 일파인 선비족은 대대로 遼東과 遼西의 국경 밖에 거주하였다. 후한 桓帝 시기에 檀石槐(tánshíhuái)가 대규모 부락 연맹체를 세웠지만, 단석괴가 죽은 후에 부락의 무리들은 흩어지고 해산되었다.

魏晉 시기에 여러 부락의 대인 중에서 宇文氏, 慕容氏, 拓跋氏가 잇달아 흥기하였다. 우문부는 요동 국경 밖에 거주하였고, 대인 邱不勤(qiūbùqín)은 일찍이 조위 文帝의 딸을 아내로 맞아들였다. 조위 시기에는 우문부가 가장 강성하였다. 모용부가 흥기한 이후에 우문부는 모용부와 여러 차례 전쟁을 치렀으며, 결국 모용부에 패배하여 부락 구성원 5만여 부락이 모용부에게 투항하였다. 모용부는 우문부의 서쪽에 있었는데 조위 초기에 遼西郡으로 들어와 거주하였다. 대인 莫護跋(mòhùbá)은 司馬懿(sīmǎyì)가 요동

의 세력가 公孫氏를 공격할 때 참전한 공으로 率義王에 봉해졌으며, 이 시기에 비로소 국가 체제를 건립하기 시작하였다. 막호발의 손자인 慕容涉歸(mùróngshèguī)는 요동으로 옮겨가 거주하였다. 서진 무제는 모용섭귀의 아들인 慕容廆(mùróngwěi)에게 鮮卑都督이라는 칭호를 주었다. 모용외는 大棘城(遼寧省 義縣 서북)으로 이동하여 거주하였고 서진의 대규모 사대부와 유랑민들을 흡수하여 경제 문화상에 있어서 한족의 수준에 이르렀다. 탁발부는 幷州 국경 밖에 거주하였고 완전히 유목 부락이었으며 문화가 가장 낙후되었다. 그들은 서진 말기 대혼란 시기에 처음으로 병주에 진입하였다. 우문부의 언어는 선비족의 언어와 약간 달랐고 머리를 깎을 때는 정수리 위의 일부를 남겨 辮髮을 한 것이 탁발부와 같았다. 이 때문에 우문부와 탁발부는 索頭 혹은 索虜라고 불렸다. 모용부의 부락민들은 피부가 백색이어서 서진의 사족들이 모용부의 부녀자를 사서 노비나 첩으로 삼았다. 東晉 明帝의 모친인 荀氏는 모용부 출신이어서 명제는 수염과 머리털이 황색이었다. 그래서 모용부는 白虜 혹은 白賊이라 불렸다.

   조위 시기 鄧艾(dèngài)가 선비족 수만 명을 수용하여 隴西(治所는 襄武이고 위치는 甘肅省 隴西縣 서남) 등의 군에 거주하게 하면서 한족과 섞여 살았다. 이들을 隴西鮮卑라고 일컬었고, 이들은 대체로 피부가 희기 때문에 또 백부선비라고 불려졌다.

   氐(Dī)
   저족은 줄곧 중국 서부에 거주한 종족이다. 위진 시기에 저족은 扶風(治所는 略陽이고 위치는 陝西省 慶陽縣 서북), 始平(陝西省 興平縣 동남), 京兆(陝西省 西安)등 지역에 흩어져 거주하면서, 한족 문화의 흡수가 가속화되었고 한어는 통용어가 되었다. 우두머리인 苻洪(fúhóng)의 손자 苻堅(fújiān)은 8세 때에 스승을 모시고 공부하기를 청하였다. 부홍이 기뻐하며 말하기를 나는 13세에 비로소 스승을 모시고 공부를 하였다. 사람들도 또한 내가 어려서부터 총명하여 일찍 성공할 것이라고 말했는데, 지금 네 나이 8세인데 학문을 탐구하려하니 참으로 좋은 일이라고 하였다. 저족의 우두머리는 한족의 문화를 중시하였고, 후에 부견이 황하 유역을 통치할 때도 유학과 불교를 모두 장려하였다.

羯(Jié)

갈족은 코가 높고 눈이 깊으며 수염이 많다. 이들은 국경 내로 들어온 흉노 19종족 중에서 羌渠種의 후예로 上黨郡에 흩어져 살았다. 石勒(shílè)은 바로 상당군 武鄕縣(山西省 武鄕縣)의 갈족이다. 갈족은 한화가 비교적 얕아서 문자를 알지 못했고 성은 한족의 성을 사용했지만 이름은 여전히 갈족의 이름을 사용하였다. 예를 들면 석륵 아버지의 성은 周였고 이름은 曷朱였다. 갈족은 한족과 뒤섞여 살면서 한족 지주를 위하여 노역을 하였다. 석륵을 예로 들면 갈족의 일반적인 생활을 추측할 수 있다. 즉 석륵의 집안은 대대로 부락의 작은 우두머리였으니 소규모 귀족 집안이라 할 수 있다. 석륵은 14세 때 본거지의 상인을 따라서 洛陽에 가서 물품 판매를 하였다. 후에 아버지의 뒤를 이어 작은 부락의 우두머리가 되었고, 상인 郭敬(guōjìng)과 지주인 寧驅(níngqū) 집안에 전객이 되어 주인을 위해 열심히 농사를 지었다.

서진 惠帝 말년에 병주에 흉년과 난리가 일어나자 석륵과 토착민들은 살길을 찾아 도망갔으나 극도로 빈곤해져서 결국 다시 돌아와 영구에게 의탁하였다. 서진 관리들은 석륵을 체포하여 팔아넘기려고 하였는데 다행히 영구의 보호 덕분에 이를 면했다. 석륵은 외지에 나가서 식량을 구하던 중에 길에서 곽경을 만났다. 석륵이 울면서 절을 하고 자신은 굶주림과 추위로 살길이 없다고 하소연하자, 곽경이 그에게 음식물과 의복을 주었다. 석륵이 곽경에게 말하기를 현재 갈족은 굶주림이 아주 심하니 그들로 하여금 冀州(河北省 남부)에 가서 식량을 구하게 유인한 다음, 그들이 그곳에 도착하면 그들을 팔아넘깁시다. 그러면 당신은 그들을 판 몸값을 벌게 되고 갈족 백성들은 목숨을 얻게 되니 쌍방 모두가 이익이라고 말했다. 석륵이 다른 사람을 희생시켜 자신이 그 이익을 나누어 받고자 하였으니 과연 음험한 생각이었다. 하지만 이것은 실제로 당시 갈족 백성들의 고생이 극도에 달했다는 것을 설명해주고 있다. 곽경은 그의 계책에 동의하였으나 뜻하지 않게 并州刺史 司馬騰(sīmǎténg)이 대규모로 이 계책을 실행하였다. 사마등은 군대를 파견하여 여러 이민족 백성을 잡아들여 두 사람에 형틀 하나씩을 씌워 기주로 호송하여 팔았다. 석륵도 또한 체포되어 茌平縣(山東省 茌平縣)의 지주 師歡(shīhuān) 집안에 팔려서 경작 노예가 되었다. 석륵은 당시 20여세로 말 타고 활 쏘는 기술이 능하며 용감하고 지혜가 있었다. 사환은 그가 집안의 여러 경작 노예들을 선동하여 반항할 것을 두려워하여 그를 석방하였다. 석륵은 굶어죽지도 않고 후에 석방되었으니 그의 운명은 보통의 갈족 백성들에 비해 났다고 할 수 있지만 그러나 얼마나 참혹하고 고통스런 운명인가를 짐작할 수 있다.

羌(Qiāng)

강족 또한 계속 중국 서부에 거주한 종족이었다. 후한 이래로 關中의 여러 군에 흩어져 거주하며 한족과 뒤섞여 살았고, 농업과 정착 생활을 거치면서 인구가 점차 증가하였다. 江統(jiāngtǒng)의 「徙戎論」에서 말한 내용에 의하면, 관중의 인구는 1백여 만 명이고, 저족, 강족과 선비족 등이 대략 절반을 차지하였다. 저족과 강족은 흉노와 선비처럼 사납지 않아서 한족 지주들은 그들을 세력이 미약한 자들로 여기고 자기들 마음대로 핍박하였다. 장기간의 곤궁하고 괴로운 처지를 호소할 곳이 없는 상황에 처해 있었던 저족과 강족은 한족 지주들에 대한 원한이 뼈에 사무쳤다. 그러나 한족의 문화와 비교적 오랫동안 접촉했기 때문에 군대를 일으켜 서진에 반기를 든 이후에도 그들이 표출한 파괴의 강도는 흉노에 비해서 훨씬 가벼웠다.

이와 같이 흉노, 선비, 저, 갈, 강족은 모두 당시 국경 내에 거주하던 소수 민족이었고, 한족과 더불어 똑같은 중국인이었다. 강통의 「사융론」으로 대표되는 일부 논의는 서진의 통치자들이 그들을 학대하였기 때문에 소수 민족들이 반항을 일으키는 것이 필연적임을 인정하고 있었다. 또한 군비가 불충실하여 平陽, 上堂의 흉노 기병이 3일 내에 洛陽 부근에 도달할 수 있다는 것도 인정하고 있었지만, 그들이 중국인의 일부분이라는 것은 결코 인정하지 않았다. 일부 논의도 "나와 같은 종족이 아니면 그 마음도 필히 다를 것"이라는 것을 강조하고, 군대의 위협으로 그들을 국경 밖으로 쫓아낼 것을 주장하고 있었다. 소위 사융(戎族을 내쫓는 것)이라는 것은 바로 소수 민족 백성들을 유랑시켜 떠돌아다니다가 죽도록 하는 것이었다. 서진의 통치 계급이 사융을 주장했는지 여부와 관계없이, 그들이 소수 민족에 대한 극단적인 멸시는 일치하였다. 이 때문에 소수 민족 백성들이 서진 통치 계급에 대하여 극도로 원망하는 마음이 발생하는 것 또한 자연스러운 것이었다. 서진 통치 계급은 소위 "나와 같은 종족이 아니면"으로 잔혹한 박해를 감추었다. 각 소수 민족의 우두머리 또한 소위 "나와 같은 종족이 아니면"으로 본족의 백성들을 속였다. 그 결과 각 종족 간의 살인이 농민 봉기를 대신하였고 황하 유역은 후한 말년에 비해 더욱 심각한 파괴를 당했던 것이다.

향후 5호16국 시기 연구는 해당 시기 여러 소수 민족에 대한 정확한 인식이 필요하다. 즉 각 종족의 생성, 발전, 흥성, 쇠락의 4단계를 반영하는 연구 방법을 고려해야 만이 소수 민족사의 발전에 비교적 과학적인 지식을 갖게 된다. 각 소수 민족의 역사에 대한 연구는 司馬遷(sīmǎqiān)의 『史記』에 「大宛列傳」, 「匈奴列傳」, 「南越尉佗列傳」, 「西南夷列傳」 등이 시초이다. 그 후에 班固(bāngù)의 『漢書』와 많은 왕조사의 역사 서술에서 『사기』의 체제를 모방하여 각 왕조에서 비교적 중요한 소수 민족에 대한 열전을 기록했다. 그러나 위의 문헌에 나타난 중국의 주변 소수 민족에 대한 연구는 개별적이며, 한족 통치 계급의 입장에서 서술한 것이다. 각 소수 민족의 입장에서 서술하려는 노력이 보이지 않았고, 중국에 끼친 영향을 부정하는 등의 결점을 내포하고 있었다. 이러한 결점을 교정하려는 노력의 일환으로 총체적인 각도로 연구한 논저는 근대에 이르러 비로소 시작되었다. 비교적 유명한 연구 논저로는 梁啓超(liángqǐchāo)의 『中國歷史上民族之硏究』를 비롯하여 王桐齡(wángtónglíng)의 『中國民族史』, 林惠祥(línhuìxiáng)의 『中國民族史』 등이 있다.

　최근에는 이들의 업적을 바탕으로 새로운 방법이 등장하게 되었는데, 그것은 종합적이고 주체적이며 상호 융합적인 각도로 한족과 주변 소수 민족을 인식하는 것이다. 즉 각 종족의 주체성과 각 종족 상호간의 관계를 인정하는 종합적인 연구 방법이 대두되게 되었다. 중국의 주류 종족이랄 수 있는 한족과 주위의 소수 민족을 동등하게 중국을 구성하는 주체로 인정하였다. 동시에 이들 상호간의 영향도 한족이 소수 민족에 끼친 일방적인 영향이 아닌 상호 동반자의 관계 속에서 중국이라는 다민족 문화가 형성되었음을 포함하게 되었다.

　다음은 5호16국 시기의 명칭 문제이다. 필자가 5호16국 시기(대략 150년 기간)라는 명칭을 고집한 이유는, 위진남북조 시대를 三國, 兩晉, 5胡16國, 北朝, 南朝 시기로 세분한 것에 따른 것이다. 이 시기에 관한 전문적인 논저는 김영환, 「5호16국 시기 흉노족 정권의 문화변용 연구」, 『中國學研究』 24, 2003 외 다수가 있다. 참고적으로 5호16국에 대한 개념 문제는 다음과 같다. 5호에 대한 개념 문제는 일반적으로 흉노, 선비, 저, 갈, 강족을 가리키지만, 대체적으로는 중국 북방에서 활동하고 있는 여러 종족을 통칭하는 호, 또는 호족과 더불어서 사용되어 왔음은 주지의 사실이다. 설명의 편리를 위해서 주요 개념상의 변화를 시대별로 구분하면 다음과 같다. 5호16국 시기에 이르러서는 5호를 설명할 때는 필히 16국과 연계되어 논하고 또 16국은 5호와 연계되어 논하는 것이 자연스러운 현상으로 이해되고 있다. 그러나 5호라는 단어는 전진의 부견 이전에는 이민족의 각각 명칭 즉 흉노, 선비, 저, 갈, 강, 雜胡, 烏桓, 丁零, 巴蠻 등으로 불렸지만 5호라고 통칭되는 역사 용어는 없었다(오히려 『資治通鑑』에 의하면 6夷, 또는 百蠻이라 일컬었다). 그 후 後秦의 건국자인 강족 姚萇(yáocháng)이 부견에게 傳國璽를 요구하는 문장에 5호라는 단어가 처음 등장한다. 그러나 부견이 제기한 5호에는 흉노, 갈, 선비, 저족 이외에 강족은 포함되지 않았다는 사실이다. 이것은 아마도 부견 이전에는 강족이 중원에 왕조를 건국한 사실이 없었기 때문이지만, 어쨌든 5호는 이때부터 역사 용어로 자리 잡게 되었던 것이다.

양진남북조 시기에 이르러 호는 개념상의 변화가 발생하였다. 다시 말하면 兩晉 시기의 호는 주로 흉노(흉노의 예속 하에 있던 다른 종족을 포함)를 가리키는 용어이지만, 남조에서의 호는 흉노만을 지칭하지는 않았다. 또 북조에서의 호는 匈奴故地 이동의 東胡 계통의 종족 혹은 흉노고지 이서의 西胡 등을 가리키는 경우가 있었지만, 점차적으로 호라는 용어가 사라지고 있었다. 그리고 한족 이외의 타 종족을 가리키는 의미로는 흉노 이후에 흉노를 대체한 선비족을 가리킬 때 사용한 경우가 비교적 많았다. 즉 북조 사회에서는 한족과 대립된 개념의 이민족은 주로 선비족을 가리키는 것에 주의해야 한다. 이러한 개념은 수당 시기에 선비족과 한족의 융합 정권과 융합 문화의 완성을 가져왔다. 이후에 이르러 비로소 호는 다시 북방의 각 종족 혹은 중원의 한족 이외의 이민족을 통칭하는 용어로 습관적으로 사용되었던 것이다.

16국은 역사 연구자들에 의하여 항상 5호16국의 형식으로 동시에 열거되어, 16국은 5호가 건국한 것으로 여기게 되는데 사실 꼭 그런 것은 아니다. 16국은 崔鴻(cuīhóng)이 편찬한 『十六國春秋』에서 유래한 것으로 실제 16국에 국한된 것은 아니다. 16국은 대략 前秦의 淝水 전쟁 이전과 이후로 나누고, 할거하던 정권도 20여개 정권에 달한다. 그러나 최홍이 선정한 표준은 "建邦命氏, 成爲戰國者"이었는데 여기에는 건국자가 어떤 종족이었는지를 고려하지 않았고, 호족이 건립한 정권이라도 위의 표준에 맞지 않으면 16국에 포함시키지 않았다. 한족 정권이라도 위의 표준에 적합하면 16국에 집어넣는 경우가 있어서 5호와 16국을 동일시하는 것은 문제가 있다고 보인다. 16국은 전진 이전에 劉漢(劉淵), 前趙(劉曜), 後趙(石勒), 前秦(苻洪), 前涼(張軌), 前燕(慕容皝), 成漢(李雄)의 7개 정권이 있고, 전진 이후로는 後秦(姚萇), 後燕(慕容垂), 南燕(慕容德), 北燕(馮跋), 夏(赫連勃勃), 後凉(呂光), 南凉(禿髮烏孤), 北凉(沮渠蒙遜), 西凉(李暠), 西秦(乞伏國仁)의 10개 정권이 있다. 그 중에서 5호가 아닌 한족이 건립한 정권은 前凉, 北燕, 西凉이 있다. 16국에 포함되지 않았던 정권으로는 선비가 세운 西燕, 遼西, 代와 저족이 세운 仇池, 漢族이 세운 冉魏 등이 있다.

그 외에 이전의 중국사에서는 "5胡亂華"라는 용어를 습관적으로 사용하는데, 이민족을 한족과 동등한 중국 역사의 주체로 볼 때는 "5胡列國"이라는 용어가 비교적 합당하다고 하겠다. 기존의 5호16국 명칭은 최근 일부 연구자들에 의하여 제기된 5호제국 또는 16국이 있다. 그러나 이들 명칭도 역시 비판을 면치 못하고 있다. 본서에서는 이전에 통용되던 전통적 명칭을 계속 사용하였다.

중원에 진입한 5호는 위진남북조 시대에 이르러 소수 민족사의 주류가 되었고 그들의 특징인 이동과 융합을 그치지 않았다. 그래서 이 시기를 가리켜 종족 대이동의 시기이며 소수 민족과 한족의 융합 시기이며 호족과 한족의 2원체제가 주축인 시기라고 부르는 것이다. 또 이들이 건립한 다수의 왕조가 북조시대를 이끌었고 문화 또한 唐代에 이르기까지 존재하였으므로 중국 역사상 끼친 영향과 흔적이 비교적 많다고 하겠다.

본서에서 서술한 5胡16國時期 諸種族과 政權 연구(上)의 주요내용은 다음과 같다.

1장의 「5호16국시기 흉노족 獨孤部 연구 – 독고부의 종족과 활동 지역을 중심으로 – 」에서는, 독고는 도각의 이역으로 도각종은 독고종과 동일하다. 독고부의 활동 무대는 조조가 병주의 흉노족을 5부로 나누면서 획정한 북부, 즉 황하 이동의 신흥 일대에서 劉猛(liúměng) 이래로 줄곧 거주하였음을 서술하였다.

2장의 「5호16국시기 흉노족 獨孤部와 선비족 拓跋部의 관계 연구 – 독고부 유씨를 중심으로 – 」에서는, 탁발 부락 연맹의 건립, 발전, 와해, 재건에서 왕권 국가의 확립에 이르기까지, 독고부의 역할이 매우 중요하였다.

또 대다수 독고부 지도자는 북위 훈신에 포함되었을 정도로 탁발부와 밀접한 관계를 유지하였음을 서술하였다.

3장의 「5호16국시기 흉노족 鐵弗部 연구 - 철불부의 종족과 활동 지역을 중심으로 - 」에서는, 철불은 흉노 부락을 부계로 선비 부락을 모계로 결합된 혼인 관계의 다른 표현이다. 즉 철불부는 흉노족과 선비족의 혼혈을 나타낸 것이다. 철불부는 탁발부의 代國과 장기간 적대 관계를 유지하면서 황하 서쪽의 朔方으로 이주하였음을 서술하였다.

4장의 「5호16국시기 흉노족 鐵弗部와 선비족 拓跋部의 관계 연구」에서는, 철불부와 탁발부의 관계는 철불부의 赫連勃勃(hèliánbóbó)이 건립한 大夏 정권에서도 계속 적대 관계로 유지되었다. 이러한 적대 관계는 전쟁을 통하여 깊어졌고, 북위가 화북을 통일하는 시기까지 유지되었다. 또 쌍방 간의 전쟁의 승패는 대체적으로 탁발부가 장악하는 추세였고, 결국 철불부는 중국 역사에서 사라지게 되었음을 서술하였다.

5장의 「5호16국시기 氐族의 문화 연구」에서는, 저족은 한족의 문화 수준과 별다른 차이가 없을 정도였다. 이들이 이렇게 신속히 한족의 문화를 받아들일 수 있었던 것은 첫째, 그들 자신의 문화가 비교적 다양하고 개방적인 것이다. 둘째, 이러한 문화를 형성한 저족 자체가 종족 근원상 다종족 연합체로서 내부적으로 지속적인 융합을 시행하였고, 외부적으로는 중원의 한족과 문화변용의 실현에 적극적인데 그 원인이 있다고 하겠다. 이러한 결과로 저족은 5호16국 시기에 선비족 다음으로 중국 역사상 놀라운 성취를 이루었으며, 그 흔적이 후대에까지 이어져서 수당 시대 다종족 다문화 형성의 중요한 계기를 제공하였음을 서술하였다.

6장의 「5호16국시기 갈족과 저족의 喪葬 습속과 종교 신앙 연구」에서는, 갈족과 저족의 상장 습속인 火葬은 당시 북방민족의 일반적인 상장 습속이었다. 화장은 유목 경제와 밀접한 관련이 있다. 유목 민족은 거처가 일정하지 않으므로 고정적인 조상의 묘지를 형성하기가 어려웠을 것이다. 종교 신앙은 갈족과 저족은 胡天神과 불교를 신봉하는 특수성 이외에 자연 숭배의 공통성이 존재하고 있음을 알 수 있다. 즉 총체적으로 말하면 고대 북방 유목 종족의 종교 신앙은 주로 원시 종교이고, 천지, 일월, 성신, 산하 등은 모두 그 숭배 대상이지만 여전히 자연 숭배 위주임을 서술하였다.

7장의 「5호16국 君主의 문화변용에 관한 연구 - 유학의 수용을 중심으로 - 」에서는, 여러 호족은 야만에서 문명으로, 즉 고도로 발달된 중화 문명을 수용하였기 때문에 그들이 중원에서의 통치상의 성패는 중국의 선진 문화를, 그 중에서도 중원 문화의 핵심 사상체계인 유학을 어떻게 흡수해서 적용하느냐에 달려 있었다. 다시 말하면 그들이 시행하고자 하는 문화변용은 중원 한족의 핵심 사상인 유학과 유학 사상으로 무장된 한족 사대부의 태도가 이민족 정권의 향배를 가름 할 정도였다고 해도 지나치지 않다. 만약에 유학의 수용이나 한족 사대부의 지지가 없다면 군사상의 성공도 심각한 영향을 받게 된다. 설사 군사상에 성공을 하였다 할지라도 중원 사회에 적응할 수 있는 국가 형태를 건국하지 못했다면, 호족의 통치 체제를 장기간 유지할 수 없었을 것이라는 내용을 서술하였다.

8장의 「5호16국시기 匈奴族 정권의 문화변용 연구 - 劉漢, 前趙를 중심으로 - 」에서는, 흉노족 유씨의 문화변용에 대한 노력과 실천은 향후 전개되는 5호16국의 각 정권에서도 한족의 문화에 대한 문화변용을 시행하는 선례를 남겼다. 이러한 결과로 한족의 전통 문화가 소수 민족을 통하여 외연이 확대되고, 반대로 소수 민족의 문화는 한족을 통하여 한족의 문화 내용에 깊숙이 침투되어 한족 문화의 다양성과 풍부성을 이룩하였음을 서술하였다.

9장의 「5호16국시기 大夏 군주 赫連勃勃의 문화변용 연구」에서는, 흉노족 혁연발발의 문화변용에 대한 노력과 실천은 5호16국은 물론 북조의 각 정권에서도 문화변용을 적극적으로 시행하는 좋은 본보기를 남겼다. 물론 혁연발발을 포함한 이민족 통치자의 노력만이 존재하는 것이 아니고 반대로 한족 통치자의 이민족 문화에 대한 문화변용도 동시에 진행되고 있음을 서술하였다.

10장의 「5호16국시기 대하 군주 赫連勃勃의 대외 투쟁 연구 - 朔方, 嶺北, 長安을 중심으로 - 」에서는, 혁연발발의 대외 투쟁 노력은 비슷한 시기에 성립되었던 호족 정권의 투쟁 방침에 상당부분 영향을 끼쳤다. 이것은 혁연발발이 의도했건 의도하지 않았던 간에 결과적으로는 호족 문화의 영역을 확대시켜서 문화적으로 5호16국 시기를 더욱 풍성하게 만든 공로를 인정하지 않을 수 없었을 것이라는 사실을 서술하였다.

11장의 「5호16국시기 羯族의 초기 사회 연구 - 後趙 건립 이전의 갈족을 중심으로 - 」에서는, 위진 이후부터 중원으로 이주하여 병주를 중심으로 거주하던 갈족은 5호16국 시기에는 후조라는 강력한 정권을 건립하여 중원을 통치하였다. 이들은 한족 문화의 영향과 적극적인 흡수 노력으로 다른 이민족에 비해서 진일보 발전하였다. 발전의 원인은 그들 자신의 문화가 비교적 다양하고 개방적인 것이다. 즉 갈족 자체가 종족 근원상 다종족 연합체로서 내부적으로는 지속적인 융합을 시행하였고, 외부적으로는 중원의 한족과 문화변용의 실현에 적극적인데 그 원인이 있음을 서술하였다.

5胡16國時期 諸種族과 政權 연구(上)에서 주로 언급한 내용은 크게 두 부분으로 나눌 수 있다. 전반부에서는 5호16국 시기 흉노족 독고부, 철불부와 선비족 탁발부, 저족, 갈족의 종족과 활동 지역, 초기 사회의 여러 형태 및 저족과 갈족의 상장 습속과 종교 신앙 등을 중점적으로 서술하였다. 후반부에서는 5호16국 군주의 문화변용에 대해서 탐색하였다. 주로 흉노족 劉漢, 前趙, 大夏 등 군주의 문화변용 방식과 상세 내용 및 대외 투쟁 등을 탐색하였다.

이상의 내용은 한국학계에서 연구 성과가 매우 미진한 부분이다. 본서는 이러한 상황의 인식하에 다음의 몇 가지 목적을 이루고자 시도하였다. 첫째, 국내 연구자에게 위진남북조사와는 별도로 3세기 말기에서 5세기 중기의 중국 북부에서 여러 종류의 소수 민족과 최대 20여 개에 이르는 정권이 병립하여 5호16국 시기라고 일컬어지는 대분열 시대에 대한 관심과 연구 동기를 제공하는데 있다. 둘째, 상관 분야에 대한 논저의 발표와 비판을 촉진하여 5호16국사에 대한 시대 구분과 국내 연구자들의 연구 역량과 수준을 제고하는데 미력하나마 일익을 담당하기 위함이다. 필자가 의도한 이러한 과정이 순조롭게 진행되면 국내에서 그동안 위진남북조사라는 단일 명칭에 의한 중국사 작업은 3국사, 양진사, 5호16국사, 북조사, 남조사 등으로 세분되어 중국 중세사 전반기의 상황을 보다 세밀하게 이해할 수 있게 될 것으로 확신한다.

   본서를 저술하는데 있어서 5호16국에 관련된 국내외의 여러 先學諸賢의 훌륭한 업적을 많이 참고하였지만, 본인의 얕은 학문 수준으로 만족할 만한 학문적 성과를 내기에는 미진한 부분이 많았다. 다만 5호16국 역사 연구의 방대함 때문에 敎學相長 30년의 세월도 짧았다고 변명하면서 스스로를 다독일 수밖에 없을 것 같다. 끝으로 이 책의 출간을 위해서 많은 도움을 주신 온샘출판사 신학태 대표님과 관계자 분들에게 깊은 감사를 드린다.

2021년 8월 15일
自怡齊에서 金榮煥 識

차 례

일러두기
서문

제1장 5호16국시기 흉노족 獨孤部 연구 ···1
  −독고부의 종족과 활동지역을 중심으로−
  Ⅰ. 서언 ···3
  Ⅱ. 흉노족 독고부의 종족 연원 ···6
  Ⅲ. 독고부의 활동지역과 부락 ··17
  Ⅳ. 결 어 ··23

제2장 5호16국시기 흉노족 獨孤部와 선비족 拓跋部의 관계 연구 ·········29
  −독고부 劉氏를 중심으로−
  Ⅰ. 서 언 ··31
  Ⅱ. 유고인, 유권과 탁발부의 관계 ··35
  Ⅲ. 유현과 탁발부의 관계 ···41
  Ⅳ. 유건, 유거근, 유노진과 탁발부의 관계 ····························46
  Ⅴ. 결 어 ··48

제3장 5호16국시기 흉노족 鐵弗部 연구 ···53
  Ⅰ. 서 언 ··55
  Ⅱ. 흉노족 철불부의 종족 연원 ··58
  Ⅲ. 철불부의 활동지역과 부락민 ··67
  Ⅳ. 결 어 ··74

제4장 5호16국시기 흉노족 鐵弗部와 선비족 拓跋部의 관계 연구 ··········79
  Ⅰ. 서 언 ··81
  Ⅱ. 유호 통치 시기 탁발부와의 관계 ·······································84
  Ⅲ. 유무환 통치 시기 탁발부와의 관계 ···································91
  Ⅳ. 유위진 통치 시기 탁발부와의 관계 ···································94
  Ⅴ. 결 어 ··101

제5장 5호16국시기 氐族의 문화 연구 ···105
  Ⅰ. 서 언 ··107
  Ⅱ. 저족의 종족과 분포 ··109
  Ⅲ. 저족의 제문화내용 ··118
  Ⅳ. 결 어 ··134

제6장 5호16국시기 갈족과 저족의 喪葬 습속과 종교 신앙 연구 ··········139
  Ⅰ. 서 언 ··141
  Ⅱ. 갈족의 상장 습속과 종교 신앙 ··143
  Ⅲ. 저족의 상장 습속과 종교 신앙 ··148
  Ⅳ. 결 어 ··153

제7장 5호16국 君主의 문화변용에 관한 연구 ·····························157
    -儒學의 수용을 중심으로-
  Ⅰ. 서 언 ··159
  Ⅱ. 호족 군주의 문화변용 ··161
  Ⅲ. 한족 군주의 문화변용 ··182
  Ⅳ. 결 어 ··186

제8장 5호16국시기 匈奴族 정권의 문화변용 연구 ·····················191
    -劉漢, 前趙를 중심으로-
  Ⅰ. 서 언 ··193
  Ⅱ. 유한의 문화변용 ··196
  Ⅲ. 전조의 문화변용 ··207
  Ⅳ. 결 어 ··217

제9장 5호16국시기 大夏 군주 赫連勃勃의 문화변용 연구 ····················223
　Ⅰ. 서 언 ··225
　Ⅱ. 혁연발발 전기의 문화변용 ···229
　Ⅲ. 혁연발발 후기의 문화변용 ···238
　Ⅳ. 결 어 ··253

제10장 대하 군주 赫連勃勃의 대외투쟁 연구 ·································259
　　　－朔方, 嶺北, 長安을 중심으로－
　Ⅰ. 서 언 ··261
　Ⅱ. 혁연발발의 삭방 진입(391~406년) ··264
　Ⅲ. 혁연발발의 영북 탈취(407~411) ···273
　Ⅳ. 혁연발발의 장안 점령((412~426) ···283
　Ⅴ. 결 어 ··290

제11장 5호16국시기 羯族의 초기사회 연구 ····································295
　　　－後趙 건립 이전의 갈족을 중심으로－
　Ⅰ. 서 언 ··297
　Ⅱ. 갈족의 종족과 분포 ···299
　Ⅲ. 갈족의 초기사회 ··308
　Ⅳ. 결 어 ··327

제1장

5호16국시기 흉노족 獨孤部 연구
－독고부의 종족과 활동지역을 중심으로－

I. 서언

위진남북조시대 특히 5胡16國[1] 시기의 匈奴族은 漢族과 정치, 경제, 사회, 문화, 군사적으로 밀접한 관계를 가지고 있었다. 특히 북흉노가 서쪽으로 이동한 이후 남흉노가 후한과 밀접한 관계를 가지게 된 것은 주지의 사실이다. 이로부터 흉노족은 끊임없이 중원으로 이동하였고 흉노족 및 그 후예들은 당시의 역사 무대에서 활발한 활동을 전개하였다. 즉 5호16국 중의 5호에서 첫 번째로 언급되는 종족이 흉노족이고, 그들이 5호16국의 시종을 결정지었다. 5호16국 시기는 흉노족의 일파인 劉淵(liúyuān)이 그 서막을 열었다. 유연은 304년 劉漢(前趙) 정권(304~329년)을 건립하였고, 흉노족 鐵弗部의 赫連勃勃(hèliánbóbó)은 407년에 大夏 정권(407~431년)을 건립하였다. 그 외에 흉노족 獨孤部는 비록 중원에 정권을 건립하지는 못했지만, 鮮卑族 拓跋部와 우호와 대립 관계를 병행하여 代國과 北魏의 탄생에 결정적인 공헌을 하였다. 흉노족의 또 다른 일파인 盧水胡 沮渠蒙孫(jǔqúméngsūn)은 401년에 北涼 정권(401~439년)을 건립하여 그 대미를 장식하였다. 이처럼 西晉 이후 중국 북방의 대혼란 시기에 중원에 진입하여 270여 년간 5호16국 분할 시기의 주인공은 흉노족이라고 해도 과언이 아니다.[2]

위진남북조시대 중원으로 진입한 흉노족은 『晉書』「匈奴傳」에 의하면 대략 19종류가 있으며,[3] 이들 중에서 비교적 세력이 큰 부족이 3개 있다.

---

1) 5호16국의 개념에 관한 설명은 「서문」 후반부의 관련 내용을 참고할 것.
2) 張璧波 外1人 編著, 『中國古代北方民族文化史』(哈爾濱, 黑龍江人民出版社, 1993), 7쪽.
3) 『晉書』 卷97 「北狄匈奴傳」, 2549~2550쪽. "北狄以部落爲類,其人居塞者有屠各種·鮮支種·寇頭種·烏譚種·赤勒種·捍蛭種·黑狼種·赤沙種·鬱鞞種·萎莎種·禿童種·勃蔑種·羌渠種·賀賴種·鍾跂種·大樓種·雍屈種·眞樹種·力羯種, 凡十九種, 皆有部落,不相雜. 居各最豪貴, 故得爲單于,統領諸種."

첫째, 羌渠種으로 南單于 於扶羅(yūfúluó)의 직계 자손으로 劉豹(liúbào) - 劉淵(liúyuān) - 劉聰(liúcōng)으로 계승되는 일파이다. 『晉書』 「劉元海載記」와 『太平御覽』 「前趙錄」의 기록에 의하면, 유연(劉元海)은 흉노족 남선우 어부라의 손자이고 유표의 아들로 성씨는 虛連題였으나 후에 유씨로 바꿨다.[4] 이들은 중국 내지로 이동한 다른 흉노족과 마찬가지로 초기부터 중국의 전통적인 문화를 습득하여 어느 정도 수준에 이르렀으며 이미 한족과의 융합 정도가 상당한 수준에 이르렀다. 이러한 문화변용(Cultural Acculturation)을 바탕으로 5호16국 시기에 劉漢과 前趙를 창건하여 다른 종족과 정권의 표본이 되었다. 둘째, 屠各種의 철불부이다. 이들도 나중에 유씨로 개칭하였고 도각종 중에서 가장 지위가 높은 씨족이며, 呼衍氏, 卜氏, 蘭氏, 喬氏의 4개 성씨가 유씨를 보좌하였다.[5] 『新唐書』 「宰相世系表」에 의하면, 이들은 谷蠡王 尸利(shīlì)의 후손이며 左賢王 去卑(qùbēi)의 직계자손으로 劉虎(liúhǔ) - 劉務桓(liúwùhuán) - 劉衛辰(liúwèichén) - 赫連勃勃(hèliánbóbó)로 계승되는 일파이다.[6] 주요 거주지는 황하 이서이며 선비족의 탁발부와는 줄곧 경쟁 대립 관계에 처해 있다가 탁발부가 세운 북위에 의하여 멸망당했다. 셋째, 도각종의 독고부이다. 이들도 나중에 유씨로 개칭하였고 철불부 일파와 종족 관계이다. 독고부 역시 곡려왕 시리의 후손이며 북부 우두머리 劉猛(liúměng)의 직계 자손으로 劉副崙(liúfùlún) - 劉路孤(liúlùgū) - 劉

---

4) 유연의 세계표를 『晉書』 「劉元海載記」와 『太平御覽』 「前趙錄」; 『後漢書』 「南匈奴傳」을 참고하여 간략히 작성하면 다음과 같다.

羌渠單于(179~188) ┬ 於扶羅單于(188~195) — 劉豹(左賢王, 左部帥) — 劉淵(304~310) — 劉聰
　　　　　　　　 └ 呼廚泉單于(195~216)

5) 『後漢書』 卷89, 「南匈奴傳」, 2944~2945쪽. "單于姓虛連題. 異姓有呼衍氏·須卜氏·丘林氏·蘭氏四姓, 爲國中名族, 常與單于婚姻."
6) 『新唐書』 卷71, 「宰相世系表」 1上, 2273쪽 ; 同上書, 卷75 「宰相世系表」 5下, 3437쪽. 또 설명의 편리를 위해서 흉노족 철불부와 독고부의 세계표를 內田吟風, 「南匈奴に關する研究」, 『北アジア史研究』(京都, 同朋社, 1975), 333쪽 ; 內田吟風, 張麗波(譯), 「北魏初世匈奴獨孤部的盛衰」, 『北朝研究』 1992-4, 71~81쪽. 위의 논저를 참고하여 열거하면 즉 거비 이하는 철불부이다.

庫仁(liúkùrén)과 劉眷(liújuàn) - 劉顯(liúxiǎn)으로 계승되는 일파이다.[7] 독고부의 주요 거주지는 황하 이동이며 북방의 선비족 탁발부와는 화친 등을 통하여 줄곧 친선 우호 관계를 유지하였다. 독고부의 후예들은 북위와 북조 시대는 물론 隋唐 시대에 이르기까지 흉노족의 중국 귀족화를 형성하며 면면히 이어져 왔다.

위와 같은 인식하에서 본문의 연구 범위는 흉노족 중에서 그동안 연구가 미진했던 독고부를 선택하였다. 즉 위진남북조시대 중원에 진입한 19종 흉노족 중에서 도각종의 연원을 추구하여 독고부와의 상호 관계를 서술하였다. 그리고 독고부의 시기별 거주 지역을 중심으로 독고부의 주요 활동 무대와 부락의 변화를 중심으로 부락민의 구성 상황을 탐색하였다. 연구 방법으로는 『後漢書』, 『魏書』, 『晉書』, 『十六國春秋』, 『資治通鑑』 등

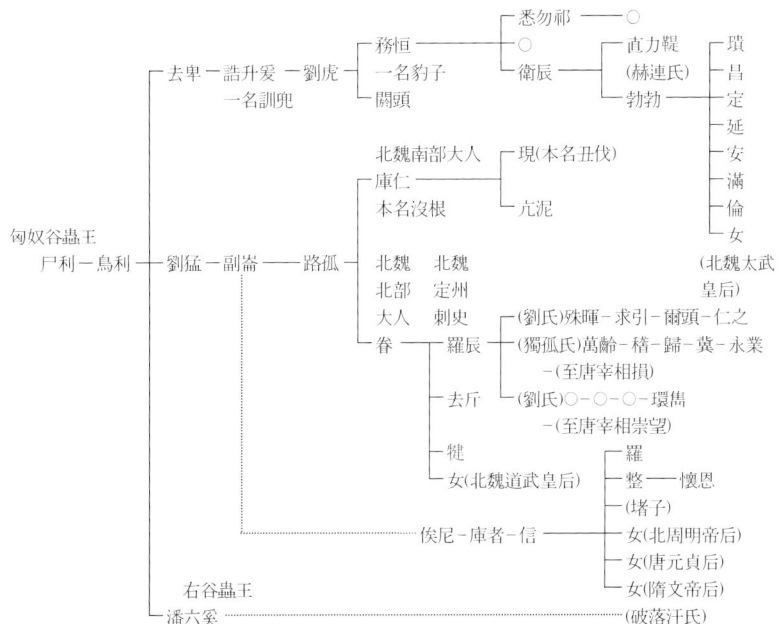

---

7) 同上書. 즉 유맹 이하는 독고부이다.

문헌 자료를 중심으로 분석 정리하였다. 특히 독고부의 가계를 尸利-烏利-劉猛-劉副崙-劉路孤-劉庫仁과 劉眷-劉顯 등으로 정리하고 이것에 입각하여 논지를 전개하였다.[8] 기타 5호16국의 주요 특성에 관해서는 일본 학자의 상관 논저에서 관련 부분을 인용하여 문헌 자료의 결함을 보충하려고 노력하였다.[9]

특별히 본 논문의 한계로는 첫째, 독고부 관련 사료의 부족과 관련 연구의 미비로 인하여 일부 장절의 분량이 여타 장절과 균형이 맞지 않고 내용이 빈약한 점이다. 둘째, 독고부의 대외관계는 철불부 및 선비족 탁발부와의 관계가 밀접한데, 본 논문에서는 분량의 초과로 다루지 못했다.[10] 이상의 문제는 추후 독고부와 밀접한 탁발부의 관계 연구를 통해서 보완을 기대해본다.

II. 흉노족 독고부의 종족 연원

1. 흉노족 도각종의 연원

위진남북조시기 중원에 진입한 흉노족에 관한 가장 상세한 기록으로 『晉

---

8) 필자의 논지 전개에 주로 참고한 논문으로는 內田吟風, 前引 「南匈奴に關する硏究」, 『北アジア史硏究』(京都, 同朋社, 1975), 333쪽. 이렇게 함으로써 흉노족 철불부에 대한 세계를 去卑-誥升爰-劉虎-務桓-衛辰 등으로 정리할 수 있었다.
9) 三崎良章, 『五胡十六國の基礎的硏究』(東京, 汲古書院, 2006), 5~17쪽. 비록 독고부와의 직접적인 관계가 있는 논저는 거의 없지만, 일본에서의 5호16국 연구 성과에 대하여 비교적 상세하게 서술하여 참고할 가치가 크다.
10) 향후 작성할 「위진남북조시기 흉노족 독고부 연구」 속편에서는 본 논문에서 분량의 초과로 다루지 못했던 독고부의 대외 관계 즉 선비족 탁발부와의 관계를 독고부 지도자 유고인, 유권 형제의 친선 우호 관계 시기와 유고인의 아들 유현의 경쟁 대립 관계의 시기로 구분하여 각각의 특성을 살펴볼 예정이다. 상세한 내용은 본서의 제2장을 참고할 것.

書』「北狄匈奴傳」에 이르기를,

"북적은 부락으로써 부류를 삼는데, 새내에 들어와 거주하는 종족으로는 도각종·선지종·구두종·오담종·적륵종·한질종·흑랑종·적사종·울비종·위사종·독동종·발멸종·강거종·하뢰종·종기종·대루종·옹굴종·진수종·역갈종 등 대략 19종족이 있다. 이들은 모두 부락을 가지고 있으며 서로 섞이지 않았다. 도각종이 가장 세력이 큰 귀족으로 선우가 되어 여러 종족을 통솔하였다."[11]

위 문헌에서 중시할 내용은 위진남북조시대 중원에 진입한 흉노족으로는 19종이 있고, 19종 중에서 도각종이 가장 세력이 커서 도각종 만이 선우가 될 수 있다는 사실과, 도각종을 남흉노의 후예로 보고 그들을 중원에 진입한 19종 북적(흉노족)중의 하나로 여긴 것이다.[12]

일반적으로 위진 시기에 이르면 순수한 흉노족은 이미 존재하지 않는다. 대부분 흉노족과 기타 종족이 융합하여 한화 혹은 선비화의 방향으로 진행되었다. 도각종 역시 후한 말기 이래로 중원에 진입한 흉노족과 한족의 융합으로 탄생한 종족을 가리킨다.[13] 이러한 도각종은 문헌에 屠各胡, 休屠各,

---

11) 『晉書』卷97「北狄匈奴傳」, 2549~2550쪽. "北狄以部落爲類, 其入居塞者有屠各種·鮮支種·寇頭種·烏譚種·赤勒種·捍蛭種·黑狼種·赤沙種·鬱鞞種·萎莎種·禿童種·勃蔑種·羌渠種·賀賴種·鍾跂種·大樓種·雍屈種·眞樹種·力羯種. 凡十九種, 皆有部落, 不相雜. 屠各最豪貴, 故得爲單于, 統領諸種."; 『册府元龜』와 『太平寰宇記』 해당 부분에 기재된 19종의 명칭에서 일부는 약간 다르지만 대동소이하다. 또 馬長壽, 前引 『北狄與匈奴』, 91~100쪽. 사실상 흉노족이라고 볼 수 있는 종족은 屠各種, 賀賴種, 赤沙種 뿐이라고 하였다.
12) 黃烈, 『中國古代民族史硏究』(北京, 人民出版社, 1987), 212쪽 ; 陳勇, 「匈奴屠各考」, 羅賢佑(編), 『歷史與民族 - 中國邊疆的政治·社會與文化 - 』(北京, 社會科學文獻出版社, 2005), 109쪽. 등은 도각종을 남흉노의 후예로 여기는 주장이다. 唐長孺, 「魏晉雜胡考」, 『魏晉南北朝史論叢』(臺北, 帛書出版社, 1986), 370쪽 ; 武沐, 尹玉琴, 「『晉書·北狄傳』入塞屠各新論」, 『中國邊疆史地硏究』 16-4, 76쪽. 도각종은 흉노와 관련이 없는 다른 종족으로 남흉노와 함께 중원으로 진입하여 흉노족의 일원이 되었다는 주장이다.

休屠, 休著屠各 등으로 기록되어 있는데[14] 협의의 도각종에 속한다.

협의의 도각종은 秦漢 시기 甘肅省 武威 일대에 거주하던 흉노 休屠王 및 그 후예를 가리킨다. 즉 전한 元狩2年(기원전 121년) 휴도왕과 昆邪(渾邪)王은 驃騎將軍 霍去病(huòqùbìng)에게 패배하였다. 전한은 그들의 무리 수 만 명을 隴西 등 5군 새외에 안치하고 屬國을 설치하여 다스렸다.[15] 이후에 5군과 속국에 흩어져 거주하던 휴도왕의 후예 및 그의 무리를 휴도 혹은 도각으로 일컬었다. 그들은 주로 秦隴과 涼州 지역에 분포하였고 나머지 무리는 朔方과 太行山 동쪽 기슭과 渭北 등지에 거주하였다. 일부는 병주로 이동하여 5부 흉노족과 잡거하여 한족과 융합의 정도가 비교적 깊었다.[16]

광의의 도각종은 첫째, 위진 이래로 계속해서 중원으로 이동하여 한족과 융합되었거나 또는 융합되고 있는 흉노족으로 남흉노 선우의 후예를 포함한다.[17] 둘째, 『通典』注에 이르기를 "두만과 모돈은 즉 도각종이다."[18] 즉 원래부터 흉노족 선우의 종족 또한 도각이라고 여겼다. 셋째, 병주에 거주하는 흉노족과 유연 일파를 도각이라고 일컬었다.[19] 『晉書』 「劉曜載記」

---

13) 白翠琴, 『魏晉南北朝民族史』(成都, 四川民族出版社, 1996), 141~143쪽. 흉노족과 기타 종족과의 융합은 크게 3가지 유형으로 구분한다. 첫째, 흉노족과 한족이 융합한 도각종이 있다. 둘째, 흉노족과 선비족이 융합한 탁발선비, 우문선비, 철불흉노 등이 있다. 셋째, 흉노족과 기타 잡호가 융합한 盧水胡와 契胡, 羯胡 등이 있다.
14) 唐長孺, 前引 「魏晉雜胡考」, 『魏晉南北朝史論叢』, 370쪽.
15) 『史記』 卷110 「匈奴傳」, 2234쪽.
16) 『漢書』 卷28 「地理志」 下, 1644쪽 ; 同上書, 卷68 「金日磾傳」, 2959쪽 ; 『三國志』 卷26 「郭淮傳」, 735쪽 ; 『晉書』 卷103 「劉曜載記」, 2698쪽 ; 同上書, 卷104 「石勒載記」 上, 2707쪽 ; 同上書, 卷116 「姚萇載記」, 2967쪽 ; 同上書, 卷115 「苻登載記」, 2950쪽 ; 『太平御覽』 卷428 「人事部」引 『十六國春秋』 「後趙錄」, 1727쪽. 등에서 도각종과 5부 흉노족의 잡거 기록을 참고할 것.
17) 『晉書』 卷63 「李矩傳」, 1707쪽 ; 同上書, 卷101 「劉元海載記」, 2645쪽 ; 同上書, 卷62 「劉琨傳」, 1688쪽 ; 『魏書』 卷23 「衛操傳」, 600쪽에 관련 기록이 있다.
18) 『通典』 卷194 「邊防」10, 1046쪽 "頭曼, 冒頓卽屠各種也"
19) 黃烈, 前引 『中國古代民族史研究』, 212쪽 ; 唐長孺, 前引 「魏晉雜胡考」, 『魏晉南北朝史論叢』, 370쪽 ; 武沐, 尹玉琴, 前引 「『晉書·北狄傳』入塞屠各新論」, 『中國

에 이르기를 "왕과 공 등 귀족 및 5군의 도각종 5,000여명을 襄國에 매장하였다."[20] 즉 여기서 말하는 5군 도각은 5부 흉노를 가리킨다. 넷째, 독고부 혹은 독고씨(나중에 유씨로 고쳤다.) 또한 도각종이다.[21] 독고부는 원래 흉노족 곡려왕 시리의 후손이며 북부 우두머리 유맹의 직계 자손으로 유부론 – 유로고 – 유고인과 유권 – 유현으로 계승되는 일파이다.[22] 그들은 山西 북부에 거주하였고, 탁발부 및 한족과 관계가 비교적 밀접하였다. 그리고 나중에 탁발부가 代北에서 흥기할 때 독고부는 탁발부 부락 연맹에 가입하여 "內入七十五姓氏" 중의 하나이며, 북위 "勳臣八姓" 중의 하나로 점차 선비화되었다.[23]

결론적으로 말해서 흉노족 도각종은 휴도각, 도각호, 휴도, 휴저도각 등의 약칭으로, 후한 말기 이래로 중원으로 진입한 남흉노의 후예 혹은 흉노족에 예속되었다가 흉노족과 함께 새내에 진입한 종족이다. 도각이라는 말은 돌궐어에 속하며 의미는 마술사이고,[24] 독고는 도각의 이역으로 도각종은 독고종과 동일하다.

2. 흉노족 독고부의 연원

독고부의 연원은 연구 방법상 도각종과 독고부가 어떤 관계에 있는지를

邊疆史地研究』 16-4, 76쪽.
20) 『晉書』 卷102 「劉曜載記」, 2689쪽. "坑其王公等及五郡屠各五千餘人於襄國."
21) 李樹輝, 「新疆木壘縣榮子泃古墓出土石人考」, 『新疆大學學報』 2002-6, 12쪽.
22) 『通志』 卷49 「氏族略」, 『文淵閣四庫全書電子版』, 1991. "(獨孤氏)姓劉, 北蕃右賢王之后. 其先尙公主, 因從母姓劉氏. 後漢度遼將軍劉進伯擊匈奴, 兵敗被執 囚之孤山下, 生尸利, 單于以爲谷蠡王, 號獨孤部."; 『新唐書』 卷71 「宰相世系表」, 2273쪽 "尸利生烏利, 二子: 去卑·猛. 後改爲劉氏."
23) 『魏書』 卷113 「官氏志」, 3007쪽.
24) 姚薇元, 『北朝胡姓考』(北京, 中華書局, 1962), 38~42쪽 ; 陳連慶, 『中國古代少數民族姓氏硏究』(長春, 吉林文史出版社, 1993), 52쪽 ; 林幹(編), 『匈奴史論文選集』(北京, 中華書局, 1983), 69~74쪽.

살펴보는 것이 첩경일 것이다. 그 중에서도 독고부의 연원은 도각종 성씨와 독고부 성씨와의 일치성, 독고부 지도자의 성씨인 유씨의 3가지 다른 계통 등 두 가지 방면에서 검토할 경우 비교적 명확한 결론에 이르게 된다.

첫째, 도각종의 성씨와 독고부의 성씨의 일치성에 대해서 탐색하면 다음과 같다. 『後漢書』「南匈奴傳」에 이르기를,

> "선우의 성씨는 허련제이다. 다른 성씨로는 호연씨·수복씨·구림씨·난씨 등 4성씨가 있는데, 이들은 나라의 명망 있는 종족으로 항상 선우와 혼인하였다."[25]

즉 선우의 성씨는 허련제임을 알 수 있다. 이에 대하여 『漢書』「匈奴傳」에 이르기를,

> "선우의 성씨는 연제씨이다 …. 호연씨, 난씨가 있고, 그 후에 수복씨가 있었다. 이들 3성씨는 귀족이다."[26]

라고 하여 선우의 성씨는 연제라고 하였다. 그러나 선우의 성씨 허련제와 연제는 여러 문헌 자료에 의하면 모두 동일 성씨의 다른 표현임을 알 수 있다. 그리고 선우는 도각종 만이 차지하므로 허련제(연제)씨는 도각종의 일원임이 분명하다. 이상의 내용으로 선우를 배출했던 허련제 또는 연제씨가 도각종에 속해 있었다는 사실이 분명하게 드러났다.

흉노족 귀족에 대해서는 『史記』, 『漢書』, 『後漢書』 등의 문헌에 호연씨·수복씨·구림씨·난씨 이외에 韓氏·當于氏·郎氏·栗籍氏 등 8개의 성씨가 나타나고 있다. 이들은 모두 骨都侯의 명의로 병권을 장악했던 것으로

---

25) 『後漢書』 卷89 「南匈奴傳」, 2944~2945쪽. "單于姓虛連題. 異姓有呼衍氏·須卜氏·丘林氏·蘭氏四姓, 爲國中名族, 常與單于婚姻."
26) 『漢書』 卷94 「匈奴傳」, 3751쪽. "單于姓攣鞮氏 … 呼衍氏, 蘭氏, 其後有須卜氏, 此三姓, 貴種也."

추정된다.[27] 그래서 이와 같은 8개의 성씨가 허련제씨를 중심으로 인척 관계로 연결되어 있었다는 것과, 그리하여 그것을 지키고자 흉노족은 嫂婚制가 행해지고 있었다는 것을 알 수 있다.[28] 즉 흉노족의 핵심을 이루고 있는 도각종이 이러한 혼인 관계에 의해서 연결되어 있었다고 한다면, 그 외의 18종 또한 같은 양상의 혈연 집단이었을 것으로 추정된다. 더구나 이러한 종족이 상호간에 뒤섞이지 않는 부락을 형성하고 있었다는 것은 혼인 집단이 동시에 정치적인 집단이었다는 것을 추정하게도 한다.

도각종으로 대대로 선우의 지위를 차지하였던 허련제씨는 흉노족이 북흉노와 남흉노로 분리되는 후한 말기에 이르러서 점차 세력이 약해졌다. 허련제씨를 대신해서 흥기하여 남흉노의 남선우의 지위에 오른 성씨는 도각종 도각씨이다. 앞에서 서술한바와 같이 독고는 도각의 이역이므로 도각종 도각씨는 독고부 독고씨와 동일하다. 독고부는 남선우의 후예이며 곡려왕 시리의 자손으로 오리 - 유맹으로 계승되는 일파이다. 이들은 나중에 다시 유씨로 개칭하였으므로 독고씨와 유씨는 모두 동일 성씨이고, 위진시기 이후에 역사 무대에 본격적으로 등장하였다. 『魏書』「官氏志」에 "독고씨는 나중에 유씨로 고쳤다."[29] 기록과 『魏書』「賀訥傳」의 "마침 부견은 유고인으로 하여금 국가의 일을 나누어 다스리게 하였고, 그래서 太祖(拓跋珪)는 독고부로 돌아와 거주하였다."[30] 등의 기록에 의하면, 유고인은 독고부 지도자이고 독고씨는 5호16국 前秦 苻堅(fújiān)의 통치 시기 이전에 유씨로 바꿨음을 증명해주고 있다. 그러나 독고부 독고씨가 유씨로 개칭한 전후시기에 또 다른 유씨가 출현하였다. 즉 독고부와 동일하게 남선우의 후예이며 곡려왕 시리의 자손으로 거비 - 유호로 계승되는 일파이다.[31] 이

---

27) 『後漢書』 卷89 「南匈奴傳」, 2944~2945쪽 ; 馬長壽, 前引 『北狄與匈奴』, 52~53쪽.
28) 澤田 勳, 『匈奴 - 古代遊牧國家の興亡 - 』(東京, 東方書店, 2006), 113쪽.
29) 『魏書』 卷113 「官氏志」, 3007쪽. "獨孤氏後改爲劉氏"
30) 同上書, 卷83 「賀訥傳」, 1812쪽. "會苻堅使劉庫仁分攝國事, 於是太祖還居獨孤部."

들은 철불부로 일컬어지며 "胡父鮮卑母"의 융합 종족으로[32] 최초 거주지가 山西省 五台縣의 북부로 선비족과의 교류가 비교적 활발한 지역이다. 또 다른 유씨는 병주의 도각종으로 스스로 남선우 어부라의 후손이라고 사칭한 유연의 유씨로 대표된다. 이들 3종류의 유씨는 모두 스스로를 남선우의 후손이라고 하여 선우의 후손임을 강조하였다.

둘째, 흉노족 유씨는 3가지 다른 계통이 있다. 즉 독고부 유씨와 철불부 유씨 및 남선우 어부라의 후손이라고 사칭한 도각종 유씨가 있는데, 여기서는 독고부 유씨를 설명하면서 기타 2종류의 유씨 지도자도 겸하여 설명하는 방법으로 이해를 돕도록 하였다.

1)독고부 지도자 유고인의 성씨인 유씨에 대하여 문헌에 서술한 것으로는 『魏書』 「劉庫仁傳」에 "(독고부)유고인은 본래 이름은 몰근이고, (철불)유호의 종족이다."[33]와 『北史』 「劉庫仁傳」에는 유고인을 "독고부인"[34]이라고 기록한 것이 있다. 또 흉노족 유씨 즉 독고씨의 가계에 대하여 『魏書』와 『晉書』의 기록 이외에 상세히 서술한 『新唐書』 「宰相世系表」에 이르기를,

> "하남 유씨는 본래 흉노족에서 나왔다. 한의 고조가 종녀(군주와 같은 종족의 딸을 가리킨다)로써 모돈선우(기원전234~기원전174년)의 처로 삼게 하였는데, 그 풍속에 귀족들은 모두 모친의 성씨를 따랐다. 좌현왕(흉노 선우 아래의 최고 봉호, 이후 호우로 개칭) 거비의 후손 (유)고인은 이름이 몰근으로 후위의 남부대인·능강장군이 되었다. 동생 유권은 (유)나진을 낳았고, ……."[35]

---

31) 同上書, 卷95 「鐵弗劉虎傳」, 2125쪽. "鐵弗劉虎, 南單于之苗裔, 左賢王去卑之孫, 北部帥劉猛之從子."
32) 馬長壽, 『烏丸與鮮卑』(上海, 人民出版社, 1962), 178쪽.
33) 『魏書』 卷23 「劉庫仁傳」, 604쪽. "(獨孤部)劉庫仁, 本字沒根, (鐵弗)劉虎之宗也."
34) 『北史』 卷20 「劉庫仁傳」, 732쪽. "劉庫仁字沒根, 獨孤部人, 劉武之宗也."
35) 『新唐書』 卷71上 「宰相世系表」 1上, 2273쪽. "河南劉氏本出匈奴之族. 漢高祖以宗女妻冒頓, 其俗貴者皆從母姓, 因改劉氏. 左賢王去卑裔孫庫仁, 字沒根, 後魏南部大人·淩江將軍. 弟眷, 生羅辰, ……."

위의 내용으로 볼 때 유씨는 한 고조의 종녀가 冒頓(mòdú)의 처가 된 이후에 그의 후손 중 일부는 흉노족 풍속에 따라서 모친의 성씨인 유씨로 개칭하면서 문헌에 유씨가 등장했음을 알 수 있다. 또 동상서에 이르기를,

"독고씨는 유씨에서 나왔다. 후한 세조가 패헌왕 보를 낳고, 보는 리왕 정을 낳고, 정은 절왕 면을 낳았다. 면은 두 아들이 있는데 광과 이이다. 이는 낙양령이 되었다. 목을 낳고, 목은 도요장군 진백을 낳았는데, 흉노를 공격하다가 전쟁에 패배하여 사로 잡혀서 고산 아래에 감금되었다. 시리를 낳고, 선우가 곡려왕에 임명하고 독고부라고 일컬었다. 시리는 오리를 낳았다. 두 아들이 있는데 거비와 (유)맹이다. 맹은 부론을 낳았다. 부론은 노고를 낳았고 노고는 권을 낳았으며 권은 나진을 낳았다 … 처음에는 그 부락 명칭으로써 성씨를 삼았다 ….[36]

흉노족 모돈선우 시기에 출현한 유씨에서 독고씨가 파생되었고, 독고씨는 대략 유맹 시기(대략 조위 嘉平3年(251년)이후)에 다시 유씨로 개칭하였음을 알 수 있다. 유맹의 직책에 대해서는 사서에 다르게 기록되어 있다. 즉 右賢王,[37] 또는 北部帥,[38] 單于,[39] 中部帥[40] 등으로 기록되어 있는데, 우현왕 겸 북부수의 칭호로 흉노족 5부 중의 북부를 통치하였다고 보는 것이 비교적 합당하다고 생각된다.[41] 그리고 독고씨의 독고부는 흉노족과 한족의 융합으로 형성된 부락임을 알 수 있다. 이상에 열거한 사료와 기타 사료

---

36) 同上書, 75下「宰相世系表」5下, 3437쪽. "獨孤氏出自劉氏. 後漢世祖生沛獻王輔, 輔生釐王定, 定生節王丐. 丐二子:廣·廙. 廙, 洛陽令. 生穆, 穆生渡遼將軍進伯, 擊匈奴, 兵敗被執, 囚之孤山下. 生尸利, 單于以爲谷蠡王, 號獨孤部. 尸利生烏利. 二子:去卑·猛. 猛生副論. 副論生路孤, 路孤生眷, 眷生羅辰 … 初以其部爲氏 …."
37) 『晉書』卷101「劉元海載記」, 2644쪽.
38) 『魏書』卷95「鐵弗劉虎傳」, 2125쪽.
39) 『晉書』卷97「北狄匈奴傳」, 2549쪽.
40) 同上書, 卷57「胡奮傳」, 1557쪽.
41) 吳洪琳, 「大夏國史」, 陝西師範大學 博士學位論文, 2005, 13쪽.

를 참작하여 간략히 독고부의 세계를 정리하면 흉노 곡려왕 시리 - 오리 - 유맹 - 유부론 - 유로고 - 유고인과 유권 - 유현으로 전해졌음을 알 수 있다.

2)흉노족 철불부 역시 5호16국 시기 독고부와 대등한 세력을 형성하였다. 철불부는 중원에 大夏 정권을 설립한 부족으로, 지도자의 성씨 또한 유씨(勃勃 시기에 다시 赫連氏로 고쳤다.)로 개칭하였다. 즉 독고부 독고씨가 유씨로 개칭한 비슷한 시기인 유호의 통치 기간에 철불부 유씨가 출현하였다.[42] 철불부는 독고부와 동일하게 흉노 남선우의 후예이며 곡려왕 시리의 자손으로 거비 - 고승원 - 유호로 계승되는 일파이다.[43] 철불부 지도자 유호의 성씨인 유씨에 대하여 『魏書』「鐵弗劉虎傳」에 이르기를,

"철불 유호는 남선우의 후손으로 좌현왕 거비의 손자이며 북부수 유맹의 조카로 신흥군 여치의 북쪽에 거주하였다 …. (유)맹이 사망하고 아들 부론은 탁발씨에게 귀의하였다. (유)호의 부친 고승원이 대신 부락을 통솔하였다 …. 고승원이 사망하고 호가 대신하였다."[44]

철불부가 정식으로 형성된 시기는 유호를 최초로 철불이라고 일컬은 사실로 볼 때 마땅히 유호 시기이다. 또 독고부와 동일하게 남선우의 후예이며 곡려왕 시리의 자손으로 거비 - 고승원 - 유호로 계승되는 일파임을 알 수 있다. 그리고 고승원 - 유호 부자는 유맹의 흉노족 북부의 통치권을 계승하여 新興郡과 雁門郡 일대가 주요 활동 범위였음을 알 수 있다. 흉노족 철불부 또한 유씨로 개칭한 것은 표면적으로는 동일 종족인 독고부가 유씨로 성씨를 바꿨기 때문에 자연스럽게 유씨로 하였을 가능성이다. 그렇지만

---

42) 黃烈, 前引『中國古代民族史硏究』, 193쪽.
43) 남흉노 우현왕 거비는 남흉노 선우의 종족이다. 또 거비는 남흉노 선우 呼廚泉의 숙부이다.
44) 『魏書』卷95「鐵弗劉虎傳」, 2054쪽. "鐵弗劉虎, 南單于之苗裔, 左賢王去卑之孫, 北部帥劉猛之從子, 居於新興盧虒之北. … (劉)猛死, 子副崙來奔(拓跋氏). (劉)虎父誥升爰代領部落. … 誥升爰死, 虎代焉."

내면적으로는 아마도 흉노족이 중원에 진입한 이후에 자신도 한족과 동일한 黃帝(huángdì)의 후손임을 드러내는 방편으로 漢高祖 劉邦(liúbāng)의 성씨를 따랐던 것으로 보인다. 즉 중원에서의 적응과 한족을 동원하기 위한 방편으로 자신을 합법화한 것이다.[45]

3) 병주 도각종으로 중원에 정권을 건립한 이후에 남선우 어부라의 후손으로 사칭한 유연의 성씨인 유씨에 대하여 『晉書』 「劉元海載記」에 이르기를,

"유원해는 신흥군의 흉노족으로 모돈의 후손이다 …. 처음에 한 고조가 종녀를 공주로 삼아서 모돈의 처로 들이게 하면서 서로 형제의 의를 맺었으며, 그런 까닭에 그 자손은 드디어 유씨 성을 사용하게 되었다 …. (선우)어부라가 사망하고 동생 호주천이 즉위하였으며 어부라의 아들 표를 좌현왕으로 삼았는데 바로 (유)원해의 부친이다. 조위의 무제가 그 무리를 5부로 나누고 표를 좌부수로 삼았는데 그 나머지 우두머리도 모두 유씨를 성씨로 하였다."[46]

위의 자료에서 가장 문제가 되는 것은 『晉書』이외에도 『十六國春秋』, 『通鑑』[47] 등에 모두 그들은 흉노족 남선우의 후예라고 한 것이다. 그러나 유연이 과연 남선우 어부라의 후손으로 흉노족의 일원인가에 대해서 대부분의 연구자가 의문을 가지고 있다.[48] 이에 대한 해답으로 아래에 몇 가지

---

45) 吳洪琳, 前引 「大夏國史」, 14쪽.
46) 『晉書』 卷101 「劉元海載記」, 2644~2645쪽. "劉元海, 新興匈奴人, 冒頓之後也, … 初漢高祖以宗女爲公主, 以妻冒頓, 約爲兄弟, 故其子孫遂冒姓劉氏. … (單于)於扶羅死, 弟呼廚泉立, 以於扶羅子豹爲左賢王, 卽元海之父也. 魏武分其衆爲五部, 以豹爲左部帥, 其餘部帥皆以劉氏爲之."
47) 同上書, 2645쪽 ; 『十六國春秋』 卷2 「後趙錄」, 26쪽 : 『資治通鑑』 卷106 孝武帝 太元10年條, 3350쪽.
48) 姚薇元, 前引 『北朝胡姓考』, 62쪽 ; 馬長壽, 前引 『北狄與匈奴』, 97쪽 ; 白翠琴, 前引 『魏晉南北朝民族史』, 143~144쪽. 반대로 陳琳國, 「休屠·屠各和劉淵族姓」, 『北京師範大學學報』 2006-4, 105~111쪽에서 유연은 도각종이고 흉노 남선우의 후예임을 인정하였다.

자료를 열거하였다.

   a. 『晉書』「李矩傳」 "유원해(유연)를 도각종의 세력이 작은 무리라고 일컬었다."[49]
   b. 『魏書』「衛操傳」 "도각 흉노인 유연은 간사한 도적으로 무리를 짓고 구호를 내걸어 감히 병주를 공격하고 무고한 백성을 살해하였다.[50]
   c. 『世說假譎篇』注引「晉陽秋」 "유총은 … 도각 출신이다."[51]
   d. 『晉書』「劉琨傳」 "도각종 유찬이 방비가 소홀함을 틈타니 진양이 붕궤되었다."[52]
   e. 『晉書』「王彌傳」 "도각종의 후손이 어찌 제왕이 되려는 큰 뜻을 품고 있는가?"[53]

  이상의 내용으로 유연 일파는 흉노족 도각종(독고부)에서 분파되었음을 증명하고 있다. 즉 이들은 도각종으로 남흉노가 중원으로 진입할 때에 따라 들어와서 병주 일대에 거주하여 흉노족 통치하의 부락이 되었다. 그래서 그들을 흉노의 별종으로 일컫기도 한 것이다. 유연이 유씨를 일컬은 것은 아마도 여러 가지 복합적인 고려 때문 일 것이다. 우선 기존의 남선우의 후예들인 도각종이 이미 유씨를 일컬었고, 또 서진에 반란을 일으키면서 흉노족의 순리적인 호응을 얻기 위해서 흉노족 선우의 성씨인 유씨를 채용하였다. 그 외에 중원에 진입하여 한과 전조 정권을 건립한 이후에는 흉노족의 한족에 대한 통치에 거부감을 해소하고 통치를 원활하게 하기위해서, 자신도 한족과 동일한 黃帝의 후손임을 드러내는 방편으로 유씨를 일컬었던 것으로 보인다.

---

49) 『晉書』 卷63 「李矩傳」, 1708쪽. "稱劉元海屠各小醜"
50) 『魏書』 卷23 「衛操傳」, 600쪽. "屠各匈奴, 劉淵姦賊, 結黨同呼, 敢擊幷士, 殺害無辜"
51) 『世說假譎篇』, 注引 「晉陽秋」, 『文淵閣四庫全書電子版』, 1991. "劉聰, … 屠各人"
52) 『晉書』 卷62 「劉琨傳」, 1688쪽. "屠各(劉粲)乘虛, 晉陽沮潰"
53) 同上書, 卷100 「王彌傳」, 2611쪽. "屠各子, 豈有帝王之意乎?"

Ⅲ. 독고부의 활동지역과 부락

1. 독고부의 활동지역

흉노족이 48년에 내분으로 인해 남북으로 분열하고 후한에 귀의했을 때 남선우 比(bǐ)의 무리는 8부에 4~5만이었다고 전해진다. 다음해인 49년에는 북선우 좌현왕의 무리 1만과 북부 骨都侯의 무리 3만을 받아들여 대체로 10만의 무리들이 남선우의 관할에 있었다고 여겨진다. 그러면서 남흉노는 50년에 설치되었던 후한의 使匈奴中郞將에 의해 통괄되게 되었다. 그들은 50년경에 西河郡 美稷(Ordos 좌측 지역)으로 이주했다. 그때의 상황을 『後漢書』「南匈奴傳」에 이르기를,

"남선우(흉노가 남북으로 분열 후에 남부 흉노왕을 가리킴)는 이미 서하에 거주하였고, 또한 여러 부와 왕을 설치하여 방어를 돕게 하였다. 한씨골도후(골도후는 흉노 왕족 이외의 이성 보정대신, 동한 시기에 5골도후가 있음 – 한씨, 당우씨, 호연씨, 낭씨, 율적씨)로 하여금 북지에 주둔하게 하고, 우현왕은 삭방에 주둔하게 하고, 당우골도후는 오원에 주둔하게 하고, 호연골도후는 운중에 주둔하게 하고, 낭씨골도후는 정양에 주둔하게 하고, 좌남장군은 안문에 주둔하게 하고, 율적골도후는 대군에 주둔하게 하였으며, 모두 무리를 거느리고 군현의 상황을 정탐하게 하였다."[54]

이 기록에 의하면 남선우 비에 종속되었던 8부락이 北地, 朔方, 五原, 雲中, 定襄, 雁門, 上谷, 代郡 등의 각 군에 분산되어 있었다는 것을 대략 알 수 있다. 이 지역들은 일찍이 후한이 방치했던 땅이었으나 나중에 한인

---

54) 『後漢書』 卷89 「南匈奴列傳」, 2945쪽. "南單于旣居西河, 亦列置諸部王, 助爲扞戍. 使韓氏骨都侯屯北地, 右賢王屯朔方, 當于骨都侯屯五原, 呼衍骨都侯屯雲中, 郎氏骨都侯屯定襄, 左南將軍屯鴈門, 栗籍骨都侯屯代郡, 皆領部衆爲郡縣偵羅耳目."

이 활발하게 이주하면서 자사와 태수를 설치하여 북방 방비의 체제가 정비되었다.

이러한 시대 배경 하에서 독고부의 활동 지역을 탐구하면 아래와 같다. 우선 독고부의 세계표에 근거하여 유맹, 유로고, 유고인과 유권 등이 주로 활동한 지역을 중심으로 서술하겠다.

첫째, 유맹은 독고부의 걸출한 지도자였고, 『魏書』「劉庫仁傳」에서는 흉노 북부수라고 일컬었다. 또 유맹은 일찍이 서진 武帝 泰始7年(271년) 정월에 반란을 일으키고 변새를 넘어갔다가 다음해 정월에 서진 효기장군 路藩(lùfān)에게 토벌되고 피살되었다.[55] 후에 曹操(cáocāo)가 병주의 흉노 즉 엄밀하게 이야기하면 병주의 도각종을[56] 5부로 나눴다. 대체적으로 말하면 좌부는 太原 玆氏에 거주하고 우부는 祁縣에 거주하고 남부는 蒲子에 거주하고 북부는 新興에 거주하고 중부는 大陵에 거주하였다.[57] 유맹이 피살되고 그의 아들 유부륜은 선비족 탁발씨에게 투항하였다.[58] 그리고 안문에서 변새를 나가서 북쪽으로 이동하였는데 이 길이 바로 중고 시대 교통도로였고 또한 선비족 탁발씨에게 투항하는 중요 경로였다. 즉 독고부의 거주지 북부가 신흥(山西省 忻縣 서쪽)에 위치한다는 것은 『魏書』에 기록된 철불부 유호의 거주지와 대략 일치한다. 또 유맹이 반란을 일으키고 변

---

55) 관련 기록으로는 『晉書』 卷3 「武帝紀」, 60~61쪽 ; 同上書, 卷57 「胡奮傳」, 1557쪽 ; 同上書, 卷101 「劉元海載記」, 2648쪽 ; 『資治通鑑』 卷79 武帝 泰始7年條, 2514·2519쪽을 참고할 것.
56) 同上書, 卷97 「北狄匈奴傳」, 2549~2550쪽. "北狄以部落爲類, 其入居塞者有屠各種, … 凡十九種, … 屠各最豪貴, 故得爲單于, 統領諸種" 또 남흉노와 유씨 및 도각종은 唐長孺, 前引 『魏晉南北朝史論叢』, 382~450쪽 ; 林幹, 『匈奴通史』(北京, 人民出版社, 1986), 187~193쪽 ; 馬長壽, 前引 『北狄與匈奴』, 92~97쪽 ; 姚薇元, 前引 『北朝胡姓考』, 38~52쪽 ; 周偉洲, 『漢趙通史』(太原, 山西人民出版社, 1986), 14~25쪽 ; 內田吟風, 前引 「南匈奴に關する硏究」, 『北アジア史硏究』, 238쪽 및 278~288쪽 등을 참고할 것.
57) 5부의 거주지는 『晉書』 卷97 「北狄匈奴傳」, 2548쪽 ; 『晉書』 卷101 「劉元海載記」, 2645쪽.
58) 『魏書』 卷95 「鐵弗劉虎傳」, 2054쪽.

새를 넘어갔다는 사실과 유맹의 아들 유부륜이 선비족 탁발씨에게 투항한 사실을 근거로 하여 그가 거주했던 신흥에서 이동 경로를 지리적으로 재구성 해보면, 아마도 북쪽으로 代縣, 寧武, 神池 일대의 장성을 넘은 것이 아니면 달리 陽高, 右玉 일대의 장성을 넘어서 탁발씨의 활동지대에 진입하거나 접근했을 가능성이 매우 농후하였다.

둘째, 유맹의 손자 유로고시기에 이르러 독고부의 활동 무대를 유추하면 다음과 같다. 『魏書』「序記」에 이르기를 "(유)호가 단기로 나아갔다. 그의 사촌 동생 로고가 부락을 거느리고 귀의하였으며, 帝(拓跋鬱律)는 딸을 주어 처를 삼게 하였다."[59] 이것은 철불부 유호가 부락을 거느리고 황하 이서의 삭방(陝西省 榆林縣 일대)으로 이동하였고, 318년에 탁발씨의 서쪽 국경을 침범하였다가 拓跋鬱律(tuòbáyùlǜ)에게 패배한 것을 말한다. 이 시기에 독고부의 유로고도 탁발씨에게 항복하였다. 또 『新唐書』「宰相世系表」의 기록에 의하면 유맹 - 유부론 - 유로고 - 유고인은 혈연관계이므로, 흉노 북부와 독고부는 자연스럽게 활동 무대가 일치한다. 이곳은 황하 이동이고 선비족 탁발씨의 핵심 지역의 남쪽이며, 흉노족 북부의 활동 무대인 신흥군 일대임이 명백하다. 왜냐하면 유로고가 부락을 이끌고 탁발씨에 귀의한 이후에 선비족 탁발씨가 그들을 다른 곳으로 이주시켰다는 기록이 없다. 오히려 탁발울률의 딸을 유로고의 처로 삼게 했다는 사실로 볼 때 선비족 탁발씨는 유로고를 신흥군 일대 흉노족 부락의 지도자로 인정해줬음을 추측할 수 있다. 이로 인하여 유로고는 신흥군 일대에서 선비족 탁발씨에 귀의한 흉노족 부락을 계속 통치하고 있었던 것이다.[60]

셋째, 유로고의 아들 유고인 시기에 이르러서도 독고부의 활동 지역은

---

59) 同上書, 卷1「序紀」, 9쪽. "(劉)虎單騎進走. 其從弟路孤率部落內附, 帝(拓跋鬱律)以女妻之." 이에 대하여 同上書, 卷23「劉庫仁傳」, 604쪽. "(劉庫仁)母平文皇帝(拓跋鬱律)之女"의 기록으로 위 주장을 증명하고 있다.
60) 同上書, 9쪽. 탁발울률은 혼인 관계를 통해서 부근의 중요 세력을 흡수하여 탁발씨의 외연을 확장하였던 것으로 보인다.

커다란 변화가 없었다. 유고인은 선비족 탁발씨와 매우 밀접한 관계를 가지고 있었다. 즉 유고인의 모친은 탁발울률의 딸이고, 유고인 자신은 拓跋什翼犍(tuòbáshíyìjiān, 320-376년)의 딸을 처로 받아들이고 남부대인이 되었다.[61] 376년에 전진의 부견이 군사를 보내어 선비족 탁발씨의 남쪽 변경을 공격할 때에 탁발씨를 도와서 방어하기도 하였다.[62] 탁발씨의 代國이 전진의 부견에게 멸망당한 이후에는 부견에 귀의하였으며, 부견은 황하 이동 지역의 통치권을 유고인에게 주고 황하 이서는 철불부 유위진(유호의 손자)에게 줘서 탁발씨의 옛 영토를 다스리게 하였다.[63] 또 유고인이 부견에 의하여 淩江將軍에 임명된 이후에 장악한 범위도 북쪽으로 조금 확대되었을 뿐으로 여전히 탁발씨 통치지역인 황하 이동의 영역에 불과하였다.[64] 이후에 유고인의 아들 유현은 拓跋圭(tuòbáguī) 및 後燕 慕容氏의 연합공격을 당하여 雁門 略北의 馬邑(山西省 朔縣) 지역에서 최후를 맞게 되었다.

결론적으로 위에 서술한 일련의 상황으로 미루어 볼 때 독고부는 조조가 병주의 흉노족을 5부로 나누면서 획정한 북부, 즉 황하 이동의 신흥군 일대에서 유맹 이래로 줄곧 거주하였다.

2. 독고부의 부락

독고부의 부락민에 대한 연구는 우선 독고라는 칭호는 도각과 동명이역이라는 전제하에 출발하겠다.[65] 이로 인하여 독고부가 통치한 부락민은 마

---

61) 同上書, 卷23 「劉庫仁傳」, 604쪽. "母平文皇帝之女, 昭成皇帝復以宗女妻之, 爲南部大人."
62) 同上書, 卷1 「序紀」, 16쪽. "苻堅遣其大司馬苻洛率衆二十萬 … 侵逼南境. 冬十一月, 白部・獨孤部御之, 敗績. 南部大人劉庫仁走雲中. 帝復遣(劉)庫仁率騎十萬逆戰於石子嶺, 王師不利."
63) 同上書, 卷23 「劉庫仁傳」, 604~605쪽 ; 同上書, 卷24 「燕鳳傳」, 610쪽 ; 同上書, 卷95 「鐵弗劉虎傳」, 2055쪽.
64) 同上書, 卷2 「太祖紀」, 19쪽 ; 同上書, 卷23 「劉庫仁傳」, 604~605쪽.

땅히 독고씨(유씨) 자신의 종족 및 그 지역에 거주하는 기타 흉노족 부락민을 포괄하였다.[66)]

중원에 진입한 흉노족의 부락 구조와 인구에 대해서는 216년에 조조가 흉노족을 복속시키고 좌, 우, 남, 북, 중의 5부로 나누었다. 呼韓邪(hūhányé)의 자손(조위 시기에 성씨를 유로 바꾸었다.)을 부락의 우두머리로 세우고 우현왕 거비로 하여금 平陽(山西省 林汾縣)에 거주하면서 5부를 통치하게 하였다. 서진의 武帝는 부락 우두머리의 명칭을 도위로 고쳤다. 좌부가 통솔하는 대략 1만여 부락은 玆氏縣(山西省 汾陽縣)에 거주하였고, 우부가 통솔하는 대략 6천여 부락은 祁縣(山西省 祁縣)에 거주하였으며, 남부의 약 3천여 부락은 蒲子縣(山西省 蒲縣)에 거주하였고, 북부의 약 4천여 부락은 新興縣(山西省 忻縣)에, 중부의 약 6천여 부락은 大陵縣(山西省 文水縣)에 거주하도록 하였다.[67)] 거비가 거느린 흉노족은 적어도 3만 호는 되었다. 게다가 기타 귀의하는 흉노족 부락까지 더한다면 총수는 수십만 명에 달했다. 그래서 서진 시기에는 흉노족을 포함한 북방의 여러 호족을 통칭해서

---

65) 姚薇元, 前引『北朝胡姓考』, 44~46쪽 ; 內田吟風, 前引「南匈奴に關する硏究」, 『北アジア史硏究』, 332쪽.
66) 기타 흉노 부락민으로는 李氏와 梁氏가 대표적이다. 이씨는 북부수 유맹은 泰始8년(272년) 정월에 서진의 군사에게 패배하고 살해당한 기록이 있는데,『晉書』卷3「武帝紀」, 61쪽. "左部帥李恪殺(劉)猛而降" ; 同上書, 卷97「北狄匈奴傳」, 2549쪽. "槙素有智略, 以猛衆凶悍, 非少兵所制, 乃潛誘(劉)猛左部督李恪殺猛" ; 同上書, 卷57「胡奮傳」, 1557쪽. 李恪은 유맹의 '幕下將'이라고 기록되어 있다. 즉 당시 병주 흉노의 상황에 의거하면 이각은 자신의 세력을 거느리고 있었기 때문에 유맹이 통치하는 북부의 통치 계층이 될 수 있었을 것이다. 양씨는 유고인의 아들 유현의 책사 梁六眷이 있다. 그의 부친 梁蓋盆 또한 일찍이 부락 대인이었다. 姚薇元, 前引『北朝胡姓考』, 60쪽. 양씨는 "乃休屠種類之部落"이라고 하였다. 기타 관련 문헌으로는『魏書』卷2「太祖紀」, 20쪽 ; 同上書, 卷13「皇后列傳」, 324쪽 ; 同上書, 卷27「穆崇傳」, 66쪽1 ; 同上書, 卷113「官氏志」, 3007쪽 ;『資治通鑑』卷106「晉紀」, 3350쪽 등을 참고할 것.
67)『晉書』卷97「北狄匈奴傳」, 2548쪽. "建安中, 魏武帝始分其衆爲五部, … 其左部都尉所統可萬餘落, 居於太原玆氏縣, 右部都尉可六千與落, 居祁縣, 南部都尉可三千餘落, 居蒲子縣, 北部都尉可四千餘落, 居新興縣, 中部都尉可六千餘落, 居大陵縣."

北狄이라고 불렸던 것이다.[68]

이들 북적은 위진남북조 시대 중원에 진입하여 활동한 흉노족의 핵심 구성원으로, 다양한 형태로 중원의 역사 무대에 등장하여 활발한 활동을 전개하였다. 중원에 진입한 직후부터 일반 흉노족 백성은 한족과 뒤섞여 살면서 농업에 종사하여 이미 서진의 백성이 되었지만, 흉노족 귀족들은 여전히 전통적인 명성과 위엄을 가지고 있어서 통솔력이 컸다. 또한 이미 갖추어진 5부 조직은 신속하게 군사 조직으로 변할 수 있었다. 이렇게 볼 때 흉노족이 제일 먼저 군대를 일으켜 서진을 배반하고 북방 유목 민족의 정권을 개국한 것은 자연스러운 현상이었다.

이러한 부락 상황 하에서 독고부의 부락은 북부의 부락을 기반으로 한다. 북부의 약 4천여 부락은 新興縣(山西省 忻縣)을 중심으로 거주하였다. 북부수 유맹은 272년 패망한 후에 그가 통치하던 부락은 유호의 부친 고승원이 계속 통치하였고, 또 다시 유호에 의하여 계승되었다. 이로 인하여 310년에는 철불부 유호가 통치하던 부락(철불부)에는 마땅히 유맹이 통치하던(독고부) 부락이 섞여 있었다. 그러나 310년 이후에 상황은 변화되었다. 즉 318년에 유호는 삭방에서 탁발부의 서쪽을 침범하였다가 탁발울률에게 대패하여 단기로 새를 넘어 도망갔고, 철불부와 독고부의 혼합 형태는 다시 유맹의 손자인 유로고가 인솔하여 탁발부에 귀의하였다.[69] 이것은 아마도 흉노 북부가 철불부와 독고부로 분리되는 시점이라고 봐도 무리가 없을 것이다. 또 이것은 철불부가 비록 통치자는 유호의 자손이 계속 담당했지만 부락민은 계속 변화되었음을 의미한다.[70] 이에 반하여 유고인이 통

---

68) 馬長壽, 『北狄與匈奴』(北京, 三聯書店, 1962), 1~2쪽. 북적의 의의 및 분포와 종류에 대해서 상세히 언급하였다.
69) 『魏書』 卷1 「序紀」, 9쪽. "劉虎居朔方, 來侵西部, 帝(平文皇帝拓跋鬱律)逆擊, 大破之, 虎單騎逃走. 其從弟路孤率部落內附, 帝以女妻之."; 同上書, 卷95 「鐵弗劉虎傳」, 2054쪽.
70) 同上書, 卷95 「鐵弗劉虎傳」, 2054쪽. "招集種落, 爲諸部雄. … 督攝河西雜類, … 部落奔潰."

치하던 독고부는 원래의 도각 부락민의 손실이 없었으며 오히려 탁발부와 연합하여 도각(독고부)의 칭호를 계속 유지할 수 있었던 것이다.

결론적으로 독고부의 부락민은 황하 이동 즉 원래의 흉노 북부의 활동지역에서 북부의 부락민을 중심으로 유맹-유부륜-유로고-유고인이라는 통치자를 통해서 부락을 굳건히 유지하였다. 또 이들은 굳건히 유지된 부락민을 기반으로 탁발씨 중심의 선비족과 동맹 및 혼인의 방법을 통해서 밀접한 관계를 유지하였고, 나중에는 탁발선비의 중요 종족 구성원이 되었다.[71]

Ⅳ. 결 어

위진남북조시대 중원으로 진입한 흉노족은 『晉書』「匈奴傳」에 의하면 대략 19종류가 있으며 이들 중에서 비교적 세력이 큰 부족이 3개 있다. 첫째는 羌渠種으로 남선우 어부라의 직계자손으로 유표-유연-유총으로 계승되는 일파이다. 둘째는 도각종의 철불부이다. 이들도 나중에 유씨로 개칭하였고 도각종 중에서 가장 지위가 높은 씨족이다. 『新唐書』「宰相世系表」에 의하면, 이들은 곡려왕 시리의 후손이며 좌현왕 거비의 직계자손으로 유호-유무환-유위진-혁연발발로 계승되는 일파이다. 셋째는 도각종의 독고부이다. 이들도 나중에 유씨로 개칭하였고 철불부 일파와 종족 관계이다. 독고부 역시 곡려왕 시리의 후손이며 북부수 유맹의 직계자손으로 유부륜-유로고-유고인과 유권-유현으로 계승되는 일파이다.

위의 3개 부락 중에서 독고부는 철불부와는 달리 중원에 왕조를 건립하는 등 역사의 전면에서는 활약하지 못했다. 그러나 독고부는 탁발씨의 대국과 전진의 부견 및 탁발규의 대국 복국 등과 밀접한 관계를 유지하였다. 즉 독고부는 주위의 여러 부족 및 왕조와 친선 우호와 경쟁 대립의 방법을

---

71) 同上書, 卷113 「官氏志」, 3007쪽. "餘部諸姓內入者. … 獨孤氏, 後改爲劉氏."

이용하여 철불부가 중국 역사에서 사라진 것과는 반대로 수당에 이르기까지 종족의 흔적이 이어져 내려왔다.

이와 같은 인식을 바탕으로 본 논문에서 서술한 독고부의 종족, 거주지, 부락을 중심으로 주요 내용을 귀납하여 정리하면 다음과 같다.

첫째, 독고는 도각의 이역으로 도각종은 독고종과 동일하다. 즉 흉노족 도각종은 휴도각, 도각호, 휴도, 휴저도각 등의 약칭으로, 후한말 이래로 중원으로 진입한 남흉노의 후예 혹은 흉노족에 예속되었다가 흉노족과 함께 새내에 진입한 종족을 일컫는다. 지리적으로는 병주와 산서 북부에 주로 거주하였고, 주위 종족과의 관계상 탁발부 및 한족과 관계가 비교적 밀접하여 상호 융합이 활발한 종족이었다. 독고부의 가계는 흉노족 남선우의 후예이며 곡려왕 시리 – 오리 – 유맹 – 유부륜 – 유로고 – 유고인과 유권 – 유현 등으로 연결되어 진다.

둘째, 독고는 도각의 이역이므로 도각종 도각씨는 독고부 독고씨와 동일하다. 또 독고씨와 유씨 역시 모두 동일 성씨이다. 즉 흉노족 모돈선우 시기에 출현한 유씨에서 독고씨(도각씨)가 파생되었고, 독고씨는 대략 유맹 시기(대략 조위 嘉平3年(251년)이후)에 다시 유씨로 개칭하였음을 알 수 있다. 결론적으로 도각종의 핵심 부족에 독고부가 있고, 나중에 독고부의 독고씨는 유씨로 개칭하였음을 알 수 있다. 즉 도각씨와 독고씨 및 유씨는 모두 동일 성씨이고, 이들은 위진시기 이후 대략 5호16국 전진 부견의 통치 시기 이전에 유씨로 바꾸고 역사 무대에 본격적으로 등장하였다.

셋째, 독고부의 활동무대는 조조가 병주의 흉노족을 5부로 나누면서 획정한 북부, 즉 황하 이동의 신흥 일대에서 유맹 이래로 줄곧 거주하였다. 북부의 인구는 대략 약 4천여 부락으로 신흥현(山西省 忻縣)을 중심으로 거주하였다.

넷째, 독고부가 통치한 부락은 마땅히 독고씨(유씨) 자신의 종족 및 그 지역에 거주하는 기타 흉노 부락민을 포괄하였다. 또 이들은 한족과 밀접한 관계를 유지하여 융합의 정도가 비교적 높았다. 5호16국 초기에는 탁발씨 중심의 선비족과 동맹 또는 혼인의 방법을 통해서 밀접한 관계를 유지하여 독고부는 나중에 탁발선비의 중요 종족 구성원이 되었다. 그리하여 독고부 통치자들은 북조와 수당에 이르기까지 여전히 통치계층의 일각을 담당하면서 흉노족 철불부와는 다른 면모를 중국 역사무대에 남기게 되었던 것이다.

(『중국학연구』 46, 2008년)

참고문헌(출현 순서에 따라)

1. 사료

『晉書』, 臺北, 鼎文書局, 1987.
『太平御覽』, 『文淵閣四庫全書電子版』, 北京, 迪志文化出版, 1991.
『後漢書』, 臺北, 鼎文書局, 1987.
『新唐書』, 同上.
『冊府元龜』, 『文淵閣四庫全書電子版』, 1991.
『太平寰宇記』, 同上.
『史記』, 臺北, 鼎文書局, 1987.
『漢書』, 同上.
『三國志』, 同上.
『十六國春秋』, 『文淵閣四庫全書電子版』, 1991.
『魏書』, 臺北, 鼎文書局, 1987.
『通典』, 臺北, 商務印書館, 1987.
『通志』, 同上.
『北史』, 臺北, 鼎文書局, 1987.
『資治通鑑』, 臺北, 世界書局, 1987.
『世說假譎篇』, 『文淵閣四庫全書電子版』, 1991.

2. 저서

張璧波外1人(編), 『中國古代北方民族文化史』, 哈爾濱, 黑龍江人民出版社, 1993.
馬長壽, 『北狄與匈奴』, 北京, 三聯書店, 1962.
黃　烈, 『中國古代民族史硏究』, 北京, 人民出版社, 1987.
羅賢佑(編), 『歷史與民族 – 中國邊疆的政治·社會與文化 – 』, 北京, 社會科學文獻出版社, 2005.
唐長孺, 『魏晉南北朝史論叢』, 臺北, 帛書出版社, 1986.
白翠琴, 『魏晉南北朝民族史』, 成都, 四川民族出版社, 1996.

姚薇元, 『北朝胡姓考』, 北京, 中華書局, 1962.
陳連慶, 『中國古代少數民族姓氏研究』, 長春, 吉林文史出版社, 1993.
林　幹(編), 『匈奴史論文選集』, 北京, 中華書局, 1983.
馬長壽, 『烏丸與鮮卑』, 上海, 人民出版社, 1962.
林　幹, 『匈奴通史』, 北京, 人民出版社, 1986.
周偉洲, 『漢趙通史』, 太原, 山西人民出版社, 1986.
三崎良章, 『五胡十六國の基礎的研究』, 東京, 汲古書院, 2006.
澤田 勳, 『匈奴 - 古代遊牧國家の興亡 - 』, 東京, 東方書店, 2006.

3. 논문

武 沐, 尹玉琴, 「『晉書·北狄傳』入塞屠各新論」, 『中國邊疆史地研究』 2006-4.
李樹輝, 「新疆木壘縣榮子沟古墓出土石人考」, 『新疆大學學報』 2002-6.
吳洪琳, 「大夏國史」, 陝西師範大學博士學位論文, 2005.
陳琳國, 「休屠·屠各和劉淵族姓」, 『北京師範大學學報』 2006-4.
內田吟風, 張麗波(譯), 「北魏初世匈奴獨孤部的盛衰」, 『北朝研究』 1992-4.
內田吟風, 「南匈奴に關する研究」, 『北アジア史研究』, 京都, 同朋社, 1975.

제2장

5호16국시기 흉노족 獨孤部와 선비족 拓跋部의 관계 연구

－독고부 劉氏를 중심으로－

I. 서 언

위진남북조 시대 특히 5호16국(304~439년) 시기의 북방민족 중에서 흉노족은 역사상 주도적인 위치를 차지하고 있었다. 북흉노가 서쪽으로 이동하고 남흉노가 중원의 역사 무대에 등장하면서부터, 흉노족 및 그 후예들은 끊임없이 중원으로 이동하며 활발한 활동을 전개하였다. 5호에서 첫 번째로 언급되는 종족이 흉노족이고, 그들이 5호16국의 시종을 결정지은 것은 주지의 사실이다. 즉 5호16국 시기의 시작은 흉노족의 일파인 劉淵(liúyuān)이 劉漢(前趙) 정권(304~329년)을 건립하여 그 서막을 열었다. 또 흉노족 철불부의 赫連勃勃(hèliánbóbó)은 大夏 정권(407~431년)을 건립하였다. 그 외에 흉노족 독고부는 비록 중원에 정권을 건립하지는 못했지만, 鮮卑族의 拓跋部와 우호와 대립 관계를 병행하여 代國(315~386년)과[1] 北魏 정권(386~534년)의 탄생에 결정적인 공헌을 하였다. 5호16국의 종결은 흉노족의 또 다른 일파인 盧水胡 沮渠蒙孫(jǔqúméngsūn)이 北涼 정권(401~439년)을 건립하여 그 대미를 장식하였다. 이처럼 서진 이후 중국 북

---

1) 代國의 기원에 관한 학설로는 김영환, 「5호16국시기代國의 형성과정 연구」, 『國際中國學硏究』 6, 459쪽을 참고할 것. 즉 탁발선비의 代(代國, 代人)이라는 용어는 西晉 시기에 식읍으로 代郡을 받고 代公, 代王의 책봉을 받으면서 『魏書』와 『晉書』에 나타나기 시작하였다. 北魏 건국 이후에 일부분 핵심 계층은 한족 신분과 구별하고 동시에 자신이 북방 유목 민족 출신의 후예임을 강조하기 위해서 점차 이런 용어를 사용하게 되었다. 현재 통용되고 있는 대국 기원에 관한 학설을 정리하면 다음과 같다. (1)범의의 의미로 탁발선비가 북위를 건국하기 이전의 전체 시기 (2)拓跋毛 이후부터 북위 건국 이전까지 (3)拓跋力微부터 북위 건국 이전까지 (4)광의의 의미로 310년 拓跋猗盧가 大單于・代公으로 책봉 받은 이후부터 북위 건국 이전까지 (5)315년 拓跋猗盧가 서진으로부터 代王으로 책봉 받고, 식읍으로 代郡과 常山郡을 받은 이후부터 북위 건국 이전까지 (6)협의의 의미로 拓跋什翼犍이 338년 繁峙에서 代王에 즉위하고, 연호를 建國으로 일컬은 이후부터 북위 건국 이전까지의 6가지 학설이 있다. 본문에서 필자는 5의 학설을 따랐다.

방의 대혼란 시기에 중원에 진입하여 135년간 5호16국 분할 시기의 주인공은 흉노족이라고 해도 과언이 아니다.[2]

본문은 필자의 「5호16국시기 흉노족 독고부 연구 - 독고부의 종족과 활동지역을 중심으로 - 」를[3] 기초로 한 두 번째 논문이다. 연구 목적으로는 독고부 통치자 유씨와 탁발부 지도자 拓跋珪(tuòbáguī)와의 우호와 대립 관계를 중심으로 설명하였고, 이를 통해서 두 부락의 흥망성쇠 과정의 일단을 살펴보는 것을 목적으로 하였다. 우선 설명의 편리를 위해서 독고부의 종족 근원을 개략적으로 정리하면 다음과 같다. 일반적으로 위진 시기에 이르면 순수한 흉노족은 이미 존재하지 않는다. 대부분 흉노족과 기타 종족이 융합하여 한화 혹은 선비화의 방향으로 진행되었다. 위진남북조 시기에 중원에 진입한 흉노족은 대략 19종이 있으며, 그 중에서도 도각종이 가장 세력이 컸다.[4] 도각종 역시 後漢 말기 이래로 중원에 진입한 흉노족과 한족의 융합으로 탄생한 종족을 가리킨다.[5] 이러한 도각종은 문헌에 屠各胡, 休屠各, 休屠, 休著屠各 등으로 기록되어 있다.[6]

협의의 도각종은 진한 시기 甘肅省 武威 일대에 거주하던 흉노 休屠王 및 그 후예를 가리킨다. 前漢 元狩2年(기원전 121년) 휴도왕과 昆邪(渾邪)

---

2) 張璧波外1人(編), 『中國古代北方民族文化史』(哈爾濱, 黑龍江人民出版社, 1993), 7쪽.
3) 김영환, 「魏晉南北朝時期 匈奴族 獨孤部 연구 - 독고부의 종족과 활동지역을 중심으로 - 」, 『중국학연구』 46, 291~312쪽.
4) 『晉書』 卷97 「北狄匈奴傳」, 2549~2550쪽. "北狄以部落爲類, 其人居塞者有屠各種·鮮支種·寇頭種·烏譚種·赤勒種·捍蛭種·黑狼種·赤沙種·鬱鞞種·萎莎種·禿童種·勃蔑種·羌渠種·賀賴種·鍾跂種·大樓種·雍屈種·眞樹種·力羯種, 凡十九種, 皆有部落, 不相雜."
5) 白翠琴, 『魏晉南北朝民族史』(成都, 四川民族出版社, 1996), 141~143쪽. 흉노족과 기타 종족과의 융합은 크게 3가지 유형으로 구분한다. 첫째, 흉노족과 한족이 융합한 도각종이 있다. 둘째, 흉노족과 선비족이 융합한 탁발선비, 우문선비, 철불흉노 등이 있다. 셋째, 흉노족과 기타 雜胡가 융합한 盧水胡와 契胡, 羯胡 등이 있다.
6) 唐長孺, 「魏晉雜胡考」, 『魏晉南北朝史論叢』(臺北, 帛書出版社, 1986), 370쪽.

王은 표기장군 霍去病(huòqùbìng)에게 패배하였다. 전한은 그들의 무리 수만 명을 隴西 등 5군 새외에 안치하고 속국을 설치하여 다스렸다.[7] 이후에 5군과 속국에 흩어져 거주하던 휴도왕의 후예 및 무리를 휴도 혹은 도각으로 일컬었다. 그들은 주로 秦隴과 涼州 지역에 분포하였고 나머지는 朔方과 太行山 동쪽 기슭과 渭北 등지에 거주하였다. 일부는 幷州로 이동하여 5부 흉노족과 잡거하여 한족과 융합의 정도가 비교적 깊었다.[8] 광의의 도각종은 첫째, 위진 이래로 계속해서 중원으로 이동하여 한족과 융합하였거나 또는 융합되고 있는 흉노족으로 南匈奴 單于의 후예를 포함한다.[9] 둘째, 『通典』注에 이르기를 "두만과 모돈은 즉 도각종이다."[10] 즉 원래부터 흉노족 선우의 종족 또한 도각이라고 여겼다. 셋째, 병주에 거주하는 흉노족과 劉淵(liúyuān)일파를 도각이라고 일컬었다.[11] 『晉書』「劉曜載記」에 이르기를 "왕과 공 등 귀족 및 5군의 도각종 5,000여명을 襄國에 매장하였다."[12] 여기서 말하는 5군 도각은 5부 흉노를 가리킨다. 넷째, 독고부 혹은 독고씨(나중에 劉氏로 고쳤다.) 또한 도각종이다.[13] 독고부는 원래 흉노족 谷蠡王 尸利(shīlì)의 후손이며 北部帥 劉猛(liúměng)의 직계자손으로 劉副崙(liúfùlún) - 劉路孤(liúlùgū) - 劉庫仁(liúrkùrén)과 劉眷(liújuàn) - 劉顯(liúxiǎn),

---

7) 『史記』 卷110 「匈奴傳」, 2234쪽.
8) 『漢書』 卷28 「地理志」 下, 1644쪽; 同上書, 卷68 「金日磾傳」, 2959쪽; 『三國志』 卷26 「郭淮傳」, 735쪽; 『晉書』 卷103 「劉曜載記」, 2698쪽; 同上書, 卷105 「石勒載記」 下, 2707쪽; 同上書, 卷116 「姚萇載記」, 2967쪽; 同上書, 卷115 「苻登載記」, 2950쪽; 『太平御覽』 卷428 「人事部」引 『十六國春秋』 「後趙錄」, 1727쪽 등 관련 기록을 참고할 것.
9) 『晉書』 卷63 「李矩傳」, 1707쪽; 同上書, 卷101 「劉元海載記」, 2645쪽; 同上書, 卷62 「劉琨傳」, 1688쪽; 『魏書』 卷23 「衛操傳」, 600쪽에 관련 기록이 있다.
10) 『通典』, 卷194 「邊防」10, 1046쪽. "頭曼, 冒頓卽屠各種也."
11) 黃烈, 『中國古代民族史研究』(北京, 人民出版社, 1987), 212쪽; 唐長孺, 前引 「魏晉雜胡考」, 『魏晉南北朝史論叢』, 370쪽; 武沐, 尹玉琴, 「『晉書·北狄傳』入塞屠各新論」, 『中國邊疆史地研究』 2006-4, 76쪽.
12) 『晉書』 卷102 「劉曜載記」, 2689쪽. "坑其王公等及五郡屠各五千餘人於襄國"
13) 李樹輝, 「新疆木壘縣菜子沟古墓出土石人考」, 『新疆大學學報』 2002-6, 5쪽.

劉犍(liújiān), 劉去斤(liúqùjīn), 劉奴眞(liúnúzhēn)으로 계승되는 일파이다.[14] 그들은 山西 북부에 거주하였고, 선비족 탁발부 및 한족과 관계가 비교적 밀접하였다. 그리고 나중에 탁발부가 代北에서 흥기할 때 독고부는 탁발부 부락 연맹에 가입하여 "內入七十五姓氏"에 소속되고, 北魏 "勳臣八姓"[15] 중의 하나로 점차 선비화되었다. 결론적으로 독고부는 탁발부와는 대부분 친선 우호 관계를 유지하였고, 북위와 북조시대는 물론 수당 시대에 이르기까지 흉노족의 중국 귀족화를 형성하며 면면히 이어지게 되었다.

　본문의 연구 범위는 흉노족 중에서 그동안 연구가 미진했던 독고부를 선택하였다. 즉 필자의 독고부에 관한 선행 논문을 기초로 독고부와 탁발부의 우호와 대립 관계를 중심으로 서술하였다. 기존의 연구 경향은 단순히 독고부 또는 탁발부 자체에 관한 연구 위주이다.[16] 탁발부 지도자 탁발규와 우호와 대립 관계를 병행하여 탁발부의 代國과 북위의 탄생에 결정적인 공헌을 한 독고부 지도자 유씨와의 상호 관계에 따른 연구는 본문이 처음이다. 서술 방법으로는 독고부의 주요 지도자를 1단계 유고인, 유권 형제 시기., 2단계 유현 시기., 3단계 유건, 유거근, 유노진 형제의 시기로 구

---

14) 『通志』卷49 「氏族略」,『文淵閣四庫全書電子版』, 1991. "(獨孤氏)姓劉, 北蕃右賢王之后. 其先尙公主, 因從母姓劉氏. 後漢度遼將軍劉進伯擊匈奴, 兵敗被執, 囚之孤山下, 生尸利, 單于以爲谷蠡王, 號獨孤部.";『新唐書』卷75「宰相世系表」, 3437쪽. "尸利生烏利, 二子去卑·猛. 後改爲劉氏." 참고로 필자의 논지 전개에 주로 참고한 논문으로는 內田吟風, 「南匈奴に關する硏究」,『北アジア史硏究』(京都, 同朋社, 1975), 333쪽 ; 內田吟風, 張麗波(譯), 「北魏初世匈奴獨孤部的盛衰」,『北朝硏究』1992-4, 71~81쪽. 참고로 독고부 유씨의 세계표를 열거하면 다음과 같다.
　　劉猛 － 劉副崙 － 劉路孤 ┬ 劉庫仁 － 劉顯
　　　　　　　　　　　　　└ 劉　眷 － 劉犍, 劉去斤, 劉奴眞
15) 『魏書』卷113「官氏志」, 3007쪽.
16) 독고부에 대한 연구로는, 김영환, 前引「魏晉南北朝時期 匈奴族 獨孤部 연구 - 독고부의 종족과 활동지역을 중심으로 - 」; 內田吟風, 張麗波(譯), 前引「北魏初世匈奴獨孤部的盛衰」이 있다. 탁발부에 대한 연구는 김영환, 『위진남북조시기 북방민족사연구 - 탁발선비족의 역사와 문화 - 』, 서울, 아이반호출판사, 2003.이 대표적이다.

분하였다. 그리고 각 단계별로 탁발부 지도자 탁발규와의 관계를 설명하고 각각의 발전에 어떤 영향을 끼쳤는가를 중점적으로 살펴보았다.

연구 방법으로는 『後漢書』, 『魏書』, 『晉書』, 『十六國春秋』, 『資治通鑑』 등 문헌자료를 중심으로 분석 정리하였다. 특히 독고부의 가계를 시리-오리-유맹-유부륜-유로고-유고인과 유권-유현(유고인의 아들), 유건, 유거근, 유노진(3명 모두 유권의 아들) 등으로 정리하고 이것에 입각하여 논지를 전개하였다. 기타 5호16국의 주요 특성에 관해서는 일본 학자의 관련 논저에서 관련 부분을 참고하여 문헌 자료의 결함을 보충하려고 시도하였다.[17]

II. 유고인, 유권과 탁발부의 관계

독고부와 탁발부는 상호 우호와 대립 관계를 유지하며 밀접한 관계를 유지하였다. 두 부락의 관계를 설명하기 전에 이해의 편리를 위해서 독고부 지도자의 성씨에 대해서 설명하면 다음과 같다. 독고부 지도자 유고인의 성씨인 유씨에 대하여 문헌에 서술한 것으로는 『魏書』 「劉庫仁傳」에 "(독고부)유고인은 본래 이름은 몰근이고, (철불)유호의 종족이다"[18]와 『北史』 「劉庫仁傳」에는 유고인을 "독고부인"[19]이라고 기록한 것이 있다. 또 『魏書』 「官氏志」에 "독고씨는 나중에 유씨로 고쳤다"[20] 라고 하였다. 이처럼 흉노족 독고씨는 한족의 성씨인 유씨로 고쳤으므로 독고씨가 유씨임은 불문가지의 사실이다. 독고씨 즉 유씨의 가계에 대하여 상세히 서술한 것으로 『新唐書』 「宰相世系表」에 이르기를,

---

17) 三崎良章, 『五胡十六國の基礎的硏究』(東京, 汲古書院, 2006), 5~17쪽. 이 책은 독고부와의 직접적인 관계가 있는 논저는 아니지만, 일본에서의 5호16국 연구 성과에 대하여 비교적 상세하게 서술하여 참고할 가치가 크다.
18) 『魏書』 卷23 「劉庫仁傳」, 604쪽. "(獨孤部)劉庫仁, 本字沒根, (鐵弗)劉虎之宗也"
19) 『北史』 卷20 「劉庫仁傳」, 732쪽. "劉庫仁字沒根, 獨孤部人, 劉武之宗也."
20) 『魏書』 卷113 「官氏志」, 3007쪽.

"하남 유씨는 본래 흉노족에서 나왔다. 한의 고조가 종녀로써 모돈의 처로 삼게 하였는데, 그 풍속에 귀족들은 모두 모친의 성씨를 따랐다. 좌현왕 거비의 후손 (유)고인은 이름이 몰근으로 후위의 남부대인·능강장군이 되었다. 동생 유권은 (유)나진을 낳았고, ….[21]

위의 내용으로 볼 때 유씨는 전한 高祖의 宗女가 흉노 冒頓(mòdú)의 처가 된 이후에 그의 후손 중 일부는 흉노족 풍속에 따라서 모친의 성씨인 유씨로 개칭하면서 문헌에 유씨가 등장했음을 알 수 있다. 또 『新唐書』 「宰相世系表」에 이르기를,

"독고씨는 유씨에서 나왔다. 후한 세조가 패헌왕 보를 낳고, 보는 리왕 정을 낳고, 정은 절왕 면을 낳았다. 면은 두 아들이 있는데 광과 이이다. 이는 낙양령이 되었다. 목을 낳고, 목은 도요장군 진백을 낳았는데, 흉노를 공격하다가 전쟁에 패배하여 사로 잡혀서 고산 아래에 감금되었다. 시리를 낳고, 선우가 곡려왕에 임명하고 독고부라고 일컬었다. 시리는 오리를 낳았다. 두 아들이 있는데 거비와 (유)맹이다. 맹은 부론을 낳았다. 부론은 노고를 낳았고 노고는 권을 낳았으며 권은 나진을 낳았다 … 처음에는 그 부락 명칭으로써 성씨를 삼았다 ….[22]

흉노족 모돈선우 시기에 출현한 유씨에서 독고씨가 파생되었고, 독고씨는 대략 유맹 시기(曹魏 嘉平3年(251년)이후)에 다시 유씨로 개칭하였음을 알 수 있다. 유맹의 직책에 대해서는 사서에 다르게 기록되어 있다. 즉 右

---

21) 『新唐書』 卷71上 「宰相世系表」, 2273쪽. "河南劉氏本出匈奴之族. 漢高祖以宗女妻冒頓, 其俗貴者皆從母姓, 因改劉氏. 左賢王去卑裔孫庫仁, 字沒根, 後魏南部大人·淩江將軍. 弟眷, 生羅辰, …."
22) 同上書, 75下 「宰相世系表」, 3437쪽. "獨孤氏出自劉氏. 後漢世祖生沛獻王輔, 輔生釐王定, 定生節王丏, 丏二子. 廣·廣·廣, 洛陽令. 生穆, 穆生度遼將軍進伯, 擊匈奴, 兵敗被執, 囚之孤山下. 生尸利, 單于以爲谷蠡王, 號獨孤部. 尸利生烏利. 二子. 去卑·猛. 猛生副論. 副論生路孤, 路孤生眷, 眷生羅辰 … 初以其部爲氏 …."

賢王,[23] 또는 北部帥,[24] 單于,[25] 中部帥[26] 등으로 기록되어 있는데, 우현왕 겸 북부수의 칭호로 흉노족 5부 중의 북부를 통치하였다고 보는 것이 비교적 합당하다고 생각된다.[27] 그리고 독고씨의 독고부는 여러 사서를 분석한 결과 흉노족과 한족(후한 도요장군 진백의 후손)의 융합으로 형성된 부락임을 알 수 있다. 결론적으로 흉노족 독고부는 유씨에서 파생되었고, 그 후에 부락 명칭으로 독고씨라는 성씨를 사용하였으며, 나중에 유맹의 통치시기에 독고씨는 다시 유씨로 개칭하였다.

318년 독고부는 유로고 즉 유고인의 부친 시기에 탁발부와 처음으로 혼인을 매개로 하여 친선우호 관계를 맺었다. 『魏書』「序紀」에 이르기를,

> "(평문제, 탁발울률2년(318년), 유호는 삭방에 웅거하면서 탁발부의 서부를 침략하였다. 평문제가 역습하여 크게 격퇴하였고, 유호는 혼자서 도망갔다. 유호의 집안 동생 되는 유로고는 부락민을 이끌고 탁발부에 귀의하였으며, 평문제는 자신의 딸을 유로고에게 보내서 부인으로 삼게 하였다.[28]

여기에 등장하는 유로고는 바로 독고부 수령 유고인의 부친이고 또한 拓跋鬱律(tuòbáyùlǜ)의 사위이다. 독고부와 탁발부는 시작부터 혼인을 통하여 우호 관계를 맺었던 것이다. 즉 독고부는 유로고 시기에 부락민을 거느리고 탁발부에 귀의하고, 탁발울률은 자신의 딸을 유로고의 부인으로 삼게 하면서 독고부 유씨와 탁발부의 관계는 밀접하게 되었다. 아마도 독고부는 이 시기에 탁발부 부락 연맹에 가입하여 "內入七十五姓氏"에 소속되

---

23) 『晉書』 卷101 「劉元海載記」, 2644쪽.
24) 『魏書』 卷95 「鐵弗劉虎傳」, 2125쪽.
25) 『晉書』 卷97 「北狄匈奴傳」, 2549쪽.
26) 同上書, 卷57 「胡奮傳」, 1557쪽.
27) 吳洪琳, 「大夏國史」, 陝西師範大學 博士學位論文, 2005, 13쪽.
28) 『魏書』 卷1 「序紀」, 9쪽. "(平文帝, 拓跋鬱律)二年(318年), 劉虎據朔方, 來侵西部, 帝逆擊, 大破之, 虎單騎迸走. 其從弟路孤率部落內附, 帝以女妻之."

었을 가능성이 크다.

　독고부는 유고인 시기에 본격적으로 탁발부와 밀접한 관계를 유지하였다. 유고인과 유권 형제는 북위 왕조의 창건자인 탁발규와 밀접한 관계를 유지하였고, 특히 유로고와 유고인은 2대에 걸쳐서 탁발부와 혼인 관계를 맺었다.[29] 이후 독고부는 탁발부의 代國 재건과 북위 건국 역사 속에서 중요한 역할을 담당하였다. 또 철불부 劉虎(liúhǔ)가 河西 지역으로 이동하고 유고인이 독고부의 지도자가 된 시점에 중국의 역사서에 구체적으로 등장하였다. 당시 독고부의 핵심 활동 지역은 대략 탁발부와 白部[30] 거주지의 남쪽이며, 흉노 북부 혹은 철불부 유호의 초기 활동 지역과 유사하였다. 유고인 시기의 독고부와 탁발부의 밀접한 관계는 376년에 前秦의 군대가 탁발부의 남쪽 변경을 공격할 때에, 탁발십익건은 백부와 독고부로 하여금 방어하게 한 것으로 그 일단을 살펴볼 수 있다. 또 독고부 지도자 유고인이 전쟁에 패배하여 탁발부의 근거지인 雲中으로 도망가자, 탁발십익건은 다시 유고인에게 10만 군사를 거느리고 石子嶺에서 전진의 군사와 전투하게 하였다.[31] 이러한 내용으로 볼 때 당시 유고인은 탁발부와 우호적인 관계를 유지하고 있었을 뿐만 아니라, 탁발부의 지도자 탁발십익건의 사위로써 南部大人에 임명될 정도로 신임을 받고 있음을 알 수 있다.[32]

　376년 탁발부의 대국은 전진의 군대에 와해되어 멸망하였다. 대국이 패망한 이후에 전진의 苻堅이 탁발규를 長安으로 끌고 가려고 할 때, 대국의

---

29) 同上書, 卷23 「劉庫仁傳」, 604쪽. "劉庫仁, … 母平文皇帝(拓跋鬱律)之女. 昭成皇帝(拓跋什翼犍)復以宗女妻之, 爲南部大人."
30) 白部에 대한 상세한 고증으로는 김영환, 前引『위진남북조시기 북방민족사연구 - 탁발선비족의 역사와 문화 - 』, 173~187쪽.
31)『魏書』卷1 「序紀」, 16쪽. "苻堅遣其大司馬苻洛率衆二十萬, … 侵逼南境. 冬十一月, 白部·獨孤部禦之, 敗績. 南部大人劉庫仁走雲中. 帝復遣庫仁率其十萬逆戰於石子嶺, 王師不利."
32) 同上書, 卷23 「劉庫仁傳」, 604쪽. "昭成皇帝(拓跋什翼犍)復以宗女妻之, 爲南部大人." 이곳의 남부 대인은 당시 탁발부 대국의 남방에 거주하던 부락인 독고부 지도자를 지칭하는 것일 가능성이 농후하다.

長史 燕鳳(yānfèng)이 극력 간청하며 만류하였다. 『魏書』「燕鳳傳」에 이르기를,

"대왕(탁발십익건)이 최근에 서거하자 신하들도 도망가거나 배반하였으며, 남아있는 대왕 탁발십익건의 손자(탁발규)는 나이가 어려서 보좌하여 옹립하는 사람이 없었다. 대국의 별부대인 유고인은 용감하고 지략이 있고, 철불부 유위진은 교활하고 변화무쌍하여 모두 단독으로 임무를 맡기기에는 불가합니다. 마땅히 여러 부락을 둘로 나누어 위의 두 사람으로 하여금 다스리게 하십시오. 두 사람은 평소 깊은 원한이 있고, 세력으로 볼 때 누구라도 감히 먼저 군사를 일으킬 수 없습니다. 이것은 변방 지역을 지키는 좋은 계책입니다. 그리고 대왕의 손자가 장성하기를 기다렸다가 왕위를 계승하도록 옹립하면, 폐하께서는 장차 멸망하려는 국가에 커다란 은혜를 베푸는 것입니다.[33]

부견은 연봉의 건의를 받아들여 탁발부의 부락민을 분할하여 황하 이서 지역은 철불부 劉衛辰(liúwèichén)에게 통치하게 하고, 황하 이동 지역은 독고부 유고인에게 다스리게 하였다. 그러자 탁발규의 모친 獻明皇后 또한 賀蘭部에서 탁발규를 독고부로 데리고 와서 거주하게 되었다.[34] 탁발부의 南部大人 長孫嵩(zhǎngsūnsōng)과 元他(yuántā) 등도 탁발부 부락민을 거느리고 남쪽의 유고인에게 의탁하였고,[35] 유고인 또한 진심으로 그들을 돌봐주었다.[36] 이러한 사실은 독고부가 탁발부 부락연맹 형성 시기에 가입하

---

33) 同上書, 卷24「燕鳳傳」, 610쪽. "代主初崩, 臣子亡叛, 遺孫沖幼, 莫相輔立. 其別部大人劉庫仁, 勇而有智, 鐵弗衛辰狡猾多變, 皆不可獨任. 宜分諸部爲二, 令此兩人統之. 兩人素有深仇, 其勢莫敢先發. 此禦邊之良策. 待其孫長, 乃存而立之, 是陛下施大惠於亡國也."
34) 同上書, 卷23「劉庫仁傳」, 604~605쪽. "苻堅以庫仁 … 令與衛辰分國部衆而統之. 自河以西屬衛辰, 自河以東屬庫仁. 於是獻明皇后攜太祖及衛秦二王自賀蘭部來居焉."
35) 同上書, 卷2「太祖紀」, 19쪽. "(苻)堅使劉庫仁, … 南部大人長孫嵩及元他等, 盡將故民南依庫仁."

여 "內入七十五姓氏"에 소속되었고, 탁발부 지도자인 탁발울률과 탁발십익건 2대에 걸쳐 혼인 관계를 맺었으며, 北魏 건국 이후에는 "勳臣八姓"[37] 중의 하나가 된 독고부에 대한 신뢰를 나타낸 것이다.

전진 苻堅(fújiān)의 탁발부 공격은 표면상으로는 탁발부와의 전투에서 패배한 철불부 유위진의 구원 요청에 의한 것이지만, 실제적으로는 전진 주위의 강대한 종족인 흉노족 철불부와 독고부를 이용하여 상호 견제하게 하는데 목적이 있었다. 부견의 입장에서 보면, 당시 철불부에 비해서 비교적 열세인 독고부로 하여금 패망한 탁발부를 통솔하게 하여 철불부와 세력 균형을 유지하여 상호 견제하게 하였던 것이다. 그러나 탁발부의 입장에서 보면, 대대로 탁발부와 혼인관계였던 독고부 유고인에 의하여 전진에 패망한 탁발부가 통솔되게 된 것은 탁발부가 해산되지 않고 존재할 수 있었던 주요 원인이 되었다. 또 유고인의 충성심으로 인하여 탁발규가 대국을 재건할 수 있는 잠재 역량이 양성되는 절호의 기회였던 것이다.

383년 부견이 淝水戰에서 패배하고 전진 정권은 점차 쇠약해졌다. 384년 유고인은 군사를 동원하여 전진과 연합하여 燕을 재건하려는 慕容垂(mùróngchuí)에게 대항하였다. 이 기회를 이용하여 화북의 호족 정권들이 앞 다퉈 멸망한 왕조의 재건을 성취하였다.[38] 당시 독고부에 의탁하고 있던 모용수의 휘하 慕容文(mùróngwén과 慕容常(mùróng cháng)등이 부대를 선동하여 반란을 일으키고 친부견파이며 친탁발규파인 유고인을 살해하였다.[39] 유고인이 살해된 이후에 동생 유권이 대신하여 독고부 부락 연

---

36) 同上書, 卷23 「劉庫仁傳」, 604~605쪽. "盡忠奉事, 不二興廢易節, 撫納離散, 恩信甚彰"; 『資治通鑑』 卷104 孝武帝 太元元年條, 3281쪽. "(劉庫仁)常謂諸子曰.. 此兒有高天下之志, 必能恢隆祖業, 汝曹當謹遇之."
37) 同上書, 卷113 「官氏志」, 3007쪽.
38) 북방의 호족이 앞 다퉈 재건을 성취한 정권으로는 慕容垂가 丁零族 翟斌 등과 연합하여 전진에 반란하여 燕王(後燕)을 일컬었고, 慕容泓이 선비족 수천 명을 모아서 濟北王(西燕)이라 일컬었으며, 羌族 姚萇이 大單于 萬年秦王(後秦)이라 일컬었고, 선비족 乞伏國仁이 자칭 大單于(西秦) 라고 일컬었다.

맹을 통치하였다.⁴⁰⁾ 유권은 전진의 부견이 더 이상 영향력이 없다고 여기고 부견과의 예속 관계를 단절하였다. 또 현실적인 원인으로 賀蘭部와 柔然 등 주위 여러 부락을 격파하여⁴¹⁾ 독고부가 전진의 예속에서 벗어났음을 드러내었다. 유권과 탁발규의 관계 또한 매우 밀접하였는데, 『魏書』「劉庫仁傳」의 기록으로 짐작할 수 있다.⁴²⁾ 유권은 유고인과 더불어 탁발부의 대국이 멸망한 이후에 탁발부의 지도자 탁발규를 보호하고 탁발 부락민을 수용하였으며, 장차 탁발부 대국의 부흥과 북위 창건의 기초를 수립한 공로가 지대하였다.

III. 유현과 탁발부의 관계

384년 유권이 독고부를 통치할 시기에 아들 劉羅辰(liúluóchén)은 일찍이 사촌 형인 유현에 대하여 깊은 불만을 토로하였다. 즉 유나진은 유현이 변란을 도모할 위인이므로 서둘러 제거할 것을 주장하였다.⁴³⁾ 결국 385년

---

39) 『魏書』 卷23 「劉庫仁傳」, 605.쪽 "先是, 慕容文等當徙長安, 遁依庫仁部, 常思東歸, 其計無由. 至是役也, 知人不樂, 文等乃夜率三郡人, 攻庫仁. 庫仁匿於馬廐, 文執殺之."
40) 同上書, 卷2 「太祖紀」, 20쪽. "庫仁弟眷攝國部"; 同上書, 卷23 「劉庫仁傳」, 605쪽. "庫仁弟眷, 繼攝國事"; 『資治通鑑』 卷105 孝武帝 太元9年條, 3335쪽.
41) 『資治通鑑』 卷106 孝武帝 太元10年條, 3349쪽. "鮮卑劉頭眷擊破賀蘭部於善無, 又破柔然於意親山."
42) 『魏書』 卷23 「劉庫仁傳」, 607쪽. "劉庫仁兄弟, 忠以爲心, 盛衰不二, 純節所存, 其意蓋遠"; 同上書, 卷13 「皇后列傳」, 315쪽. "道武宣穆皇后劉氏, 是劉眷女也. … 後生太宗." 유권은 탁발규에 대한 충성심뿐만 아니라 탁발규는 유권의 딸을 처로 맞아들여 北魏 太宗 明元帝 拓跋嗣를 낳아 북위 황통을 계승하였다. 同上書, 卷83 「外戚劉羅辰傳」, 1813~1814쪽. "羅辰率騎奔太祖. … 顯時部衆之強, 每謀爲逆, 羅辰輒先聞奏, 以此特蒙寵念."; 『資治通鑑』 卷106 孝武帝 太元10年條, 3349~3350쪽. 위의 기록을 보면, 유권의 아들 유나진 또한 탁발규와 관계가 매우 밀접하였다.

유고인의 아들 유현이 숙부인 유권을 살해하고 독고부를 통치하였고,[44] 독고부와 탁발부의 관계는 중대한 변화가 발생하였다. 유현은 장차 탁발부의 지도자 탁발규를 살해하여 탁발부의 예속으로부터 벗어나려는 야심을 드러내었고, 유현의 탁발규 살해 음모의 사전 누설로 탁발규는 재차 그의 외가인 賀蘭部로 도망가서 의탁하기에 이르렀다.[45]

이러한 일련의 투쟁 본질은 유고인 사후 계승문제 일 가능성이 농후하다. 유고인 사후에 아들인 유현이 통치자의 지위를 계승할 상황이지만, 유고인의 동생인 유권이 부락의 지도자로 등장하였다. 게다가 유권과 그의 아들 유나진이 연합하여 유현을 제거하려고 시도하다가 오히려 유현의 반격을 당한 것으로 볼 수 있다. 그래서 유현은 유권을 살해하고 독고부 부락 통치자의 지위를 획득하였고, 또 독고부와 밀접한 관계에 있으며 유현의 유권 살해 행위에 반대하였을 상황이 농후한 탁발규를 살해하려고 계획하였다. 탁발규를 살해하려고 계획한 행위는 사서에 명확한 기록은 없지만 탁발부의 지도자 탁발규가 미래의 경쟁 상대가 될 가능성이 농후하기 때문이다. 당시 상황을 보면, 첫째, 탁발규는 탁발십익건의 손자로 탁발부가 건국한 대국의 정통 계승자이다. 둘째, 당시 탁발부의 세력 범위는 독고부의 통치하에 있지만, 탁발규 또한 일정부분의 영향력을 가지고 있었다. 셋째, 탁발규는 유권, 유나진과 관계가 밀접하여, 유고인 사후에 유권이 독고부 통치자의 자리를 획득하는데 도움을 주었다. 이러한 상황 하에서 유현은 탁발규를 제거하려고 다방면으로 노력하였다.

탁발규는 유현의 잠재적 위협이며, 유현 또한 탁발규의 代王 즉위에 명

---

43) 同上書, 卷23「劉庫仁傳」, 605~606쪽. "從兄顯, 忍人也, 爲亂非旦則夕耳."；同上書, 卷83「外戚劉羅辰傳」, 1814쪽. "從兄(劉)顯, 忍人也, 願早圖之."
44) 관련 기록은 同上書, 卷1「序紀」, 20쪽；同上書, 卷23「劉庫仁傳」, 605~606쪽；同上書, 卷83「外戚劉羅辰傳」, 1813~1814쪽；『資治通鑑』卷106 孝武帝 太元10年條, 3349~3350쪽.
45) 同上書, 卷2「太祖紀」, 20쪽. "庫仁子顯殺眷而代之, 乃將謀逆. … 密使部人穆崇馳告. 帝乃陰結舊臣長孫犍·元他等. 秋八月, 乃幸賀蘭部."

백한 위협으로 등장하였다. 유현의 탁발규 제거 공작에 대해서 사서에 적지 않은 기록이 등장한다. 관련 인물의 경고와 탁발규 모친 賀氏가 추격하는 병사를 따돌린 사실 및 유현의 책사 梁眷(liángjuàn)의 기지[46] 등의 기록을 보면, 당시 유현이 탁발규에 가한 곤경의 일단을 짐작할 수 있다. 일련의 탁발규 제거 계획이 실패로 돌아가자, 유현은 386년 동생 劉亢泥(liúkàngní)를 보내서 탁발규의 숙부이며 탁발부의 또 다른 합법적인 계승자인 拓跋窟咄(tuòbákūduō)을 맞이하여 탁발굴돌과 탁발규의 통치권 계승 투쟁에 군사를 지원하였다.[47] 탁발굴돌은 탁발십익건의 아들이고, 탁발십익건 사후에 전진에 포로가 되어 장안으로 잡혀갔다. 원래는 탁발부 통치자 계승 문제에 있어서 탁발십익건의 손자인 탁발규보다 탁발굴돌이 우선하다고 볼 수 있다. 그러나 탁발굴돌이 전진의 수도 장안으로 끌려간 이후에 상황이 급변하여 탁발규를 옹호하는 세력이 386년 탁발규를 추대하여 代王에 즉위하게 하였다. 탁발규가 대왕에 즉위한 이후에 독고부 유현은 장안에서 돌아온 탁발굴돌을 군사적으로 지원하여 탁발부 최고 통치권 계승 투쟁을 일으켰다. 이미 대왕에 즉위한 탁발규는 賀蘭部로 도망갔다. 『魏書』「太祖紀」에 이르기를,

"그래서 각 부락은 소동이 발생하고 부락민들은 놀라서 불안하여 안정되기를 희망하였다. 탁발규 좌우의 우환 등이 여러 부락민들과 더불어 반역하여 호응하려고 도모하였다. 일이 사전에 누설되어 주모자 5명은 살해되고 나머지는 불문에 부쳤다. 탁발규는 내부 반란에 대하여 매우 걱정하여 북쪽의 음산을 넘어 하란부로 가서 험준한 산을 방패로 삼았다."[48]

---

46) 同上書, 20쪽；同上書, 卷13「皇后列傳」, 324쪽；同上書, 卷27「穆崇列傳」, 661쪽；『資治通鑑』卷106 孝武帝 太元10年條, 3350~3351쪽.
47) 同上書, 卷2「太祖紀」, 21쪽；同上書, 卷15「昭成子孫列傳」, 385쪽；『資治通鑑』卷106 孝武帝 太元11年條, 3368쪽.
48) 同上書, 卷2「太祖紀」, 21쪽. "於是諸部騷動, 人心顧望. 帝左右于桓等, 與諸部人謀爲逆以應之. 事泄, 誅造謀者五人, 餘悉不問. 帝慮內難, 乃北踰陰山, 幸賀蘭部,

독고부 유현은 탁발굴돌을 이용하여 탁발규 제거 공작을 진행하였다. 그리하여 독고부 유현은 탁발부 탁발규에 대해서 중대한 위협이 되었다. 유현과 탁발규의 대립은 독고부와 탁발부의 대립은 물론 西燕 慕容沖(mùróngchōng)과 後燕 慕容垂(mùróngchuí)의 경쟁 대립관계를 초래하였으며, 河北 지역의 세력 판도에 중대한 변화를 가져오게 되었다.[49] 그래서 탁발규는 사신을 후연 모용수에게 파견하여 구원을 요청하였고, 후연의 모용수는 아들을 파견하여 탁발규를 구원하였다. 이런 결과로 탁발부의 탁발규는 가까스로 안정을 되찾았고 또 탁발굴돌을 격파하여 중대 위기에서 벗어나게 되었다.[50]

이후에 유현이 통치하는 독고부에서는 내란이 발생하였고, 후연의 모용씨와의 관계도 악화되었으며 마침내 탁발규의 반격에 의하여 위기에 처하게 되었다. 『魏書』「張袞傳」에 이르기를,

> "당시 유현의 통치 지역은 넓고 군사력은 막강하여 북방 변경지역을 점령하고 있었는데, 형제간에 불화가 생겨서 서로 의심하고 적대하였다. 장곤이 태조(탁발규)에게 말하기를, 유현은 뜻이 크고 바라는 것이 높으며, 나눌 수 없는 지위를 희망하고, 결국에는 천하를 차지하고 우주를 통치하려는 계획을 가지고 있습니다. 오나라가 월나라를 차지하지 않으면 장차 후환이 되는 것과 같습니다. 현재 그들 내부의 혼란을 이용하여 마땅히 신속히 공격하여야 합니다. 만약

阻山爲固."
49) 『資治通鑑』卷106 孝武帝 太元11年條, 3359쪽과 3371쪽 ; 馬長壽, 『烏桓與鮮卑』 (上海, 人民出版社, 1962), 220~222쪽. 즉 유고인의 피살은 후연의 지지와 관계가 있으며, 유현과 후연은 일찍부터 관계가 있었다.
50) 탁발부와 독고부 및 후연의 관계는 『魏書』卷2「太祖紀」, 21쪽. "于慕容垂以徵師, ⋯ 慕容垂遣使朝貢, 封帝(拓跋珪)西單于印綬, 封上谷王, 帝不納." ; 同上書, 卷15「昭成子孫列傳」, 385~386쪽 ; 『資治通鑑』卷106 孝武帝 太元11年條, 3368쪽과 3370쪽. "求救於燕" 당시 후연의 세력이 탁발규보다 강했고, 탁발부를 속국으로 삼으려고 군사적 지원을 받아들였다. 또 탁발부는 후연의 세력을 이용하여 독고부와 연합한 탁발굴돌의 세력을 제거하고 탁발부 도약의 계기로 삼았던 것이다.

소수의 군사를 동원하여 독자적으로 공격하게하면 적들이 도망갈까 걱정됩니다. 사신을 모용수에게 파견하여 알리고, 서로 연합하여 동쪽과 서쪽 두 방면에서 함께 공격하면 필히 유현을 사로잡을 기세입니다. 그런 후에 영웅을 통솔하고 원근의 백성들을 회유하면 천년에 한번 만날 좋은 기회이니 놓쳐서는 안 될 것입니다. 태조(탁발규)는 그 의견에 따랐다."[51]

즉 탁발규는 세력이 미약해 유현을 정벌하지 못했지만 후연을 끌어들여 연합 공격을 실행하였다. 387년 3월 후연의 점령 지역에서 어떤 사람이 후연의 태수를 살해하고 군의 백성을 거느리고 유현에게 귀의하였다. 유현도 철불부 유위진이 후연에게 보내는 말을 약탈하여[52] 독고부 유현과 후연은 최악의 상태로 치닫게 되었다. 387년 5월 후연은 탁발규의 군사 요청을 받아들였다. 독고부 유현은 탁발규와 후연의 연합 공격을 방어하지 못하고, 유현은 전쟁에 패배하여 西燕의 慕容永(mùróngyǒng)에게 도망갔다. 독고부 부락민은 탁발규와 후연에 의하여 양분되었다.

이로부터 북위 왕조 창건 역사 중에 등장했던 독고부는 탁발부에 흡수 통합되어 명맥만 유지하게 되었다. 반대로 탁발부는 후연 모용수(326~396년)의 도움으로 북위 건국의 기초를 만들었다. 모용수는 독고부와 서연이 강성해지면 후연에 대해서 위협이 될 것으로 여겼다. 후연의 이익을 위해서 탁발부의 요청을 들어주고 독고부를 제거한 것이다. 결과적으로 모용수의 탁발부 도움은 탁발부의 강성을 초래하였고, 마침내 북위에 의하여 자

---

51) 『魏書』 卷24 「張袞傳」, 613쪽. "時劉顯地廣兵强, 跨有朔裔, 會其兄弟乖離, 共相疑沮. 袞言於太祖曰.. 顯志大意高, 希冀非望, 乃有參天貳地, 籠罩宇宙之規. 吳不并越, 將爲後患. 今因其內釁, 宜速乘之. 若輕師獨進, 或恐越逸. 可遣使告慕容垂, 共相聲援, 東西俱舉, 勢必擒之. 然後總括英雄, 撫懷遐邇, 此千載一時, 不可失也. 太祖從之."; 『資治通鑑』 卷107 孝武帝 太元12年條, 3378쪽에도 유사한 기록이 있다.
52) 同上書, 卷2 「太祖紀」, 21~22쪽 ; 同上書, 卷23 「劉庫仁傳」, 606쪽 ; 『十六國春秋輯補』 卷44 「後燕錄」, 343쪽 ; 『資治通鑑』 卷107 孝武帝 太元12年條, 3376쪽과 3379쪽에 관련 기록이 있다.

신이 건국한 후연도 멸망을 당하고 화북 지역이 통일되는 기초가 되었던 것이다.[53]

Ⅳ. 유건, 유거근, 유노진과 탁발부의 관계

탁발규는 386년 정월 牛川에서 대왕에 즉위하였다. 3월에는 독고부 유현이 善無에서 남쪽의 馬邑으로 이동한 이후에 독고부 유현의 종족인 유노진이 탁발규에게 귀의하였고, 이어서 탁발규의 외가인 賀蘭部와 유노진의 대규모 충돌 사건이 발생하였다. 『魏書』「劉庫仁傳」에 이르기를,

"태조가 즉위하고 유현은 선무에서 남쪽의 마읍으로 이동하였다. 유현의 종족인 유노진이 부락민을 거느리고 탁발규에게 귀의하였다. 당시 유노진의 형 유건은 이미 하란부에 거주하고 있었다. 이 시기에 이르러 유노진은 형 유건을 불러들여 부락 통치를 양보할 것을 요청하였다. 태조는 의롭다고 여기고 그것을 허락하였다. 유건은 부락을 통치한 이후에 스스로 오랫동안 하늘에게 의탁하였다고 여겼고, 그에게 감사하기 위하여 동생 유거근을 파견하여 황금과 마필을 보내줬다. 하늘의 동생 하염간이 유거근에게 말하기를 '나는 너희 형제를 후덕하게 대해줬고, 현재 너희들이 부락을 통솔하니 마땅히 나를 따르는 것이 옳다.' 유거근은 유노진에게 그렇게 하자고 요청하였다. 유노진이 말하기를 '부친은 탁발부 국가의 신하로서 대대로 충성을 바쳤다. 나는 뜻을 세워 명성과 절개를 보전하려 하고, 그런 까닭에 부락 통치를 당신에게 양보하려는 것이다. 현재 당신들은 덕행이 없고, 이에 탁발규를 배반하려고 두 마음을 품고 있다. 그래서 유노진이 유건과 유거근을 살해하였다.' 하염간은 유노진이 형들을 살해했

---

53) 이에 대하여 胡三省이 『資治通鑑』 卷107 孝武帝 太元12年條, 3379쪽. 注에 이르기를 "劉顯滅而拓跋氏強矣. 爲慕容氏計者, 莫若兩利而俱存之, 可以無他日亡國之禍."

다는 말을 듣고 기병을 거느리고 유노진을 토벌하려 하였고, 유노진은 두려워 서 부락민을 이주시키고 태조에게 귀의하였다. 태조는 친히 영접을 하였고, 사신을 파견하여 하염간을 책망하였다. 유노진은 은혜에 감동하여 누이동생을 후궁으로 보낼 것을 요청하였고, 태조는 이를 받아들였다."[54]

위의 기록은 독고부의 흥성사이고, 또 독고부와 탁발부의 관계사이며, 독고부와 하란부 및 하란부와 탁발부의 관계사로서 매우 중요하므로 상세히 열거하지 않을 수 없다. 위의 내용에서 두 가지 사실을 알 수 있다.

첫째, 유현이 남쪽으로 이동한 이후에 또 다른 독고부 종족 구성원인 유건, 유거근, 유노진의 등장과 탁발부와의 관계를 알 수 있다. 독고부 내부에서도 유노진은 탁발부와 우호적인 관계이지만 유건과 유거근은 하란부와 밀접한 관계로 탁발부를 배반하려고 하다가 유노진에 의하여 살해되었다. 동일한 독고부 내부에서도 탁발부와 관계가 다른 이유는, 비록 유노진이 독고부 유현의 종족이지만 모종의 원인으로 탁발부와 긴밀한 관계를 유지하였고 결국에는 자신이 거느리던 부락민을 거느리고 탁발규에게 귀의하기에 이르렀다. 또 유노진은 탁발규의 예속 하에서 독고부 부락에 대한 통치권을 계속해서 인정받았지만, 통치권을 형 유건에게 양도하는 것은 탁발규의 승인을 받아야하는 중대한 사실이다.

둘째, 유현이 독고부 부락 통치를 양도받은 이후에 동생 유거근을 하란부에 파견하여 답례하자, 하란부의 賀訥(hènè)과 賀染干(hèrǎngān) 등이 유건, 유거근을 포섭하여 하란부에 예속시키려다가 실패하고 일련의 풍파

---

54) 『魏書』 卷23 「劉庫仁傳」, 606쪽. "太祖卽位, 顯自善無南走馬邑. 族人奴眞領部來附. 奴眞兄犍, 先居賀蘭部. 至是, 奴眞請召犍而護部焉. 太祖義而許之. 犍旣領部, 自以久托賀訥, 德之, 乃使弟去斤遺之金馬. 訥弟染干因謂之曰.. 我待女兄弟厚, 汝今領部, 宜來從我. 去斤請之奴眞. 奴眞曰.. 父爲國家附臣, 世效忠貞. 我志全名節, 是故推讓. 今汝等無狀, 乃欲叛主懷貳. 於是殺犍及去斤. 染干聞其殺兄, 奉騎討之, 奴眞懼, 徙部來奔太祖. 太祖自迎之, 遣使責之染干. 奴眞感恩, 請奉妹充後宮, 太祖納之."

를 일으키게 되었다.[55] 하염간은 유노진을 토벌하려 하였지만 탁발규에 의하여 저지되었다.

결론적으로 당시 탁발규는 대왕에 즉위할 정도로 주위 부락에 대한 강력한 영향력을 행사하였지만 탁발부의 주위 형세는 그리 녹녹하지 않았다. 게다가 탁발부 내부 또한 완전히 통일되지 않아서 혼란한 상태에 처해 있었다.[56] 이러한 상황에서 탁발부는 세력을 강화하기 위하여 우선적으로 탁발부와 줄곧 우호 관계였던 남쪽의 하란부를 유화책으로 포섭하였다. 반대로 하란부와 연결된 유건과의 관계는 멀리하였다. 또한 독고부의 주요 세력인 유노진을 적극 포섭하여 탁발부의 남방 진출에 우환을 제거하였다.

V. 결 어

5호16국 시대 중원으로 진입한 흉노족은 『晉書』「匈奴傳」에 의하면 대략 19종류가 있으며, 이들 중에서 비교적 세력이 큰 부족으로는 철불부와 독고부가 있다. 독고부는 나중에 유씨로 개칭하였고 철불부 일파와 종족 관계이다. 독고부는 곡려왕 시리의 후손이며 북부수 유맹의 직계자손으로

---

55) 주지하다시피 본래 탁발부와 하란부는 줄곧 관계가 좋았다. 그러나 탁발규가 대왕에 즉위한 이후에 상황은 완전히 반대로 변하게 된다. 『魏書』 卷83 「賀訥傳」, 1812쪽. "及太祖討吐突隣部, 訥兄弟遂懷異圖, 率諸部求之(吐突隣部), 帝擊之, 大潰, 訥西遁." 또 탁발부와 하란부의 관계의 중요 논저는 김영환, 「論拓跋氏之發展過程與其建國北魏前夜周邊情勢」, 『明知史論』 4, 1992, 234~243쪽.
56) 당시 탁발규 주위의 강력한 경쟁자로는 『資治通鑑』 卷106 孝武帝 太元11年條 3370쪽. "士馬甚盛"의 유위진 세력과 남쪽에는 독고부 세력 및 동쪽에는 탁발규의 외가인 하란부 세력이 있다. 또 탁발부 내부의 분란으로는 『魏書』 卷25 「長孫嵩傳」, 643쪽. "聚衆自立"과 同上書, 卷15 「昭成子孫列傳」, 370쪽. "(拓跋)寔君視察, 以斤言爲信, 乃率其屬盡害諸皇子."가 있다. 즉 탁발십익건의 庶長子 拓跋寔君도 탁발규에 대항하여 자립하였다. 그 외에도 탁발굴돌의 반란 등 탁발규는 여러 곳의 강력한 경쟁자의 저항에 직면하였다.

황하 이동의 新興 일대에서 유맹 이래로 줄곧 거주하였다. 그들의 세계는 유맹 - 유부륜 - 유로고 - 유고인과 유권 - 유현, 유건, 유거근, 유노진으로 계승되었다. 독고부가 통치한 부락은 마땅히 독고씨(유씨) 자신의 종족 및 그 지역에 거주하는 기타 흉노 부락민을 포괄하였다. 또 이들은 한족과 밀접한 관계를 유지하여 융합의 정도가 비교적 높았다. 5호16국 초기에는 탁발부 중심의 선비족과 동맹 또는 혼인의 방법을 통해서 탁발선비의 중요 종족 구성원이 되었다. 이후에는 탁발부의 대국과 전진의 부견 및 탁발규의 대국 재건 등과 밀접한 관계를 유지하면서 당시의 주요 종족으로 등장하였지만, 철불부와는 달리 중원에 왕조를 건립하는 등 역사의 전면에서는 활약하지 못했다. 그렇지만 탁발부와 친선 우호와 경쟁을 통하여 통치 계층의 일각을 담당하였고, 수당에 이르기까지 종족의 흔적이 이어져 내려왔다.

이와 같은 인식을 바탕으로 본 논문에서 서술한 독고부와 척발부의 관계를 유고인, 유권의 우호협력시기, 유현의 대립 경쟁시기, 유건, 유거근, 유노진의 분열 시기를 중심으로 주요 내용을 귀납하여 정리하면 다음과 같다.

첫째, 5호16국시기에 선비족 탁발부와 탁발규는 북위 역사의 주역이지만, 역사 발전에 대한 영향으로 말하면 흉노족 독고부 유씨의 공헌이 가장 크다. 즉 독고부는 북부수 유맹의 후손으로 유고인과 유권의 형제 및 그들의 자손이 대표적인 통치 계층을 이루었다. 이들은 탁발부의 대국이 전진의 부견에 의하여 와해된 이후에 山西 북쪽의 대부분 지역과 대외 정벌을 통하여 방대한 세력을 형성하였다. 그러나 유고인과 유권 형제는 탁발부와 우호적인 관계를 기반으로, 나이어린 탁발부의 후계자 탁발규와 탁발부락민을 잘 보호하여 탁발부 대국의 부흥과 북위 왕조의 창건에 비교적 순리적인 작용을 일으켰다.

둘째, 유권을 살해하고 독고부를 통치한 유고인의 아들 유현은 탁발부를 적대시하여 탁발규로 하여금 재차 하란부로 피신하게 하였다. 그리고 탁발규가 대왕에 즉위한 이후에 유현은 군사를 파견하여 탁발부의 또 다른 합법적인 계승자 탁발굴돌을 지원하여 내부의 후계 경쟁에 개입하여 대국의 통치권을 심각하게 위협하였다. 그러나 이 사건은 당시의 주변 정세에 따라서 새로운 변화를 일으켰다. 즉 유현, 탁발굴돌과 서연의 모용영이 연합하고, 탁발규는 후연의 모용수와 연합하는 양대 세력이 구축되었다. 탁발규는 결국 후연 모용수의 지원으로 유현을 공격하여 독고부를 아우르고 탁발부의 세력을 회복하여 진일보 발전할 수 있었다.

셋째, 탁발규가 유현을 물리친 이후에 독고부 유현의 종족 형제이며 유권의 자식인 유건, 유거근, 유노진의 척발부에 대한 노선 결정 투쟁이 발생하였다. 즉 독고부 내부에서도 유노진은 탁발부와 우호적인 관계이지만, 유건과 유거근은 하란부와 밀접한 관계로 탁발부를 배반하려다가 유노진에 의하여 살해되었다. 이것은 독고부를 포섭하여 세력을 강화하려는 탁발부와 하란부의 투쟁으로 확대되었고, 독고부는 탁발부의 세력 하에 편입되었다. 이 사건은 당시 전진의 쇠퇴이후 북방의 패권을 장악하려는 서연 모용영과 후연 모용수의 대립을 초래하였다. 탁발규는 이 기회를 이용하여 북위 왕조 창건의 기초를 확립하고 북방의 패권을 장악하는 결정적인 토대를 구축하였다.

북위 왕조의 창건 역사 중에서 탁발 부락 연맹의 건립, 발전, 와해, 재건에서 왕권 국가의 확립에 이르기까지, 독고부 지도자 유씨의 역할이 매우 중요하였다. 비록 유현과 유건, 유거근의 척발규에 대한 일련의 위협과 타격이 있었지만, 이후 독고부 지도자는 북위 勳臣에 포함될 정도로 탁발부와 밀접한 관계를 유지하였다. 즉 독고부 유씨의 공로는 아무리 강조해도 지나치지 않으며, 또한 독고부는 특별히 주의할 가치가 있는 부락으로 향후 깊이 있는 연구가 지속되기를 희망한다.

(『중국학연구』 55, 2011년)

참고문헌(출현 순서에 따라)

1. 사료

『晉書』, 臺北, 鼎文書局, 1987.
『史記』, 同上.
『漢書』, 同上.
『三國志』, 同上.
『太平御覽』, 臺北, 商務印書館, 1987.
『十六國春秋』(『太平御覽』 卷127 引用本)
『通典』, 臺北, 商務印書館, 1987.
『新唐書』, 臺北, 鼎文書局, 1987.
『魏書』, 同上.
『北史』, 同上.
『資治通鑑』, 臺北, 世界書局, 1987.
『十六國春秋輯補』, 臺北, 鼎文書局, 1987.

2. 저서

張璧波 外1人(編), 『中國古代北方民族文化史』, 哈爾濱, 黑龍江人民出版社, 1993.
白翠琴, 『魏晉南北朝民族史』, 成都, 四川民族出版社, 1996.
黃　烈, 『中國古代民族史研究』, 北京, 人民出版社, 1987.
김영환, 『魏晉南北朝時期 北方民族史研究 - 拓跋鮮卑族의 歷史와 文化 - 』, 서울, 아이반호출판사, 2003.
三崎良章, 『五胡十六國の基礎的研究』, 東京, 汲古書院, 2006.
馬長壽, 『烏桓與鮮卑』, 上海, 人民出版社, 1962.

3. 논문

김영환, 「5胡16國時期代國之形成過程硏究」, 『國際中國學硏究』 6, 2003.

김영환, 「魏晉南北朝시기 匈奴族 獨孤部 연구 – 독고부의 종족과 활동지역을 중심으로 – 」, 『중국학연구』 46, 2008.
唐長孺, 「魏晉雜胡考」, 『魏晉南北朝史論叢』, 臺北, 帛書出版社, 1986.
武 沐, 尹玉琴, 「『晉書·北狄傳』入塞屠各新論」, 『中國邊疆史地研究』 2006-4.
內田吟風, 「南匈奴に關する硏究」, 『北アジア史硏究』, 京都, 同朋社, 1975.
內田吟風, 張麗波(譯), 「北魏初世匈奴獨孤部的盛衰」, 『北朝硏究』 1992-4.
吳洪琳, 「大夏國史」, 陝西師範大學 博士學位論文, 2005.
김영환, 「論拓跋氏之發展過程與其建國北魏前夜周圍情勢」, 『明知史論』 4. 1992.

제3장

5호16국시기 흉노족 鐵弗部 연구
-철불부의 종족과 활동지역을 중심으로-

I. 서 언

5호16국(304~439년) 시기의 북방 민족 중에서 흉노족은 역사상 주도적인 위치를 차지하고 있었다. 북흉노가 서쪽으로 이동하고 남흉노가 중원의 역사 무대에 등장하면서부터, 흉노족 및 그 후예들은 끊임없이 중원으로 이동하며 활발한 활동을 전개하였다. 5호에서 첫 번째로 언급되는 종족이 흉노족이고, 그들이 5호16국의 시종을 결정지은 것은 주지의 사실이다.

5호16국 시기의 시작은 흉노족의 일파인 劉淵(liúyuān)이 劉漢(前趙) 정권(304~329년)을 건립하여 그 서막을 열었다. 또 흉노족 鐵弗部의 赫連勃勃(hèliánbóbó)은 大夏 정권(407~431년)을 건립하였다. 그 외에 흉노족 獨孤部는 비록 중원에 정권을 건립하지는 못했지만, 선비족의 拓跋部와 우호와 대립 관계를 병행하여 代國(315~386년)과[1] 北魏(386~534년)의 탄생에 결정적인 공헌을 하였다. 5호16국의 종결은 흉노족의 또 다른 일파인 盧水胡 沮渠蒙孫이(jūqúméngsūn) 北涼 정권(401~439년)을 건립하여 그 대미를 장식하였다. 이처럼 西晉 이후 중국 북방의 대혼란 시기에 중원에 진입하여 135년간 5호16국 분할 시기의 주인공은 흉노족이라고 해도 과언이 아니다.[2]

흉노족이 이렇게 역사의 중심 종족으로 떠오를 수밖에 없었던 이유는, 중원에 진입한 직후부터 일반 흉노족 백성은 한족과 뒤섞여 살면서 농업에 종사하여 이미 서진의 백성이 되었다. 그러나 흉노족 귀족들은 여전히 전통적인 명성과 위엄을 가지고 있어 통솔력이 컸고, 이미 갖추어진 5부 조직은 신속하게 군사조직으로 변할 수 있었기 때문이다. 이렇게 볼 때 5호16국 시기에 흉노족이 제일 먼저 군대를 일으켜 서진을 배반하고 북방 유목 민족의 정

---
1) 代國의 기원에 관한 대표적 주장은 김영환, 「5胡16國時期代國之形成過程研究」, 『國際中國學研究』 6, 2003. 459쪽을 참고할 것.
2) 張璧波外1人(編), 『中國古代北方民族文化史』(哈爾濱, 黑龍江人民出版社, 1993), 7쪽.

권을 개국하거나 그 시대의 대미를 장식한 것은 자연스러운 현상이었다.

5호16국시대 중원으로 진입한 흉노족은 『晉書』「匈奴傳」에 의하면 대략 19종류가 있고,[3] 이들 중에서 비교적 세력이 큰 종족이 3개 있다. 첫째는 羌渠種으로 南單于 於扶羅(yūfúluó)의 직계자손으로 劉豹(liúbào) - 劉淵(liúyuān) - 劉聰(liúcōng)으로 계승되는 일파이다.[4] 이들은 중국 내지로 이동한 다른 흉노족과 마찬가지로 초기부터 한족의 전통적인 문화를 습득하여 어느 정도 수준에 이르렀고 한족과의 융합 정도도 이미 상당한 수준에 다다랐다. 이러한 문화변용(Cultural Acculturation)을[5] 바탕으로 5호16국

---

3) 『晉書』 卷97 「北狄匈奴傳」, 2549~2550쪽. "北狄以部落爲類, 其人居塞者有屠各種·鮮支種·寇頭種·烏譚種·赤勒種·捍蛭種·黑狼種·赤沙種·鬱鞞種·萎莎種·禿童種·勃蔑種·羌渠種·賀賴種·鍾跂種·大樓種·雍屈種·眞樹種·力羯種, 凡十九種, 皆有部落, 不相雜. 屠各最豪貴, 故得爲單于, 統領諸種."

4) 『晉書』 「劉元海載記」와 『太平御覽』 「前趙錄」의 기록에 의하면, 유연(유원해)은 흉노족 남선우 어부라의 손자이고 유표의 아들이며 성씨는 허련제였으나 후에 유씨로 바꿨다. 유연의 세계표는 『晉書』 「劉元海載記」와 『太平御覽』 「前趙錄」, 『後漢書』 「南匈奴傳」을 참고할 것.

5) 김영환, 「5호16국 군주의 문화변용 연구」, 『한중인문학연구』 9, 245쪽. 문화변용은 이전의 학계에서 사용하였던 "漢化" 혹은 "同化"라는 중국 중심의 일방적인 문화 흡수와는 구별되는 개념이다. 이것은 북방 이민족의 문화적인 주체성을 인정하는 관점에서 출발한 것이며, 문화의 형성은 어느 민족 어느 시대를 막론하고 상호간의 교류와 영향을 거쳐서 형성 발전하는 것임을 간과해서는 안 될 것이다. 특히 중국의 中古 시기 중원의 漢族과 북방 이민족과의 문화 교류는 상호간에 주고받은 영향의 정도가 매우 거대했음은 주지의 사실일 것이다. 본문에서 말하는 문화변용(Cultural Acculturation)은 漢族과 이민족을 동등한 문화 주체로 본 입장에서 서술한 것이다. 일반적으로 말해서 서로 다른 문화를 가진 개인 혹은 집단 간에 직접적이고 끊임없는 접촉으로 인하여 어느 하나 혹은 두 집단 간에 존재하던 고유 문화 패턴이 변화할 때 발생하는 현상이다. 바꿔 말하면 어느 한 文化가 다른 문화 요소의 접수와 차용으로 새롭게 변화하는 것이라 할 수 있다. 즉 어떤 시대 어떤 지역의 非漢族 또는 이민족이 한족의 생활 방식과 사유 방식 등 여러 문화 현상을 상호간의 교류와 융합 과정을 거쳐서 문화상으로 漢族의 문화 요소를 접수 또는 차용하여 자신의 문화를 변화시키거나 혹은 변화 과정을 향한 노력을 말하는 것이다. 이와 상관된 이론의 소개는 鄭欽仁, 『北魏官僚機構硏究』(臺北, 稻禾出版社, 1995), 3쪽 ; 孫同勛, 『拓跋氏的漢化』(臺北, 國立臺灣大學文學

시기에 劉漢과 前趙를 창건하여 다른 종족과 정권의 표본이 되었다. 둘째는 屠各種의 철불부이다. 谷蠡王 尸利(shīlì)의 후손이며 左賢王 去卑(qùbēi)의 직계 자손으로 誥升爰(gàoshēngyuán) - 劉虎(liúhǔ) - 劉務桓(liúwùhuán) - 劉衛辰(liúwèichén) - 赫連勃勃(hèliánbóbó)로 계승되는 일파이다.[6] 이들도 나중에 劉氏로 개칭하였고 도각종 중에서 가장 지위가 높은 씨족이며, 呼衍氏, 卜氏, 蘭氏, 喬氏의 4개 성씨가 유씨를 보좌하였다.[7] 주요 거주지는 황하 이서이며 선비족의 탁발부와는 줄곧 경쟁 대립 관계에 처해 있다가 탁발부가 세운 북위에 의하여 멸망당했다. 셋째는 도각종의 독고부이다. 이들도 역시 곡려왕 시리의 후손이며 北部帥 劉猛(liúměng)의 직계 자손으로 아래의 劉副崙(liúfùlùn) - 劉路孤(liúlùgū) - 劉庫仁(liúkùrén) - 劉顯(liúxiǎn) 등으로 계승되는 일파이다.[8] 이들도 나중에 유씨로 개칭하였고 철불부 일파와 종족 관계이다. 주요 거주지는 황하 이동이며 선비족의 탁발부와는 줄곧 친선 우호 관계를 유지하였고, 북위와 북조시대는 물론 수당 시대에 이르기까지 흉노족의 중국 귀족화를 형성하며 면면히 이어져 왔다.

위와 같은 인식하에서 본문의 연구목적은 김영환의「5호16국시대 흉노족 獨孤部 연구 - 독고부의 종족과 활동지역을 중심으로 - 」를[9] 기초로 철불부의 종족 근원과 활동 지역을 탐색하였다. 당시 중원에 진입한 흉노족 철불부의 종족 근원이 도각종이고, 철불의 명칭은 흉노족과 선비족의 혼혈종을 나타낸 것이며, 북방의 여러 종족 상호간의 융합이 보편적인 현상임

院, 1962), 1~2쪽을 참고할 것.
6) 철불부의 지도자 가계는 內田吟風,「南匈奴に關する硏究」,『北アジア史硏究』(京都, 同朋社, 1975), 333쪽.
7)『後漢書』卷89「南匈奴傳」, 2944~2945쪽. "單于姓虛連題. 異姓有呼衍氏·須卜氏·丘林氏·蘭氏四姓, 爲國中名族, 常與單于婚姻."
8) 內田吟風, 前引「南匈奴に關する硏究」,『北アジア史硏究』, 333쪽 ;『新唐書』卷75「宰相世系表」, 3437쪽. "猛生副崙. 副崙生路孤, 路孤生眷, 眷生羅辰."
9) 김영환,「위진남북조시기 흉노족 獨孤部 연구 - 독고부의 종족과 활동지역을 중심으로 - 」,『중국학연구』46, 291~312쪽.

을 탐색하였다. 또 철불부의 활동 무대는 점차 황하 이서 지역으로 바뀌었고, 부락 구성원 역시 시기에 따라서 변화되어 철불부 초기의 흉노족 색채가 옅어지고 "雜類"의 색채가 농후해지는 현상을 파악하는 것을 목적으로 하였다. 본문의 연구 범위는 시간적으로는 위진 시기에 중원에 진입한 19종 흉노족 중에서 도각종의 연원을 추구하여 철불부와의 상호 관계를 서술하였다. 공간적으로는 철불부의 시기별 거주 지역을 중심으로 철불부의 주요 활동 무대의 변화와 이에 따른 부락 구성원의 변화를 중심으로 탐색하였다. 연구 방법으로는 『後漢書』, 『魏書』, 『晉書』, 『十六國春秋』, 『資治通鑑』 등 문헌 자료를 중심으로 분석 정리하였다. 특히 철불부의 가계를 흉노족 곡려왕 시리 - 오리 - 거비 - 고승원 - 유호 - 유무환과 閼頭(yāntóu) - 悉勿祁(xīwùqí)와 유위진 등으로 정리하고 이것에 입각하여 논지를 전개하였다. 기타 5호16국의 주요 특성에 관해서는 일본 학자의 상관 논저에서 관련 부분을 인용하여 문헌 자료의 결함을 보충하였다.[10] 본 논문의 한계로는 분량의 초과로 철불부의 대외 관계를 서술하지 못했다. 이에 대해서는 추후 연구를 통해서 보완할 예정이다.[11]

II. 흉노족 철불부의 종족 연원

1. 흉노족 철불부의 연원

5호16국 시대 중원에 진입한 흉노족에 관한 가장 상세한 기록인 『晉書』

---

10) 三崎良章, 『五胡十六國の基礎的研究』(東京, 汲古書院, 2006), 5~17쪽. 비록 철불부와 직접적인 관계가 있는 내용은 드물지만, 일본에서의 5호16국 연구 성과에 대하여 비교적 상세하게 서술하여 참고할 가치가 크다.
11) 향후 작성할 「5호16국시기 흉노족 철불부의 대외 관계 연구」에서는 본 논문에서 분량의 초과로 다루지 못했던 철불부의 대외 관계를 철불부 지도자 유호, 유무환, 유위진, 혁연발발의 4단계로 구분하여 각각의 특성을 살펴볼 예정이다.

「北狄匈奴傳」에 이르기를,

> "북적은 부락으로써 부류를 삼는데, 새내에 들어와 거주하는 종족으로는 도각종·선지종·구두종·오담종·적륵종·한질종·흑랑종·적사종·울비종·위사종·독동종·발멸종·강거종·하뢰종·종기종·대루종·옹굴종·진수종·역갈종 등 대략 19종족이 있다. 이들은 모두 부락을 가지고 있으며 서로 섞이지 않았다. 도각종이 가장 세력이 큰 귀족으로 선우가 되어 여러 종족을 통솔하였다."[12]

위 내용에서 중시할 내용은 5호16국 시대 중원에 진입한 흉노족으로는 19종이 있고, 19종 중에서 도각종이 가장 세력이 크고 도각종 만이 선우가 될 수 있다는 것이다. 이에 대하여 최근의 학자들은 도각종을 남흉노의 후예로 보고 그들을 중원에 진입한 19종 북적(흉노족)중의 하나로 여겼다.[13]

일반적으로 위진 시기에 이르면 순수한 흉노족은 이미 존재하지 않는다. 대부분 흉노족과 기타 종족이 융합하여 한화 혹은 선비화의 방향으로 진행되었다. 도각종 역시 후한 말기 이래로 중원 즉 幷州에 진입한 흉노족과 기타 종족과의 융합으로 탄생한 종족을 가리킨다.[14] 이러한 도각종은 문헌

---

12) 『晉書』 卷97 「北狄匈奴傳」, 2549~2550쪽. "北狄以部落爲類, 其人居塞者有屠各種·鮮支種·寇頭種·烏譚種·赤勒種·捍蛭種·黑狼種·赤沙種·鬱鞞種·萎莎種·禿童種·勃蔑種·羌渠種·賀賴種·鍾跂種·大樓種·雍屈種·眞樹種·力羯種. 凡十九種, 皆有部落, 不相雜. 屠各最豪貴, 故得爲單于, 統領諸種."; 『册府元龜』와 『太平寰宇記』에 기재된 19종의 명칭에서 일부는 약간 다르지만 대동소이하다. 그리고 馬長壽, 『北狄與匈奴』(北京, 三聯書店, 1969), 91~100쪽에서 사실상 흉노족이라고 볼 수 있는 종족은 도각종, 賀賴種, 赤沙種 뿐이라고 하였다.

13) 黃烈, 『中國古代民族史硏究』(北京, 人民出版社, 1987), 212쪽 ; 陳勇, 「匈奴屠各考」, 羅賢佑(編), 『歷史與民族 – 中國邊疆的政治·社會與文化 –』(北京, 社會科學文獻出版社, 2005), 109쪽. 등은 도각종을 남흉노의 후예로 여기는 학설이다. 唐長孺, 「魏晉雜胡考」, 『魏晉南北朝史論叢』(臺北, 帛書出版社, 1986), 370쪽 ; 武沐, 尹玉琴, 「『晉書·北狄傳』入塞屠各新論」, 『中國邊疆史地硏究』 2006-4, 76쪽. 도각종은 흉노와 관련이 없는 다른 종족으로 남흉노와 함께 중원으로 진입하여 흉노족의 일원이 되었다는 학설이다.

에 屠各胡, 休屠各, 休屠, 休著屠各 등으로 기록되어 있고,[15] 도각이라는 말은 돌궐어에 속하며 의미는 마술사이다.[16] 협의의 도각종은 진한 시기 甘肅省 武威 일대에 거주하던 흉노 휴도왕 및 그 후예를 가리킨다. 즉 前漢 元狩 2年(기원전 121년) 휴도왕과 昆邪(渾邪)王은 표기장군 霍去病(huòqùbìng)에게 패배하였다. 전한은 그들의 무리 수 만 명을 隴西 등 5군 새외에 안치하고 屬國을 설치하여 다스렸다.[17] 이후에 5군과 속국에 흩어져 거주하던 휴도왕의 후예 및 그의 무리를 휴도 혹은 도각으로 일컬었다. 그들은 주로 秦隴과 涼州 지역에 분포하였고 나머지 무리는 朔方과 太行山 동쪽 기슭과 渭北 등지에 거주하였다. 일부는 병주로 이동하여 5부 흉노족과 잡거하여 한족과 융합의 정도가 비교적 깊었다.[18]

광의의 도각종은 첫째, 위진 이래로 계속해서 중원으로 이동하여 한족 또는 주위 종족과 융합되었거나 또는 융합되고 있는 흉노족으로 南匈奴 單于의 후예를 포함한다.[19] 대표적인 종족으로는 남흉노 선우의 후예이며 "胡父鮮卑母"[20]의 융합으로 출현한 철불종이다. 이들은 흉노족 곡려왕 시

---

14) 白翠琴, 『魏晉南北朝民族史』(成都, 四川民族出版社, 1996), 141~143쪽. 흉노족과 기타 종족과의 융합은 크게 3가지 유형으로 구분한다. 첫째, 흉노족과 한족이 융합한 도각종이 있다. 둘째, 흉노족과 선비족이 융합한 拓跋鮮卑, 宇文鮮卑, 鐵弗匈奴 등이 있다. 셋째, 흉노족과 기타 雜胡가 융합한 盧水胡와 稽胡, 羯胡 등이 있다.
15) 唐長孺, 前引 「魏晉雜胡考」, 『魏晉南北朝史論叢』, 370쪽.
16) 姚薇元, 『北朝胡姓考』(北京, 中華書局, 1962), 38~42쪽 ; 陳連慶, 『中國古代少數民族姓氏研究』(長春, 吉林文史出版社, 1993), 52쪽 ; 林幹(編), 『匈奴史論文選集』(北京, 中華書局, 1983), 69~74쪽.
17) 『史記』 卷110 「匈奴傳」, 2234쪽.
18) 『漢書』 卷28 「地理志」, 1644쪽 ; 同上書, 卷68 「金日磾傳」, 2959쪽 ; 『三國志』 卷26 「郭淮傳」, 735쪽 ; 『晉書』 卷103 「劉曜載記」, 2698쪽 ; 同上書, 卷105 「石勒載記」, 2707쪽 ; 同上書, 卷116 「姚萇載記」, 2967쪽 ; 同上書, 卷115 「苻登載記」, 2950쪽 ; 『太平御覽』 卷428 「人事部引『十六國春秋』「後趙錄」, 1707쪽 등 관련 기록을 참고할 것.
19) 『晉書』 卷63 「李矩傳」, 1707쪽 ; 同上書, 卷101 「劉元海載記」, 2645쪽 ; 同上書, 卷62 「劉琨傳」, 1688쪽 ; 『魏書』 卷23 「衛操傳」, 600쪽에 관련 기록을 참고할 것.

리의 후손이며, 좌현왕 거비 - 고승원 - 유호 - 유무환 - 유위진으로 계승되는 일파이다. 둘째, 『通典』注에 이르기를 "頭曼과 冒頓은 즉 도각종이다."[21] 즉 원래부터 흉노족 선우의 종족 또한 도각이라고 여겼다. 셋째, 병주에 거주하는 흉노족과 유연 일파를 도각이라고 일컬었다.[22] 『晉書』 「劉曜載記」에 이르기를 "왕과 공 등 귀족 및 5군의 도각종 5,000여명을 양국에 매장하였다."[23] 즉 여기서 말하는 5군 도각은 5부 흉노를 가리킨다. 넷째, 독고부 혹은 독고씨(나중에 유씨로 고쳤다.) 또한 도각종이다.[24] 독고부는 원래 흉노족 곡려왕 시리의 후손이며 북부수 유맹의 직계 자손으로 유부론 - 유로고 - 유고인 및 유권 - 유현으로 계승되는 일파이다.[25] 山西 북부에 거주하였고 탁발부 및 한족과 관계가 비교적 밀접하였다. 나중에 탁발부가 代北에서 흥기할 때 독고부는 탁발부 부락연맹에 가입하여 "內入七十五姓氏" 중의 하나이며, 북위 "勳臣八姓"[26] 중의 하나로 점차 선비화되었다.

결론적으로 말해서 위진 이후 중국사에 등장하는 도각종은 흉노족의 일파이고 가장 세력이 커서 대대로 선우가 되었다. 도각종에서 파생된 대표적인 부락은 "胡父鮮卑母"의 철불부와 "鮮卑父胡母"의 독고부가 있다.[27] 철

---

20) 『魏書』 卷95 「鐵弗劉虎傳」, 2054쪽. "鐵弗劉虎, 南單于之苗裔, … 北人謂胡父鮮卑母爲鐵弗, 因以爲號."
21) 『通典』 卷194 「邊防」10, 1046쪽. "頭曼, 冒頓即屠各種也."
22) 黃烈, 前引 『中國古代民族史研究』, 212쪽 ; 唐長孺, 前引 「魏晉雜胡考」, 『魏晉南北朝史論叢』, 370쪽 ; 武沐, 尹玉琴, 前引 「『晉書·北狄傳』入塞屠各新論」, 『中國邊疆史地研究』 2006-4, 76쪽.
23) 『晉書』 卷102 「劉曜載記」, 2689쪽. "坑其王公等及五郡屠各五千餘人於襄國."
24) 『新唐書』 卷75 「宰相世系表」, 3437쪽. "獨孤氏出自劉氏. … 單于以爲谷蠡王, 號獨孤部."
25) 『通志』 卷49 「氏族略」, 『文淵閣四庫全書電子版』, 1991. "(獨孤氏)姓劉, 北蕃右賢王之後. 其先尙公主, 因從母姓劉氏. 後漢度遼將軍劉進伯擊匈奴, 兵敗被執, 囚之孤山下, 生尸利, 單于以爲谷蠡王, 號獨孤部."; 『新唐書』 卷75 「宰相世系表」, 3437쪽. "尸利生烏利, 二子:去卑·猛. 後改爲劉氏."
26) 『魏書』 卷113 「官氏志」, 3007쪽.
27) 馬長壽, 『烏丸與鮮卑』(上海, 人民出版社, 1962), 178쪽.

불부는 도각종의 일파이고 이들은 후한 말기 이래로 중원으로 진입한 남흉노의 후예 또는 흉노족에 예속되었다가 흉노족과 융합하여 함께 새내에 진입한 종족이다. 즉 병주 지역에 진입한 흉노족 부계와 기타종족 그중에서도 선비족 모계와의 융합으로 탄생한 종족이다.

2. 흉노족 철불부 유씨

철불부의 연원을 탐구하기 위해서 본 장절에서는 우선 도각종 지도자의 성씨와 철불부 지도자 성씨의 일치 여부를 조사하였다. 다음으로는 "胡父鮮卑母爲鐵弗"의 문헌 내용을 분석하고, 최근 학자들의 주장과 비교하는 방법을 사용하였다.

첫째, 흉노족 도각종 지도자의 성씨와 철불부 지도자의 성씨의 일치성에 대해서 탐색하면 다음과 같다. 『後漢書』「南匈奴傳」에 이르기를,

> "선우의 성씨는 허련제이다. 다른 성씨로는 호연씨·수복씨·구림씨·란씨 등 4성씨가 있는데, 이들은 모두 나라의 명망 있는 종족으로 항상 선우와 혼인하였다."[28]

위의 내용으로 선우의 성씨는 허련제임을 알 수 있다. 이에 대하여 『漢書』「匈奴傳」에 이르기를,

> "선우의 성씨는 연제씨(허련제라고 하며, 두만선우부터 이 성씨 출신이다. 항상 호연씨, 수복씨, 란씨, 구림씨 등 귀족과 통혼한다)이다 …. 호연씨, 난씨가 있고, 그 후에 수복씨가 있었다. 이들 3성씨는 귀족이다."[29]

---

[28] 『後漢書』 卷89 「南匈奴傳」, 2944~2945쪽. "單于姓虛連題. 異姓有呼衍氏·須卜氏·丘林氏·蘭氏四姓, 爲國中名族, 常與單于婚姻."
[29] 『漢書』 卷94 「匈奴傳」, 3751쪽. "單于姓攣鞮氏, … 呼衍氏, 蘭氏, 其後有須卜氏,

라고 하여 선우의 성씨는 연제라고 하였다. 그러나 선우의 성씨 허련제와 연제는 여러 문헌 자료에 의하면 모두 동일 성씨의 다른 표현임을 알 수 있다. 그리고 선우는 도각종 만이 차지하므로 허련제(연제)씨는 도각종의 일원임이 분명하다. 이상의 내용으로 선우를 배출했던 허련제 또는 연제씨가 도각종에 속해 있었다는 사실이 분명하게 드러났다. 그 외에 흉노족 귀족에 대해서는 『史記』, 『漢書』, 『後漢書』 등의 문헌에 호연씨·수복씨·구림씨·난씨 이외에 韓氏·當于氏·郞氏·栗籍氏 등 8개의 성씨가 나타나고 있다. 이들은 모두 骨都侯의 명의로 병권을 장악했던 것으로 추정된다.[30] 그래서 이와 같은 8개의 성씨가 허련제씨를 중심으로 인척 관계로 연결되어 있었다는 것, 그리하여 그것을 지키고자 흉노족은 嫂婚制가 행해지고 있었다는 것을 알 수 있다.[31] 즉 흉노족의 핵심을 이루고 있는 도각종이 이러한 혼인 관계에 의해서 연결되어 있었다고 한다면, 그 외의 18종 또한 같은 양상의 혈연 집단이었을 것으로 추정된다. 더구나 이러한 종족이 상호간에 뒤섞이지 않는 부락을 형성하고 있었다는 것은 혼인 집단이 동시에 정치적인 집단이었다는 것을 추정하게도 한다.

도각종 유씨는 3가지 다른 계통이 있다. 즉 철불부 유씨와 독고부 유씨[32] 및 남선우 어부라의 후손이라고 사칭한 도각종 유연의 유씨가 있

此三姓, 貴種也."
30) 『後漢書』 卷89 「南匈奴傳」, 2944~2945쪽 ; 馬長壽, 前引 『北狄與匈奴』, 52~53쪽.
31) 澤田 勳, 『匈奴 - 古代遊牧國家の興亡 -』(東京, 東方書店, 2006), 113쪽.
32) 『魏書』 卷23 「劉庫仁傳」, 604쪽. "(獨孤部)劉庫仁, 本字沒根, (鐵弗)劉虎之宗也" ; 同上書, 卷113 「官氏志」, 3007쪽. "獨孤氏後改爲劉氏" ; 『北史』 卷20 「劉庫仁傳」, 732쪽. "劉庫仁字沒根, 獨孤部人, 劉武之宗也." ; 『新唐書』 卷71 「宰相世系表」, 2273쪽. "河南劉氏本出匈奴之族. 漢高祖以宗女妻冒頓, 其俗貴者皆從母姓, 因改劉氏. 左賢王去卑裔孫庫仁, 字沒根, 後魏南部大人·淩江將軍. 弟眷, 生羅辰, … ; 同上書, 卷75 「宰相世系表」, 3437쪽. "獨孤氏出自劉氏." 도각종으로 대대로 선우의 지위를 차지하였던 허련제씨는 흉노족이 북흉노와 남흉노로 분리되는 후한 말에 이르러서 점차 세력이 약해졌다. 허련제씨를 대신해서 흥기하여 남흉노의 남선우 지위에 오른 성씨는 도각종 도각씨이다. 앞에서 서술한바와 같이 독고는 도각

다.³³⁾ 본문에서는 철불부 유씨를 중심으로 설명하면서 기타 2종류의 유씨 지도자도 겸하여 설명하는 방법으로 이해를 돕도록 하였다. 우선 독고부 독고씨가 유씨로 개칭한 시기에 흉노족 중에서 또 다른 유씨가 출현하였다. 즉 독고부와 동일하게 도각종으로 남선우의 후예이며 곡려왕 시리의 자손으로 일컬어지는 거비-유호로 계승되는 일파이다.³⁴⁾ 이들은 독고부와 달리 철불부로 일컬어지며 "胡父鮮卑母爲鐵弗"의 융합 종족으로, 최초 거주지가 山西省 五台縣의 북부로 선비족과의 교류가 비교적 활발한 지역이다. 철불부는 5호16국 시기 독고부와 대등한 세력을 형성하여 중원에 大夏 정권을 설립한 부족으로, 지도자의 성씨 또한 유씨(勃勃 시기에 다시 赫連氏로 고쳤다.)로 개칭하였다. 즉 독고부 독고씨가 유씨로 개칭한 비슷한

의 이역이므로 도각종 도각씨는 독고부 독고씨와 동일하다. 독고부는 남선우의 후예이며 곡려왕 시리의 자손으로 오리-유맹으로 계승되는 일파이다. 이들은 5호16국 전진 부견의 통치 시기 이전에 다시 유씨로 개칭하였으므로 독고씨와 유씨는 모두 동일 성씨이고, 위진 시기 이후에 역사 무대에 본격적으로 등장하였다.

33) 『晉書』 卷101 「劉元海載記」, 2644~2645쪽. "劉元海, 新興匈奴人, 冒頓之後也, … 初漢高祖以宗女爲公主, 以妻冒頓, 約爲兄弟, 故其子孫遂冒姓劉氏. … (單于)於扶羅死, 弟呼廚泉立, 以於扶羅子豹爲左賢王, 卽元海之父也. 魏武分其衆爲五部, 以豹爲左部帥, 其餘皆帥皆以劉氏爲之."; 同上書, 2645쪽;『十六國春秋』 卷2 「後趙錄」, 26쪽;『資治通鑑』 卷106 「晉紀」, 3350쪽. 최근 학자의 논저로는 姚薇元, 前引『北朝胡姓考』, 62쪽; 馬長壽, 前引『北狄與匈奴』, 97쪽; 白翠琴, 前引『魏晉南北朝民族史』, 143~144쪽. 또 陳琳國, 「休屠·屠各和劉淵族姓」, 『北京師範大學學報』 2006-4, 105~111쪽. 유연은 도각종이고 흉노 남선우의 후예임을 인정하였다. 『晉書』 卷63 「李矩傳」, 1708쪽. "稱劉元海屠各小丑";『魏書』 卷23 「衛操傳」, 600쪽. "屠各匈奴, 劉淵姦賊, 結黨同呼, 敢擊井土, 殺害無辜";『世說假譎篇』, 注引「晉陽秋」. "劉聰, … 屠各人";『晉書』 卷62 「劉琨傳」, 1688쪽. "屠各(劉)粲乘虛, 晉陽沮潰";同上書, 卷100 「王彌傳」, 2611쪽. "屠各子, 豈有帝王之意乎?" 즉 병주의 도각종으로 스스로 남선우 어부라의 후손이라고 일컬은 유연도 유씨로 개칭하였다. 이들도 흉노족 도각종(독고부)에서 분파되었고, 남흉노가 중원으로 진입할 때에 따라 들어와서 병주 일대에 거주하여 흉노족 통치하의 부락이 되었다. 그래서 그들을 흉노의 별종으로 일컫기도 한 것이다.

34) 『魏書』 卷95 「鐵弗劉虎傳」, 2125쪽. "鐵弗劉虎, 南單于之苗裔, 左賢王去卑之孫, 北部帥劉猛之從子"

시기인 유호 통치 기간에 철불부 유씨가 출현하였다.[35] 철불부는 독고부와 동일하게 남선우의 후예이며 곡려왕 시리의 자손으로 거비 - 고승원 - 유호로 계승되는 일파이다. 철불부 지도자 유호의 성씨인 유씨에 대하여 『魏書』 「鐵弗劉虎傳」에 이르기를,

"철불 유호는 흉노족 남선우의 후손으로 좌현왕 거비의 손자이며 북부수 유맹의 조카로 신흥군 여치의 북쪽에 거주하였다. … (유)맹이 사망하고 아들 부론은 선비족 탁발씨에게 귀의하였다. (유)호의 부친 고승원이 대신 부락을 통솔하였다 …. 고승원이 사망하자 (유)호가 대신하여 부락을 통치하였다."[36]

위의 내용에서 알 수 있는 것은 철불부가 정식으로 형성된 시기는 유호가 최초로 철불이라고 일컬은 사실로 볼 때 마땅히 유호 시기이다. 또 독고부와 동일하게 남선우의 후예이며 곡려왕 시리의 자손으로 거비 - 고승원 - 유호로 계승되는 일파임을 알 수 있다. 그리고 고승원과 유호 부자는 유맹의 흉노족 북부의 통치권을 계승하여 新興郡과 雁門郡 일대가 주요 활동범위였음을 알 수 있다. 흉노족 철불부 또한 유씨로 개칭한 것은 표면적으로는 동일 종족인 독고부가 유씨로 성씨를 바꿨기 때문에 자연스럽게 유씨로 하였을 가능성이 있다. 그렇지만 내면적으로는 아마도 흉노족이 중원에 진입한 이후에 자신도 한족과 동일한 黃帝(huángdì)의 후손임을 드러내는 방편으로 漢高祖 劉邦(liúbāng)의 성씨를 따랐던 것으로 보인다. 즉 중원에서의 적응과 한족을 동원하기 위한 방편으로 자신을 합법화한 것이다.[37]

둘째, "胡父鮮卑母爲鐵弗"을 분석하고 이에 대한 최근 학자들의 주장과

---

35) 黃烈, 前引 『中國古代民族史研究』, 193쪽.
36) 『魏書』 卷95 「鐵弗劉虎傳」, 2054쪽. "鐵弗劉虎, 南單于之苗裔, 左賢王去卑之孫, 北部帥劉猛之從子, 居於新興盧虒之北. … (劉)猛死, 子副論來奔(拓跋氏). (劉)虎父誥升爰代領部落. … 誥升爰死, 虎代焉."
37) 吳洪琳, 「大夏國史」, 陝西師範大學 博士學位論文, 2005, 14쪽.

비교하여 증명하면 다음과 같다.『魏書』「鐵弗劉虎傳」에 이르기를,

> "철불 유호는 남선우의 후예이고, … 신흥군 여사의 북쪽에 거주하였다. 북방 사람들이 이르기를 흉노족 아버지에 선비족 어머니가 결합하여 출생한 자식을 철불이라고 일컬었으며, 그런 까닭에 그것으로 부락의 명칭을 삼았다."[38]

위의 내용은 흉노 부락을 부계로 선비 부락을 모계로 결합된 혼인관계의 다른 표현으로, 철불부는 흉노족과 선비족의 혼혈을 나타낸 것이다. 이에 대하여 최근 연구자들의 주장을 소개하면 다음과 같다. 唐長孺는 철불은 특별히 탁발부와 밀접한 관계가 있다고 하였다.[39] 姚薇元은 托跋氏는 선비족이며 달리 흉노족이라 일컫고, 탁발은 獨(禿)髮로 읽으며 拓跋은 鐵弗의 다른 독음으로 읽으며 혼혈종의 뜻이다.[40] 이에 대하여 馬長壽는 拓跋, 鐵弗, 鐵伐, 獨(禿)髮 등은 모두 어원이 같고, "鮮卑父胡母"는 拓跋(禿髮)鮮卑이고, 胡父鮮卑母는 鐵弗(鐵伐)匈奴라고 하였다.[41] 그 외에 蔣福亞는 남흉노 북부의 부락민과 탁발선비가 통혼한 결과로 나타난 새로운 부락이라는 주장이 있다.[42]

결론적으로 말해서 흉노족 도각종 지도자의 성씨와 철불부 지도자의 성씨는 동일한 유씨로 일치한다. 또 철불부는 북부수 유맹의 뒤를 이어서 고승원이 신흥군과 안문군의 흉노 부락민을 통치하였다. 310년 전후해서 고

---

38) 『魏書』卷95「鐵弗劉虎傳」, 2054쪽. "鐵弗劉虎, 南單于之苗裔, 左賢王去卑之孫, … 居於新興盧俀之北. 北人謂胡父鮮卑母爲鐵弗, 因以爲號."
39) 唐長孺,「拓跋國家的建立及其封建化」,『魏晉南北朝史論叢』(北京, 三聯書店, 1955), 203쪽.
40) 姚薇元, 前引『北朝胡姓考』, 6~7쪽. 탁발씨를 흉노족의 일파로 보는 문헌은『宋書』卷95「索虜傳」, 2321쪽;『南齊書』卷57「魏虜傳」, 983쪽이 있다.
41) 馬長壽, 前引『烏桓與鮮卑』, 3~4쪽;30~31쪽;247~248쪽;馮繼欽,「試論鮮卑族的共同語言」,『北朝研究』1992-4, 18~23쪽;林幹,『匈奴史』(內蒙古, 人民出版社, 1977), 181쪽.
42) 蔣福亞,「苻堅滅代」,『北朝研究』1990-2, 24~30쪽.

승원의 아들 유호가 계승하여 "胡父鮮卑母爲鐵弗"의 혼혈 종족으로 새롭게 탄생한 철불부를 통치하였다. 철불부는 주변의 여러 종족과 잡거하거나, 아니면 완전히 새로운 종족을 충원하여 부락 구성원은 비록 여러 차례 커다란 변화를 거쳤지만, 철불부라는 명칭은 변함없이 유지되었다.

III. 철불부의 활동지역과 부락민

1. 철불부의 활동지역

흉노족이 48년에 내분으로 인해 남북으로 분열하고 후한에 귀의했을 때 남선우 比(bǐ)의 무리는 8부에 4~5만 명이었다고 전해진다. 49년에 북선우 좌현왕의 무리 1만 명과 북부 골도후의 무리 3만 명을 받아들여 대체로 10만 명의 무리들이 남선우의 관할에 있었다. 남흉노는 50년에 설치되었던 후한의 使匈奴中郎將에 의해 통솔 되었다. 50년 즈음에 西河郡 美稷(Ordos 좌측 지역)으로 이주했다. 당시 상황을 『後漢書』 「南匈奴傳」에 이르기를,

"남선우는 이미 서하에 거주하였고, 또한 여러 부와 왕을 설치하여 방어를 돕게 하였다. 한씨골도후로 하여금 북지에 주둔하게 하고, 우현왕은 삭방에 주둔하게 하고, 당간골도후는 오원에 주둔하게 하고, 호연골도후는 운중에 주둔하게 하고, 낭씨골도후는 정양에 주둔하게 하고, 좌남장군은 안문에 주둔하게 하고, 율적골도후는 대군에 주둔하게 하였으며, 모두 무리를 거느리고 군현의 상황을 정탐하게 하였다."[43]

---

43) 『後漢書』 卷89 「南匈奴列傳」, 294쪽. "南單于旣居西河, 亦列置諸部王, 助爲扞戍. 使韓氏骨都侯屯北地, 右賢王屯朔方, 當干骨都侯屯五原, 呼衍骨都侯屯雲中, 郎氏骨都侯屯定襄, 左南將軍屯鴈門, 栗籍骨都侯屯代郡, 皆領部衆爲郡縣偵羅耳目."

위의 기록에 의하면 남흉노 남선우 비에 종속되었던 8부락이 北地, 朔方, 五原, 雲中, 定襄, 雁門, 上谷, 代郡 등의 각 군에 분산되어 있었다. 이 지역들은 일찍이 후한이 방치했던 땅이었으나 나중에 한족이 활발하게 이주하면서 刺史와 太守를 설치하여 북방 방비의 체제가 정비되었다. 또 흉노 呼韓邪(hūhányé) 선우가 중원에 진입한 이후에 후한에서는 并州의 북방 지역을 할양하여 흉노 5,000여 부락이 朔方의 여러 군에 거주하며 한족과 잡거하였다.[44] 曹魏 시기에 흉노 부락을 5부로 나누고 철불부는 북부에 거주하였다. 曹操(cáocāo)는 흉노 즉 병주의 도각종을 5부로 나눴다. 대체적으로 말하면 좌부는 太原 兹氏에 거주하고 우부는 祁縣에 거주하고 남부는 蒲子에 거주하고 중부는 大陵에 거주하고, 북부는 新興에 거주하였다.[45]

이러한 상황 하에서 유호 시기에 철불 명칭을 사용하였다. 철불부가 거주한 지역은 『魏書』「鐵弗劉虎傳」에 이르기를,

"철불 유호는 남선우의 후손이고, 좌현왕 거비의 손자이며 북부의 지도자 유맹의 조카로서 신흥군 여사(산서성 오태현 동북)의 북쪽에서 거주하였다. 북방 사람들이 이르기를 흉노 아버지와 선비 어머니 사이에 출생한 자를 철불이라고 일컬었고, 그것으로써 호칭을 삼았다. 유맹이 사망하고, 아들 부론은 탁발부로 도망갔다. 유호의 부친 고승원이 대신 부락을 통솔하였다 …. 고승원이 사망하고 유호가 계승하였다."[46]

---

44) 『晉書』 卷97 「北狄匈奴傳」, 2548쪽. "割并州北界以安之. 於是匈奴五千餘落入居朔方諸郡, 與漢人雜處."

45) 同上書. "建安中, 魏武帝始分其衆爲五部, … 其左部都尉所統可萬餘落, 居於太原茲氏縣., 右部都尉可六千與落, 居祁縣., 南部都尉可三千餘落, 居蒲子縣., 北部都尉可四千餘落, 居新興縣., 中部都尉可六千餘落, 居大陵縣."; 同上書, 卷101 「劉元海載記」, 2645쪽.

46) 『魏書』 卷95 「鐵弗劉虎傳」, 2054쪽. "鐵弗劉虎, 南單于之苗裔, 左賢王去卑之孫, 北部帥劉猛之從子, 居於新興盧儴之北. 北人謂胡父鮮卑母爲鐵弗, 因以爲號. (劉)猛死, 子副崙來奔(拓跋氏). (劉)虎父誥升爰代領部落. … 誥升爰死, 虎代焉."

위의 기록에 의거하면 고승원과 유호 부자는 원래 유맹이 통치하던 흉노 북부의 통치권을 계승하였다. 또 고승원과 유호가 통치하던 부락민들의 거주지는 신흥군 慮虒(山西省 五台縣 동북)의 북쪽으로, 이곳이 바로 유맹이 통치하던 흉노 5부 중의 북부이다. 북부는 신흥군(山西省 忻縣)에서 안문군(山西省 代縣)에 이르는 지역이다.[47] 결론적으로 철불부는 고승원과 유호 통치 초기에는 황하 이동의 신흥군과 안문군 일대에서 활동하였음을 알 수 있다.

310년 철불부의 활동 무대에 커다란 변화가 발생하였다. 즉 유호는 신흥군과 안문군 일대에서 활동하다가, 주위의 강대한 부락인 탁발부에 귀의하였다. 그 후에 철불부의 무리가 많아지자 군사를 동원하여 탁발부에 반란을 일으켰다. 『魏書』「序紀」에 이르기를,

"백부 대인이 반란을 일으켜 서하(산서성 분양현)로 진입하였고, 철불부 유호도 안문에서 무리를 거느리고 호응하여 서진 병주자사 유곤이 다스리던 신흥군과 안문군을 공격하였다. 유곤이 탁발부로 와서 군사를 요청하였다. 탁발의로는 동생의 아들 평문황제(탁발울률)로 하여금 기병 2만 명을 거느리고 유곤을 도와서 그들을 공격하게 하였고, 백부를 크게 격파하였다. 다음으로 철불부 유호를 공격하여 그들의 진영과 부락민을 학살하였다. 유호는 생존한 잔여 부락민을 거두어 서쪽으로 가서 황하를 건너 삭방(섬서성 유림현 일대)으로 도망가서 거주하였다."[48]

위의 기록으로 알 수 있는 것은 다음의 두 가지가 있다. 첫째, 유호가

---

47) 同上書, 卷95「鐵弗劉虎傳」, 2054쪽. "居於新興慮虒之北";『資治通鑑』卷87 懷帝 永嘉3年條, 2744쪽. "子虎立, 居新興" 그러나 杜士鐸,『北魏史』(太原, 山西高校聯合出版社, 1992), 63쪽에서는 "居於雁門以南"이라 하였다.
48) 同上書, 卷1「序紀」, 7쪽. "白部大人叛入西河, 鐵弗劉虎擧衆於雁門以應之, 攻(劉)琨新興·雁門二群. 琨來乞師, 帝使弟子平文皇帝將騎二萬, 助琨擊之, 大破白部., 次攻劉虎, 屠其營落. (劉)虎收其餘燼, 西走渡河, 竄居朔方."

통치하던 철불부는 신흥군과 안문군 일대에 거주하였다. 신흥은 『魏書』에 기록된 철불부 유호의 거주지와 대략 일치한다. 유호가 통치하던 부락은 신흥군과 안문군의 경계지역에서 한족과 잡거하였던 것이다. 둘째, 유호는 탁발부에게 패배한 이후에 생존한 잔여 부락민을 거느리고, 서쪽으로 가서 황하를 건너 삭방(陝西省 楡林縣 일대)으로 도망가서 거주하였다. 즉 유호는 최초 거주지인 신흥군과 안문군 등의 황하 이동지역에서, 삭방의 황하 이서지역으로 이동한 것이다. 대략 이후부터 유호가 통치하던 철불부는 황하 이동지역으로 돌아오지 못했다. 또 318년에 유호는 삭방에서 황하를 건너 탁발부의 서쪽 변경 지역을 공격하였지만 실패하고 혼자서 도망갔다.[49] 유호의 아들 유무환과 손자인 유위진에 이르기까지 『魏書』에서 말하는 철불부의 활동 무대는 황하 이서 지역에 국한되었다.[50]

　　결론적으로 말해서 철불부는 제1단계인 후한 말기에 중원으로 진입하여 병주 일대에서 한족과 잡거하며 생활하였다. 제2단계인 조위 시기에 이르러 흉노 부락을 5부(동, 서, 남, 북, 중부)로 나누면서 북부에 거주하였고, 북부는 대략 신흥군과 안문군 일대이다. 제3단계인 5호16국 초기에는 선비족 탁발부와 투쟁에서 패배하여 황하 이서지역 삭방으로 도망갔고, 세력이 약화되어 재차 황하 이동의 옛 지역으로 돌아오지 못했음을 알 수 있다.

---

49) 同上書, 卷1「序紀」, 9쪽. "劉虎據朔方, 來侵西部, 帝逆擊, 大破之, 虎軍騎迸走."; 同上書, 卷95「鐵弗劉虎傳」, 2054쪽.
50) 철불부의 활동 무대에 관해서는 同上書, 卷1「序紀」, 12~16쪽; 同上書, 卷23「劉庫仁傳」, 604~605쪽; 同上書, 卷24「燕鳳傳」, 610쪽; 同上書, 卷95「鐵弗劉虎傳」, 2054~2056쪽. 376년에 탁발씨의 代國이 전진의 부견에게 멸망당한 이후에는 부견에 귀의하였으며, 부견은 황하 이동 지역의 통치권을 유고인에게 주고 황하 이서는 철불부 유위진(유호의 손자)에게 위탁해서 탁발씨의 옛 영토를 다스리게 하였다. 이러한 사실로 볼 때 철불부의 주요 활동 무대는 황하 이서 지역에 국한되었음을 알 수 있다.

2. 철불부의 부락민

중원에 진입한 흉노족의 부락 구조와 인구에 대해서는 216년에 조조가 흉노족을 복속시키고 좌, 우, 남, 북, 중의 5부로 나누었다. 호한야의 자손(조위 시기에 성씨를 유로 바꾸었다.)을 부락의 우두머리로 세우고 우현왕 거비로 하여금 平陽(山西省 林汾縣)에 거주하면서 5부를 통솔하게 하였다. 西晉의 武帝는 부락 우두머리의 명칭을 都尉로 고쳤다. 좌부가 통솔하는 대략 1만여 부락은 茲氏縣(山西省 汾陽縣)에 거주하였고, 우부가 통솔하는 대략 6천여 부락은 祁縣(山西省 祁縣)에 거주하였으며, 남부의 약 3천여 부락은 蒲子縣(山西省 蒲縣)에 거주하였고, 북부의 약 4천여 부락은 新興縣(山西省 忻縣)에, 중부의 약 6천여 부락은 大陵縣(山西省 文水縣)에 거주하도록 하였다.[51] 거비가 거느린 흉노족은 적어도 3만 호는 되었다. 게다가 기타 귀의하는 흉노족 부락까지 더한다면 총수는 수십만 명에 달했다. 그래서 서진 시기에는 흉노족을 포함한 북방의 여러 호족을 통칭해서 北狄이라고 불렀던 것이다.[52]

이러한 부락 상황 하에서 철불부의 부락민은 북부의 부락민을 기반으로 한다. 북부의 약 4천여 부락은 신흥군(山西省 忻縣)을 중심으로 거주하였다. 철불부의 지도자 유씨 역시 독고부 유씨와 마찬가지로 병주 지역의 흉노 즉 "幷州屠各"과 밀접한 관계가 있다.[53] 철불부 유씨가 통치한 부락민은 당연히 유씨 자신의 종족과 병주의 신흥군과 안문군 지역에 거주하던

---

51) 주)45를 참고할 것.
52) 馬長壽, 前引『北狄與匈奴』, 1~21쪽. 북적의 의의 및 분포와 종류에 대해서 상세히 언급하였다.
53) 병주의 도각종에 관한 연구로 참고할 가치가 있는 것은 唐長儒, 前引「魏晉雜胡考」,『魏晉南北朝史論叢』, 396~403쪽；林幹, 前引『匈奴通史』, 187~193쪽；內田吟風, 前引「南匈奴に關する硏究」,『北アジア史硏究 - 匈奴篇 - 』, 278~288쪽；馬長壽, 前引『北狄與匈奴』, 92~97쪽；姚薇元, 前引『北朝胡姓考』, 38~52쪽；周偉洲,『漢趙國史』(山西, 人民出版社, 1986), 19~25쪽을 참고할 것.

기타 흉노 부락민을 포함하였을 것이다.

철불 부락민은 아래의 몇 차례 과정을 거치면서 계속해서 새롭게 변모되었다.

1) 272년 흉노 5부 중에서 북부수 유맹이 패망한 이후에 통솔하던 부락민은 유호의 부친 고승원이 대신하여 통치하였고, 이후에는 아들 유호가 계속해서 통치하였다. 그래서 310년 전후해서 철불 유호가 통치하던 부락민은 마땅히 유맹의 부락민과 대동소이하였다.[54]

2) 310년 철불부 유호와 척발부가 반목한 이후에는 변화가 발생하였다. 즉 318년 유호는 삭방에서 동쪽의 탁발부의 서쪽 변경을 침략하다가 탁발울률에게 패배하고, 홀로 변방 새외 지역으로 도망갔으며, 從弟 유로고가 부락민을 거느리고 탁발부에 귀의하였다.[55] 아마도 이 시기가 흉노 북부가 철불과 독고로 분화된 시기일 것이다. 또 이것은 철불부가 비록 통치자는 유호의 자손이 계속 담당했지만 부락민은 河西雜類로 새롭게 충원되면서 변화되었음을 의미한다.[56]

3) 358년 철불부 내부에서 유무환과 유알두 형제간에 투쟁이 발생하였고, 유알두가 일부분 부락민을 거느리고 탁발부에 귀의하였다.[57]

4) 367년 拓跋什翼犍(tuòbáshíyìjiān)이 철불부를 기습하였고, 유위진은 종족을 거느리고 서쪽으로 도망갔으며, 철불부의 활동지역은 황하 이서지역으로 바뀌게 되었다. 또 탁발십익건은 철불 부락민 60~70%를 차지하면

---

54) 『魏書』 卷95 「鐵弗劉虎傳」, 2054쪽. "鐵弗劉虎, … 北部帥劉猛之從子, 居於新興盧倔之北. … (劉)猛死, 子副崙來奔(拓跋氏). (劉)虎父誥升爰代領部落. … 誥升爰死, 虎代焉."
55) 同上書, 卷1 「序紀」, 9쪽. "劉虎居朔方, 來侵西部, 帝(平文皇帝拓跋鬱律)逆擊, 大破之, 虎單騎逃走. 其從弟路孤率部落內附, 帝以女妻之."; 同上書, 卷95 「鐵弗劉虎傳」, 2054쪽.
56) 同上書, 卷95 「鐵弗劉虎傳」, 2054쪽. "招集種落, 爲諸部雄. … 督攝河西雜類, … 部落奔潰."
57) 同上書, 卷1 「序紀」, 14쪽. "初勝頭之叛, … 悉勿祁奪其衆. 勝頭窮而歸命, 帝待之如初."

서 철불 부락민의 구성 요소도 흉노 계통에서 河西 지역의 선비족 계통으로 새로운 변화가 발생하였다.[58]

5) 탁발부의 代國이 전진의 부견에 의하여 와해되고, 부견은 철불부 유위진에게는 황하의 서쪽을 다스리게 하고, 독고부 유고인에게는 황하의 동쪽을 다스리게 하였다. 그러나 유고인이 부견의 신임을 받고 직위가 유위진을 초월하자, 유위진이 분노하여 전진에 반란을 일으키고 유고인이 통치하던 황하 동쪽을 공격하였다. 유위진은 유고인에게 패배하고 처자와 부락민 대부분을 유고인에게 빼앗기는 상황에 처했다.[59] 후에 부견은 유위진을 西單于에 임명하고 하서 지역의 여러 종족을 통치하게하면서 철불부는 겨우 명맥을 유지하게 되었다.

6) 391년 拓跋珪(tuòbáguī)는 철불 유위진에게 치명적인 공격을 감행하여, 부락민을 거의 병합하였다. 즉 "유위진의 자제와 종족 무리를 노소 구분 없이 5천여 명을 모두 살해하였으며, 河套 이남지역의 여러 부락은 모두 평정되었다."[60]

7) 탁발부의 치명적인 공격에서 요행히 살아남은 유위진의 아들 勃勃(bóbó)은 남쪽으로 도망갔다. 후에 後秦 姚興(yáoxīng)의 高平公인 선비족 破多蘭(羅)部의 지도자 破多蘭沒奕于(pòduōlánmòyìyú)가 발발의 딸을 부인으로 삼았다. 요흥 또한 발발을 安北將軍 五原公에 임명하고, 그에게 三交(陝西省 榆林縣 서쪽)의 5부 선비 및 雜虜 2만여 落을 주어서 朔方을 지키

---

58) 同上書, 15쪽. "帝征衛辰, 衆軍利涉, 出其不意, 衛辰與宗族西走, 收其部落而還"; 同上書, 卷95 「鐵弗劉虎傳」, 2055쪽; 『資治通鑑』 卷101 海西公 太和2年條, 3208쪽에 관련 기록이 있다.
59) 同上書, 卷23 「劉庫仁傳」, 605쪽. "苻堅進庫仁廣武將軍, … 處衛辰在庫仁之下. 衛辰怒, … 攻庫仁西部. 庫仁又伐衛辰, 破之, 追至陰山西北千餘里, 獲其妻子, 盡收其衆."; 同上書, 卷95 「鐵弗劉虎傳」, 2055쪽; 『資治通鑑』 卷104 孝武帝 太元元年條, 3281쪽.
60) 拓跋珪의 河套 이남 지역의 평정은 同上書, 卷2 「太祖紀」, 24쪽. "收(劉)衛辰子弟宗黨無少長五千與人, 盡殺之. … 自河(套)以南, 諸部悉平"; 同上書, 卷95 「鐵弗劉虎傳」, 2055~2056쪽; 『資治通鑑』 卷107 孝武帝 太元16年條, 3401~3402쪽.

게 하였다. 그 후에 발발은 파다란몰혁우의 부락을 차지하고 大夏 정권을 건립하였다.[61]

이상의 내용으로 다음의 두 가지를 알 수 있다. 첫째, 철불부의 지도자는 고승원과 유호의 자손인 유무환, 유위진, 혁연발발이 줄곧 담당하였다. 둘째, 철불부 부락민의 구성 성분은 여러 차례 바뀌었다. 즉 흉노 계통의 도각종에서 "胡父鮮卑母"의 혼혈종을 거치고, 황하 이서지역인 삭방으로 도망간 이후에 "河西雜類", "河西鮮卑", "雜虜" 등 하서 지역의 雜胡를 모아서 새로운 철불 부락민을 형성하였다. 그리고 혁연발발 시기에는 구성 성분이 점차 확대되어 선비족 계통과 잡로를 중심으로 대하 정권을 건립하기에 이르렀다.

Ⅳ. 결 어

5호16국 시기에 중원으로 진입한 흉노족은 『晉書』「匈奴傳」에 의하면 대략 19종류가 있으며 이들 중에서 비교적 세력이 큰 부족이 3개 있다. 첫째는 강거종으로 남선우 어부라의 직계자손으로 유표-유연-유총으로 계승되는 일파이다. 둘째는 도각종의 철불부이다. 이들도 나중에 유씨로 개칭하였고 도각종 중에서 가장 지위가 높은 씨족이다. 『新唐書』「宰相世系表」에 의하면, 이들은 곡려왕 시리의 후손이며 좌현왕 거비의 직계 자손으로 유호-유무환-유위진-혁연발발로 계승되는 일파이다. 셋째는 도각종의 독고부이다. 이들도 나중에 유씨로 개칭하였고 철불부 일파와 종족 관계이다. 독고부 역시 곡려왕 시리의 후손이며 북부수 유맹의 직계 자손으로 유부륜-유로고-유고인-유현으로 계승되는 일파이다. 위의 3개 부락

---

61) 赫連勃勃의 大夏 정권 건국은 『魏書』 卷95 「鐵弗劉虎傳」, 2056쪽 ; 『晉書』 卷130 「赫連勃勃載記」, 3201~3202쪽 ; 『十六國春秋輯補』 卷64 「夏錄」, 463~464쪽.

중에서 강거종과 철불부는 중원에 왕조를 건립하는 등 역사의 전면에서 활약하였다. 특히 철불부는 탁발부의 대국과 장기간 적대관계를 유지하면서 황하 동쪽에서 황하 서쪽의 朔方으로 이주하였다. 북위 왕조 확립 이후에는 혁연발발이 대하 정권을 건국하여 장기간 북위에 위협을 가하다가 중국 역사에서 사라졌다.

이와 같은 인식을 바탕으로 철불부의 종족 연원, 활동 지역과 부락민을 중심으로 주요 내용을 귀납하여 정리하면 다음과 같다.

첫째, 흉노족 도각종은 휴도각, 도각호, 휴도, 휴저도각 등의 약칭으로, 후한 말기 이래로 중원으로 진입한 남흉노의 후예 또는 흉노족에 예속되었다가 흉노족과 함께 새내에 진입한 종족을 일컫는다. 지리적으로는 병주와 산서 북부에 주로 거주하였고, 주위 종족과의 관계상 한족 및 탁발부와 관계가 비교적 밀접하여 상호 융합이 활발한 종족으로 "胡父鮮卑母"의 혼혈종으로 일컬어졌다. 철불부의 가계는 흉노족 남선우의 후예이며 곡려왕 시리와 좌현왕 거비의 직계자손으로 유호-유무환-유위진-혁연발발로 계승되는 일파이다.

둘째, 철불은 흉노 부락을 부계로 선비 부락을 모계로 결합된 혼인관계의 다른 표현이다. 즉 철불부는 흉노족과 선비족의 혼혈을 나타낸 것이다. 철불은 특별히 탁발부와 밀접한 관계가 있다. 托跋氏는 선비족이며 달리 흉노족이라 일컫고, 托跋은 禿髮로 읽으며 拓跋은 鐵弗의 다른 독음으로 읽으며 혼혈종의 뜻이다 拓跋, 鐵弗, 鐵伐, 禿髮 등은 모두 어원이 같다. "鮮卑父胡母"는 拓跋(禿髮) 선비이고, "胡父鮮卑母"는 철불(鐵伐) 흉노라고 일컫는다. 최근에는 남흉노 북부의 부락민과 탁발선비가 통혼한 결과로 나타난 새로운 부락이라는 주장이 있다.

셋째, 철불부의 활동 무대는 제1단계인 후한 말기에 중원으로 진입하여 병주 일대에서 한족과 잡거하며 생활하였다. 제2단계인 조위 시기에 이르러 조조가 흉노 부락을 5부(동, 서, 남, 북, 중부)로 나누면서 북부에 거주하였다. 북부의 인구는 대략 약 4천여 부락이고, 신흥군과 안문군 일대이며 여기서 유맹 이래로 줄곧 거주하였다. 제3단계인 5호16국 초기에는 탁발부와 투쟁에서 패배하여 황하 이서지역 삭방으로 도망갔고, 재차 황하 이동의 옛 지역으로 돌아오지 못했다.

넷째, 철불부가 통치한 부락민은 마땅히 철불부(유씨) 자신의 종족 및 그 지역에 거주하는 기타 흉노 부락민을 포괄하였다. 또 이들은 한족과 밀접한 관계를 유지하여 융합의 정도가 비교적 높았다. 철불부의 지도자는 고승원과 유호의 자손이 줄곧 담당하였다. 철불부 부락민의 구성 성분은 여러 차례 바뀌었다. 즉 흉노 북부의 활동지역에서 흉노 북부의 부락민에서 "胡父鮮卑母"의 혼혈종을 거쳐서, 황하 이서 지역인 삭방으로 도망간 이후에 "하서잡류", "하서선비", "잡로" 등 하서 지역의 雜胡를 모아서 새로운 철불 부락민을 형성하였다. 혁연발발 시기에는 선비족 계통과 잡로를 중심으로 대하 정권을 건립하기에 이르렀다.

(『중국연구』 51, 2011년)

참고문헌(출현 순서에 따라)

1. 사료

『晉書』, 臺北, 鼎文書局, 1987.
『太平御覽』, 臺北, 商務印書館, 1987.
『後漢書』, 臺北, 鼎文書局, 1987.
『新唐書』, 同上.
『册府元龜』, 北京, 中華書局, 1982.
『太平寰宇記』, 『文淵閣四庫全書電子版』, 1991.
『史記』, 臺北, 鼎文書局, 1987.
『漢書』, 同上.
『三國志』, 同上.
『十六國春秋』(『太平御覽』卷127 引用本)
『魏書』, 臺北, 鼎文書局, 1987.
『通典』, 臺北, 商務印書館, 1987.
『通志』, 『文淵閣四庫全書電子版』, 1991.
『北史』, 臺北, 鼎文書局, 1987.
『資治通鑑』, 臺北, 世界書局, 1987.
『世說假譎篇』, 『文淵閣四庫全書電子版』, 1991.
『宋書』, 臺北, 鼎文書局, 1987.
『南齊書』, 同上.
『十六國春秋輯補』, 同上.

2. 저서

張壁波外1人(編), 『中國古代北方民族文化史』, 哈爾濱, 黑龍江人民出版社, 1993.
鄭欽仁, 『北魏官僚機構研究』, 臺北, 稻禾出版社, 1995.
孫同勛, 『拓跋氏的漢化』, 臺北, 國立臺灣大學文學院, 1962.
三崎良章, 『五胡十六國の基礎的研究』, 東京, 汲古書院, 2006.

馬長壽, 『北狄與匈奴』, 北京, 三聯書店, 1969.
黃　烈, 『中國古代民族史研究』, 北京, 人民出版社, 1987.
白翠琴, 『魏晉南北朝民族史』, 成都, 四川民族出版社, 1996.
姚薇元, 『北朝胡姓考』, 北京, 中華書局, 1962.
陳連慶, 『中國古代少數民族姓氏研究』, 長春, 吉林文史出版社, 1993.
林　幹(編), 『匈奴史論文選集』, 北京, 中華書局, 1983.
馬長壽, 『烏丸與鮮卑』, 上海, 人民出版社, 1962.
澤田 勳, 『匈奴 - 古代遊牧國家の興亡 - 』, 東京, 東方書店, 2006.
林　幹, 『匈奴史』, 內蒙古, 人民出版社, 1977.
周偉洲, 『漢趙國史』, 山西, 人民出版社, 1986.

3. 논문

김영환, 「5胡16國時期代國之形成過程研究」, 『國際中國學研究』 6, 2003.
김영환, 「5胡16國 君主의 文化變容 硏究」, 『한중인문학연구』 9, 2002.
內田吟風, 「南匈奴に關する硏究」, 『北アジア史硏究』, 京都, 同朋社, 1975.
김영환, 「魏晉南北朝時期 匈奴族 獨孤部 연구 - 獨孤部의 種族과 活動地域을 中心으로 - 」, 『중국학연구』 46, 2008.
陳　勇, 「匈奴屠各考」, 『歷史與民族 - 中國邊疆的政治·社會與文化 - 』, 北京, 社會科學文獻出版社, 2005.
唐長孺, 「魏晉雜胡考」, 『魏晉南北朝史論叢』, 臺北, 帛書出版社, 1986.
武沐·尹玉琴, 「『晉書·北狄傳』入塞屠各新論」, 『中國邊疆史地研究』 2006-4.
陳琳國, 「休屠·屠各和劉淵族姓」, 『北京師範大學學報』 2006-4.
吳洪琳, 「大夏國史」, 陝西師範大學 博士學位論文, 2005.
唐長孺, 「拓跋國家的建立及其封建化」, 『魏晉南北朝史論叢』, 北京, 三聯書店, 1955.
馮繼欽, 「試論鮮卑族的共同語言」, 『北朝研究』 1992-4.
蔣福亞, 「苻堅滅代」, 『北朝研究』 1990-2.

제4장

5호16국시기 흉노족 鐵弗部와 선비족 拓跋部의 관계 연구

I. 서 언

중국의 역사는 다민족의 역사이다. 역사의 발전을 따라서 서로 다른 지역성 문화 유형의 공동체에서 서로 다른 종족과 민족이 형성되면서 그들이 한족과 더불어 중국사를 창조했음을 부인 할 수는 없을 것이다. 특히 위진 남북조 시기를 전후에서 이러한 민족 문제가 첨예하게 역사의 주류로 등장하게 되었고, 또 그들의 활동이 중국사를 이전과 다른 역동적인 역사로 이끌었다. 이들 중의 대표적인 종족이 바로 5호라는 이민족이며 그들이 중원에 진입하여 건국한 정권이 20여개에 이를 정도로 그들의 활동은 괄목할 만한 것이었다. 즉 각 종족의 대규모 이동과 교류를 통한 대융합은 한족과 이민족으로 하여금 대량의 신선한 혈액과 문화를 흡수하였다. 그래서 각각의 체질과 문화 방면에서 이전과 완전히 다른 활력과 창조력을 구비하였으며, 한족과 이민족의 발전사상에 새로운 이정표가 되었다.[1]

5호16국(304~439년) 시기 북방 민족 중에서 흉노족은 역사상 주도적인 위치를 차지하고 있었다. 북흉노가 서쪽으로 이동하고 남흉노가 중원의 역사 무대에 등장하면서부터, 흉노족 및 그 후예들은 끊임없이 중원으로 이동하며 활발한 활동을 전개하였다. 5호에서 첫 번째로 언급되는 종족이 흉노족이고, 그들이 5호16국의 시종을 결정지은 것은 주지의 사실이다. 5호16국 시기의 시작은 흉노족의 일파인 劉淵(liúyuān)이 劉漢(前趙) 정권(304~329년)을 건립하여 그 서막을 열었다. 또 흉노족 鐵弗部의 赫連勃勃(hèliánbóbó)은 大夏 정권(407~431년)을 건립하였다. 그 외에 흉노족 獨孤部는 비록 중원에 정권을 건립하지는 못했지만, 鮮卑族의 拓跋部와 우호와 대립 관계를 병행하여 代國(315~386년)과[2] 北魏(386~534년)의 탄생에 결정적인 공헌

---

1) 三崎良章, 金榮煥(역), 『五胡十六國 - 중국사상의 민족 대이동 - 』, 경인문화사, 2007, 195쪽.
2) 代國의 기원에 관한 학설로는 김영환, 「5胡16國時期代國之形成過程硏究」, 『國際

을 하였다. 5호16국의 종결은 흉노족의 또 다른 일파인 盧水胡 沮渠蒙孫(jǔqúmēngsūn)이 北涼 정권(401~439년)을 건립하여 그 대미를 장식하였다. 이처럼 西晉 이후 중국 북방의 대혼란 시기에 중원에 진입하여 135년간 5호16국 분할 시기의 주인공은 흉노족이라고 해도 과언이 아니다.[3]

5호16국 시대 중원으로 진입한 흉노족은 『晉書』「匈奴傳」에 의하면 대략 19종류가 있고,[4] 이들 중에서 비교적 세력이 큰 종족이 3개 있다. 첫째는 羌渠種으로 南單于 於扶羅(yūfúluó)의 직계자손으로 劉豹(liúbào) - 劉淵(liúyuān) - 劉聰(liúcōng)의 직계자손으로 계승되는 일파이다.[5] 이들은 중국 내지로 이동한 다른 흉노족과 마찬가지로 초기부터 한족의 전통적인 문화를 습득하여 어느 정도 수준에 이르렀고 한족과의 융합 정도도 이미 상당한 수준에 다다랐다. 이러한 문화변용(Cultural Acculturation)을[6] 바탕으로 5호16국 시기에 한과 전조를 창건하여 다른 종족과 정권의 표본이 되었다. 둘째는 屠各種의 철불부이다. 谷蠡王 尸利(shīlì)의 후손이며 左賢王 去卑(qùbēi)의 직계 자손으로 誥升爰(gàoshēngyuán) - 劉虎(liúhǔ) - 劉務桓(liúwùhuán) - 劉衛辰(liúwèichén) - 赫連勃勃(hèliánbóbó)로 계승되는 일파이다.[7] 이들도 나중에 유씨로 개칭하였고 도각종 중에서 가장 지위가 높

中國學硏究』 6, 459쪽을 참고 할 것.
3) 張璧波外1人(編), 『中國古代北方民族文化史』(哈爾濱, 黑龍江人民出版社, 1993), 7쪽.
4) 『晉書』 卷97 「北狄匈奴傳」, 2549~2550쪽. "北狄以部落爲類, 其入居塞者有屠各種·鮮支種·寇頭種·烏譚種·赤勒種·捍蛭種·黑狼種·赤沙種·鬱鞞種·萎莎種·禿童種·勃蔑種·羌渠種·賀賴種·鍾跂種·大樓種·雍屈種·眞樹種·力羯種, 凡十九種, 皆有部落, 不相雜. 屠各最豪貴, 故得爲單于, 統領諸種."
5) 『晉書』 卷101 「劉元海載記」 와 『太平御覽』 「前趙錄」의 기록에 의하면, 유연(劉元海)은 흉노족 남선우 어부라의 손자이고 유표의 아들로 성씨는 허련제였으나 후에 유씨로 바꿨다. 그리고 유연의 세계표를 『晉書』 「劉元海載記」 와 『太平御覽』 「前趙錄」;「後漢書」 「南匈奴傳」을 참고하여 작성하였다.
6) 김영환, 「5호16국 군주의 문화변용 연구」, 『한중인문학연구』 9, 245쪽. 기타 상세 내용은 제3장 주석 5)를 참고할 것.
7) 철불부의 지도자 가계는 內田吟風, 「南匈奴に關する硏究」, 『北アジア史硏究』(京

은 씨족이며, 呼衍氏, 卜氏, 蘭氏, 喬氏의 4개 성씨가 유씨를 보좌하였다.[8] 주요 거주지는 황하 서쪽이며 선비족의 탁발부와는 줄곧 경쟁 대립 관계에 처해 있다가 탁발부가 세운 북위에 의하여 멸망당했다. 셋째는 도각종의 독고부이다. 이들도 역시 곡려왕 시리의 후손이며 北部帥 劉猛(liúměng)의 직계 자손으로 劉副侖(liúfùlùn) - 劉路孤(liúlùgū) - 劉庫仁(liúkùrén) - 劉顯(liúxiǎn)으로 계승되는 일파이다.[9] 이들도 나중에 유씨로 개칭하였고 철불부 일파와 종족 관계이다. 주요 거주지는 황하 동쪽이며 선비족의 탁발부와는 줄곧 친선 우호 관계를 유지하였고, 북위와 북조시대는 물론 수당 시대에 이르기까지 흉노족의 중국 귀족화를 형성하며 면면히 이어져 왔다.

위와 같은 인식하에서 본문의 연구 목적은 김영환의 「5호16국시기 흉노족 철불부 연구 - 철불부의 종족과 활동지역을 중심으로 - 」를[10] 기초로, 철불부의 3명의 걸출한 지도자 유호, 유무환, 유위진 통치시기에 선비족 탁발부와의 대립과 우호관계를 집중적으로 탐색하였다. 즉 철불부 통치자 유호, 유무환, 유위진 통치시기에 탁발부 지도자 拓跋猗盧(tuòbáyīlú), 拓跋鬱律(tuòbáyùlǜ), 拓跋什翼犍(tuòbáshíyìjiān), 拓跋珪(tuòbáguī)와의 대립과 우호 관계를 중심으로 설명하였고, 이를 통해서 두 부락의 흥망성쇠 과정의 일단을 살펴보는 것을 목적으로 하였다. 본문의 연구 범위는 흉노족 중에서 그동안 연구가 미진했던 철불부를 선택하였다. 기존의 연구 경향은

都, 同朋社, 1975), 333쪽을 참고할 것.
8) 『後漢書』 卷89 「南匈奴傳」, 2944~2945쪽. "單于姓虛連題. 異姓有呼衍氏·須卜氏·丘林氏·蘭氏四姓, 爲國中名族, 常與單于婚姻."
9) 內田吟風, 前引 「南匈奴に關する硏究」, 333쪽 ; 『新唐書』 卷75 「宰相世系表」, 3437쪽. "猛生副侖, 副侖生路孤, 路孤生眷, 眷生羅辰"
10) 김영환, 「5호16국시기 흉노족 철불부 연구 - 철불부의 종족과 활동지역을 중심으로 - 」, 『중국연구』 51, 165~182쪽. 위의 논문에서 첫째, 당시 중원에 진입한 흉노족 철불부의 종족 근원이 도각종이다 둘째, 철불의 명칭은 흉노족과 선비족의 혼혈종을 나타낸 것이다. 셋째, 철불부의 활동무대는 점차 황하 서쪽 지역으로 바뀌었다. 넷째, 부락 구성원 역시 시기에 따라서 변화되어 철불부 초기의 흉노족 색채가 엷어지고 점차 "雜類"의 색채가 농후해지고 있는 현상을 파악하였다.

단순히 철불부 또는 탁발부 자체에 관한 연구 위주였다.[11] 철불부 지도자 유씨가 탁발부 지도자와 대립과 우호 관계를 병행하여 철불부의 흥망성쇠는 물론 탁발부의 대국과 북위의 탄생에 결정적인 공헌을 한 상호 관계에 따른 연구는 본문이 처음이다. 서술 방법으로는 철불부의 주요 지도자를 1단계 유호 통치시기, 2단계 유무환 통치시기, 3단계 유위진 통치시기로 구분하였다. 그리고 각 단계별로 탁발부 지도자 탁발의로, 탁발울률, 탁발십익건, 탁발규와의 주요 관계를 설명하고 각각의 발전에 어떤 영향을 끼쳤는가를 중점적으로 살펴보았다.

연구 방법으로는 『後漢書』, 『魏書』, 『晉書』, 『十六國春秋』, 『資治通鑑』 등 문헌 자료를 중심으로 분석 정리하였다. 특히 철불부의 가계를 흉노족 곡려왕 시리 - 오리 - 거비 - 고승원 - 유호 - 유무환과 유알두 - 실물기와 유위진 - 혁연발발 등으로 정리하고 이것에 입각하여 논지를 전개하였다. 별도로 혁연발발의 대하와 탁발부 북위와의 관계는 분량의 초과로 본문에서는 다루지 않았고, 별도로 논술할 예정이다. 기타 5호16국의 주요 특성에 관해서는 일본 학자의 상관 논저에서 관련 부분을 인용하여 문헌 자료의 결함을 보충하려고 시도하였다.[12]

II. 유호 통치 시기 탁발부와의 관계

철불부 유호와 탁발부의 관계를 설명하기 전에 본문의 이해를 돕기 위

---

11) 독고부에 대한 연구로는, 김영환, 「魏晉南北朝時期 匈奴族 獨孤部 연구 - 獨孤部의 종족과 활동지역을 중심으로 - 」와 內田吟風, 張麗波(譯), 「北魏初世匈奴獨孤部的盛衰」『北朝研究』 1992-4가 있다. 탁발부에 대한 연구 역시 김영환, 『魏晉南北朝時期 北方民族史研究 - 拓跋鮮卑族의 歷史와 文化 - 』, 서울, 아이반호출판사, 2003이 대표적이다.
12) 三崎良章, 『五胡十六國の基礎的研究』(東京, 汲古書院, 2006), 5~17쪽. 비록 철불부와 직접적인 관계가 있는 내용은 드물지만, 일본에서의 5호16국 시기 연구 성과에 대하여 비교적 상세하여 서술하여 참고할 가치가 크다.

해서 철불부의 명칭 근원과 중국 사서상 출현 및 유씨의 사용 시기에 대해서 서술하면 아래와 같다. 첫째, 철불부의 명칭 근원은 흉노족 도각종으로 남선우의 후예이며 곡려왕 시리의 자손으로 거비-고승원-유호로 계승되는 일파이다.[13] 이들은 "胡父鮮卑母爲鐵弗"의 융합 종족이고 최초 거주지는 山西省 五台縣 북부지역이며 선비족과의 교류가 비교적 활발한 장소이다. 철불의 명칭 문제는 "胡父鮮卑母爲鐵弗"을 분석하고 이에 대한 최근 학자들의 주장과 비교하여 증명하면 다음과 같다. 『魏書』 「鐵弗劉虎傳」에 이르기를,

"철불 유호는 남선우의 후예이고, … 신흥군 여사의 북쪽에 거주하였다. 북방 사람들이 이르기를 흉노 부친에 선비족 모친이 결합하여 출생한 자식을 철불이라고 일컬었으며, 그런 까닭에 그것으로 부락의 명칭을 삼았다"[14]

위의 내용을 분석하면, 철불부는 주위 종족과의 관계가 비교적 밀접하고 상호 융합이 활발한 것을 짐작할 수 있다. 철불부는 흉노 부락을 부계로 선비 부락을 모계로 결합된 혼인관계의 다른 표현으로, 흉노족과 선비족의 혼혈을 나타낸 것이다. 이에 대하여 최근 연구자들의 주장을 소개하면 다음과 같다. 唐長孺는 철불부는 특별히 탁발부와 밀접한 관계가 있다고 하였다.[15] 姚薇元은 托跋氏는 선비족이며 달리 흉노족이라 일컫고, 托跋은 獨(禿)髮로 읽으며 拓跋은 鐵弗의 다른 독음으로 읽으며 혼혈종의 뜻

---

13) 『魏書』 卷95 「鐵弗劉虎傳」, 2054쪽. "鐵弗劉虎, 南單于之苗裔, 左賢王去卑之孫, 北部帥劉猛之從子" 논저는 內田吟風, 張麗波(譯), 「北魏初世匈奴獨孤部的盛衰」, 『北朝研究』 1992-4, 71~81쪽 ; 內田吟風, 前引 「南匈奴に關する研究」, 333쪽에 근거한 것이다.
14) 同上書, 2054쪽. "鐵弗劉虎, 南單于之苗裔, … 居於新興盧俟之北. 北人謂胡父鮮卑母爲鐵弗, 因以爲號."
15) 唐長孺, 「拓跋國家的建立及其封建化」, 『魏晉南北朝史論叢』(北京, 三聯書店, 1955), 203쪽.

이다.[16] 馬長壽는 拓跋, 鐵弗, 鐵伐, 獨(禿)髮 등은 모두 어원이 같고, "鮮卑父胡母"는 拓跋(禿髮) 선비이고, "胡父鮮卑母"는 鐵弗(鐵伐) 흉노라고 하였다.[17] 그 외에 蔣福亞는 남흉노 북부의 부락민과 탁발선비가 통혼한 결과로 나타난 새로운 부락이라고 주장하였다.[18] 즉 철불부는 유맹의 뒤를 이어서 고승원이 신흥군과 안문군의 흉노 부락민을 통치하였고, 310년 전후해서 유호가 계승하여 "胡父鮮卑母"의 혼혈 종족으로 새롭게 탄생한 철불부를 통치하였다. 철불부는 주변의 여러 종족과 잡거하거나, 아니면 완전히 새로운 종족을 충원하여 부락 구성원은 비록 여러 차례 커다란 변화를 거쳤지만 철불부라는 명칭은 변함없이 유지되었다. 즉 흉노족과 선비족의 혼혈 종족의 정체성은 잊지 않았다.

둘째, 철불부의 정식 출현과 유씨의 사용 시기는 다음과 같다. 즉 철불부는 5호16국 시기 독고부와 대등한 세력을 형성하였고 중원에 대하 정권(407~431년)을 설립한 부족이며, 지도자의 성씨 또한 유씨(勃勃 시기에 다시 赫連氏로 고쳤다.)로 개칭하였다. 독고부 독고씨가 유씨로 개칭한 비슷한 시기에 철불부도 유호 통치시기에 유씨가 출현하였다.[19] 철불부 지도자 유호의 성씨인 유씨에 대하여 『魏書』「鐵弗劉虎傳」에 이르기를,

"철불 유호는 남선우의 후손으로 좌현왕 거비의 손자이며 북부수 유맹의 조카로 신흥군 여치의 북쪽에 거주하였다 …. (유)맹이 사망하고 아들 부론은 탁발씨에게 귀의하였다. (유)호의 부친 고승원이 대신 부락을 통솔하였다 …. 고승원

---

16) 姚薇元, 『北朝胡姓考』(北京, 中華書局, 1962), 6~7쪽. 탁발씨를 흉노족의 일파로 보는 문헌은 『宋書』 卷95 「索虜傳」, 2321쪽 ; 『南齊書』 卷57 「魏虜傳」, 983쪽이 있다.
17) 철불 흉노의 종족 근원에 대해서는 馬長壽, 『烏桓與鮮卑』(上海, 人民出版社, 1962), 3·4·30~31·247~248쪽 ; 馮繼欽 「試論鮮卑族的共同語言」, 『北朝研究』 1992-4, 18~23쪽 ; 林幹, 『匈奴史』(內蒙古, 人民出版社, 1977), 181쪽.
18) 蔣福亞, 「苻堅滅代」, 『北朝研究』 1990-2, 24~30쪽.
19) 黃烈, 『中國古代民族史研究』(北京, 人民出版社, 1987), 193쪽.

이 사망하고 호가 대신하였다."[20]

위의 내용에서 알 수 있는 것은 철불부가 정식으로 형성된 시기는 유호가 최초로 철불이라고 일컬은 사실로 볼 때 마땅히 유호 시기이다. 또 유호는 남선우의 후예이며 좌현왕 거비 - 고승원 - 유호로 계승되는 일파임을 알 수 있다. 그리고 고승원과 유호 부자는 유맹의 흉노족 북부의 통치권을 계승하여 신흥군과 안문군 일대가 주요 활동 범위였음을 알 수 있다. 흉노족 철불부 또한 유씨로 개칭한 것은 표면적으로는 동일한 흉노족인 독고부가 유씨로 성씨를 바꿨기 때문에 자연스럽게 유씨로 하였을 가능성이 있다. 그렇지만 내면적으로는 아마도 흉노족이 중원에 진입한 이후에 자신도 한족의 조상과 동일한 黃帝(huángdì)의 후손임을 드러내는 방편으로 漢高祖 劉邦(liúbāng)의 성씨를 따랐던 것으로 보는 것이 합리적일 것이다. 즉 중원에서의 정권 건립과 순조로운 적응 및 한족을 통치하기 위한 방편으로 자신의 정체성을 합법화한 것이다.[21]

철불부는 원래 신흥군과 안문군 일대에서 활동하면서 주위의 탁발부와 잡거하며 공존하였다. 310년 유호 시기에 이르러 본격적으로 탁발부와 관계를 가지기 시작하였고, 철불부와 탁발부의 관계는 대체적으로 전쟁을 통한 적대관계를 유지하였다. 그 후에 철불부의 무리가 많아지고 세력이 강성해지자 군사를 동원하여 탁발부에 반란을 일으켰다. 철불부가 탁발부에 반란을 일으킨 상세한 상황에 대해서는 『魏書』「序紀」에 이르기를,

"백부 대인이 반란을 일으켜 서하(산서성 분양현)로 진입하였고, 철불부 유

---

20) 『魏書』 卷95 「鐵弗劉虎傳」, 2054쪽. "鐵弗劉虎, 南單于之苗裔, 左賢王去卑之孫, 北部帥劉猛之從子, 居於新興盧慮之北. … (劉)猛死, 子副崙來奔(拓跋氏). (劉)虎父誥升爰代領部落. … 誥升爰死, 虎代焉."
21) 吳洪琳, 「大夏國史」, 陝西師範大學博士學位論文, 2005, 14쪽 ; 김영환, 「5호16국시기 흉노족 정권의 문화변용 연구」, 『中國學研究』 24, 245쪽.

호도 안문에서 무리를 거느리고 호응하여 (서진 병주자사) 유곤이 다스리던 신흥군과 안문군을 공격하였다. 유곤이 (탁발부로) 와서 군사를 요청하였다. 황제(탁발의로)는 동생의 아들 평문황제(탁발울률)로 하여금 기병 2만 명을 거느리고 유곤을 도와서 그들을 공격하게 하였고, 백부를 크게 격파하였다. 다음으로 철불부 유호를 공격하여 그들의 진영을 격파하고 부락민을 학살하였다. 유호는 생존한 잔여 부락민을 거두어 서쪽으로 가서 황하를 건너 삭방(섬서성 유림현 일대)으로 도망가서 거주하였다."[22]

위의 기록으로 알 수 있는 것은 다음의 두 가지가 있다. 첫째, 유호가 통치하던 흉노족 철불부는 원래 신흥군과 안문군 일대에 거주하고 있었다. 신흥군은 『魏書』에 기록된 철불부 유호의 거주지와 대략 일치하고, 그들은 신흥군과 안문군의 경계지역에서 한족과 잡거하고 있었다. 둘째, 유호는 선비족 탁발의로 시기에 탁발부에 의탁하였다가 점차 세력이 증강되면서 탁발부에 반란을 일으켰다. 유호는 탁발울률과 전투하여 크게 패배하고 생존한 잔여 부락민을 거느리고 황하 서쪽으로 도망갔다. 이후에 다시 황하를 건너 朔方(陝西省 楡林縣 일대)에서 거주하였다.

이 사건이 발생한 원인에 대하여 『魏書』 「鐵弗劉虎傳」에서는 유호가 "부락구성원이 점차 많아지자, 군사를 일으켜 대외적으로 반란을 일으켰다."[23] 라고 간략히 서술하였다. 또 『魏書』 「序記」에는 "白部 대인이 반란하여 西河로 진입하고, 유호가 군사를 일으켜 호응하였다."[24] 라고 기록하였다. 그러나 필자의 몇 가지 자료 분석에 의하면 철불부가 선비족 탁발부에 반란을 일으킨 이유는 다른 곳에 있었다. 사실 서하는 당시 이미 흉노

---

22) 『魏書』 卷1 「序紀」, 7쪽. "白部大人叛入西河, 鐵弗劉虎擧衆於雁門以應之, 攻(劉)琨新興·雁門二郡. 琨來乞師, 帝使弟子平文皇帝將騎二萬, 助琨擊之, 大破白部., 次攻劉虎, 屠其營落. (劉)虎收其餘燼, 西走渡河, 竄居朔方."
23) 同上書, 卷95 「鐵弗劉虎傳」, 2054쪽. "自以衆落稍多, 擧兵外叛."
24) 『魏書』 卷1 「序記」, 7쪽. "白部大人叛入西河, 鐵弗劉虎擧衆於雁門以應之."

족 유연의 통치 지역이므로[25] 철불부 반란 사건은 유연과 밀접한 관계가 있다. 『資治通鑑』에서는 철불부 유호가 「백부 선비와 더불어 모두 劉漢(유연)에 귀의하였다.」[26] 또 『通鑑考異』에서 인용한 『劉琨集』 「琨答太傅府書」 에도 이러한 정황을 상세히 서술하고 있다.

> "(유)총과 (왕)미가 상당에 진입하자 방돈은 제어할 수 가 없었다 …. 유총과 왕미가 물러나지 않자, 오환과 유호가 반역을 도모하였으며, 서쪽의 백부를 불러들이고, 유연에게 사신을 보내서 신하로 받아줄 것을 요청하였다."[27]

西晉 司馬氏의 내부 투쟁 과정에서 成都王 司馬穎(sīmǎyǐng)과 東瀛公 司馬騰(sīmǎténg)은 상호 적대하는 세력이었다. 흉노족 유연은 사마영과 연합하였고, 탁발부는 사마등이 신임하는 大人 衛操(wèicāo)와 관계를 이용하여 사마등과 협력을 모색하였다.[28] 그리고 유연은 서진 永興元年(304년)에 漢王에 즉위하였다. 그 후에 세력이 점차 성장하여 永嘉2年(308년)에 황제를 일컬었고, 劉聰(liúcōng)과 劉曜(liúyào) 등에게 명령하여 洛陽을 공격하게 하였다. 이러한 과정에서 철불부 유호는 탁발부와 대립하는 관계를 형성하였다. 백부 또한 철불부 유호의 거주지와 인접하였고 유호의 세력이

---

25) 『晉書』 卷101 「劉元海載記」, 2650~2651쪽. "自立爲南單于, 立居西河."
26) 『資治通鑑』 卷87 懷帝 永嘉3年條, 2744~2745쪽. "子(劉)虎立居新興號鐵弗氏, 與白部鮮卑皆附於漢(劉淵)."
27) 『通鑑考異』에서 인용한 『劉琨集』 「琨答太傅府書」, 『文淵閣四庫全書電子版』, 1991. "(劉)聰・(王)彌入上黨, 龐淳不能禦. … 當聰・彌之未定, 烏丸・劉虎構爲變逆, 西招白部, 遣使致任, 稱臣於(劉)淵." 유사한 기록으로는 『資治通鑑』 卷87 懷帝 永嘉3年條, 2744~2745쪽 ; 동상서, 2752~2754쪽.
28) 何德章, 「鮮卑代國成長與拓跋鮮卑初期漢化」, 『北朝研究』 1993-2, 27~28쪽. 이와 관련 원전 자료는 『魏書』 卷23 「衛操傳」, 599~600쪽. "鄴洛構隙, 棄親求疏, 乃招暴類, 屠各匈奴, 劉淵姦賊", 結黨同呼, 敢擊幷土, 殺害無辜. … 使持節・平北將軍・幷州刺史・護匈奴中郎將・東瀛公馬騰, … 高算獨斷, 結謀盟意. 爰命外國(拓跋部), 引軍內備."

흥성한 상황에서 자연적으로 유연, 유호의 진영에 가담하지 않을 수 없었을 것이다. 그러나 유연이 永嘉4年(310년) 7월에 사망하고 아들 劉和(liúhé)가 계승하였지만, 내란이 발생하여 유화가 피살되고 유총이 계승하여 황제에 즉위하였다. 이 기회를 이용하여 310년 10월에 劉琨(liúkūn)과 탁발부가 연합하여 유연에 귀의한 철불부 유호와 백부를 격파하였던 것이다.[29]

이 사건은 『魏書』에 여러 차례 언급되었는데 이로 말미암아 철불부는 원래 거주 지역인 신흥군과 안문군 일대의 기반과 부락민을 잃어버리고 하서 지역으로 이동하고 부락민도 새롭게 형성하게 되었다. 이후에도 하서 지역의 雜夷, 雜虜 등 부락민을 거느리고 계속해서 탁발부를 침략하여 중대한 위협 세력으로 등장하게 되었다. 반면에 탁발부는 첫째, 백부에 대한 통치권을 재차 장악하였다.[30] 둘째, 서진의 유곤으로부터 句注陘 이북의 馬邑·陰館·樓煩·繁時·崞 등 5縣의 지역을 차지하여 세력이 句注山 일대에까지 확대되었다.[31] 셋째, 315년 서진으로부터 탁발의로는 代王에 봉해져서 탁발부의 代國 칭호의 시작이 되었다.[32]

318년에 유호는 삭방에서 황하를 건너 탁발부의 서쪽 변경 지역을 공격하였지만 실패하고 혼자서 도망갔다.[33] 이후부터 유호의 아들 유무환과 손자인 유위진에 이르기까지 『魏書』에서 말하는 철불부의 활동 무대는 대략

---

29) 『資治通鑑』 卷87 懷帝 永嘉3年條, 2744~2754쪽. "(拓跋)猗盧使其弟弗之子(拓跋)鬱律, 帥騎二萬助之. 遂破劉虎·白部, 屠其營. (劉琨)與(拓跋)猗盧結爲兄弟."
30) 탁발부의 백부에 대한 장악은 김영환, 前引 『魏晉南北朝時期 北方民族史硏究 - 拓跋鮮卑族의 歷史와 文化 - 』, 173~190쪽의 제5장 3절 「白部考證」에서 상세히 서술하였다.
31) 『魏書』 卷1 「序紀」, 7쪽. "帝(拓跋猗盧)以封邑去國縣遠, 民不相接, 乃從(劉)琨求句注陘北之地, … 乃徙馬邑·陰館·樓煩·繁時·崞五縣之民於陘南, 更立城邑, 盡獻其地. … 帝乃徙十萬家以充之."
32) 김영환, 前引 「5胡16國時期代國之形成過程硏究」, 459쪽. 315년 탁발의로가 서진으로부터 대왕으로 책봉 받고, 식읍으로 대군과 상산군을 받은 이후부터 대국 칭호의 시작이라고 보는 것이 비교적 합당하다.
33) 『魏書』 卷1 「序紀」, 9쪽. "劉虎據朔方, 來侵西部, 帝(拓跋鬱律)逆擊, 大破之, 虎單騎迸走."; 同上書, 卷95 「鐵弗劉虎傳」, 2054쪽.

황하 서쪽 지역에 국한되었다.[34]

이 사건으로 인하여 철불부의 거주지와 부락 구성원에 중대한 변화가 발생하였다. 철불부의 거주지 변화는 제1단계인 후한 말기에 중원으로 진입하여 병주 일대에서 한족과 잡거하며 생활하였다. 제2단계인 曹魏 시기에 이르러 흉노 부락을 5부(동, 서, 남, 북, 중부)로 나누면서 북부에 거주하였고, 북부는 대략 신흥군과 안문군 일대이다. 제3단계인 5호16국 초기에는 탁발부에 의탁하였다가 점차 세력이 증강되면서 탁발부에 반란을 일으켰다. 탁발울률과 전쟁에서 패배하여 황하 서쪽 지역 삭방으로 도망갔고, 이 전투에서 패배한 이후에 철불부는 다시는 황하 동쪽의 옛 지역으로 돌아오지 못했다. 철불부의 부락 구성원도 초기의 흉노족에서 점차 하서 지역의 雜夷, 雜虜 등으로 대체되었다.

Ⅲ. 유무환 통치 시기 탁발부와의 관계

유호의 아들 유무환 시기에 이르러 철불부와 탁발부의 관계는 전쟁 위주의 적대관계에서 혼인과 인질을 통한 우호 관계로 전환되었다. 우호 관계 유지를 위한 첫 번째 조치는 318년 철불부 유호의 從弟 유로고가 탁발울률의 딸을 부인으로 맞아들였다.[35] 이것은 유호가 탁발울률에게 패배하고 홀로 도망가자, 신변의 위협을 느낀 유로고가 철불부 부락민을 이끌고 탁발부에 귀의한 것에 대한 보상이었다. 또 탁발부는 유로고를 통해서 철불

---

34) 同上書, 12~16쪽. "劉虎據朔方"；同上書, 卷23「劉庫仁傳」, 604~ 605쪽；同上書, 610쪽；同上書, 卷95「鐵弗劉虎傳」, 2054~ 2056쪽에 관련 기록이 있다. 376년에 탁발부의 대국이 전진의 부견에게 멸망당한 이후에는 부견에 귀의하였으며, 부견은 황하 동쪽 지역의 통치권을 유고인에게 주고 황하 서쪽 지역은 철불부 유위진(유호의 손자)에게 줘서 탁발부의 옛 영토를 다스리게 하였다. 이러한 사실로 볼 때 철불부의 주요 활동 무대는 황하 서쪽 지역에 국한되었음을 알 수 있다.
35) 同上書, 9쪽. "其從弟路孤率部落來附, 帝(拓跋鬱律)以女妻之."

부를 대국에 복속시키려는 목적에서 우호 관계를 시행하였다. 두 번째 조치는 341년에 탁발십익건이 유호의 아들 유무환에게 딸을 시집보냈다.[36] 당시 철불부는 유호 시기에 하서 지역으로 이동하였고, 이후에도 여러 차례 탁발부의 대국을 공격하였지만 실패하였으며 유호가 사망하고 부락은 위기에 직면하였다. 유무환은 이러한 상황 하에서 탁발부에 대한 적대 정책을 우호 정책으로 전환하였다. 유무환은 탁발부에 귀순하였고, 탁발부는 혼인을 통하여 철불부를 대국에 복속시켰다. 세 번째 조치는 341년(西晉 咸康7년)에 유무환은 아들 悉勿祈(xīwùqí)등 12명을 탁발부에 인질로 보내고 화평관계를 맺었다.[37] 이와 동시에 유무환은 탁발부를 견제하기 위해서 後趙 石虎(shíhǔ)와 관계를 맺었으며, 석호는 유무환을 平北將軍·右賢王·丁零單于로 임명하였다.[38]

356년(東晉 永和12年) 유무환이 사망하고 동생 유알두가 철불부를 통치하면서[39] 탁발부에 대한 관계에도 변화가 발생하였다. 『魏書』 「序記」에 이르기를,

"유무환이 사망하고 그의 동생 알두가 부락을 통치하였으며, 몰래 탁발부에 반란을 일으키려고 도모하였다 …. 알두의 부락민 대다수가 알두에게 반란을 일으켰고, 알두는 두려워서 동쪽으로 도망갔다. 황하를 건널 때에 중간쯤에 이르러 얼음 덩어리에 매몰되었다. 그 후에 부락민 전부는 알두의 형의 아들인 실물기에게 귀의하였다. 당초 알두가 탁발부에 배반할 때에 실물기 형제 12명은 황제(탁발십익건)의 좌우에서 인질로 있었는데, 황제는 그들을 돌려보내서 그들

---

36) 同上書, 14쪽. "劉虎寇西境, 帝(拓跋什翼犍)遣軍逆討, 大破之, 虎僅以身免. 虎死, 子務桓立, 始來歸順, 帝以女妻之."
37) 同上書, 12쪽. "悉勿祈兄弟十二人在帝(拓跋什翼犍)左右."
38) 『太平御覽』 卷127 「偏覇部」 인용 『十六國春秋』 「夏錄」, 615쪽. "石虎建武中遣使就拜平北將軍·右賢王·丁零單于."
39) 『魏書』 卷95 「鐵弗劉虎傳」과 『北史』 卷93 「鐵弗劉虎傳」에는 "閼陋頭"라고 기록되어 있다.

스스로 의심하고 이간질 시키려고 생각하였다. 이시기에 이르러 실물기는 알두의 부락민을 탈취하였다. 알두는 곤경에 빠져서 다시 탁발부에 귀의하였고, 황제는 처음처럼 알두를 대우해 주었다."[40)]

유무환의 탁발부에 대한 우호 정책은 알두의 등장으로 적대 관계로 변화하게 되었다. 알두가 탁발부를 배반할 시기에 유무환의 아들 실물기와 유위진 등 12명은 탁발부에 인질로 있었다. 탁발십익건은 358년(升平2年)에 실물기와 유위진 등을 철불부로 돌려보내서 알두와 대립하게 하였다. 철불부로 돌아온 실물기는 반란을 일으켜 알두의 체제를 전복하였고, 알두는 두려워서 동쪽으로 도망갔다가 최후에는 탁발부에 귀의하였다.[41)] 즉 철불부는 탁발십익건의 이간질에 의하여 혼란에 빠지고 세력이 약화되었으며, 탁발십익건의 황하 유역의 통치 강화로 인하여 철불부는 다시 탁발부에 복속되었다. 실물기는 철불부를 통치한 그 다음 해(359년)에 사망하였다. 아들이 계승하였으나 실물기의 동생 유위진이 조카를 살해하고 부락을 장악하였다.

결론적으로 유무환 시기는 기본적으로 탁발부와 혼인과 인질(質子)를 통해서 우호관계를 유지하였고, 마침내는 탁발부 부락 연맹의 일원으로 활동하였다. 즉 유무환이 철불부를 통치한 10여년은 탁발부와 평화 관계를 유지한 10여년이었다. 그러나 유무환의 동생 알두가 부락을 장악하면서 철불부와 탁발부는 다시 적대 관계로 변화되었다. 그래서 탁발십익건은 반복무상하고 자신과 적대 관계를 형성하였던 철불부를 멸망시키기 위하여 이간 정책을 사용하였다. 결국 철불부는 알두와 실물기, 유위진 등 叔姪 간의 내전 상태가 발생하고 세력이 약화되었다.

---

40) 同上書, 卷1 「序記」, 12쪽. "劉務桓死, 其弟閼頭立, 潛謀反叛. … 閼頭部民多叛, 懼而東走. 渡河, 半濟而氷陷, 後衆盡歸閼頭兒子悉勿祈. 初, 閼頭之叛, 悉勿祈兄弟十二人在帝左右, 盡遣歸, 欲其自相猜離, 至是, 悉勿祈奪其衆. 閼頭窮而歸命, 帝待之如初."
41) 同上書, 14쪽. "窮而歸命"

Ⅳ. 유위진 통치 시기 탁발부와의 관계

철불부는 유위진 통치 기간에 이르러 탁발부와 관계는 다시 변화를 맞이하게 되었다. 유위진 통치 초기에는 탁발부와 혼인을 통한 우호 관계를 유지하였으나, 후기에 이르러 탁발부와 여러 차례 전쟁을 하며 적대 관계로 변화되었다. 유위진은 유무환의 셋째 아들로 사람됨이 교활하고 변화무쌍하였다.[42] 이것은 昭成皇帝(拓跋什翼犍)가 유위진의 형 실물기를 철불부로 돌려보낼 때, 昭成皇后 慕容氏가 실물기에게 당부하는 말에도 잘 드러나 있다. 실물기에게 말하기를 "너는 철불부로 돌아가면 필히 유위진을 주의 깊게 방어해야 할 것이다. 유위진은 간사하고 교활하여 마침내는 너를 멸망시키려 할 것이다."[43] 라고 하였다.

359년 실물기가 사망하고 유위진은 철불부를 장악하였다. 처음에는 자신의 세력을 공고히 하기 위해서 탁발부와 우호 관계를 계속 유지하였다. 우호 관계 유지를 위한 첫 번째 조치는 연속해서 두 번이나 대왕에게 朝獻을 바쳤다. 두 번째 조치로는 360년에 직접 탁발십익건의 황후 慕容氏의 장례에 참가하였다. 세 번째 조치로는 탁발십익건에게 혼인을 요청하여 탁발십익건의 딸을 부인으로 삼았다.[44]

철불부와 탁발부의 관계는 쌍방의 혼인 정책으로 인하여 잠시 소강상태를 유지하게 되었다. 그러나 관중의 정세는 급변하고 있었다. 351년 氐族이 前秦을 건국하고 東晉의 桓溫(huánwēn)과 司馬勛(sīmǎxūn)등의 공격을 격퇴하였으며 세력이 급속도로 증강되었다. 당시 철불부 유위진과 관중의 복잡한 정세에 대하여 그 일부를 짐작할 수 있는 내용으로『北史』「劉衛辰傳」에 이르기를,

---

42) 『資治通鑑』, 卷104 孝武帝 太元元年條, 3279쪽. "狡猾多變"
43) 『魏書』 卷13 「昭成皇后慕容氏傳」, 323쪽. "汝還, 必深防衛辰, 辰奸猾, 終當滅汝."
44) 同上書, 卷1 「序記」, 14쪽. "(建國二十二年)衛辰遺子朝貢, … 皇后慕容氏崩. 秋七月衛辰來會, 因而求婚, 許之. … 二十四年春, 衛辰遺使朝聘."

"(유위진)즉위한 이후에 아들을 파견하여 (탁발부)조공을 바쳤으며, 소성제(탁발십익건)은 딸을 유위진의 부인으로 삼게 하였다. 유위진은 몰래 부견과 왕래하였고 부견은 그를 좌현왕으로 임명하였다. 유위진은 사신을 보내어 부견의 영토에 속한 토지에서 봄에 씨 뿌리고 가을에 추수할 수 있게 요청하였으며 부견은 허락하였다. 후에 유위진은 다시 부견을 배반하였고, 진심으로 위(탁발부)에 귀의하였다. 유위진은 군사를 일으켜 부견을 공격하였고, 부견은 장군 등강으로 하여금 유위진을 토벌하여 사로잡았다. 부견은 스스로 삭방에 이르러 유위진을 하양공으로 임명하고 부락을 통솔하게 하였으며, 유위진은 다시 부견에게 귀부하였다. 소성제가 유위진을 토벌하여 대파하였고, 유위진은 결국 부견에게로 도망갔다 … 소성제 말기에 유위진은 부견의 길잡이가 되어 위(탁발부)의 남쪽 변경을 침략하였고, 소성제의 군대는 패배하였다 … 부견은 나중에 유위진을 선우로 임명하고 하서의 새로운 무리들을 통솔하고 대래에 주둔하게 하였다. 모용영은 장자에 웅거하면서 유위진을 사시절·도독하서제군사·대장군·삭주목·삭방왕으로 임명하였다. 요장도 또한 사신을 보내어 유위진과 화친을 맺었으며, 유위진을 사지절·도독북삭잡이제군사·대장군·대선우·하서왕·유주목으로 임명하였다."[45]

이상의 내용으로 당시 철불부 유위진을 둘러싼 관중의 형세를 짐작할 수 있다. 즉 철불부는 탁발부와 우호 관계를 유지하면서 몰래 부견과 결탁하였다. 360년 유위진도 사신을 전진으로 보내서 항복하였고 내지에서 경작하며 거주할 수 있도록 요청하였다.[46] 당시 전진 부견은 내부적으로는

---

45) 『北史』 권93 「劉衛辰傳」, 2504쪽. "旣立, 遣子朝獻, 昭成以女妻之. 衛辰潛通苻堅, 堅以爲左賢王. 遣使請堅求田內地, 春去秋來, 堅許之. 後乃背堅, 專心歸魏. 擧兵伐堅, 堅其將鄧羌討擒之. 堅自至朔方, 以衛辰爲夏陽公, 統其部落, 衛辰復附於堅. 昭成討大破之, 遂走奔苻堅. … 昭成末, 衛辰導苻堅寇魏南境, 王師妖績. … 堅後以衛辰爲單于, 督攝河西新類, 屯于代來. 慕容永據長子, 拜衛辰使持節·都督河西諸軍事·大將軍·朔州牧·朔方王. 姚萇亦遣使結好, 拜衛辰使持節·都督北朔雜夷諸軍事·大將軍·大單于·河西王·幽州牧."

통치를 공고히 하고 외부적으로는 前燕과 東晉의 위협에 대처하기 위해서, 초원 지대의 정치 변동에 개입할 여력이 없었다. 그래서 북방 유목 민족과 화해하는 정책을 실행하고[47] 은혜와 신의로 북방 유목 민족을 포용하는[48] 정책을 채택하였다. 朔方 새외에 거주하는 철불부 유위진의 부락도 세력이 약하지 않았으므로[49] 부견은 유위진을 끌어들여 전진의 북쪽을 방어하게 하였다. 부견은 유위진의 "請田內地"의 요구를 들어주고 아울러 유위진을 좌현왕으로 임명하여 전진의 우호 세력으로 삼았다.[50] 그 후에 철불부 유위진은 전진과 단절하고 재차 탁발부의 대국에 사신을 보내어 귀의하였다. 365년(東晉 興寧3年) 유위진은 동쪽으로 황하를 건너 대국을 공격하였지만 탁발십익건에게 격퇴 당했다. 유위진은 다시 부견에게 귀의하였고, 부견은 그를 夏陽公으로 임명하였다.[51] 또 367년(東晉 太和2年) 10월에 유위진이 부견에 의탁하고 삭방을 공격하자 탁발십익건이 유위진을 습격하였다. 유위진은 종족을 거느리고 서쪽으로 도망갔고, 탁발십익건은 유위진 부락의 60~70%를 사로잡고 生口 및 말·소·양 수십만 마리를 거느리고 귀국하였다.[52] 이번 전쟁으로 유위진의 손실은 비교적 심각했지만 부견은 유위진에게 일부분 병력을 주어서 계속 삭방을 지키게 하였다.

주지하다시피 탁발부는 대국을 건국한 이후부터 철불부 유위진을 멸망

---

46) 『資治通鑑』 卷101 穆帝 升平4年條, 3182쪽. "匈奴劉衛辰遣使降秦, 請田內地, 春去秋返. 秦王堅許之." 동일한 기록이 『十六國春秋』 卷36 「前秦錄」 및 『晉書』 卷113 「苻堅載記」, 2887쪽에도 보인다.
47) 『晉書』 卷113 「苻堅載記」, 2887쪽. "修魏絳和戎之術."
48) 『資治通鑑』 卷101 穆帝 升平4年條, 3182쪽. "以恩信變戎狄."
49) 『宋書』 卷95 「索虜傳」, 2331쪽. "種落在朔方塞外, 部落千餘戶. 其後漸強盛"
50) 『魏書』 卷95 「鐵弗匈奴傳」, 2055쪽. "衛辰潛通苻堅, 堅以爲左賢王."
51) 『晉書』 卷113 「苻堅載記」, 2889쪽. "(苻堅)如朔方巡撫夷狄, 以衛辰爲夏陽公, 以統其衆." 당시 철불부 유위진은 전진에 대하여 반란과 복종이 무상하고, 또 흉노족 曹毅와 연합하여 여러 차례 침략하였지만, 중원을 정복하려는 부견이 각 방면의 상황을 분석한 결과 이용 가능한 세력이라고 여기고 최대한 포용하였다.
52) 『魏書』 卷1 「序記」, 14쪽. "衛辰與宗族西走, 收其部落而還, 俘獲生口及馬牛羊數十萬頭."; 『資治通鑑』 卷101 海西公 太和2年條, 3208쪽.

시킬 대상으로 여기고 있었다. 이유는 두 부락이 지리적으로 서로 근접해 있을 뿐만 아니라, 두 부락간의 패권 투쟁이 존재하고 있었다. 즉 북방 소수 민족이 중원으로 이동한 이후 여러 차례의 전란을 거치면서 代北 지역에는 비교적 강대한 두 집단이 형성되었다. 하나는 흉노족 철불부를 중심으로 한 집단이고, 다른 하나는 선비족 탁발부를 중심으로 한 집단이다. 이들 두 집단은 패권 쟁탈을 위해서 계속해서 전쟁을 일으켰다. 이로 인하여 철불부 유호와 탁발부 탁발의로가 관계를 맺은 이래로 쌍방은 끊임없이 전쟁을 할 수밖에 없었다. 비록 그 중간에 잠시 평화 공존의 시기도 있었지만 이것은 쌍방 세력의 균형으로 인하여 나타난 일시적인 현상이었다. 그리고 쌍방 부락의 통혼 관계 역시 일시적인 방편에 불과하였다. 일찍이 탁발십익건이 유위진을 공격하기 전에 여러 차례 서쪽 지역을 순시하였다. 즉 첫째, 349년(東晋 永和5年)에 서쪽으로 황하까지 순시하고 돌아왔다. 둘째, 356년(永和12年)에 서쪽으로 순시하였는데 황하 유역까지 이르렀다. 셋째 362년(隆和1年)에는 君子津까지 순시하였다. 이렇듯 탁발십익건의 여러 차례 순시는 황하 서쪽에 거주하는 유위진에 대한 경계와 상황 파악으로 유위진을 공격하기 위한 적극적인 조치였다. 그리고 이 시기에 유위진의 동맹자 흉노족 曹毅(cáoyi)가 사망하고 부락민이 부견에 의하여 동서 양부로 나뉘어졌을 때, 탁발십익건은 이 기회를 이용하여 유위진을 격파하였던 것이다. 철불부와 탁발부는 여러 차례 전쟁하였지만 대부분 탁발부가 철불부를 황하 서쪽의 삭방으로 내좇는 상황이었으며, 어느 쪽의 세력도 상대방을 멸망시키기에는 역부족이었다. 이러한 상황에서 중원 공략을 준비하는 전진의 입장에서는 황하 서쪽에 거주하는 철불부보다 황하 동쪽에 거주하는 탁발부가 위협적이었으며, 부득불 탁발부를 먼저 멸망시킬 수밖에 없는 상황이었다.

374년(東晋 寧康2年) 탁발십익건은 군사를 동원하여 부견의 지원 하에 삭방을 점거하고 있는 유위진을 공격하였고, 유위진은 패배하여 남쪽으로 도망갔다. 375년 남쪽으로 도망간 유위진이 부견에게 구원을 요청하였다.

376년 12월 부견은 涼州의 張天錫(zhāngtiānxī)을 정복한 이후에 유위진을 길잡이로 삼고 대규모로 군사를 동원하여 동, 남, 서 3방향으로 탁발십익건을 공격하였다. 탁발십익건도 백부와 독고부를 거느리고 남쪽에서 전진의 군사와 대적하였으나 패배하였다. 탁발십익건의 대국은 멸망하였고,[53] 손자 탁발규는 모친 賀氏를 따라서 賀蘭部에 의탁하였다. 부견은 대국을 멸망시킨 후에 한편으로는 자신의 세력을 배양하고 또 다른 한편으로는 대북 지역의 세력 균형을 유지하여 장악하려는 목적을 가지고 있었다. 그래서 대국의 신하 燕鳳(yànfèng)의 건의에 따라서 탁발부가 통치하던 부락을 동서로 양분하였다. 그리고 황하 동쪽의 雲中, 雁門 일대는 독고부 유고인, 황하 서쪽의 삭방 일대는 철불부 유위진으로 하여금 통치하게 하였다. 탁발십익건의 손자이며 북위의 창건자 탁발규 모자는 하란부에 의탁하였고, 탁발부 민중은 독고부 유고인에게 의탁하였다.[54] 이 사건은 탁발부 발전과정 중 중대한 좌절이고 향후 탁발부 발전에 있어서 독고부와 철불부의 탁발부에 대한 관계가 극명하게 다르게 되는 원인이기도 하였다.

　　탁발부는 386년 정월에 대국을 수복하고 4월에 魏王이라고 일컬으며 북위를 건국하였다. 북위는 건국 초기에 주위 유목 민족의 침탈을 빈번히 당했으며, 대표적인 부락으로는 가까이의 독고부 유현과 철불부 유위진의 세력이 있고 멀리는 高車와 柔然의 세력이 있었다. 그 중에서 철불부 유위진은 남쪽의 西燕, 後秦과 우호관계를 맺고 탁발부와는 여전히 적대 관계를 유지하였다.[55] 탁발부는 388년부터 391년(登國6年)에 이르기까지 庫莫

---

53) 대국의 멸망 과정은 『魏書』 卷1 「序記」, 11~12쪽 ; 同上書, 卷15 「昭成子孫列傳」, 369쪽 ; 同上書, 卷95 「鐵弗劉虎傳」, 2054~2055쪽 ; 『晉書』 卷113 「苻堅載記」, 2898~2899쪽 ; 『十六國春秋輯補』 卷35 「前秦錄」, 272쪽 등에 관련 기록이 있다.
54) 『魏書』 卷23 「劉庫仁傳」, 605쪽. "苻堅以庫仁 … 令與衛辰分國部衆, 而統之. 自河以西屬衛辰, 自河以東屬庫仁. 於是獻明皇后携太祖及衛秦二王自蘭部來居焉. 庫仁盡忠奉事, 不以興廢易節, 撫納離散, 恩信甚彰" ; 同上書, 卷95 「鐵弗劉虎傳」, 2055쪽.
55) 同上書, 卷95 「鐵弗劉虎傳」, 2055쪽. "累爲寇害."

奚 등 주변 여러 종족을 정벌하며 세력을 증강시켰다.[56] 그러나 이들 정복전쟁은 대북 지역의 강대세력 철불부 유위진을 정벌하기 위한 조치에 불과하였다. 당시 유위진은 부견의 지지 하에 삭방 代來城에 거주하였고,[57] 세력을 확장하여 삭방 지역에서 무시할 수 없는 세력으로 성장하였다.[58] 전진이 멸망한 이후에도 유위진의 세력은 여전히 막강하여 西燕의 慕容永(mùróngyǒng)과 後秦의 姚萇(yáocháng)이 유위진과 우호관계를 유지하려고 노력하였다.[59]

북위 건국 이후에 가장 중요한 적대 세력은 철불부 유위진의 세력이다. 유위진은 북위 건국 후에도 서연의 모용영과 연합하고 後燕의 慕容垂(mùróngchuí)에게 복종하며 북위의 최대 위협으로 등장하였다. 390년(登國5年) 유위진은 아들 直力鞬(zhílìjiān)을 파견하여 원래 탁발부 부락 연맹의 일원인 하란부를 공격하였다. 탁발규는 구원병을 보내서 직력건을 격퇴하였다. 391년(登國6年) 10월 탁발규는 당시 철불부와 밀접한 관계에 있던 蠕蠕을 정벌하여 대파하였다. 유위진은 또다시 직력건으로 하여금 8~9만 명의 군사를 거느리고 북위 남부를 공격하게 하였다. 탁발규는 직력건을 공격하여 소와 양 20여만 마리를 획득하고 유위진이 거주하는 대래성을 공격하였다. 유위진은 혼자서 도망갔고 나중에 부하에게 살해당했다.[60] 탁

---

56) 同上書, 卷100「庫莫奚傳」, 1889쪽. "此群狄諸種不識德義, 互相侵盜, 有犯王略, 故往征之. 且鼠竊狗盜, 何足爲患. 今中州大亂, 吾先平之, 然後張其威懷, 則無所不服矣."
57) 『資治通鑑』卷104 孝武帝 太元元年條, 3281쪽. 胡注에 이르기를 "代來城, 在北河西, 蓋秦築以居衛辰. 言自代來者居城也." 또 代來城은 "悅跋城"이라고 일컬었다. 『資治通鑑』卷107 孝武帝 太元16年條, 3402쪽. "悅跋城" 胡注에 이르기를 "考之『載記』悅跋城卽代來城"; 『魏書』卷95「鐵弗劉虎傳」과 『北史』卷93「僭僞傳」에도 悅跋城이라고 기록되어 있다.
58) 『晉書』卷130「赫連勃勃載記」, 3201쪽. "控弦之士三萬八千"
59) 『魏書』卷95「鐵弗劉虎傳」, 2055쪽. "慕容永之據長子, 拜衛辰使持節·都督河西諸軍事·大將軍·朔州牧, 居朔方. 姚萇亦遣使結好, 拜衛辰使持節·都督北朔雜夷諸軍事·大將軍·河西王·幽州牧."
60) 同上書. "衛辰父子驚遁, 乃分遣諸將輕騎追之. … 衛辰軍騎遁走, 爲其部下所殺, 傳

발규는 크게 승리하였고, 유위진이 부견과 연합하여 대국을 멸망시킨 원한으로 유위진의 무리 5천여 명을 살해하고 그 시체를 강에 던졌다.[61] 이로부터 황하 이남의 여러 부락은 모두 북위에 항복하였고, 북위는 말 30여만 필과 소와 양 400여만 마리를 획득하여 자국의 경제 역량을 크게 증강시켰다.[62] 철불부와 탁발부의 장기간의 대립은 탁발부의 승리로 여기서 일단락을 맞이하게 되었다.

이번 전쟁에서 승리한 탁발부는 실력이 크게 증가되어 수년 후에 후연에게 도전할 기본 국력을 형성하였다. 또 탁발부 서쪽에서 장기간 위협세력이었던 철불부의 제거는 후연과의 투쟁 시기에 내부의 후환을 사전에 제거하는 중요한 역할을 담당하였다. 즉 395년(登國10年) 후연 慕容寶(mùróngbǎo)가 공격할 때에 탁발규는 먼저 황하 서쪽 지역으로 피신했다가 재차 기회를 이용하여 반격하여 승리를 한 사례가 있다. 그러나 북위가 철불부의 대래성을 공략하여 멸망시켰지만, 여전히 이 지역을 관리 경영할 능력은 없었다. 이로 인하여 탁발부의 주요 병력이 철수한 이후에 겨우 11살의 유위진의 아들 혁연발발이[63] 철불부의 잔여 세력을 거느리고 후진의 전폭적인 지지 하에 재차 역사 무대에 등장하였다.[64]

首行宮, 獲馬牛羊四百萬頭."
61) 同上書, 2055~2056쪽. "先是, 河水赤如血, … 及衛辰之亡, 誅其族類, 并投之於河." 이와 관련된 기록은 同上書, 卷2 「太祖紀」, 21~24쪽 ; 同上書, 卷103 「蠕蠕傳」, 2289~2290쪽 ; 『資治通鑑』 卷107 孝武帝 太元16年條, 3401~3402쪽.
62) 同上書, 卷110 「食貨志」, 2849쪽. "登國六年(391)破(劉)衛辰, 收其珍寶·畜産·名馬三十餘萬·牛羊四百餘萬, 漸增國用." ; 『資治通鑑』 卷107 孝武帝 太元16年條, 3402쪽. "國用由是遂饒"
63) 『太平御覽』 卷127에서 인용한 崔鴻의 『十六國春秋』 「夏錄」에 혁연발발은 眞興7年(425년)에 45세로 사망하였다고 하여서, 이를 근거로 당시의 연령을 추측한 것이다.
64) 『晉書』 卷130 「赫連勃勃載記」. "以勃勃爲持節·安北將軍·五原公, 并配給他三交·五部鮮卑及雜虜二萬餘落, 使其鎭守朔方"

V. 결 어

주지하다시피 철불부는 주위 종족과의 관계상 탁발부와 비교적 밀접하여 상호 융합이 활발한 종족으로 "胡父鮮卑母"의 혼혈종으로 일컬어졌다. 철불부는 흉노 부락을 부계로 선비 부락을 모계로 결합된 혼인 관계의 다른 표현이다. 즉 철불부는 흉노족과 선비족의 혼혈을 나타낸 것이다. 최근에는 남흉노 북부의 부락민과 탁발선비가 통혼한 결과로 나타난 새로운 부락이라는 주장이 있다. 철불부의 가계는 흉노족 남선우의 후예이며 곡려왕 시리와 좌현왕 거비의 직계 자손으로 유호 - 유무환 - 유위진 - 혁연발발로 계승되는 일파이다. 철불부 부락민의 구성 성분은 여러 차례 바뀌었다. 즉 흉노 북부의 활동지역에서 흉노 북부의 부락민에서 胡父鮮卑母의 혼혈종을 거쳐서, 황하 이서 지역인 삭방으로 도망간 이후에 "河西雜類", "河西鮮卑", "雜虜" 등 하서 지역의 雜胡를 모아서 새로운 철불 부락민을 형성하였다. 혁연발발 시기에는 선비족 계통과 잡로를 중심으로 대하 정권을 건립하기에 이르렀다.[65]

이와 같은 인식을 바탕으로 철불부와 탁발부의 관계를 귀납하여 정리하면 다음과 같다.

첫째, 황하 서쪽 河套 지역의 삭방군에 거주하던 흉노족 철불부는 탁발부의 이웃 부락이지만 대부분은 적대 관계였다. 즉 유호와 탁발의로의 관계 이래로 쌍방은 자주 전쟁하였고, 유호와 유위진 시기에 더욱 극심하였다. 유무환 시기에 잠깐 평화관계를 유지하였고, 또 탁발십익건이 딸을 유위진에게 시집보냈지만 적대 관계를 해소하지는 못했다.

둘째, 철불부는 비록 탁발부의 중요한 혼인 씨족은 아니지만 대국 건국부터 북위 왕조 창건 시기까지 중요한 역할을 담당하였다. 주지하다시피

---

[65] 김영환, 前引 「5胡16國時期 匈奴族 鐵弗部 硏究 - 鐵弗部의 종족과 활동지역을 중심으로 -」, 179쪽.

탁발부가 남진하여 서진으로부터 대공으로 임명된 것도 철불부와 밀접한 관련이 있다. 또 탁발부가 전진의 공격에 멸망하게 된 것도 철불부와 관련이 있다. 다음으로 탁발부가 실력을 축적하여 대국을 수복하고 나아가서는 후연의 도전을 성공적으로 물리친 것도 철불부와 관련이 있다.

 철불부와 탁발부의 관계는 철불부의 혁연발발이 건립한 대하 정권에서도 계속 적대 관계로 유지되었다. 이러한 적대 관계는 전쟁을 통하여 깊어졌고, 북위가 화북을 통일하는 시기까지 유지되었다. 또 쌍방 간의 전쟁의 승패는 대체적으로 탁발부가 장악하는 추세였고, 결국 철불부는 중국 역사에서 사라졌다.

(『중국학연구』 57, 2011년)

참고문헌(출현 순서에 따라)

1. 사료

『晉書』, 臺北, 鼎文書局, 1987.
『太平御覽』, 臺北, 商務印書館, 1987.
『後漢書』, 臺北, 鼎文書局, 1987.
『新唐書』, 同上.
『魏書』, 同上.
『資治通鑑』, 臺北, 世界書局, 1987.
『十六國春秋』(『太平御覽』 卷127 引用本)
『通鑑考異』, 『文淵閣四庫全書電子版』, 1991.
『宋書』, 臺北, 鼎文書局, 1987.
『十六國春秋輯補』, 同上.

2. 저서

三崎良章, 金榮煥(역), 『五胡十六國 - 중국사상의 민족 대이동 - 』, 서울, 경인문화사, 2007.
張璧波外1人(編), 『中國古代北方民族文化史』, 哈爾濱, 黑龍江人民出版社, 1993.
鄭欽仁, 『北魏官僚機構硏究』, 臺北, 稻禾出版社, 1995.
孫同勛, 『拓跋氏的漢化』, 臺北, 國立臺灣大學文學院, 1962.
김영환, 『魏晉南北朝時期 北方民族史硏究 - 拓跋鮮卑族의 歷史와 文化 - 』, 서울, 아이반호출판사, 2003.
三崎良章, 『五胡十六國の基礎的硏究』, 東京, 汲古書院, 2006.
姚薇元, 『北朝胡姓考』, 北京, 中華書局, 1962.
馬長壽, 『烏桓與鮮卑』, 上海, 人民出版社, 1962.
林 榦, 『匈奴史』, 內蒙古, 人民出版社, 1977.
黃 烈, 『中國古代民族史硏究』, 北京, 人民出版社, 1987.

3. 논문

김영환, 「5胡16國時期代國之形成過程研究」, 『國際中國學研究』 6, 2003.
김영환, 「5호16국 군주의 문화변용 연구」, 『한중인문학연구』 9, 2002.
內田吟風, 「南匈奴に關する研究」, 『北アジア史研究』, 京都, 同朋社, 1975.
김영환, 「5호16국시기 흉노족 철불부 연구 – 철불부의 종족과 활동지역을 중심으로 – 」, 『중국학연구』 55, 2011.
김영환, 「위진남북조시기 흉노족 독고부 연구 – 독고부의 종족과 활동지역을 중심으로 – 」, 『중국학연구』 46, 2008.
馮繼欽, 「試論鮮卑族的共同語言」, 『北朝研究』 1992-4.
唐長孺, 「拓跋國家的建立及其封建化」, 『魏晉南北朝史論叢』, 北京, 三聯書店, 1955.
蔣福亞, 「苻堅滅代」, 『北朝研究』 1990-2.
김영환, 「5호16국시기 흉노족 정권의 문화변용 연구」, 『中國學研究』 24집, 2003.
吳洪琳, 「大夏國史」, 陝西師範大學博士學位論文, 2005.
何德章, 「鮮卑代國成長與拓跋鮮卑初期漢化」, 『北朝研究』 1993-2.

제5장

5호16국시기 氏族의 문화 연구

I. 서 언

주지하다시피 중국은 고대부터 현재까지 다민족국가의 틀을 유지해왔다. 각 시대별로 다민족 구성원(통칭해서 이민족, 또는 소수 민족이라 함)이 한족과 공동으로 유구한 중국의 역사와 문화를 창조하였음을 부정할 수 없을 것이다.[1] 氐族 역시 중국 고, 중세사에 있어서 중국의 역사 문화 형성에 일익을 담당해온 중요한 종족 중의 하나이다. 이들은 先秦 시기부터 南北朝 시기에 이르기까지 중국사와 관계를 맺으면서 활발히 활동해 왔다. 5호16국 시기에는 仇池, 前秦, 後凉 등의 정권을 건립하였고, 이들 정권 중에서도 前秦은 5호16국시기에[2] 주도적인 역할을 담당하면서 남북조시대 역사 형성에 있어서 중대한 영향을 끼치기도 하였다. 남북조 시기 이후에 저족은 점차 한족 등에 융합되어 중국 역사상에서 그 면모를 찾아보기가 힘들게 되었으나, 그들이 남긴 문화내용은 5호16국은 물론이고 남북조를 거쳐서 隋, 唐 문화에 이르기까지 한족과 이민족(소수민족)과의 문화융합의 흔적이 면면히 존재하고 있음을 부인할 수는 없다.[3]

그 동안의 이민족에 대한 역사 연구 또한 기왕의 중국사 연구 형태를 답습하여 정치제도사 또는 사회경제사 혹은 중원의 한족과의 관계 등을 위주로 진행되었고, 이민족의 초기 사회 구성에 절대적인 문화 활동에 대한 연

---

1) 중국은 이민족과 한족의 공동 역사물이다. 이에 대하여 필자가 인지하고 있는 개념을 정리하면 다음과 같다. 秦의 통일 제국 형성 이후를 기준으로 邊境國家(border state)와 中原國家(midland state)로 구분한다. 1)邊境國家(border state) - 秦漢의 匈奴 ; 北朝의 柔然 ; 隋唐의 突厥, 回紇, 土蕃, 南詔, 渤海 ; 宋의 西夏 ; 明의 韃靼, 瓦勅 등이 속하고, 2)中原國家(midland state)는 다시 지역성 정권과 전국성 정권으로 구분한다. (1)지역성 정권(local dynasty) - 5호16국, 北魏, 東魏, 西魏, 北齊, 北周 ; (2)전국성 정권(whole dynasty) - 遼(거란족), 金(여진족), 元(몽고족), 淸(만주족)으로 구별된다.
2) 5호16국의 개념에 관한 설명은 「서문」 후반부의 관련 내용을 참고할 것.
3) 呂一飛, 『胡族習俗與隋唐風韻』(北京, 書目文獻出版社, 1994), 2쪽.

구가 소홀한 것이 사실이다.[4] 본문은 이점을 직시하고 5호16국 시기 중국 주변의 이민족 중에서 鮮卑族 다음으로 중국사에 많은 영향을 끼쳤다고 할 수 있는 저족의 문화에 관한 연구이며, 그들의 초기 사회 구성에 필수적인 종족의 기원과 분포를 포함한 문화 내용을 선정하여 서술하였다. 특히 기존의 연구서와 논문에서 자주 언급되는 한족과의 관계 즉 중원의 역대 왕조가 저족에 대한 통치 과정을 다룬 일종의 저족 정권(구지, 전진, 후량)의 흥망사 위주가 아닌 문화를 중점으로 탐구한 문화사이며 사회풍속사이다.

본문의 연구 범위는 시간적으로는 5호16국 시기의 저족을 중심으로 하였고, 공간적으로는 중국 서북부에서 서남에 이르는 지역으로 이동한 저족의 집단인 武都國, 武興國, 陰平國은 물론 중원 지역을 향하여 진입하여 지역성 정권(local dynasty)인 전진을 건립한 저족을 포함하였다. 내용적으로는 5호16국 시기 저족의 문화를 중심으로 하였고, 그 중에서도 어문과 교육, 의, 식, 주, 행, 혼인과 상장습속, 신앙과 관념, 경제와 기술 등의 비교적 명백한 현상이 나타나는 것을 선정하여 서술하였다.

연구 방법으로는 『十六國春秋』, 『十六國春秋輯補』, 『史記』 「西南夷傳」, 『後漢書』 「西南夷傳」, 『魏略』 「西戎傳」, 『宋書』 「氐胡傳」, 『南齊書』 「氐傳」, 『北史』 「氐傳」, 『周書』 「氐傳」, 『晉書』 「載記」, 『魏書』, 『資治通鑑』 등의 상관 기록을 위주로 분석 정리하여 일부 문헌 사료의 결함을 보충하려고 시도하였다.

---

4) 저족의 문화 활동에 관하여 직접적으로 서술한 연구 논저는 필자가 과문한 탓인지는 몰라도 거의 찾아볼 수 없고, 대부분은 간접적으로 극히 적은 일부분만 터치한 것이다. 예를 들면 楊銘, 『氐族史』(長春, 吉林敎育出版社, 1991), 51~54·186~196쪽과 馬長壽, 『氐與羌』(上海, 人民出版社, 1984)의 간략한 소개와 呂一飛의 同上書 중의 일부분 및 張碧波(編), 『中國古代北方民族文化史』(哈爾濱, 黑龍江人民出版社, 1993), 966~974쪽 등이 대표적이다.

II. 저족의 종족과 분포

1. 종족 근원

저족의 종족 근원을 문헌상, 주위 종족과의 관계상, 복식상의 특이점 등을 중심으로 살펴보면 다음과 같다.

첫째, 저족의 "氐"라는 명칭을 중심으로 문헌에 나타난 종족의 근원을 시기별로 살펴보면, 저족은 이미 상고시대부터 사서에 등장한다. 그들은 일찍이 중국의 서북방에 거주하면서 商代에는 중원의 왕조와 관계를 맺으면서 중국의 고문헌에 저의 명칭이 등장한다. 즉『詩經』「商頌」에 이르기를 "옛날에 상나라의 탕왕이 재위할 때는 저 멀리 저족과 강족에 이르기까지, 감히 조공을 바치러 오지 않은 나라가 없었고, 감히 상왕을 알현하지 않은 나라가 없었다."[5]이라 하여 저의 명칭이 강족과 더불어 처음으로 등장한다. 또 상대의 甲骨文 중에도 저라는 글자가 있는데, 저는 항상 "徵發"의 뜻으로 쓰였음을 볼 때[6] 상 왕조에서는 저인을 징발하여 병역을 담당하게 했음을 알 수 있다.

춘추전국 시대 저족의 상황으로는 許愼(xǔshèn)의『說文解字』에 이르기를 "秦謂陵阪曰阺"[7]이라 하였고, 이에 대하여 段玉裁(duànyùcái)의『說文解字注』에 이르기를 "大坻曰陵, 坡曰阪. 秦人方言皆曰阺也."[8]라고 하였다. 위의 문헌 내용을 분석하면, 여기에 등장하는 秦人은 전국시대 秦國의 사람이고, 현재의 陝西省 중부와 甘肅省 동부의 원주민이다. 그들은 높고 거대한 흙 언덕을 氐(阺,坻)라고 불렀다. 자연 지리학적인 연구에 의하면

---

5) 『詩經』「商頌」,『十三經今注今譯』(長沙, 岳麓書社, 1994), 362쪽. "昔有成湯, 自彼氐·羌, 莫敢不來享, 莫敢不來王."
6) 張碧波 외1인(編), 前引書, 964쪽.
7) 許愼,『說文解字』(香港, 中華書局, 1985), 266쪽.
8) 段玉裁,『說文解字注』(上海, 古籍出版社, 198), 734쪽.

隴山, 甘肅省의 隴南, 天水 및 섬서성과 감숙성의 경계지역인 隴東 지역은 바로 높고 거대한 흙 언덕이 많으며, 여기는 진한 이래로 저족의 전통 거주 지역이다. 즉 진나라 사람들은 높고 거대한 흙 언덕에 살고 있던 토착민을 가리켜 저라고 일컬었고 이것이 후에 그들의 종족 명칭으로 변화되었을 개연성이 농후하다.

漢代에 이르러서는 한족의 사서에 저족에 관한 기록이 빈번하게 출현하게 되었고, 또 중원 왕조의 영향으로 저족 사회는 발전하여 수십 명의 통치자와 피통치자가 존재하는 계급 사회를 이루게 되었다. 즉『史記』「西南夷列傳」에 이르기를 "自冉駹以東北, 君長以什數, 白馬最大, 皆氐類也."[9]라고 하였다. 또『三國志』「烏桓鮮卑東夷傳」의 裵松之의 注에 인용된『魏略』「西戎傳」에 이르기를 "氐人有王, 所從來久矣. … 或在福祿, 或在汧·隴左右. 其種非一, … 各有王侯, 多數中國封拜."[10]의 내용에서도 알 수 있듯이 종족도 다수이며, 각 종족별로 중원 왕조로부터 왕, 후 등의 봉작을 받고 있는 것으로 볼 때, 상호간의 관계가 밀접함은 물론 중원 왕조의 영향으로 저족 사회가 이전 시대에 비해서 급속도로 발전되었음을 알 수 있다.

둘째, 저족의 종족 근원을 주위 종족인 강족 또는 서북 종족의 총칭인 西戎과의 관계를 중심으로 살펴보면, 현재 비교적 유행하는 학설이 두 가지 있다. 하나는 강족과 同源異派라는 설이고,[11] 다른 하나는 강족과는 비교적 관계가 밀접하지만 종족 상으로는 전혀 다른 종족으로 최근에는 서융

---

9)『史記』卷116「西南夷列傳」, 2991쪽(本文에서 引用하는 25史는 모두 臺北의 鼎文書局本이다). 위의 내용에 대하여『索隱』에서 "冉駹"은 현재 "汶山郡"이고 "白馬"는 "白馬氐"라고 하였다.
10)『三國志』卷30「烏桓鮮卑東夷傳」所引『魏略』「西戎傳」, 858쪽.
11) 李紹明,「氐」,『中國大百科全書 - 民族 - 』(北京, 中國大百科全書出版社, 1996), 91~92쪽. 강족과 同源異派라는 설의 주요 내용은 (1)상, 주 시기에 저족은 강족으로부터 분리되지 않았고 (2)갑골문 중의 저는 종족의 명칭이 아니고 동사로 쓰였으며 (3)고대의 전적 중에는 대략 저와 강이 동시에 열거되는 경우가 많고 (4)저족이 단일 민족으로 형성된 것은 한대라는 사실을 주요 근거로 내 세운다.

의 일파라는 학설도 등장하였다.[12] 이전까지는 첫 번째 학설이 비교적 우위를 차지하고 있었으나, 현재에 이르러 고고학과 문화인류학의 연구 성과 등에 힘입어 상호간에 별개라는 학설이 점차 설득력을 얻고 있다.

셋째, 저족은 복식의 특이점으로 인하여 靑氐, 白氐, 蚺氐 등으로 불렸다. 『魏略』「西戎傳」에 이르기를 "其種非一, 稱槃弧之后, 或號靑氐, 或號白氐, 或號蚺氐. 此盖蟲之類而處中國, 人卽其服色而名之也."[13]라고 하였다. 위의 내용으로 살펴 볼 때에도 저족은 강족의 종족 근원과는 근본적으로 다르다. 또 저족은 복식의 색이 다른 여러 종족이 등장하는데, 이것은 저족을 구성하는 종족의 구성원이 각기 다른 색을 숭상하는 다수의 종족임을 나타내주고 있으며, 이들 여러 잡다한 종족이 모여 저족이라는 단일 공동체를 형성했다는 것을 암시하고 있다.

이상의 내용을 종합해서 정리하면 1)소위 저족은 전국 시대 진인이 높고 거대한 흙 언덕 등에 거주하던 사람을 가리키던 칭호가 변해서 종족을 가리키게 되었다고 보인다. 즉 흙 언덕을 나타내던 坻에서 왼쪽의 부수를 제거하여 사람을 가리키게 되었을 가능성이 크다. 이러한 특정 지역에 거주하는 특정 종족을 대표하는 칭호가 진시황이 중국을 통일한 이후에는 자연적으로 중원의 한족에게 알려져서 받아들이게 되었던 것이다. 2)춘추전국 시기의 서융 중에는 확실히 저족 혹은 저족 전신의 부락 집단을 포함하고 있으며, 주요 종족으로는 邦戎, 冀戎, 獂戎 등이 있다. 이들은 저족의 조상 중에서도 비교적 활약이 두드러지고 분포 지역도 비교적 북쪽에 있던

---

12) 馬長壽, 前引『氐與羌』, 9~22쪽. 저족은 강족과 전혀 관계가 없다는 설의 주요 내용은 (1)상대의 강족은 단일민족을 가리키는 것이 아니고 서방에 거주하는 각 종족의 총칭이고 (2)강족의 형성은 대략 진한 이후의 사정이며 (3)전국시대 진인의 저족과 강족에 대한 타칭과 저족의 자칭 및 강족의 자칭이 다르고 (4)한위 시대에 저족과 강족의 언어, 복식, 두발, 주택, 경제생활, 婚喪嫁娶 등이 습속이 다르므로 둘은 서로 다른 종족 근원을 가지고 있다고 할 수 있다. 서융의 일파라는 설은 楊銘, 前引書, 9~22쪽을 참고할 것.
13)『魏略』「西戎傳」, 856쪽.

부락 집단이다. 이러한 사실을 증명해주는 기록으로 『晉書』「苻洪載記」에 이르기를 "略陽臨渭氐人也. 其先蓋有扈之苗裔, 世爲西戎酋長"[14]이라 하여 저족과 서융의 관계를 분명히 드러내고 있다. 3)저족은 강족과는 문화 내용이 다르다. 즉 지역상(羌東, 氐西), 경제행위상(羌畜牧, 氐農業), 문화 행위 등에 있어서 완전히 다른 다종족 연합체임을 알 수 있다.

2. 분포지역

저족의 발상지는 중국의 서북부 지역으로 오늘날의 감숙성 동남부의 武都 지역에서 거주했음을 알 수 있다. 이들은 진한 시대에 이르러도 자신의 원시적 거주지와 대체적으로 일치하는 지역을 근거지로 생활하였다. 『史記』「西南夷傳」에 이르기를 "自冉駹以東北, 君長以什數, 白馬最大, 皆氐類也."[15]라고 하였고, 또 『後漢書』「西南夷傳」에 이르기를 "自冉駹東北有白馬國, 氐種是也. … 白馬氐者, 武帝元鼎六年(紀元前111年)洲, 分廣漢西部, 合以爲武都."[16]라고 하여 대략 冉隴 부근의 무도 지역을 근거지로 거주하였음을 알 수 있다.

그러면 위의 문헌에 등장하는 염방은 어디를 가리키는지가 당시 저족의 분포 지역을 밝히는 관건이다. 염방은 지금의 사천성 영역내의 岷江 상류 지역이고, 또 "白馬"가 그 동북에 있다고 한 것은 지리상으로 볼 때 지금의 白馬郡 지역이 가장 적합하다.[17] 전한 무제 시기에는 백마와 당시 廣漢郡의 서부를 합하여 무도군으로 개칭하였고, 그 범위는 현재의 감숙성 隴南에서 陝西省 略陽 일대이다. 그밖에 춘추시대 이래로부터 한대에 이르기까지 무도군을 중심으로 동서남북 경계에 대해서 『通典』「州郡」에 상세히

---

14) 『晉書』 卷112 「苻洪載記」, 2867쪽.
15) 『史記』 卷116 「西南夷傳」, 2991쪽.
16) 『後漢書』 卷86 「西南夷傳」, 2844·2859쪽.
17) 靑山定雄(編), 『讀史方輿紀要索引』(臺北, 方輿出版社, 1979), 534쪽.

서술되어 있다.[18] 또 무도를 중심으로 분포되어 있던 저족은 白馬氐로 불렸는데, 아마도 그들이 거주하던 지역 부근의 白馬水, 白水, 白馬嶺, 白馬關, 白馬谷 등의 지명처럼 롱남과 사천성 서북의 지리환경과 관계가 깊은 까닭일 것이다. 즉 이 지역은 황토 고원의 동남부와 靑藏高原 및 秦嶺山이 맞닿은 지역이다. 이곳은 지리형세, 하천, 식물, 강우량, 기후 등 방면에 독특한 특색이 있어서 이 지역에 거주하는 저족의 문화에 많은 영향을 끼쳤을 것이다. 이곳에 거주하는 저족은 대부분 강과 계곡 지대에 분포되어 있으면서 농경에 종사하였고 축목을 보조로 하는 경제형태를 유지하였다.

당시 저족의 인구에 대해서는 무도 지역의 백마저를 중심으로 10여 개 부락 집단이 있었는데,[19] 이것으로 미루어 볼 때 이미 상당한 인구가 있었다고 사료된다. 이에 대한 증거로는 『漢書』 「地理志」에 이르기를 "武都郡, 戶五萬一千三百七十六, 口二十三萬五千五百六十. 縣九."[20]라고 하였다. 물론 여기에 등장하는 호구가 전부 저족이 아니지만 상당한 수효의 저족이 포함되어 있음을 부인할 수는 없다. 이렇게 전한 시기에 무도군을 중심으로 주위 사방에 분포되어 있던 저족은 무제 元封3年(기원전 108년)에 무제가 저족의 반항을 진압하고 저족의 일부를 酒泉으로 강제 이주시켰다.[21]

후한 초기에 저족은 隴西郡이 주요 분포지가 되었다. 롱서군에는 襄武城이 있으며 『後漢書』 「郡國志」에 이르기를 "襄武有五鷄聚" 또는 "五谿聚"라는 기록이 있다.[22] 양무는 롱서현에 소속되어 있고, 五谿聚는 그 서쪽의

---

18) 『通典』 卷176 「州郡」, 934쪽. "(武都郡武州)古白馬氐之國, … 順政郡興州, 戰國時爲白馬氐之東境. 二漢屬武都郡. 江油有石門山, 與氐分界, … 陰平郡文州, 古氐羌之境. 漢洴西南夷置陰平道, 屬廣漢郡. … 河池郡風州, 春秋氐羌之所居."
19) 『史記』 卷116 「西南夷傳」, 2991쪽. "君長以什數"와 『魏略』 「西戎傳」, 858쪽의 "其種非一"의 내용으로 저족의 종족 구성이 다양함을 알 수 있다.
20) 『漢書』 卷28 「地理志」, 1609쪽.
21) 同上書, 卷6 「武帝紀」, 194쪽와 『後漢書』 卷86 「西南夷傳」, 2859쪽에 기록되어 있는 "武都氐人反"이며, 이것은 또 『魏略』 「西戎傳」에서 제기한 "福祿"의 저족이다. 결론적으로 河西走廊 서쪽 지역에 또 다른 저족의 거주지가 형성되는 계기가 되었다.

멀지 않은 곳에 있다. 「隴西記」에 이르기를 "襄武有五谿, 楊盛分羌爲五部, 錯居谿旁, 每谿爲五聚, 於是有五谿之號也"[23]라고 하였다. 즉 오계가 저족의 거주지임을 알 수 있다. 후한 말년에 저족은 롱과 촉의 중간에 대규모의 두 집단이 있었다. 하나는 興國의 저족으로 왕은 阿貴(āguì)이며 興國城(甘肅省 秦安 동북)에 거주하였고, 다른 하나는 百頃의 저족으로 왕은 楊千萬(yángqiānwàn)이고, 원래 九池山(甘肅省 西和 남쪽)에 거처하였다. 두 왕은 각각 저족 1만 여 호를 거느렸다. 동시에 下辨(成縣 서북) 등 지역에도 저족의 우두머리 雷定(léidìng) 등의 7개 부락 1만 여 호가 있다. 河池에도 저족의 왕 竇茂(dòumào)가 1만 여 명을 거느리고 있었으며, 이외에도 저족의 다수 우두머리가 洲과 隴 지역에 분포되어 있었다. 建安19年(214년)에 저족의 왕인 아귀, 양천만이 曹操(cáocāo)에 반대하였다가 夏侯淵(xiàhóuyuān)에게 격파되어 서남 지역의 촉으로 도망갔으며, 결국에는 조조에게 귀순하였다. 조조는 일부분 저족을 扶風의 美陽(陝西省 武功縣 서북)으로 옮기고 대부분은 漢陽과 南安의 경계에 남아있었는데 대략 감숙성 天水 지역이다.[24] 建安24年(219년) 또 저족 5만여 호를 부풍과 천수 경계 안으로 옮겼다가, 오래지 않아서 다시 1만 여 호를 京兆(治所는 西安 서북이다)와 부풍, 천수 등 지역으로 옮겼다.[25] 즉 무도와 약양의 저족은 비록 두 차례에 걸쳐서 이동하였지만 그러나 원거지에 남아있던 저족도 여전히 많았다.[26]

조위 黃初元年(220년)에 무도의 저족 왕 楊僕(yángpú)이 무리를 거느리고 조위에 귀의하여 漢陽郡 내에 안치하였다.[27] 그 후에 靑龍3年(235년)에

---

22) 『後漢書』 卷19 「郡國志」, 3516쪽.
23) 顧祖禹, 『讀史方輿紀要』 「鞏昌府隴西縣」 五谿聚條(臺北, 中文出版社, 1987), 2573쪽.
24) 『三國志』 卷15 「張旣傳」, 472~473쪽. "徙氐五萬餘落出居扶風・天水(郡)界"
25) 同上書, 卷25 「楊阜傳」, 704쪽. "前後徙民・氐使居京兆・扶風・天水界者萬餘戶."
26) 『魏略』 「西戎傳」, 858~859쪽. "今雖都統於郡國, 然故自有王侯在其虛落間. 又故武都地陰平街左右, 亦有萬餘落."
27) 『三國志』 卷2 「文帝紀」, 60쪽. "武都氐王楊僕率種人內附, 居漢陽郡."

무도군의 저족 苻雙(fúshuāng)과 強端(qiángduān)이 6,000여 호를 거느리고 조위에 귀의하였고, 그 다음해에는 무도군의 저족 왕 苻健(fújiàn) 및 저족 400여 호가 촉에 항복하였다. 또 正始元年(240년)에는 저족 3,000여 호을 관중으로 옮겼다.[28]

西晉 시기에 이르러서는 원래 무도군과 음평군에 있는 자들 이외에 관중과 롱우에 한족 등과 잡거하는 저족의 분포 지역이 형성되었다. 첫째, 관중 지역의 저족은 위진 시기에 京兆郡, 扶風郡, 始平郡(陝西省 興平縣 동남)에 분포되어 있었고, 그 중에서도 부풍군에 가장 많이 거주하였으며, 부풍군의 雍縣, 美陽縣, 開縣, 隃糜縣 등에 집중되었다. 이들은 대부분 서진의 편호에 편입되어 직접 扶風王의 통치를 받았다.[29] 그리고 기타 군내에 있던 저족들도 점차 편호에 편입되어 安夷護軍과 撫夷護軍의 통솔을 받은 것으로 보인다.[30] 둘째, 저족은 또 롱우의 天水郡, 南安郡, 廣魏(略陽)郡의 지역에도 분포되어 있다. 이들 3군 안에 거주하는 저족 중 일부분은, 예를 들면 楊氏 저족은 진한 이래로 이곳에 거주하던 저족일 가능성이 크다.[31] 또 위진 이후 롱우의 저족은 활동이 가장 활발하였으며 5호16국시기의 부견의 전진과 呂氏의 後涼 또한 모두 롱우의 일부분인 약양의 저족이다. 특히 위진 시기에는 대량의 저족이 서진의 영토 안에서 잡거 하였다. 이들은 풍속 습관과 사회 형태가 한족과는 매우 다르고, 또 한족 통치 집단의 가혹한 착취와 압박으로 한족과 저족간의 모순이 점차 극에 달했다.[32] 게다

---

28) 同上書, 卷26「郭淮傳」, 735쪽. "按撫柔氏三千餘落, 拔徙以實關中."
29) 『晉書』 卷38「扶風王駿傳」, 1125쪽. "徙封扶風王, 以氏戶在國界者增封, 給羽葆·鼓吹."
30) 馬長壽, 前引『氐與羌』, 44쪽. 그 밖의 고고학적인 증거로는 龐懷靖, 「陝西岐山縣博物館藏兩方官印」, 『文物』 1986-11, 에 소개된 "巍率善氐佰長"; "巍率善氐仟長" 官印이 있는데, 아마도 이것은 安夷護軍과 撫夷護軍의 관할 하에 있는 저족의 우두머리에게 수여한 것일 가능성이 크다.
31) 『宋書』 卷98「氐胡傳」, 403쪽. "秦·漢以來, 世居隴右, 爲豪族."
32) 『晉書』 卷56「江統傳」, 1529쪽. "徙戎論"을 참고할 것.

가 서진의 통치 집단은 소수 민족의 문제를 능숙하게 처리하지 못하여 저족 이외의 소수 민족의 항거가 끊임없이 발생하는 상황이 발생하였다. 마침내 元康6年(296년)에 저족의 우두머리인 齊萬年(qíwànnián)의 통솔 하에 雍州와 秦州에 분포되어있는 각 소수민족의 봉기가 발발하였다.[33] 元康6年(296년) 8월부터 元康9年(297년) 정월까지의 2년여의 반란으로 서진은 심각한 타격을 입었고, 반대로 관롱의 각 소수 민족들은 연합하여 자신의 세력을 나타내게 되었다.

東晉 16국 시기에 저족의 활약은 더욱 뛰어났다. 그들은 전진과 후량, 구지 및 구지의 일파인 武興, 陰平 등의 저족 정권을 건립하였다. 전진을 건국한 부씨는 약양군 臨渭縣 저족의 우두머리 부쌍의 후예이다. 그들은 苻洪(fúhóng)에 이르러 三秦王 이라고 일컫고 부씨로 성을 고쳤다. 부홍의 아들 苻健(fújiàn)은 자칭 서진의 征西大將軍, 都督諸軍事, 雍州刺史가 되어 관중을 점령하고 전진을 건국하였다. 그의 후손 苻堅(fújiān)때에 이르러 전진은 전연, 구지, 동진의 梁州와 益州, 前涼과 탁발선비족의 代國 등을 차례로 멸망시키고 서진의 永嘉之亂 이후 장기간 분열과 혼란에 빠졌던 중국 북부를 재차 통일하기에 이르렀으며, 저족의 분포지역도 이전과 비할 수 없이 확대되기에 이르렀다.

전진의 부견이 建元7年(371)에 구지를 정벌하고 그곳의 저족을 관중으로 옮겼는데[34] 이것이 바로 전진 시기 저족의 제1차 대이동이다. 저족의

---

33) 同上書, 卷59「趙王倫傳」, 1598쪽. "倫刑常失中, 氐·羌反叛"；同上書, 卷4「惠帝紀」, 94쪽. "秦雍氐羌悉叛, 推帥齊萬年僭號稱帝."；『文選』 卷57에 수록된 潘岳의 「馬開督誄」에 "群氐如蝟毛而起"라고 하여 수많은 저족이 봉기에 참가했음을 알 수 있다. 참고로 제만년에 대한 설명으로는, 그는 관중 부풍군의 저족이다. 『文選』 卷20「關中詩一首」에 수록된 潘岳의 「上關中詩表」에 의하면 "齊萬年編戶隸屬, 爲日久矣"라고 되어 있다. 즉 그는 관중으로 이동한 저족의 우두머리였으나 서진에 의하여 편호되고 신분이 하강되었으며, 원래 부락의 우두머리로 누리던 특권을 잃게 되자 서진의 가혹한 착취를 빌미로 반란을 일으켰던 것이다.
34) 『宋書』 卷98「氐胡傳」, 2404쪽. "徙其民於關中, 空百頃之地" 당시 옮겨간 저족은 적어도 1만여 호 이상이라는 것이 학계의 통설이다.

제2차 대이동은 建元16年(380년)에 저족 15만여 호를 三原, 九嵕, 武都, 汧, 雍 등으로 옮겼다.[35] 이로 인하여 저족은 관동 및 롱서 지역으로 강제로 이동되었으며, 그 수효도 1호당 5명으로 계산하면 거의 1백만 명에 달할 정도로 대규모이다. 즉 저족은 중국의 서북부 지역에서 흥기하여 시대의 변천을 따라서 점차 관중과 중원 및 서역 지역을 향하여 종족의 분포 지역이 확대되기에 이르렀음을 알 수 있다.

전진이 멸망한 후에 전진의 驃騎將軍 呂光(lǔguāng)은 약양 저족 출신으로 서역 36국을 정벌하면서 凉州刺史 梁熙(liángxī)를 살해하고 姑臧에 도성을 건립하여 후량을 건국하였다. 또 구지국을 건국한 양씨는 후한시대 建安年間(196~220년)의 저족 부락 추장인 楊騰의 후손으로 대대로 隴右에 거주하였다고 한다. 양등의 아들 楊駒(yángjū) 시기에 비로소 구지산(지금의 甘肅省 成縣 서쪽)으로 옮겼고, 양천만 시기에는 조위로부터 구지산 百頃의 저족 왕으로 봉해졌으며, 양천만의 손자 楊飛龍(yángfēilóng) 시기에 약양으로 이동하였다고 전해진다. 또 양비룡의 養子 令狐茂搜(línghúmàosōu)시기에 백경으로 되돌아가서 자칭 輔國將軍 右賢王이라고 일컬었으며 관중의 백성들 중 다수가 그에게 의탁하여 세력이 점차 강성해져서 무도군 전 지역을 차지하기에 이르렀다.

이렇게 확대일로에 있었던 저족의 대부분은 중원의 혼란기를 마무리하고 새롭게 통일 왕조를 건립한 隋唐 시기에 이르면 무도군의 저족을 제외하고[36] 나머지 대부분은 한족에 융합되거나 강족에 융합되어 역사상에서

---

35) 『晉書』 卷113 「苻堅載記」, 2903쪽. "凡我族類, 支胤彌繁, 今欲分三原九嵕武都開雍十五萬戶於諸方要鎭, 不忘舊德, 爲磐石之宗, 于諸君之意如何?" 이에 대하여 『資治通鑑』(臺北, 世界書局, 1987), 3295쪽. 孝武帝 太元五年(380년) 7~8月條에 상세히 서술되어 있으니 참고할 것.
36) 『武階備志』 卷20 「蕃夷志」, 『文淵閣四庫全書電子版』, 1991. "在周以後, 廬落耗散, 其種人留居武都者, 有苻氏・楊氏・竇氏・强氏・苟氏・毛氏諸巨姓, 皆與漢民雜處, 不復寇盜. 唯楊竊據爵土三百餘年. 四魏滅武興. 其子孫流移疊・宕・沙・岷等諸州, 仍爲酋豪, 迄今千餘年, 世承不絶"

사라지게 되었지만, 그들이 중국역사에 남긴 문화는 다양한 중국 문화를 형성하는데 있어서 결코 간과할 수 없는 위치에 놓이게 되었다.

III. 저족의 제문화내용

1. 어문, 교육

1) 어문

저족은 한위 시기에 여전히 자신의 고유 언어를 보존하고 있었다. 『魏略』「西戎傳」에 이르기를 "多知中國語, 由與中國錯居故也. 其自還種落間, 則自氐語. … 其俗, 語不與中國同, 及羌雜胡同."[37]이라 하였다. 즉 저족은 자신의 언어인 氐語가 있고 중원의 한어와는 다르며 강족과 雜胡의 언어와 같음을 알 수 있다. 그러나 현재 여러 학자들의 연구에 의하면 강족의 언어는 漢藏語系에 속하고 烏桓, 盧水胡 등 雜胡의 언어는 알타이어계에 속하는데 어떻게 저족의 언어가 서로 다른 두 계통의 언어와 같을 수 있다는 말인가. 『通典』「氐傳」에 이르기를 "語不與中國及羌胡同"[38]이라고 하여 저어는 한어와 강어 및 호어 등과 모두 다른 비교적 독특한 언어라고 기록되어 있다. 그러면 저어는 어떤 언어일까? 당시 저족의 활동지역과 강족과의 관계로 볼 때 저어 역시 한장어계의 藏緬語族일 가능성이 매우 크다. 또 저어는 남북조 시기에 이르면 사용범위가 크게 축소되어 『梁書』「武興國傳」에 이르기를 "氐人言語與中國同"[39]이라 하여 당시 대다수의 저족이 이미 한어를 사용하고 있음을 알 수 있다. 즉 이러한 현상이 출현하는 이유

---

37) 『魏略』「西戎傳」, 858쪽.
38) 『通典』卷189「氐傳」, 1017쪽.
39) 『梁書』卷54「武興國傳」, 817쪽.

는 대다수의 저족이 이미 한족에 융합되었거나 융합되어가는 과정에 있다는 증거이다. 그러나 고대부터 저족이 거주하던 甘肅省 隴南과 四川省 西北 일대는 여전히 저어가 사용되고 있었다.

저족은 자신들 고유의 문자가 없다. 그들은 일률적으로 한족의 문자를 사용하였다. 저족의 통치자들은 중원의 왕조와 주고받은 문서도 전부 한족의 문자인 한문을 사용하였고, 심지어는 종족의 성씨 또는 법률 조문도 모두 한문을 사용하였다. 왜냐하면 한문은 당시 중국과 중국 주변의 여러 종족들도 사용한 국제어였던 것이다. 저족의 한어와 한문 사용의 예로는 전진과 후량이 대표적이다. 이들 저족 통치 집단이 사용한 것은 모두 한어이고, 그들이 반포한 조서와 법령 등도 모두 한문을 사용하였다. 전진의 부견은 『晉書』「苻堅載記」에 이르기를 "博學多才藝"[40]하여 한족의 전적에 능통하고, 또 한족의 음악과 시를 짓는 등 한족을 통치하는 기교도 능수능란하였다. 苻融(fúróng)과 苻朗(fúlǎng) 또한 한학에 상당히 밝았다. 同上書에 이르기를 "融總辯明慧, 下筆成章, 至於談玄論道, 雖道安無以出之"[41]라고 하였고, 부랑은 "有若素士, 耽玩經籍, 手不釋卷. 每談虛語玄, 不覺日之將夕."[42]이라 하였다. 苻丕(fúpī) 또한 同上書에 이르기를 "聰慧好學, 博綜經史"[43]라고 하며 병법에도 능했다. 呂光(lǔguāng)과 呂纂(lǔquán)도 모두 병법에 능했고 특히 여찬은 전진 시기에 일찍이 太學에 입학하기도 하였다.[44] 이렇듯 저족의 통치자들은 한족의 문화에 대하여 비교적 높은 관심과 수준이 상당한 경지에 이르렀다.

저족의 주류 종족뿐만 아니라 변경의 구지국의 통치자인 楊氏도 한족의 문화에 대하여 높은 수준에 있었다. 예를 들면 楊難當(yángnándāng)이 宋

---

40) 『晉書』卷113「苻堅載記」, 2884쪽.
41) 同上書, 卷114「苻融載記」, 2934쪽.
42) 同上書, 「苻朗載記」, 2936쪽.
43) 同上書, 卷115「苻丕載記」, 2941쪽.
44) 同上書, 卷122「呂纂載記」, 3064쪽. "苻堅時人太學"

나라에 반란을 일으키고 漢中에 은거하다가 후에 송나라에 화의를 청하고 사죄하는 글을 보면[45] 그의 한족의 문화에 대한 수준이 어느 정도인지 알 수 있다.

2) 교육

부씨가 건립한 전진 정권은 5호16국 중에서 세력이 가장 강성하였다.[46] 부견의 伯父 부건은 황제를 칭한 이후에 다른 호족 군주와는 다르게 백성을 위하고 유학을 숭상하는 등 문화변용의 구체적인 조치를 취하였다. 『晉書』「苻健載記」에 상세히 이르기를 "與百姓約法三章, 薄賦卑宮, 垂心政事 : 優禮耆老, 修尙儒學"[47]이라 하였다. 위의 내용으로 미루어볼 때 부건은 전진을 건국하면서부터 문화변용에 적극적이었음을 알 수 있다. 즉 역대 한족의 건국 군주가 행하던 조치를 시행하여 한족 백성들에게 이민족 정권의 상이함을 느끼지 못하게 하였던 것이다.

부건의 뒤를 이어 즉위한 부견은 어릴 때부터 문화변용에 깊이 훈도되었던 것 같다. 同上書 「苻堅載記」에 이르기를 "八歲, 請師就家學. (其祖)洪日 : 汝戎狄異類, 世知飮酒, 今乃求學邪! 欣而許之."[48]라고 하였다. 이렇듯 부견은 어려서부터 중원의 사상과 학문에 관심을 기울였음을 알 수 있다. 그가 정권을 장악한 이후에는 한족 사대부 王猛(wángměng) 등을 중용하였고,[49] 자신도 堯 임금과 같은 덕치를 추구하였다. 왕맹 또한 한족 관리와 유생 등으로 보좌하여 중원식의 문화가 전진에 크게 성행하였다. 그리고 저족 귀족 중에서 문화변용에 불복종하는 자는 모두 참수하였으며, 백성들

---

45) 『宋書』 卷98 「氐胡傳」, 2407쪽의 송나라 태조에게 올린 표를 참고할 것.
46) 『晉書』 卷113 「苻堅載記」, 2893쪽. "諸州郡牧守及六夷渠帥盡降於堅"
47) 同上書, 卷112 「苻健載記」, 2871쪽.
48) 同上書, 卷113 「苻堅載記」, 2884쪽.
49) 范文蘭, 『中國通史簡編』(北京, 人民出版社, 1965), 325쪽. "苻堅在皇帝群中是個優秀的皇帝, 他最親信的輔佐王猛, 在將相群中也是第一流的將相"

도 저족인 이민족 정권이 통치하는지 조차도 알 수 없을 정도였다.

甘露 年間(359~364년)에 부견은 문화변용에 대한 본격적인 조치 즉 학교의 건립과 학생의 충원 및 유학을 통한 인재의 선발 등을 시행하였다. 同上書「苻堅載記」에 이르기를 "廣修學官, 召郡國學生通一經以上充之, 公卿以下子孫並遣受業"[50]라고 하였다. 이렇듯 부견이 통치한 전진은 문화변용의 정도가 이미 상당한 수준에 이르러 동진과 문화적으로 정통을 쟁탈하려고 하는 듯이 보일 뿐 아니라, 나아가서는 스스로 전진에 道統이 있다고 여기고 왕도를 천하에 널리 펴는데 적극적이었음을 알 수 있다.

2. 의, 식, 주, 행

1) 의복

저족의 복식은 종류가 여러 가지이다. 靑氏와 白氏 이외에 蚺氏가 있는데 대개 벌레의 명칭을 채용하였다. 사람들은 복식의 색상에 의하여 이름을 정했다. 의복은 靑絳을 숭상하였고 풍속에 능히 베를 짤 줄 알았다.[51]라고 하였다. 또『後漢書』「西南夷傳」에 이르기를 "好五色衣服, 製裁皆有尾形"[52]이라 하였으며, 그 외에 "氐人殊縷布也 ; 紕, 氐人罽也"[53]이라 하여 좋아하는 색, 형태, 재료 등도 알 수 있다.

저족은 서로 다른 색을 숭상하는 종족이 모여 단일 저족을 형성하고, 또 그들은 서로 다른 복식의 색에 의하여 종족을 구별하였다. 즉 靑氏와 白氏 이외에 蚺氏가 있는데, 蚺氏의 蚺은 條文布이고 한대에 저족의 특산

---

50) 『晉書』 卷113 「苻堅載記」, 2888쪽.
51) 『魏略』 「西戎傳」, 858쪽. "其種非一, … 或號靑氐, 或號白氐, 或號蚺氐. 此蓋蟲之類而處中國, 人卽其服色而名之也. … 其衣服尙靑絳. 俗能織布, … 其婦人嫁時著衭襡, 其緣飾之制有似羌, 衭襡有似中國袍."
52) 『後漢書』 卷86 「西南夷傳」, 2829쪽.
53) 段玉裁, 前引書, 662쪽.

품이다. 다시 말하면 염저는 條文上間(줄무늬가 서로 섞여 있는)의 특수한 縷布를 입은 저족을 말한다.[54] 또 의복의 재료로 볼 때 저족은 통치자와 피통치자의 의복이 달랐음을 알 수 있다. 특히 통치자의 의복 재료로 사용되었던 직물은 고대부터 매우 유명하였고 후한 시기에는 이미 중원의 백성들이 탐낼 정도였다. 또 위의 인용문에 있는 "罽"는 일종의 모직품으로,[55] 그들이 축목활동에도 종사한 사실로 볼 때 그들은 겨울에는 동물의 가죽과 털로 만든 모직물 의복을 입었음을 알 수 있다. 위에 열거한 저족의 복식 재료인 麻布, 綢, 絹, 精布, 皮, 毛 등을 사용한 의복은 대부분 저족 부녀자들이 직접 만들었을 것이다. 왜냐하면 당시 저족의 발전 단계로 보았을 때 저족 중에는 의복 제작을 전문으로 하는 수공업 노동자가 별도로 존재하지 않은 것으로 보인다. 그러나 남북조시기에 이르면 저족의 방직기술은 놀라운 발전을 이루어 방직 수공업 노동자의 확대는 물론 능히 비단 제품을 짤 수 있을 수준에 이르렀다.[56] 또 저족의 왕이나 귀족 등의 복식은 한족이 만들고 중원으로부터 수입 혹은 교환, 하사된 물건일 가능성이 농후하다. 이러한 상황은 근대의 소수 민족 중에서도 자주 볼 수 있는 상황이다. 특히 소수 민족의 수령에게는 중원 왕조에서 직접 관복을 하사하고 이것은 모두 한족의 양식임을 부정할 수 없을 것이다. 더욱이 남북조 후기에 이르면 한족의 거주지에 들어와서 잡거하던 저족의 복식은 한족의 영향을 받았다. 또 북조에서 한화를 추진하던 상황 하에서 점차 한족과 융합되었을 것임은 명약관화한 현실이었을 것이다.

　저족 여인들의 복식에 대해서는 특별히 파란색(靑色)과 진한 적색(絳色)을 숭상하고, 시집갈 때에는 衵露를 입는데, 임로는 衣襟과 유사하다.[57] 임로의 초록색과 장식 등이 강족의 복식과 유사하며 모양은 중국 사람의 옷

---

54) 呂一飛, 前引書, 24쪽.
55) 同上書.
56) 『梁書』 卷54 「武興國傳」, 817쪽. "種桑麻, 出紬·絹·精布"
57) 馬長壽, 前引 『氐與羌』, 17쪽.

옷(袍)과 유사하다고 하였다. 또 저족의 처녀들은 짧은 상의에 긴치마를 입었던 걸로 짐작되는데 이 점이 결혼한 여인과 구별되는 점이다.

저족 남자의 복식은 『梁書』 「武興國傳」에 이르기를 "著烏旱突騎帽, 長身小袖袍, 小口袴·皮靴"[58]라고 묘사되어 있다. 즉 남자는 윗부분이 뾰쪽한 원뿔 모양의 돌기 모자를 쓰고 몸에는 작은 소매의 웃옷에 폭이 좁은 긴 바지를 입고 발에는 가죽 신발을 신었으며, 전투복은 물소가죽(犀革)으로 만든 것이었다.[59] 이러한 형태의 복식은 선비족계통의 영향을 받은 것 같다. 왜냐하면 이런 형식은 선비족의 일파인 吐谷渾 남자의 복식과 완전히 일치한다.[60] 당시 토곡혼의 세력이 靑海省과 甘肅省 일대에서 매우 흥성하였는데, 이 부근에 거주하는 적지 않은 소수민족들이 모두 토곡혼의 영향을 받았고 저족 또한 이 범주에서 벗어나지 않았을 것이다.

2) 음식

모든 민족의 음식은 그들이 처한 자연 환경 즉 생산 활동과 밀접한 관계를 가지고 있다. 저족의 거주하던 지역은 대략 지금의 武都, 西和, 成縣, 康縣, 徽縣, 兩當, 文縣 등으로 모두 秦嶺山脈 지대에 속해있다. 이곳에는 무수히 많은 하류와 분지 등이 형성되어 있어서 기후가 온화하고 저습하여 농업과 목축에 아주 적합하였다. 이로 인하여 매우 이른 시기부터 저족은 농업과 목축에 종사하였고, 여기서 생산되는 것을 음식으로 먹었음을 알 수 있다. 그 증거로 『後漢書』 「西南夷傳」에 이르기를 "土地險阻, 有麻田, 出名馬·牛·羊·漆·蜜"[61]이라 하였고, 『魏略』 「西戎傳」에 이르기를 "善田種,

---

58) 『梁書』 卷54 「武興國傳」, 817쪽.
59) 『宋書』 卷78 「蕭思話傳」, 2013쪽. "短兵接戰, 弓矢無復用. 賊悉衣犀革, 戈矛所不能加."라고 하여 그 튼튼하기가 창칼도 뚫지 못할 정도였다고 한다.
60) 『晉書』 卷97 「吐谷渾傳」, 2538쪽 ; 呂一飛, 前引書, 39쪽.
61) 『後漢書』 卷86 「西南夷傳」, 2859쪽.

畜養豕牛馬驢騾"62)한다고 하였다. 또『三國志』「夏侯淵傳」에 이르기를 "還擊武都氐羌下辯, 收氐穀十餘萬斛"63)이라고 하였으며 同上書『張旣傳』에 이르기를 "從征張魯, 別從散關入討叛氐, 收其麥以給軍食"64)이라고 하였다. 이 외에『漢書』「地理志下」에 이르기를 "武都地雜氐·羌, … 民俗略與巴·蜀同, 而武都近天水, 俗頗似焉."65)이라 하였다.

위의 내용으로 볼 때 적어도 한대 이후에 저족의 음식은 이미 보리 등의 곡식을 주식으로 하고 소와 양의 고기 등을 부식으로 사용했음을 알 수 있다. 즉 저족은 보리를 갈아서 가루로 만들고 다시 이것을 반죽하여 불에 굽거나 면을 만들어 먹었다. 또 저족은 강족과도 잡거하였는데, 강족은 축목을 하면서 동물의 우유와 고기를 먹었기 때문에, 저족도 강족의 영향을 받아서 소, 양, 말의 우유와 치즈, 고기 등으로 부식을 만들어 먹었다. 또 소와 양 등의 고기 이외에 조류와 어류 및 맹수 등의 고기와 채소도 먹었다. 또 이곳은 하천이 많고 어류 또한 풍부하여 사서에 비록 저족이 물고기를 잡아서 먹었다는 기록은 없지만 민속이 巴蜀과 동일하다는 기록으로 볼 때 그 가능성이 매우 농후하다. 종합해서 말해서 저족 역시 한족과 마찬가지로 밥과 우유, 치즈, 고기, 채소 등을 섭취하였고 비교적 부유한 사람들은 꿀물 등을 마시며 신체를 보양했다. 그밖에 汶山郡에 거주하던 저족은 그곳의 열악한 지리 환경으로 생산물이 다른 지역의 저족과 약간 차이가 있지만, 그들도 여전히 보리와 축목 자원으로 생활 한 것을 엿볼 수 있다.66)

저족의 음주에 관해서는『晉書』「苻堅載記」에 이르기를 "洪曰.. 汝戎狄

---

62)『魏略』「西戎傳」, 858쪽.
63)『三國志』卷9「夏侯淵傳」, 272쪽.
64) 同上書, 卷15「張旣傳」, 472쪽.
65)『漢書』卷28「地理志下」, 1646쪽. 위 내용의 보충으로 同上書, 1644쪽의 "天水·隴西, 山多林木, … 以射獵爲先"이 있는데, 무도는 천수와 거리상 근접하므로 무도 역시 사냥이 성행하였을 것으로.
66)『後漢書』卷86「西南夷傳」, 2858쪽. "又土地剛鹵, 不生穀粟麻菽, 唯以麥爲資, 而宜畜牧"

異類, 世知飮酒, 今乃求學邪!"⁶⁷⁾이라 하였고, 또「苻生載記」에 이르기를 "饗群臣於太極前殿, 飮酗樂奏, 生親歌以知之. … 何不强酒? 猶有坐者! 引弓射牢而殺之. 於是百僚大懼, 無不引滿昏醉, 汗服失冠, 蓬頭僵僕, 生以爲業."⁶⁸⁾이라 하였고, 同上書에 이르기를 "生臨死, 猶飮酒數斗, 昏醉無所知矣."⁶⁹⁾이라 하였다. 그밖에도『呂纂載記』에 이르기를 "纂游田無度, 荒耽酒色"⁷⁰⁾한다고 하여 저족 통치 계층의 음주의 일면을 알 수 있다. 통치자들의 이런 무절제한 음주 습속은 일반 평민들에게도 많은 영향을 끼쳤을 것이다.

3) 주거

저족은 주로 농업에 종사하며 축목 생활을 보조로 하는 정착생활을 하였다. 그들의 가옥은 주로 흙으로 담을 두르고 나무로 지붕을 만들어 덮는 "板屋土墻"방식이다. 이에 대한 증거로는 한대의 무도군과 천수군 등 隴西 지역에 거주하는 저족의 주거 형태에 관한 기록이 있다.『漢書』「地理志」에 이르기를 "天水・隴西, 山多林木, 民以板爲室屋. … 武都近天水, 俗頗似焉."⁷¹⁾이라고 하였으며, 또 위진남북조 시기 九池山에 거주하는 저족의 주거형태로는『南齊書』「氐傳」에 이르기를 "氐於上平地立宮室果園倉庫, 無貴賤皆爲板屋土墻"⁷²⁾이라고 하였다. 또『水經注』「渭水上」에 이르기를 "其鄕居悉以板蓋屋, 毛公所謂西戎板屋也."⁷³⁾라고 하였다. 즉 저족은(위의 서용은 주로 저족을 가리킨다) 한대 이래로 전해온 흙으로 담장을 두르고 나무로 기와를 대신하는 방법으로 지붕을 덮었던 판옥토장의 방식을 이용하여

---

67)『晉書』卷113「苻堅載記」, 2884쪽.
68) 同上書, 卷112「苻生載記」, 2873쪽.
69) 同上書, 2879쪽.
70) 同上書, 卷122「呂纂載記」, 3067쪽.
71)『漢書』卷28「地理志8下」, 644~1646쪽.
72)『南齊書』卷59「氐傳」, 1027쪽.
73)『水經注疏』卷17「渭水上」(江蘇, 古籍出版社, 1989), 1494쪽.

거주하였고, 이러한 주거 형태는 후대에 이르러도 여전히 변화되지 않고 유지되어 왔다.[74] 이러한 판옥토장식의 주거 형태는 대부분 장방형이고 방향은 동서향에 대문은 남쪽으로 열려있다. 구조는 지하 1층에 지상 2층이 대부분이다. 지하에는 가축을 가두어 놓고 지상 1층에는 사람이 살고 2층에는 양식과 건초 등을 저장해 놓는 형태이다.[75]

이와 같은 형식이외에 예외적으로 문산군의 가옥은 조금 다른 형태를 띠고 있다. 즉 汶山郡 지역은 기후가 겨울에 매우 춥고 건조하며 지리적 특성상 주변의 종족과 잦은 전쟁 및 강족의 영향 등으로 일반적인 저족의 가옥과 형태가 다르다. 즉『後漢書』「西南夷傳」에 이르기를 "皆依山居止, 累石爲室, 高者至十餘丈, 爲邛籠"[76]이라고 하였다. 다시 말하면 그들의 주거지는 모두 산에 의지하여 건축하고 내부의 방은 돌을 쌓아서 만들었다. 내부 구조는 돌로 쌓은 벽은 사이사이를 흙으로 채워 넣어 결합시켰고 지붕 역시 넓은 돌로 덮었으며, 내부에는 나무 기둥과 창문 등의 있다. 이런 가옥의 구조는 혹한기에 능히 추위를 감당할 수 있어서 평상시에는 백성들이 생활 주거지로 사용하고 전쟁 시기에는 성곽과 같은 역할을 하였다.

4) 교통

저족의 외부 활동에 관하여는 일반적으로 가까운 거리는 도보로 다녔고 먼 거리는 말을 타고 다녔다. 군사작전 또한 보병 위주이고 기병이 소수이

---

74) 鄭存冰 等,『龍安府志』「武備志」土司條, "番民所居房屋.四周築土墻, 高三丈, 上竪小柱, 覆以松木板." 즉 위의 내용은 청대에 사천성 서북에서 감숙성 롱남 일대에 거주하면서 자칭 저족의 후예라고 일컫는 "白馬藏人"의 가옥 형태에 대한 설명이다. 이것으로 미루어 짐작하건대 한대 이래로 저족의 가옥 형태는 청대에 이르기까지 별다른 변화 없이 존속되어 왔음을 알 수 있다.
75) 四川省民委民族識別組,「白馬藏人族屬問題討論輯」,『白馬藏人調査資料輯錄』(成都, 四川出版社, 1980), 145쪽.
76)『後漢書』卷86「西南夷傳」, 2858쪽.

다. 기본적으로 수레는 없는데, 이것은 저족의 거주지의 지형이 대다수 산악지대와 구릉 및 하천 지대로 이루어져 있어서 수레의 사용이 불편하였기 때문에 널리 통용되지 못했던 것이다.

3. 혼인, 상장

1) 혼인

저족의 혼인 습속에 관해서는 『魏略』 「西戎傳」에 이르기를 "其嫁娶有似於羌, 此蓋乃昔所謂西戎在街·冀·豲道者也"[77]라고 하여 저족의 혼인 습속이 강족과 유사하고 同族異姓內婚制의 흔적이[78] 있음을 알 수 있다. 강족의 혼인 습속으로는 『後漢書』 「西羌傳」에 이르기를 "父沒則妻後母, 兄亡則納釐嫂, 故國無鰥寡, 種類繁熾"[79]라고 하였다. 이것은 일종의 收繼婚으로 북방 민족에 공통적으로 존재하던 혼인 형식이다. 저족은 역사상 서북 민족의 범주에 속하므로 그들의 혼속 중에 수계혼의 내용이 있다는 것은 좀 더 연구해볼 가치가 있다. 또 이러한 혼인 제도가 동진 남북조 시기에 이르면 저족이 내지에 들어와 한족과 잡거하여 한족의 영향을 받으면서 저족의 혼인제도 또한 점차 한족의 혼인 제도에 융합되었던 것 같다. 예를 들면 『梁書』 「諸夷傳」에 이르기를 "婚姻備六禮"[80]라고 하여 양씨 통치하의 武興 저족의 혼인 상황을 말해주고 있으며, 이들의 혼인 제도가 이미 완전히 한족의 제도와 별 차이가 없음을 증명해주고 있다. 무흥의 저족이

---

77) 『魏略』 「西戎傳」, 858쪽.
78) 馬長壽, 『碑銘所見前秦至隋初的關中部族』(北京, 中華書局, 1985), 80쪽. 동일 종족내의 다른 씨족과의 통혼을 달리 표현하면 "本氏族內不通婚" 또는 "同族異姓內婚制"이며, 동일 부족내의 서로 다른 씨족간의 통혼을 말한다. 그리고 당대 이전까지 관중과 위수 이북 각 지역에 거주하는 강족과 북방 부족은 장기간 同族異姓의 내혼제가 성행하였다고 하였다.
79) 『後漢書』 卷87 「西羌傳」, 2869쪽.
80) 『梁書』 卷54 「諸夷傳」, 817쪽.

이와 같은데 그 주변의 陰平 및 원래 양씨 통치하에 있다가 후에 북위의 직접 통치로 변해버린 무도와 구지 또한 이와 같음을 알 수 있다. 그리고 위진남북조 시기에 이르러서도 저족은 여전히 동일 종족인 저족 끼리의 族內婚과 同姓不通婚의 원칙을 유지하고 있었다.[81]

그 외에 저족의 혼인 제도에 있어서 비교적 흥미로운 것은 과부와 情夫의 관계이다. 당시의 과부는 비록 수계혼의 영향 하에 있지만 그들은 공개적으로 정부를 찾아 관계를 유지하고 있음을 알 수 있다. 이에 관한 증거로『晉書』「苻堅載記」에 이르기를 "初, 堅母少寡, 將軍李威有辟陽之寵, 史官載之."[82]라고 하였다. 즉 태후의 행동이 이와 같은데 하물며 일반 귀족과 평민의 과부는 별 다른 제약이 없이 비교적 자유롭게 정부를 두고 관계를 유지할 수 있었을 것이다.

이상의 분석을 근거로 하면 위진남북조 시기 저족의 혼인 형태는 한족과 주변 종족과의 잡거의 환경에서도 비교적 완강하게 종족내부 혼인의 특징을 갖추고 있으면서 최대한 완만한 속도로 기타 종족과 민족 융합을 위한 혼인을 실행하였다고 사료된다.

2) 상장

모든 민족은 각기 자기고유의 喪葬 습속이 있으며 이것으로 자신의 정체성 및 특수성을 나타내며, 또 이러한 전통적인 풍습으로 해당 민족의 문화 정도를 짐작하기도 한다. 저족의 상장 습속으로는 火葬이 있다. 저족은 한족과 달리 매우 이른 시기부터 화장을 한 증거가 있다.『荀子』「大略篇」에 이르기를 "氐羌之虜也, 不憂其系纍也, 而憂其不焚也"[83]라고 하였으며『呂

---

81) 氐族의 동일 종족간의 혼인에 대한 상세한 증거로는 楊銘, 前引 『氐族史』, 187~191쪽을 참고할 것.
82) 『晉書』 卷113 「苻堅載記」, 2904쪽.
83) 『荀子』「大略篇」(臺北, 三民書局, 1985), 384쪽.

氏春秋』에도 동일한 기록이 있다. 이것은 저족의 상장 습속의 일면을 표현한 것으로 그들은 망자의 시체를 불태워 없앴던 것이다. 이러한 습속은 16국시기 전기까지 별다른 변화 없이 보존되어 왔다.

16국 후기에 이르러서는 저족의 상장 습속은 점차 화장에서 土葬으로 변했다. 토장에 관한 가장 이른 기록은 『十六國春秋輯補』에 이르기를 전진의 부건이 사후에 原陵에 안치했고,[84] 후량에서도 토장에 관한 기록이 보인다. 同上書에 이르기를 "葬高陵"[85]이라 하였고 또 同上書에 이르기를 "縊死, 土葬, 墓號白石陵"[86]이라고 한데서 저족의 상장 습속이 화장에서 토장으로 변해가고 있음을 알 수 있다. 그 후 남북조 시기에 이르면 구지국의 통치자 양씨도 또한 토장을 실행하고 있다. 『武階備志』「雜識」에 이르기를 "武都王楊難敵墓, 在成縣西二十里. 旁有一冢, 傳系難敵弟堅頭墓也."[87]라고 하였으며, 『大明一統志』「鞏昌府」陵墓條에도 관련 기록이 있다.[88]

결론적으로 말해서 저족은 고대부터 16국 전기까지는 그들 고유의 화장을 시행하였고, 16국 후기에 이르러 한족과 잡거하면서 한족의 영향으로 점차 토장으로 변해갔으며 이러한 습속은 청대에 이르기까지 저족의 집단 거주지에서 유지되어 왔다.

4. 신앙, 관념

1) 신앙

저족의 신앙은 영세한 자료와 간접적인 사료로 그 일 단면을 추측해 보

---

84) 『十六國春秋輯補』 卷31 「前秦錄」, 「苻健」, 244쪽. "葬原陵"
85) 同上書, 卷82 「後涼錄」, 567쪽.
86) 同上書, 卷83 「後涼錄」, 584쪽.
87) 『武階備志』 卷19 「雜識」, 『文淵閣四庫全書電子版』. 1991.
88) 『大明一統志』 卷35 「鞏昌府」陵墓條, 『文淵閣四庫全書電子版』, 1991. "楊難當墓, 在成縣西四十里. 又有祠, 在廢栗亭西一里, 名楊將軍墓." 그 외에 『大淸一統志』와 『甘肅通志』에도 동일하게 기재되어 있다.

는 수밖에 없다. 저족은 『魏略』 「西戎傳」에 이르기를 "其種非一, 稱槃弧之后"[89]라고 하였는데, 위에 나오는 槃弧는 개를 가리키는 것이다. 즉 저족의 원시 토템숭배는 개다.[90] 그들의 원시 신앙은 천지, 일월, 귀신, 동물, 점복 등과 신이 현상에 대한 숭배이다. 이에 대한 상세한 증거로는 다음의 몇 가지가 있다.

    A. 『史記』 「龜策傳」 "蠻夷氐羌雖無君臣之序, 亦有決疑之卜. 或以金石, 或以草木, 國不同俗. … 各信其神, 以知來事."[91]
    B. 『晉書』 「苻堅載記」 "其母苟氏嘗游漳水, 祈子於西門豹祠, 其夜夢與神交, 因而有孕, 十二月而生堅焉. 有神光自天燭其庭."[92]
    C. 同上書, "秦·雍二州地震裂, 水泉涌出, 金象生毛, 長安大風震電, 壞屋殺人, 堅懼而愈修德政焉."[93]
    D. 同上書, "有大風從西南來, 俄而晦冥, 恒星皆見, 又有赤星見於西南 … 堅大悅"[94]
    E. 同上書, 「苻生載記」 "大角爲帝坐, 東井秦之分野, 於占, 不出三年, 國有大喪, 大臣戮死."[95]
    F. 同上書, 「呂光載記」 "光生於枋頭, 夜有神光之異, 故以光爲名."[96]
    G. 同上書, 「呂纂載記」 "道士句摩羅耆婆言於纂曰: 潛龍屢出, 豕犬見妖, 將有下人謀上之禍, … 耆婆. 卽羅什之別名也."[97]
    H. 『宋書』 「氐胡傳」 "元嘉十七年(440), 其國大旱, 多災異, 降大秦王復爲武都王"[98]

---

[89] 『魏略』 「西戎傳」, 858쪽.
[90] 『後漢書』 卷86 「西南夷傳」, 2829쪽. "時帝有畜狗, 其毛五彩, 名曰槃弧."
[91] 『史記』 卷128 「龜策傳」, 3223쪽.
[92] 『晉書』 卷113 「苻堅載記」, 2883쪽.
[93] 同上書, 2889쪽.
[94] 同上書, 2895쪽.
[95] 同上書, 卷112 「苻生載記」, 2873쪽.
[96] 同上書, 卷122 「呂光載記」, 3053쪽.
[97] 同上書, 「呂纂載記」, 3067쪽.
[98] 『宋書』 卷98 「氐胡傳」, 2408쪽.

I. 『魏書』「封敕文傳」 "又仇池城民李洪, 自稱應王, 天授玉璽, 擅作符書, 誑惑百姓."[99]

위의 여러 내용에서 볼 수 있듯이 저족은 자연 현상과, 귀신, 점복 등의 신이 현상을 믿는 경향이 농후하고, 당연히 이러한 풍조가 저족 사회의 주요 신앙 형태로 존재하였을 것이다.

2) 관념

저족의 관념 중에서 통치자에 대한 관념은 타민족과는 비교적 독특한 점이 있다. 그 증거로 구지의 양씨는 비록 여러 번 흥망성쇠를 거쳤지만 저족의 일반 백성들은 시종일관 양씨의 자손을 왕으로 받들었다. 남북조 이후에는 그 자손이 壘州, 宕州, 沙州, 岷州 등으로 이주하여도 여전히 부락의 우두머리로 있었는데, 통치자와 피통치자의 관계도 하늘이 정한 것으로 바꿀 수 없는 것 즉 天命觀 또는 숙명관을 지니고 있다. 즉 저족은 상하간의 등급의 구별 관념이 철저하여 하층민은 상층귀족에 대하여 절대적으로 존중하고 복종하며 이러한 행위로 인하여 상층 귀족의 통치 지위와 사회 질서를 유지하곤 하였다.[100]

저족의 재물을 중시하는 관념에 관해서는 『後漢書』「西南夷傳」에 이르기를 "氐人勇戇抵冒, 貪貨死利."[101]의 내용에서 그들의 재물에 대한 관념의 일면을 볼 수 있다. 그들은 이웃 종족의 재물을 약탈하는 것을 영예로운 행동으로 여기고 있다. 그 외에 『三國志』「賈詡傳」에 이르기를 "詡曰: … 汝別埋我, 我家必厚贖之. … 氐果不敢害, 與盟而送之 : 其餘悉死."[102] 이라

---

99) 『魏書』卷51「封敕文傳」, 1135쪽.
100) 張碧波 외 1인(編), 前引書, 972쪽.
101) 『後漢書』卷86「西南夷傳」, 2859쪽.
102) 『三國志』卷10「賈詡傳」, 326쪽.

하였다. 즉 위의 두 가지 예로 볼 때 저족은 재물을 상당히 중시하는 관념을 가지고 있음을 알 수 있다. 그러나 이러한 관념은 16국시기에 이르러서 저족은 대부분 이미 한족과 융합되기 시작하면서 이웃 종족의 재물을 약탈하는 행위는 점차 없어지기 시작하였던 것으로 보인다.

5. 경제, 기술

1) 경제

한위 시기 이래로 저족의 주요 분포 지역은 甘肅省 東南部, 四川省 북부와 陝西省 서부 지역이다. 이곳은 기후가 적당하고 수원이 풍부하며 낮은 산과 구릉이 분포되어 있어서 농경에 적합하고 또 축목에도 유리한 지리적 조건을 가지고 있다고 할 수 있다. 이러한 자연환경에서 생활하는 저족의 경제 활동에 관해서는 『魏略』 「西戎傳」에 이르기를 "善田種, 畜養豕牛馬驢騾"[103]하였다고 하였다. 즉 隴右의 저족은 한대 혹은 그 훨씬 이전인 전국시대부터 농경에 종사하고 있었다. "善田種"은 당연히 농경을 말하고 농경하는 방법으로는 牛耕 또는 馬耕 혹은 나귀, 노새 등을 이용한 농경을 포함한다고 할 수 있으며, 이것은 저족이 사양하고 있는 가축 중에 소와 말이 있는 것으로도 짐작할 수 있다.

隴南의 白馬氏의 경제 활동에 관해서는 『後漢書』 「西南夷傳」에 이르기를 "土地險阻, 有麻田, 出名馬·牛·羊·漆·蜜"[104]이라 하여 자연 환경이 농업 경제에 적합하지 않아서 비교적 축목 활동을 중시하고 있다. 또 岷江 상류의 염방의 저족의 경우도 同上書에 이르기를 "又土地剛鹵, 不生穀粟麻菽, 唯以麥爲資, 而宜畜牧"[105]이라 하여 그들의 농업은 보리의 재배를 위주로

---

103) 『魏略』 「西戎傳」, 858쪽.
104) 『後漢書』 卷86 「西南夷傳」, 2859쪽.
105) 同上書, 2858쪽.

하였고, 보리 등의 작물을 재배하고 수확하는 계절을 정확히 알고 있었다. 또 비료와 밭 사이의 관리 등에 대해서도 능숙하게 장악하고 있었으며, 보리 농사와 축목을 동시에 중시하였음을 나타낸다. 또 그들의 농경 규모에 대해서는 조위 시대의 기록을 제외하고 사서에 상세한 기록이 없어서 그 실상을 알기가 어렵다. 하지만 그들이 거주하는 롱남, 사천 서북의 자연 환경으로 미루어 볼 때, 이곳은 하천이 비교적 많아서 충적지대를 형성하고 있고, 게다가 낮은 구릉 지대의 황토 퇴적층이 발달하여 경작지 면적이 적지 않음을 알 수 있다.

조위 시대에는 建安21年(216년) 하후연이 저족에게서 10여만 곡을 착취했다는 기록과[106] 建安24年(219년)에 張旣(zhāngjì)가 저족의 보리를 거두어 군량미로 사용했다는 기록에[107] 의하면 그들의 생산량이 비교적 높음을 알 수 있다. 남북조시기에 저족은 『梁書』「諸夷傳」에 이르기를 "地植九穀"[108]하였다고 했는데, 이것은 그들이 심은 곡물의 종류가 대폭 증가했음을 알 수 있으며 경작 기술 또한 새로운 발전 단계에 진입했음을 설명하고 있다.

위에 설명한 농업 경제 이외에 저족의 축목 활동도 그들의 경제 활동에서 중요한 부분을 차지하고 있다. 『後漢書』「西南夷傳」에 이르기를 "(武都)出名馬·牛·羊"[109]이라고 하였고 『魏略』「西戎傳」에는 "畜養豕牛馬驢騾"[110]라고 하여 비교적 농경에 적합하고 고산 지대의 환경에 잘 적응하는 동물을 사육하고 있음을 알 수 있다. 저족의 축목은 농경을 보완하는 성격이 강하며 저족은 당시에 축목의 교배와 번식에 관한 지식이 상당한 수준에 이르렀음을 유추해 볼 수 있다.

---

106) 『三國志』 卷9 「夏侯淵傳」, 272쪽. "還擊武都氐羌下辯, 收氐穀十餘萬斛."
107) 同上書, 卷15 「張旣傳」, 472쪽. "別從散關入討叛氐, 收其麥以給軍食."
108) 『梁書』 卷54 「諸夷傳」, 817쪽.
109) 『後漢書』 卷86 「西南夷傳」, 2859쪽.
110) 『魏略』 「西戎傳」, 858쪽.

2) 기술

저족은 보리 등의 곡물을 재배한 것 이외에 또 『梁書』「諸夷傳」에 이르기를 "種桑麻"[111]하였다고 하였다. "뽕나무와 마를 심었다"에서 뽕나무를 심는 것은 비교적 쉬우나 뽕나무를 매개로 하여 누에를 키우는 것은 상당한 수준의 과학 기술이 있어야 한다. 또 마를 재배하는 것도 마에서 나온 섬유질로 실을 잣고 의복을 제작하는 방법도 역시 상당한 수준의 과학 기술이 있어야 한다. 다시 말하면 저족이 이미 뽕나무와 마를 재배할 수 있다는 것은 그들의 과학 기술 수준이 당시 한족의 수준에 이르렀다는 것을 알 수 있다. 특히 뽕나무를 심었다는 것은 양잠에 목적이 있고 양잠은 수준 높은 기술을 필요로 한다. 즉 누에를 키울 줄 모르고 기후의 변화가 누에에 끼치는 영향, 누에의 성장 과정과 규칙, 누에에서 실을 뽑는 기술 등을 알지 못하면 절대로 실시할 수 없는 첨단 기술이며 고부가가치 생산이다. 『魏略』「西戎傳」에 이르기를 "俗能織布"[112]의 기록은 저족의 부녀자들이 한대 혹은 그 이전부터 방직 기술을 보유하고 있음을 설명하고 있다. 남북조 시기에 이르러서는 『梁書』「諸夷傳」에 이르기를 "種桑麻, 出紬‧絹‧精布 … 等."[113]이라고 기록되어 있듯이 저족 부녀자들의 방직 기술이 진일보 발전했음을 알 수 있다.

Ⅳ. 결 어

고대부터 중국의 서북 지역에 거주하던 저족은 5호16국 시기에는 전진이라는 강력한 정권을 건립하여 중원을 통치하였다. 이들은 장기간에 걸쳐

---

111) 『梁書』 卷54 「諸夷傳」, 817쪽.
112) 『魏略』 「西戎傳」, 858쪽.
113) 『梁書』 卷54 「諸夷傳」, 817쪽.

서 중원으로 이동하여 한족 문화의 영향을 받아서 다른 5호 종족에 비해서 진일보 발전하였으며, 5호16국 시기에는 한족의 문화 수준과 별다른 차이가 없을 정도였다. 이들이 이렇게 신속히 한족의 문화를 받아들일 수 있었던 것은 그들 자신의 문화가 비교적 다양하고 개방적인 것이 첫째이며, 둘째로는 이러한 문화를 형성한 저족 자체가 종족 근원상 다종족 연합체로서 내부적으로 지속적인 융합을 시행하였고, 외부적으로는 중원의 한족과 문화변용의 실현에 적극적인데 그 원인이 있다고 하겠다. 이러한 결과로 저족은 5호16국시기에 선비족 다음으로 중국 역사상 놀라운 성취를 이루었으며, 그 흔적이 후대에까지 이어져서 수당 시대 다종족 다문화 형성의 중요한 계기를 제공하였던 것이다. 이러한 인식을 바탕으로 주요 내용을 귀납하여 정리하면 다음과 같다.

첫째, 저족의 종족 근원으로는 대략 진대에 그들이 거주하던 지리 환경으로 인한 명칭이 종족의 명칭으로 변했으며, 한대에는 중원 왕조와 관계가 빈번해지면서 한족의 문헌에 자주 등장하여 그 실체를 알리게 되었다. 또 그들은 서로 다른 토템(Totem)을 가진 잡다한 종족이 모여 단일 종족을 구성하였으며, 대략 서융의 일파로서 주위에 거주하던 강족과 동일하지는 않지만 밀접한 관계에 있었을 가능성이 농후하다.

둘째, 저족은 중국 서북부 지역이 발상지이며 시대의 변천을 따라서 점차 중원과 서남 및 서북 지역의 두 방향으로 거주지가 확대되었다. 특히 5호16국시기에 그들은 비약적인 발전을 이루어 전진, 후량, 구지 등 다수의 저족 정권을 건립하기에 이르렀고, 그 중에서도 전진은 서진의 永嘉之亂(311년) 이후 장기간 분열과 혼란에 빠졌던 중국 북부를 재차 통일하는 위업을 달성하여 저족의 분포 지역은 더욱 확대되었다.

셋째, 저족의 여러 문화 내용으로는 1)저족의 언어는 한장어계의 장면어족일 가능성이 비교적 크고, 문자는 한족의 문자인 한자를 차용하여 사용하였다. 교육 방면은 5호16국의 다른 호족 군주와 달리 한족의 사상과 제도를 적극 수용하고 장려하여 통치에 이용하였다. 2)저족의 의복은 복식의 색상과 종류가 다양하며 지배층과 피지배층, 남과 여의 구별이 있으며 의복의 제작 기술도 상당한 수준에 이르렀음을 알 수 있다. 음식은 거주지의 자연 환경에 따라서 보리를 주식으로 하고 축산물 등을 부식으로 생활하였고 음주의 풍속이 성행하였다. 주거는 대체적으로는 흙으로 담을 두르고 나무로 지붕을 만들어 덮는 판옥토장 방식이다. 3)저족의 혼인 방식은 동일 종족끼리의 족내혼과 동성불통혼의 원칙을 유지하고 있었으며 점차 한족과 융합하면서 민족 융합을 이루게 되었다. 상장 습속은 저족 고유의 화장에서 한족의 영향으로 16국시기 이후에는 토장을 실시하게 되었다. 4) 저족의 신앙은 천지, 일월, 귀신, 점복과 신이 현상을 믿는 경향이 강하다. 통치자에 대한 관념은 천명관 혹은 숙명관이 지배적이고 재물과 약탈을 중시하는 관념이 오랜 시간 존재하였다. 5)저족의 경제는 농업 경제가 주류이고 축목 경제가 부수적으로 시행되었다. 또 그들의 경작 기술과 방직 기술은 한족과 별 차이가 없을 정도로 상당한 수준에 이르렀음을 알 수 있다.

(『중국학연구』 23, 2002년)

참고문헌(출현 순서에 따라)

1. 사료

『十六國春秋』(『太平御覽』 卷127 引用本)
『十三經今注今譯』, 長沙, 岳麓書社, 1994.
『史記』, 臺北, 鼎文書局, 1987.
『三國志』, 同上
『魏略』, 『文淵閣四庫全書電子版』, 1991.
『通典』, 臺北, 商務印書館, 1987.
『晉書』, 臺北, 鼎文書局, 1987.
『後漢書』, 同上
『漢書』, 同上
『宋書』, 同上
『武階備志』, 『文淵閣四庫全書電子版』, 1991.
『梁書』, 臺北, 鼎文書局, 1987.
『南齊書』, 同上
『龍安府志』, 『文淵閣四庫全書電子版』, 1991.
『荀子』, 臺北, 三民書局, 1970.
『十六國春秋輯補』, 臺北, 鼎文書局, 1987.
『大明一統志』, 『文淵閣四庫全書電子版』, 1991.
『大淸一統志』, 同上
『甘肅通志』, 同上
『魏書』, 臺北, 鼎文書局, 1987.
『水經注疏』, 江蘇, 古籍出版社, 1989.

2. 저서

劉學銚, 『鮮卑史論』, 臺北, 南天書局, 1994.
呂一飛, 『胡族習俗與隋唐風韻』, 北京, 書目文獻出版社, 1994.

楊　銘, 『氐族史』, 長春, 吉林教育出版社, 1991.
馬長壽, 『氐與羌』, 上海, 人民出版社, 1984.
張碧波 外1人(編), 『中國古代北方民族文化史』, 哈爾濱, 黑龍江人民出版社, 1993.
許　慎, 『說文解字』, 香港, 中華書局, 1985.
段玉裁, 『說文解字注』, 上海, 古籍出版社, 1981.
中國大百科全書, 『中國大百科全書 - 民族 -』, 北京, 中國大百科全書出版社, 1996.
靑山定雄(編), 『讀史方輿紀要索引』, 臺北, 方輿出版社, 1979.
顧祖禹, 『讀史方輿紀要』, 臺北, 中文出版社, 1987.
范文蘭, 『中國通史簡編』, 北京, 人民出版社, 1965.
四川省民委民族識別組, 『白馬藏人調査輯錄』, 成都, 四川出版社, 1980.
馬長壽, 『碑銘所見前秦至隋初的關中部族』, 北京, 中華書局, 1985.

제6장

5호16국시기 갈족과 저족의
喪葬 습속과 종교 신앙 연구

I. 서 언

　인생은 대략 출생, 성년, 결혼, 사망의 4단계를 거치고, 그 과정에서 誕生禮, 成年禮, 婚姻禮, 喪葬禮의 4가지 人生 의례가 생겨났다. 특히 상장례는 인생에서 마지막에 치르는 의례이며 상례와 장례로 구분된다. 이것은 친척과 주변의 절친한 사람들이 죽은 자에 대하여 치르는 殯殮祭奠의 의식이고, 동시에 애도와 기념과 평가를 나타내는 행위이다. 일반적으로 삶과 죽음에서 양자를 동등하게 중요시했지만,[1] 죽음의 의미는 아무래도 삶의 의미보다 소홀하게 여기기 쉬운 것이 인지상정이다. 그래서 옛 성인들은 역설적으로 죽음의 의미를 더욱 강조하곤 하였던 것이다.[2] 그래서 선진 시대의 예제를 기록한 『儀禮』와 『禮記』에는 상장례에 대한 것이 중요한 지위를 차지하고 있으며, 이에 대한 규정도 엄밀하고 번잡하게 기재하였던 것이다.[3]

　상장례와 동일하게 중시된 것으로는 종교 신앙이 있다. 망자는 상장례를 통과하고 최후에는 종교 신앙에 내재된 구원(永生)을 얻는 방법을 모색하였다. 종교 신앙을 통하여 구원을 얻는 방법 역시 각 종족(族群)[4]마다 독

---

[1] 『論語』「爲政」, 『十三經今注今譯』(長沙, 岳麓書社, 1994), 1883쪽. "生, 事之以禮, 死, 葬之以禮, 祭之以禮."
[2] 『孟子』「離婁下」, 同上書, 2119쪽. "養生者不足以當大事, 惟送死可以當大事."
[3] 『儀禮』와 『禮記』는 상장례에 대하여 죽은 자의 신분상의 존비와 친척간의 혈연관계의 친소의 다름에 근거하고, 그 위에 종교적 관념까지 가미한 것으로 음식, 의복, 거주, 빈객의 접대, 복상 기간, 금기 등 여러 방면에 비교적 엄밀하고 번잡한 규정을 하였다.
[4] 楊建新, 『中國少數民族通論』(北京, 民族出版社, 2005), 180~183쪽. 즉 族群은 Ethnic Group으로 최근 일부 학자들이 외국에서 들어온 것이다. 이 용어는 20세기 60년대 유행한 서방 사회 철학 사조이며, 또한 사회사조의 작용 하에서 발생하는 것으로 인류의 사회적 관계에 대한 일종의 새로운 분류법이다. 이것은 객체화의 가능성과 현실성을 갖추고 있다. 본 논문에서는 족군, 민족 이라는 용어 대신에 종족을 사용하였다.

특한 부분이 존재하며, 이것을 통하여 각 종족의 정체성을 확인할 수 있는 주요한 증거가 된다.

　북방 유목 종족 역시 중원의 한족보다는 덜하지만 상장례와 종교 신앙을 중시하였음을 알 수 있다.[5] 이러한 삶과 죽음이라는 인생의 전부 과정에서 누구도 피할 수 없는 죽음이라는 현실과 사후 세계에 대한 종족 구성원의 믿음이 각 종족별로 구분되는 것은 당연한 일이다. 이러한 인식하에서 본 논문은 유목민인 북방 종족의 상장 습속과 종교 신앙이 그들의 문화와 습속에 어떻게 투영되는지를 분석하는 것도 상당히 의의가 있으리라 생각한다. 왜냐하면 삶과 죽음은 인간 활동의 가장 중요한 부분이고, 이에 대한 처리 방법(상장습속)과 관념 형태(종교신앙)는 바로 해당 종족의 사회생활과 문화 활동에 대한 이해를 쉽게 하기 때문이다.

　5호16국 시기 한족과 심각한 종족 갈등을 초래하기도 하였던 羯族과 氐族을 이해하는 한 가지 방법으로 죽음에 대한 그들의 처리 방법인 상장 습속과 관념 형태인 종교 신앙을 선택하였다. 왜냐하면 상장 습속과 종교 신앙은 동서고금을 막론하고 가장 느리게 변화하는 것으로, 여기에 내재되어있는 전통 정신은 해당 종족의 전통 문화를 이해하는 첩경인 것이다. 겸하여 유목 종족인 갈족과 저족의 상장 습속과 종교 신앙을 통하여 당시 북방에서 활동하던 여러 유목 종족과의 문화적 공통성이 존재하는가를 살펴보았다.

---

5) 呂一飛, 『胡族習俗與隋唐風韻』(北京, 書目文獻出版社, 1994), 138쪽. 즉 중원 한족의 상장의례는 종법 관념과 등급 관념 이외에 종교 관념이 결합된 것으로, 후대의 유생들이 이러한 전통을 계승 발전시켜 더욱 번잡하고 실행하기 힘들게 만들었다. 이에 반하여 북방 유목 종족의 상장의례는 단지 종교 관념에만 치중하였음을 알 수 있다.

II. 갈족의 상장 습속과 종교 신앙

1. 갈족의 상장 습속

갈족은 중국 고대의 북방 민족중의 하나이다. 羯胡라고도 일컬었는데, 이것은 위진남북조 시대 晉人의 雜胡에 대한 범칭이었다.[6] 갈족은 원래 고대의 烏孫國과 塞國 사이 즉 지금의 新疆省 塔城 지역 및 哈薩克의 五河 유역에 거주하며 呼揭國을 건립하였다.[7] 그 이후 흉노에 멸망되어 중원으로 이동하기 이전까지 흉노에 예속되었기 때문에 匈奴別部라고 일컬어졌다.[8] 5호16국 시기에 이르러 갈족의 서역 문화 특성은 점차 흉노화 되었고 石勒(shílè)이 後趙를 건국한 이후에는 다시 한족화의 길을 걷게 되었다.

갈족의 상장 습속은 西域胡와 흡사할 뿐만 아니라 종교 신앙도 또한 동일하다.[9] 앞에서 서술한 것처럼 갈족이 흉노의 일파라면 갈족은 흉노와 같은 土葬을[10] 실행하는 것이 당연하다. 그러나 갈족은 흉노와 다른 火葬을 행했으며, 氐族, 羌族, 突厥族, 西域胡 등과 더불어 모두 화장을 하였다.[11] 『隋書』「石國傳」에 이르기를,

"以王父母燒餘之骨, 金甕盛之, 置于床上, 巡繞而行."[12]

또 『晉書』「石勒載記」에도 갈족은 화장(燒葬)의 습속이 여전히 존재하였음을 나타내기를,

---

6) 『文選』 卷50 沈休文 「齊안陸昭王碑」의 李善 註釋에 인용한 朱鳳의 『晉書』.
7) 陳可畏, 「古代呼揭國及其民族試探」, 『中國邊疆史地研究導報』 1988-6, 2쪽.
8) 『晉書』 卷104 「石勒載記」, 2707쪽. "其先匈奴別部羌居之胄"
9) 白翠琴, 『魏晉南北朝民族史』(成都, 四川民族出版社, 1996), 188쪽.
10) 『史記』 卷110 「匈奴列傳」, 2892쪽. "其送死, 有棺槨金銀衣裘, 而無封樹·喪服, 近幸臣妾從死者, 多至數千百人."
11) 呂一飛, 前引 『胡族習俗與隋唐風韻』, 149쪽.
12) 『隋書』 卷83 「石國傳」, 1850쪽.

"又下書禁國人, … 其燒葬令如本俗"[13)]

이상의 내용으로 갈족의 상장 습속은 서역호의 일종인 石國의 상장 습속과 같음을 알 수 있다. 즉 갈족은 원래부터 화장을 하였고, 중원에 진입한 이후부터 후조 건국 시기에 이르기까지 화장 습속은 변함이 없었다.

그러나 갈족의 상층부는 화장 이외의 다른 상장 습속을 시행하였다. 즉 제왕, 태후, 황후, 황자, 황손 및 귀족, 관리 등은 토장을 실행하였다. 갈족의 토장 습속을 알 수 있는 기록으로는 석륵의 모친 王氏夫人이 사망했을 때 시행한 秘密葬(潛埋)과 虛葬을 비롯하여 몇 가지 경우가 있다. 『晉書』 「石勒載記」에 이르기를,

"勒母王氏死, 潛瘞山谷, 莫詳其所. … 虛葬于襄國城南."[14)]

同上書에 이르기를,

"勒疾甚, 遺令. 三日而葬, 內外百僚旣葬除服, 無禁婚娶·祭祀·飲酒·食肉, 征鎮牧守不得輒離所司以奔喪, 斂以時服, 載以常車, 無藏金寶, 無內器玩."[15)]

또 同上書에 이르기를,

"夜瘞山谷, 莫知其所, 備文物虛葬, 號高平陵."[16)]

또 同上書에 이르기를,

---

13) 『晉書』 卷105 「石勒載記」, 2736쪽.
14) 同上書, 卷104 「石勒載記」, 2720쪽.
15) 同上書, 2751쪽.
16) 同上書, 2752쪽.

"始葬季龍, 號其墓爲顯原陵"[17]

즉 갈족은 토장을 실행하였고, 방법으로는 잠매와 허장을[18] 선택하였음을 알 수 있다. 소위 잠매는 망자의 신체를 땅 속 깊이 매장하고 지면에 어떤 흔적도 남기지 않는 것을 말한다.

북방 유목 종족인 탁발선비도 이와 동일한 잠매를 실행한 것으로 볼 때, 당시 북방 유목 종족의 보편적인 상장 습속일 가능성이 비교적 농후하다고 하겠다.『宋書』「索虜傳」에 이르기를,

"死則潛埋, 無墳壠處所, 至於葬送, 皆虛設棺柩, 立冢槨, 生時車馬器用皆燒之以送亡者."[19]

---

17) 同上書, 2789쪽.
18) 曹永年,「說潛埋虛葬」,『文史』31(北京, 中華書局, 1988), 79~85쪽. 잠매 허장은 간략하게 허장 또는 僞葬이라고도 한다. 이것은 16국 시기와 북조 시기 북방 유목 종족의 상층 통치자들에게 유행하던 일종의 허장 형식이다. 즉 묘 주인의 시신을 다른 장소에 깊이 매장하고, 그와 동시에 공개적인 매장 장소에는 망자의 기물과 용기 등만을 매장하는 것이다. 잠매 허장의 본래 의의는 비밀을 유지하기 위한, 즉 사후 세계의 안전을 위하여 시행하는 방법이다. 呂思勉,『中國民族史』(上海, 中國大百科全書出版社, 1987), 1182쪽. "胡人處中國, 多有自疑之心, 乃爲虛葬之法." 즉 호족 자신의 힘이 그리 크지 않고, 또 한족 문화의 강대한 세력에 포함되는 경우는 필히 의심하는 마음이 생겨서 허장을 한다는 논리이다. 이러한 묘장 방식의 특징은 가묘가 2개 이상으로 하나는 공개적인 허장 묘지와 다른 하나는 비밀의 실재 묘장처로 나뉜다. 역사상 첫 번째의 잠매 허장은 『晉書』卷104「石勒載記」, 2720쪽. "勒母王氏死, 潛空山谷, 莫詳其所. 旣而備九命之禮, 虛葬於襄國城南."이 있다. 또 이것과 관련된 내용으로는 同上書, 卷105「石勒載記」, 2752쪽. "夜瘞山谷, 莫知其所, 備文物虛葬, 號高平陵." 이 외에『晉書』卷127「慕容德載記」, 3172쪽. "乃夜爲十餘棺, 分出四門, 潛葬山谷, 竟不知其尸之所在(虛葬於東陽陵)."(괄호안의 글자는『十六國春秋』「南燕錄」을 참고하여 필자가 보충한 것이다.) ;『太平御覽』卷556 所引「鄴中記」에 "石勒陵在襄國";『太平寰宇記』卷59「河北道」八, 荊州龍崗縣絛에 기록된 "勒尸別在渠山葬之. 夜爲十餘棺分道出埋, 以惑百姓."를 참고할 것.
19)『宋書』卷85「索虜傳」, 2322쪽. "死則潛埋, 無墳壠處所, 至於葬送, 皆虛設棺柩,

위에 인용한 『宋書』의 북방 유목 종족에 관한 기록은 대부분이 제3자를 통해서 전해들은 이야기가 많아서 전부 믿기도 그렇지만 그렇다고 믿지 않는 것도 위험하다. 그러나 현재 발굴된 탁발선비족의 다수 묘장으로 볼 때 모두 땅속 깊이 매장하고 봉분의 표시도 없게 만든 잠매 또는 허장인 것은 확실하다.[20]

2. 갈족의 종교 신앙

갈족의 종교 신앙은 흉노, 저, 강족 등과 다르고 서역호와 관련이 깊음은 주지의 사실이다. 서역호의 종교 신앙과 비교 분석을 통하여 이에 대한 가설이 성립하는지를 증명하기로 하겠다. 갈족이 신봉하는 종교는 祆教 즉 胡天(神)이었고, 석륵이 후조를 건립한 이후에는 佛教를 신봉하였다. 이에 대한 구체적인 증거를 열거하면 다음과 같다.

1) 『魏書』 "有胡律, 置於祆祠, … 奉佛爲胡書."[21]
2) 『魏書』 "廢諸淫祀, 而胡天神不在其列."[22]
3) 『晉書』 "龍驤孫伏都·劉銖等結羯士三千伏于胡天, 亦欲誅閔等."[23]
4) 『資治通鑑』 "至於饗祀, 應從本俗. 其夷·趙百姓樂事佛者, 特聽之."[24]
5) 『晉書』 "佛,外國之神, 非諸華所應祠奉."[25]
6) 『文獻通考』 "祠則胡天, 晉末五胡逼居中夏, 豈無天道"[26]

立冢槨, 生時車馬器用皆燒之以送亡者."
20) 宿白, 「東北·內蒙古地區的鮮卑遺跡」, 『文物』 1977-5, 47~53쪽. 完工, 札賚諾爾, 巴林左旗 등의 묘장이 모두 땅속 깊이 매장하고 봉분의 표시도 없는 잠매의 형태로 이루어져 있다.
21) 『魏書』 卷102 「康國傳」, 2281쪽.
22) 同上書, 卷13 「宣武靈皇后胡氏傳」, 338쪽.
23) 『晉書』 卷107 「石季龍載記」, 2791쪽.
24) 『資治通鑑』 卷95 成帝 咸康元年條, 3003쪽.
25) 『晉書』 卷95 「佛圖澄傳」, 2487쪽.

이상의 내용을 정리하면 서역호의 일종인 康國의 月氏族은 胡天神을 섬겼고, 겸하여 불교를 신봉하였다. 이러한 현상은 서역호의 일종으로 위진 이후 중원에 이주한 갈족 석씨는 물론 기타 갈족들도 모두 호천신을 신봉하였다. 호천은 조로아스터교로 달리 祆敎, 火敎, 火祆敎, 拜火敎, 페르시아교로 불린다. 경전에는 善(光明神)과 惡(暗黑神)의 투쟁으로 구성되어 있다고 한다. 즉 불(火)은 광명의 대표로 聖火를 예배하는 것을 주요 의식으로 삼는다.[27] 갈족이 화장을 하는 것도 호천 신앙과 관계가 깊은데, 이 종교는 북조 시기에도 매우 성행하였다.[28] 또 호천교의 의식에는 신에게 제사를 지내며 춤을 추고 그리고 호천신에게 제사를 지내는 기간에 남녀가 상호 음란한 행위를 하는 것을 알 수 있다.[29] 갈족은 호천신을 숭배하는 것 이외에 천지, 일월, 귀신 등을 숭배하였다.[30] 갈족 통치자들의 생활이 이와

---

26) 『文獻通考』 卷348 「四裔考」, 528쪽.
27) 張碧波 외 1인(編), 『中國古代北方民族文化史』(哈爾濱, 黑龍江人民出版社, 1993), 88쪽.
28) 『魏書』 卷13 「皇后列傳」, 338쪽. "廢諸淫祀, 而胡天神不在其列."
29) 『隋書』 卷7 「禮儀志」, 149쪽. "至于邯自鼓舞, 以事胡天. 鄴中遂多淫祀, 茲風至今不絶. … 其儀并從夷俗, 淫醉不可紀也." 참고로 여기에 사용되었을 가능성이 큰 악기 중에 羯鼓가 있다. 갈족은 문학 작품이나 음악, 춤 등을 후대에 남기지 않았는데, 유일하게 후세에 전해지는 예술 걸작이 바로 갈고이다. 갈고에 대한 기록으로는 『太平御覽』 卷582 「鼓條」에 인용된 『大周樂正』과 『舊唐書』 卷29 「音樂志」, 1079쪽. "羯鼓, 正如漆桶, 兩手俱擊, 以其出羯中, 故號羯鼓, 亦謂之兩杖鼓." 이라는 기록이 있다. 張碧波 외1인(編), 前引 『中國古代北方民族文化史』, 89쪽에 말하기를 수당 시기에 이르러 갈고는 중요한 반주 악기중의 하나가 되었다. 隋代의 9部樂 중에서 갈고를 반주 악기로 사용하는 노래로는 「龜玆樂」「疏勒樂」이 있다. 唐代에는 「扶南樂」, 「高昌樂」, 「龜玆樂」, 「疏勒樂」이 있다. 당시 매우 많은 사람들이 갈고를 연주할 줄 알았고 唐 玄宗은 갈고 연주의 고수였다고 하였다.
30) 『晉書』 卷104 「石勒載記」, 2708쪽. "君魚龍髮際上四道已成, 當貴爲人主."; 同上書, 卷105 「石勒載記」, 2748쪽. "勒以日蝕, 避正殿三日, 令群公卿士各上封事. 禁州郡諸祠堂非正典者皆除之, 其能興雲致雨, 有益於百姓者, 郡縣更爲立祠堂, 殖嘉樹, 準嶽瀆已下爲差等." 또 同上書, "于是閉鳳陽門, 唯元日乃開. 立二時于靈昌津, 祠天及五郊" 이러한 자연신앙에 대하여 劉學銚, 『匈奴史論』(臺北, 南天書局, 1994), 337쪽에서는 泛靈信仰(Animism) 또는 薩滿信仰(Shamanism)이라 일컬으

같은데 일반 평민들의 경우에도 크게 벗어나지 않을 것으로 사료된다. 후조 건국 이후에는 겸하여 불교를 신봉하였음을 알 수 있다.[31] 불교를 신봉하는 현상은 나날이 확대되었고,[32] 당시 이미 일반 갈족 백성에까지 전파되었음은 불문가지일 것이지만 애석하게도 논증할 증거가 없다.

III. 저족의 상장 습속과 종교 신앙

1. 저족의 상장 습속

저족은 중국에서 가장 오래된 종족중의 하나이다. 이들의 발상지는 현재의 甘肅省 남부의 武都 지역이고, 이로 인하여 일찍이 商代에는 한족과 긴밀한 정치 관계를 유지하였다. 그 후에 西周, 春秋戰國, 秦, 漢에 이르기까지 지속적으로 한족의 영향을 받으면서 점차 계급 사회에 이르게 되었다. 西晉 시기에는 武都, 陰平, 略陽, 扶風郡 뿐만 아니라 또한 關中에도 매우 많은 저족 부락이 거주하고 있었다. 중원으로 이동한 저족은 풍속 습관과 사회 형태에서 한족과 차이점이 매우 많았다.[33]

모든 종족은 각기 자기 고유의 상장 습속이 있으며 이것으로 자신의 정

며 북아시아 초원 유목 민족의 원시 신앙은 모두 동일하며 흉노족이 대표적이라고 하였다. 『史記』 卷110 「匈奴傳」, 2892쪽. "歲正月, 諸長小會單于庭, 祠. 五月, 大會龍城, 祭其先·天地·鬼神. 秋, … 而單于朝出營, 拜日之始生, 夕拜月." 흉노족의 원시 신앙에 대한 상세한 설명으로는 陶克濤, 『氈鄕春秋』(北京, 人民出版社, 1987), 213~216쪽을 참고할 것.

31) 『魏書』 卷114 「釋老志」, 3029쪽. "石勒時, 有天竺沙門浮圖澄, … 爲石勒所宗信, 號爲大和尙, 軍國規模頻訪之, 所言多驗."
32) 『晉書』 卷107 「石季龍載記」, 2782쪽. "時沙門吳進言于季龍曰.. 胡運將衰, 晉當復興, 宜苦役晉人以厭其氣. 季龍于是使尙書張群發近郡男女十六萬, 車十萬乘, 運土築華林苑及長墻于鄴北, 廣長數十里."
33) 張碧波 외 1인(編), 前引 『中國古代北方民族文化史』, 964쪽.

체성 및 특수성을 나타내며, 또 이러한 전통적인 풍습으로 해당 종족의 문화 정도를 짐작하기도 한다. 저족의 상장 습속으로는 화장이 있다. 저족의 상장 습속은 강족과 흡사하다. 그러나 5~6세기에 이르러 한족과 잡거하면서부터 저족의 문화에 변화가 있었고, 강족과 점차 차이가 생겨나게 되었다.[34] 저족은 한족과 달리 매우 이른 시기부터 화장을 한 증거가 있다. 『荀子』 「大略篇」에 이르기를 "氐羌之虜也, 不憂其系壘也, 而憂其不焚也"[35]라고 하였으며, 『呂氏春秋』에도 동일한 기록이 있다.[36] 즉 저족은 종족 구성원이 사망하면 그 시체를 불에 태웠던 것이다. 이것은 저족의 상장 습속의 일면을 표현한 것으로 그들은 망자의 시체를 불태워 없앴던 것이다. 이러한 습속은 16국시기 전기까지 별다른 변화 없이 보존되어 왔다.

16국 후기에 이르러서는 저족의 상장 습속은 점차 화장에서 토장으로 변했다. 토장에 관한 가장 이른 기록은 『十六國春秋輯補』에 이르기를 前秦의 苻健(fújiàn)이 사후에 原陵에 안치했고,[37] 後凉에서도 토장에 관한 기록이 보인다. 동상서에 이르기를 "葬高陵"[38]이라 하였고 또 同上書에 이르기를 "纂死, 土葬, 墓號白石陵"[39]이라고 한데서 저족의 상장 습속이 화장에서 토장으로 변해가고 있음을 알 수 있다. 그 후 16국시기에 이르면 저족이 건립한 仇池國의 통치자 楊氏도 또한 토장을 실행하고 있다. 『武階備志』 「雜識」에 이르기를 "武都王楊難敵墓, 在成縣西二十里. 旁有一冢, 傳系難敵弟堅頭墓也."[40]라고 하였으며, 『大明一統志』 「鞏昌府」 陵墓條에도 관련 기록이 있다.[41]

---

34) 白翠琴, 前引書, 238쪽.
35) 『荀子』 「大略篇」(臺北, 三民書局, 1985), 384쪽.
36) 『呂氏春秋』, 『文淵閣四庫全書電子版』, 1991. "氐羌之虜也, 不憂其系壘也, 而憂其不焚也"
37) 『十六國春秋輯補』 卷31 「前秦錄」, 「苻健」, 244쪽. "葬原陵"
38) 同上書, 卷82 「後凉錄」, 567쪽. 『晉書』 卷83 「呂光載記」, 574쪽. "光死, 土葬, 廟號高陵"
39) 同上書, 卷83 「後凉錄」, 584쪽.
40) 『武階備志』 卷19 「雜識」, 『文淵閣四庫全書電子版』, 1991.

결론적으로 말해서 저족은 고대부터 16국 전기까지는 그들 고유의 화장을 시행하였고, 16국 후기에 이르러 한족과 잡거하면서 한족의 영향으로 점차 토장으로 변해갔으며, 이러한 습속은 청대에 이르기까지 저족의 집단 거주지에서 지속적으로 유지되어 왔다.

2. 저족의 종교 신앙

저족의 종교 신앙은 영세한 자료와 간접적인 사료로 그 일 단면을 추측해 보는 수밖에 없다. 저족은 『魏略』 「西戎傳」에 이르기를 "其種非一, 稱槃弧之后"[42]라고 하였는데, 위에 나오는 槃弧는 개를 가리키는 것이다. 즉 저족의 원시 토템숭배는 개다.[43] 그들의 원시 신앙은 천지, 일월, 귀신, 동물, 점복 등과 神異 현상에 대한 숭배이다. 이에 대한 상세한 증거로는 다음의 몇 가지가 있다.

1) 『史記』 "蠻夷氐羌雖無君臣之序, 亦有決疑之卜. 或以金石, 或以草木, 國不同俗. … 各信其神, 以知來事."[44]
2) 『晉書』 "其母苟氏嘗游漳水, 祈子於西門豹祠, 其夜夢與神交, 因而有孕, 十二月而生堅焉. 有神光自天燭其庭."[45]
3) 『晉書』 "蝗虫大起, 自華澤至隴山, 食百草無遺. 牛馬相噉毛, 猛獸及狼食人, 行路斷絕. 健自蠲百姓租稅, 減膳徹懸, 素服, 避正殿."[46]

---

41) 『大明一統志』 卷35 「鞏昌府」陵墓條, 『文淵閣四庫全書電子版』, 1991. "楊難當墓, 在成縣西四十里. 又有祠, 在廢栗亭西一里, 名楊將軍墓." 그 외에 『大淸一統志』와 『甘肅通志』에도 동일하게 기재되어 있다.
42) 『魏略』 「西戎傳」, 858쪽.
43) 『後漢書』 卷86 「西南夷傳」, 2829쪽. "時帝有畜狗, 其毛五彩, 名曰槃弧."
44) 『史記』 卷128 「龜策傳」, 3223쪽.
45) 『晉書』 卷113 「苻堅載記」, 2883쪽.
46) 同上書, 卷112 「苻健載記」, 2871쪽.

4) 『晉書』 "生夢大魚食蒲, 又長安諸謠曰.. 東海大魚化爲龍, 男便爲王女爲公. 問在何處, 洛門東. 東海, 苻堅封也, 時爲龍驤將軍, 第在洛門之東. 生不知是堅, 以諸夢之故, 誅其侍中·太師·錄尙書事魚遵及其七子十孫. 時又謠曰.. 百里望空城, 鬱鬱何靑靑. 瞎兒不知法, 仰不見天星. 于是悉壞諸空城以禳之."[47]

5) 『晉書』 "秦·雍二州地震裂, 水泉涌出, 金象生毛, 長安大風震電, 壞屋殺人, 堅懼而愈修德政焉."[48]

6) 『晉書』 "城中有書曰 『古符傳賈錄』, 載帝出五將久長得. 先是, 又謠曰.. 堅入五將山長得. 堅大信之."[49]

7) 『晉書』 "有大風從西南來, 俄而晦冥, 恒星皆見, 又有赤星見於西南 … 堅大悅"[50]

8) 『晉書』 "大角爲帝坐, 東井秦之分野, 於占, 不出三年, 國有大喪, 大臣戮死."[51]

9) 『晉書』 "光生於枋頭, 夜有神光之異, 故以光爲名."[52]

10) 『晉書』 "是時麟見金澤縣, 百獸從之. 光以爲己瑞, 以孝武大元十四年僭卽三河王位"[53]

11) 『晉書』 "道士句摩羅耆婆言於纂曰: 潛龍屢出, 豕犬見妖, 將有下人謀上之禍, …. 耆婆. 卽羅什之別名也."[54]

12) 『宋書』 "元嘉十七年(440), 其國大旱, 多災異, 降大秦王復爲武都王"[55]

13) 『魏書』 "又仇池城民李洪, 自稱應王, 天授玉璽, 擅作符書, 訛惑百姓"[56]

---

47) 同上書, 卷112 「苻生載記」, 2878쪽.
48) 同上書, 卷113 「苻堅載記」, 2889쪽.
49) 同上書, 2928쪽.
50) 同上書, 2895쪽.
51) 同上書, 卷112 「苻生載記」, 2873쪽.
52) 同上書, 卷122 「呂光載記」, 3053쪽.
53) 同上書, 3059쪽.
54) 同上書, 卷122 「呂纂載記」, 3067쪽.
55) 『宋書』 卷98 「氏胡傳」, 2408쪽.
56) 『魏書』 卷51 「封勅文傳」, 1135쪽.

위의 내용에서 볼 수 있듯이 천지, 일월. 귀신 신앙과 신이 현상을 신봉하였고, 이와 더불어 천명관과 숙명론 등을 믿었음을 알 수 있다. 즉 통치자와 피통치자, 즉 王, 侯, 奝, 豪와 평민, 奴, 婢의 지위는 모두 上帝가 안배한 것으로 바꿀 수가 없는 것으로 여겼다. 예를 들면 제왕은 신의 자손이라고 여겼고, 신의 자손만이 황제의 자리에 오를 수 있다고 여겼다. 『晉書』『苻健載記』에 이르기를 "母姜氏夢大羆而孕之"[57]라고 하여 후에 전진의 개국 군주가 되었다. 또 苻堅(fújiān)이 황제가 된 것도 신의 자손이기 때문이라고 여겼다. 同上書,「苻堅載記」上에 이르기를,

"其母苟氏嘗游漳水, 祈子于西門豹祠, 其夜夢與神交, 因而有孕, 十二月而生堅焉. 有神光自天燭其庭. 背有赤文, 隱起成字, 曰草付臣又土王咸陽."[58]

이처럼 본래 황제의 자리를 계승할 수 없는 부견이 황제에 즉위하게 된 것도 신의 후손이라는 전설에 의한 것이다. 황제는 신의 자손이거나 신이 현상과 관계가 있다는 관념은 당시 저족에게는 보편적인 관념이었다. 즉 후량을 건국한 呂氏도 略陽(甘肅省 秦安縣)의 저족으로 전진의 부씨와 동족이다. 呂光(lǔguāng)의 부친 呂婆樓(lǔpólóu)는 전진의 건국에 크게 공헌하였고, 여광은 여파루가 후조에 복속하고 있던 시대에 枋頭에서 태어났다. 여광의 탄생에 관계된 신이 현상이 同上書,「呂光載記」에 기록되어 있다.

"光生於枋頭, 夜有神光之異. … 及長, 身長八尺四寸, 目重瞳子, 左肘有肉印. 沈毅凝重, 寬簡有大量, 喜怒不形于色. … 王猛異之, 曰.. 此非常人. … 堅太子宏執光手曰.. 君器相非常, 必有大福, 宜深保囊."[59]

---

57) 『晉書』 卷112 『苻健載記』, 2868쪽.
58) 同上書, 卷113 『苻堅載記』, 2883쪽.
59) 同上書, 卷122 「呂光載記」, 3053쪽.

그 외에 저족 양씨 집단도 前仇池와 後仇池 등 여러 번 흥망성쇠를 겪었지만 저족은 시종일관 양씨 자손을 왕으로 받들었다. 이런 사실도 저족의 천명관과 숙명관을 반영하고 있다고 해도 지나치지 않는다.

결론적으로 저족은 자연 현상과, 귀신, 점복 등의 신이 현상을 믿는 경향이 농후하였고, 당연히 이러한 풍조가 저족 사회의 주요 종교 신앙 형태로 존재하였던 것이다.

Ⅳ. 결 어

5호16국 시기 북방 민족인 갈족과 저족은 각 종족 고유의 상장 습속과 종교 신앙을 보존하고 있었고, 이것들은 장기간 한족과 융합하여 한족의 상장 습속과 종교 신앙을 받아들이면서 문화변용을 진행하였다.

첫째, 갈족은 상당기간 흉노에 예속되어 흉노화 되었지만 여전히 흉노와 다른 상장 습속을 보존하였고, 서역호라 일컫는 여러 종족과 동일한 화장을 시행하였다. 이러한 사실로 미루어 볼 때 갈족은 종족 근원상 흉노와는 다른 서역호와 밀접한 관계가 있음을 추측할 수 있다. 이러한 갈족도 한족과 문화변용의 정도가 깊어지고 나아가 후조를 건국한 이후에는 한족의 상장인 토장으로 변했다. 그러나 갈족의 토장은 한족 방식의 토장이 아니고, 북방 유목 민족의 특성인 잠매와 허장이 병행된 독특한 토장이었다. 저족의 상장 습속은 화장이었다. 5호16국시기 대표적인 저족인 부씨와 여씨, 양씨 등은 모두 화장을 실행하였다. 그러나 16국시기 이후 한족과 잡거하면서 저족 고유의 화장은 한족의 영향으로 토장을 실시하게 되었다. 문헌사료에 의하면 저족의 통치 계층은 보편적으로 토장을 시행하였고, 이로 미루어 볼 때 저족의 일반 백성들도 점차 화장에서 토장으로 바뀌었을 가능성이 농후하다. 갈족과 저족의 상장 습속인 화장은 당시 북방 민족의 일반적인 상장 습속이었다. 화장은 유목 경제와 밀접한 관련이 있다. 유목

민족은 거처가 일정하지 않으므로 고정적인 조상의 묘지를 형성하기가 어려웠을 것이다.[60] 그 외에 이들이 화장을 시행하는 이유는 除惡避邪의 작용 이외에 또한 불을 숭배하고 태양을 숭배하는 유목 종족의 문화적, 심리적 의의가 내재하고 있다고 여겨진다.[61]

둘째, 갈족의 종교 신앙은 위진 이후 중원에 이주한 갈족 석씨는 물론 기타 갈족들도 모두 호천신을 신봉하였고 후조 건국 이후에는 겸하여 불교를 신봉하였다. 기타 신앙으로는 호천신을 숭배하는 것 이외에 천지, 일월, 귀신 등을 숭배하였다. 저족의 종교 신앙은 천지, 일월, 귀신, 점복과 신이 현상을 믿는 경향이 강하다. 통치자에 대한 관념은 천명관 혹은 숙명관이 지배적이고 재물과 약탈을 중시하는 관념이 오랜 시간 존재하였다.

결론적으로 갈족과 저족은 호천신과 불교를 신봉하는 특수성 이외에 자연 숭배의 공통성이 존재하고 있음을 알 수 있다. 즉 총체적으로 말하면 고대 북방 유목 종족의 종교 신앙은 주로 원시 종교이고, 천지, 일월, 성신, 山河, 祖先 등은 모두 그 숭배 대상이지만 여전히 자연 숭배 위주이다.[62] 자연 숭배는 원시 종교의 한 형태로, 비교적 보편적인 것으로는 만물정령(Animism)이 있다. 자연 숭배는 그들의 생산력이 비교적 낮고 또 각종 자연 현상에 대한 무지와 밀접한 관계가 있다. 즉 그들은 모두 유목에 종사하여 기후의 변화와 강우의 다소 및 자연 재해 등에 대하여 커다란 관심을 가지고 있었다. 그래서 문화 수준이 매우 낮은 상황 하에서 그들이 천지, 일월, 성진, 귀신, 신이 현상 등에 대해서 경외하고 숭배하는 것은 한족에 비해서 매우 자연스러운 일일 것이다.

(『延邊科學技術大學論文集』 3, 2008년. 中文을 국문으로 번역하였음)

---

60) 徐萬邦 외 1인, 『中國少數民族文化通論』(北京, 中央民族大學出版社, 1996), 172쪽.
61) 張碧波 외 1인(編), 前引 『中國古代北方民族文化史』, 987쪽.
62) 楊建新, 前引 『中國少數民族通論』, 239쪽.

참고문헌(출현 순서에 따라)

1. 사료

『論語』,『十三經今注今譯』, 長沙, 岳麓書社, 1994.
『孟子』, 同上.
『儀禮』, 同上.
『禮記』, 同上.
『文選』,『文淵閣四庫全書電子版』, 1991.
『晉書』, 臺北, 鼎文書局, 1987.
『史記』, 同上.
『隋書』, 同上.
『鄴中記』,『文淵閣四庫全書電子版』, 1991.
『太平御覽』, 臺北, 商務印書館, 1987.
『太平寰宇記』,『文淵閣四庫全書電子版』, 1991.
『十六國春秋』(『太平御覽』卷127 引用本)
『宋書』, 臺北, 鼎文書局, 1987.
『魏書』, 同上.
『資治通鑑』, 臺北, 世界書局, 1987.
『文獻通考』,『文淵閣四庫全書電子版』, 1991.
『舊唐書』, 臺北, 鼎文書局, 1987.
『荀子』, 臺北, 三民書局, 1985.
『呂氏春秋』,『文淵閣四庫全書電子版』, 1991.
『十六國春秋輯補』, 臺北, 鼎文書局, 1987.
『武階備志』,『文淵閣四庫全書電子版』, 1991.
『大明一統志』, 同上.
『大淸一統志』, 同上.
『甘肅通志』, 同上.
『魏略』, 同上.
『後漢書』, 臺北, 鼎文書局, 1987.

2. 저서

楊建新, 『中國少數民族通論』, 北京, 民族出版社, 2005.
呂一飛, 『胡族習俗與隋唐風韻』, 北京, 書目文獻出版社, 1994.
白翠琴, 『魏晉南北朝民族史』, 成都, 四川民族出版社, 1996.
呂思勉, 『中國民族史』, 上海, 中國大百科全書出版社, 1987.
劉學銚, 『匈奴史論』, 臺北, 南天書局, 1994.
陶克濤, 『氈鄕春秋』, 北京, 人民出版社, 1987.
張碧波 外1人(編), 『中國古代北方民族文化史』, 哈爾濱, 黑龍江人民出版社, 1995.
徐萬邦 外 1人, 『中國少數民族文化通論』, 北京, 中央民族大學出版社, 1996.

3. 논문

陳可畏, 「古代呼揭國及其民族試探」, 『中國邊疆史地研究導報』 1988-6.
曹永年, 「說瘞埋虛葬」, 『文史』 31, 北京, 中華書局, 1988.
宿 白, 「東北·內蒙古地區的鮮卑遺跡」, 『文物』 1977-5.

제7장

5호16국 君主의 문화변용에 관한 연구
-儒學의 수용을 중심으로-

I. 서 언

永嘉之亂(311년) 이후 西晉 조정이 붕괴되고 북방의 이민족이 앞 다투어 중원에 건립한 정권이 10여 개나 되었고, 그들이 활약한 시기를 중국사에서 5호16국 시대라고 부른다.[1] 그들은 이동과 융합을 일삼던 특성상[2] 원래부터 자신의 문화적인 기반이 공고하지 못하였으며, 또한 장기간 한족과 잡거하면서 그 나마 존재하였던 일부 전통 문화의 색채 또한 분명하지 않게 되었다. 이러한 과정에서 비록 그들이 중원에 정권을 세우고 정치적으로 강남의 한족 정권에 대항하였지만 문화적으로는 어떤 대립의 징조도 보이지 않고 오히려 스스로를 중국(중원 왕조의 의미)과 다르게 여기지 않았을 뿐만 아니라,[3] 대부분의 군주는 이러한 현상을 적극 수용하여 이민족 정권을 세우는데 이용하려는 흔적이 역력하였다.[4]

당시 이민족 정권의 君主들은 자신과 중국을 다르게 보지 않았고, 단지 다른 것이 있다면 문화적으로 열세에 처해 있음을 인정하였다. 그래서 중원의 선진 문화를 적극 수용 융합하여 자신의 문화를 발전시키고, 나아가서는 이를 토대로 중원에 형성된 자신의 정권을 다수의 중원 민중(한족)의 거부감을 없애고 안착시키려고 하였던 것이다. 즉 匈奴, 鮮卑, 氐, 羯, 羌族 등의 이민족 출신의 군주들은 물론이거니와 한족 출신의 군주들 조차 서진

---

1) 5호16국의 개념에 관한 설명은 「서문」 후반부의 관련 내용을 참고할 것.
2) 金榮煥, 「『魏書』「序紀」에 나타난 拓跋鮮卑族의 神異現象 考釋」, 『中國學硏究』 15, 316쪽의 註釋 7)을 참고할 것.
3) 葉適, 『習學紀言』卷32, 27쪽. "劉, 石, 苻, 姚, 與夫慕容, 雖曰種類不同, 然皆久居中國, 其豪傑好惡之情狀, 與中國不甚相異."
4) 『晉書』卷101「劉元海載記」, 2647쪽. "自漢亡以來, 魏晉代興, 我單于雖有虛號, 無復尺土之業, 自諸王侯, 降同編戶. 今司馬氏骨肉相殘, 四海鼎沸, 興邦復業, 此其時矣." 이하 인용된 중국 정사서는 모두 臺北의 鼎文書局版을 이용하였고, 다른 판본을 이용하였을 시는 따로 그 출처를 명기하였다.

조정이 와해된 이후의 혼란기에 여전히 한족의 대표적 문화인 儒學의 사회 문화 질서와 가치 원칙의 흡수와 응용을 통해서 중원의 왕조와 비슷한 통치 구조를 형성하려고 하였던 것이다. 이러한 행위와 노력을 문화변용이라고 하며[5] 문화변용의 첫 번째 단계가 바로 자신과 중원의 종족이 다르지 않음을 내외에 나타내는 것이고,[6] 두 번째 단계는 이를 통해서 중원 한족의 핵심 사상 체계인 유학의 흡수를 통하여 이민족 정권을 중원에서 깊게 뿌리내리려는 것이다.

본문은 이와 같은 인식 하에서 16국 군주가 중원 한족의 문화상의 핵심 주제인 유학에 대한 수용 태도를 살펴보고, 나아가서는 이를 토대로 혈연 간의 이질적인 갈등을 해소하여 중원에서 착근하려는 일련의 사실들을 살펴보았다. 고금의 여러 학자들도 혈통에서 한 걸음 나아가 문화적으로 상호간의 차이를 구별해야 함을 인정하였으며,[7] 이러한 각도에서 이 시기의

---

[5] 문화변용에 대해서는 제3장 주석 5)를 참고할 것. 상관 이론의 소개는 김영환,「5호16국 군주의 문화변용 연구」,『한중인문학연구』9, 245쪽 ; 鄭欽仁,『北魏官僚機構研究』(臺北, 稻禾出版社, 1995), 3쪽 ; 孫同勛,『拓跋氏的漢化』(臺北, 國立臺灣大學文學院, 1962), 1~2쪽을 참고할 것.

[6]『晉書』卷101「劉元海載記」, 2650쪽. "立漢高祖以下三祖五宗神主而祭之."의 기록과『資治通鑑』卷85 惠帝 永興元年條, 2702쪽. "吾漢氏之甥, 約爲兄弟, 兄亡弟紹, 不亦可乎!"라고 하였으며 이에 대하여 胡三省의 注에 "(劉)淵以漢高祖・世祖・昭烈爲三祖・太宗・世宗・中宗・顯宗・肅宗爲五宗"에서처럼 흉노족인 劉淵이 한족의 왕조인 한을 건립한 유씨 일족을 자신의 조상으로 여기는 행위에서도 그 일단을 볼 수 있다. 즉 유연은 군사를 일으키면서 한족의 후예임을 천명하고 국호도 漢이라고 정한 것은 한족 백성들로 하여금 이민족에 대한 거부감을 없애고 자신의 정권 기초를 공고히 하려는데 그 목적이 있다.

[7] 陳寅恪,『陳寅恪先生論集』(臺北, 中央研究院歷史語言研究所, 1971), 119쪽. "漢人與胡人之分別, 在北朝時代, 文化較血統尤爲重要. 凡漢化之人即目爲漢人, 胡化之人即目爲胡人, 其血統如何, 在所不論."; 徐復觀,『學術與政治之間』(臺北, 學生書局, 1985), 15쪽. "但孔子所謂華夷, 不僅是種族問題, 主要的還是文化問題.所以諸夏在文化上 … 而主要是文化的凝聚"; 康有爲,『論語注』「子欲居九夷條」, "夷狄而有德, 則中國也 ; 中國而無德, 則夷狄也."; 費孝通,『中華民族多元一體格國』(北京, 中央民族大學出版社, 1999), 338쪽 등에서 모두 華夷의 구별은 혈통에 있지

역사를 볼 때 우리들은 비로소 중국 북방 이민족 정권이 보편적으로 유학을 존숭하는 것에 대해서 합리적으로 이해할 수 있게 되는 것이고, 이로 인하여 5호16국 시기에 유학의 역사문화적인 기능에 대하여 깊이 있게 파악할 수 있게 되는 것이다.

본문의 연구 범위는 시간적으로는 5호16국 시기의 16개 정권을 중심으로 서술하였고, 공간적으로는 5호16국 정권의 군주들이 시행한 문화변용의 노력을 중심으로 살펴보았다. 내용적으로는 호족 군주가 한족의 핵심 사상체계인 유학의 수용과 교육기관의 건립 및 이를 통하여 교육 내용을 실천하는 과정을 서술하였다. 또 호족 정권의 문화변용 노력을 종족별, 지역별, 시기별 등의 차이점이 내재하는 가를 검토하였다. 나아가서는 한족 출신의 군주들이 행한 문화변용의 노력과 문화적으로 어떤 차이점이 존재하며, 차이점이 존재한다면 그 이유가 무엇인가를 심도 있게 살펴보았다.

연구 방법으로는 『魏書』, 『晉書』, 『十六國春秋』, 『十六國春秋輯補』 등을 중심으로, 5호16국 시기 호족과 한족 군주의 문화변용에 관한 기록을 추출하여 분석 정리하였다. 그 외에 『資治通鑑』의 상관 기록과 상호 비교 분석하여 문헌 사료에 나타난 결함을 보충하려고 시도하였다. 기타 유학 사상과 이론 문제 등은 현금 학자의 이론을 채용하여 서술하는데 도움을 삼았다.

II. 호족 군주의 문화변용

1. 匈奴族 劉氏 군주

흉노족 劉淵(liúyuān)이 창립한 漢(처음에는 劉漢(304~318년)으로 일컫다가 나중에 유연의 조카 劉曜(liúyào)가 前趙(319~329년)로 개칭함)은 서

않고 문화에 있음을 강조하고 있다.

진 永興元年(304년)으로 16국 중에서 가장 먼저 탄생하였다. 『晉書』「劉元海載記」에서 劉宣(liúxuān)이 유연에게 천명의 중요성에 대해서 말하기를,

"지금 사마씨의 부자 형제가 서로 골육상쟁하는데 이것은 하늘이 서진을 싫어하고 나에게 천명을 주는 것이라고 하였다 …. 하의 우 임금도 서쪽의 오랑캐에서 나왔고 주의 문왕도 동쪽의 오랑캐에서 태어났는데 오직 천명을 받은 것만을 생각한 것이다."[8]

이에 유연은 스스로 前漢 왕조의 유씨 후예라고 일컫고 蜀漢의 劉禪(liúshàn)을 孝懷帝로 존중하고 漢王에 즉위하였으며 다음 해에 황제의 자리에 올랐다. 위의 내용에서도 알 수 있듯이 혈통상의 문제는 그리 중요하지 않고 "천명"이라는 문화적인 의미가 중원의 통치자가 될 자격임을 은연중에 암시하고 있는 것이다.

유연이 중원에 정권을 건립한 이후에 시행한 문화변용은 바로 "천명"이라는 문화적인 의미의 강조로 한족과의 충돌을 완화시키는 것이었다. 그러면 흉노의 유연이 군사를 일으켜 중원에 국가를 건립한 것을 어떻게 볼 것인가? 이것을 정치 군사적인 사건으로 접근하면 한족의 입장과 북방 이민족의 입장으로 구별된다. 즉 전자는 일종의 변방 소수 종족의 민중 봉기이고, 후자의 입장으로 보면 이민족의 중국 침략으로 보는 것이 일반적이다. 그러나 동일한 현상을 문화적인 키워드를 이용하여 살펴보면, 농민 반란으로 보기도 매우 어렵지만 그렇다고 그들을 외래의 적으로 간주하기도 매우 어려움을 발견할 수 있다. 즉 위의 인용문 중의 "天厭晉德, 授之於我"의 내용을 분석하면 夏, 商, 周 3대의 천하 쟁탈과 비슷하다. 주지하다시피 이것은 문화상의 대립적인 의미가 강하지 한족과 외래 종족과의 군사 정치상의

---

8) 『晉書』卷101 「劉元海載記」, 2648~2649쪽. "今司馬氏父子兄弟自相魚肉, 此天厭晉德, 授之於我. … 大禹出於西戎, 文王生於東夷, 顧惟德所授耳."

대립의 의미는 그리 부각되지 않는다.[9] 이렇게 볼 때 흉노족 유연이 세운 전조의 통치 기반은 당연히 문화상의 문제 즉 천명의 수여에 있지 혈통상의 문제는 중요하지 않음을 알 수 있다.

유연의 흉노족은 중국의 변새 내부에서 오랫동안 생활하면서 한족 문화의 흡수 정도도 날로 심화되었다. 그들은 모두 한족의 성씨를 사용하였고 평상시에도 한어를 말할 정도였으며 중원 한족의 핵심 사상 체계인 유학을 습득하려고 하였다. 이러한 문화변용은 최고 통치자인 유연 자신부터 시작되었다. 유연은 개인적으로 上黨의 유학자인 崔游(cuīyóu)에게『詩經』,『易經』,『書經』등 3경을 배우고,『春秋左氏傳』과『孫吳兵法』,『史記』,『漢書』등 제자백가의 서적을 탐독하여 모르는 것이 없을 정도였다.[10] 유연의 아들인 劉聰(liúcōng)도 예외가 아니었다. 유총 역시 經, 史, 子, 集 등의 고대 문헌에 능통하고 초서와 예서에 능숙하였으며, 특히 글을 잘 지어서『述懷詩』100여 편과 賦頌 50여 편을 지었다.[11] 또한 유연의 조카로 정권을 장악한 유요는 문화변용의 정도가 더욱 심했다. 유요는 학문에 상당한 소양이 있었고,[12] 심지어는 학교를 세워 교육을 장려하기도 하였다.『晉書』「劉曜載記」에 이르기를,

> "장락궁 동쪽에 태학을 미앙궁 서쪽에는 소학을 세웠으며 백성 중에서 나이가 25세 이하 13세 이상으로 지혜가 있어 가르칠만한 자 1500명을 선발하고, 조정의 어진 자와 명성이 뛰어난 유학자, 경전에 밝은 자 및 학문에 힘쓰는 자를 선정하여 그들을 가르치게 하였다."[13]

---

9) 陳明,『中古士族現象研究』(臺北, 文津出版社, 1994), 256쪽.
10)『晉書』卷101「劉元海載記」, 2645쪽. "幼好學, 師事上黨崔游, 習毛詩·京氏易·馬氏尚書, 尤好春秋左氏傳·孫吳兵法, 略皆誦之, 史·漢·諸子, 無不綜覽."
11) 同上書, 卷102,「劉聰載記」, 2657쪽. "幼而聰悟好學, 究通經史, 兼綜百家之言, 孫吳兵法靡不誦之. 工草隷, 善屬文, 著述懷詩百餘篇·賦頌五十餘篇."
12) 同上書, 卷103「劉曜載記」, 2683쪽. "讀書志於廣覽, 不精思章句, 善屬文, 工草隷"
13) 同上書, 2688쪽. "曜立太學於長樂宮東, 小學於未央宮西, 簡百姓年二十五已下十三

위의 내용을 분석하면 유요는 유연보다 진일보 문화변용에 힘썼음을 알 수 있고, 유요의 문화변용은 중원의 전통사상인 유학(경학)의 흡수와 전파에 집중되었던 것이다. 즉 유요는 호족과 한족이라는 혈통상의 원초적인 문제점을 한족의 전통 사상 유학을 통한 문화적인 방면의 흡수와 전파로 보완하려고 하였던 것이다. 유요는 중원의 한족과의 혈연상의 이질성을 해소하기 위해서 중원의 한족과 동일한 정신문화를 수용함으로써 문화적으로는 그들과 동일한 문화 종족임을 나타내려고 노력하였던 것이다.

그 외에 전조에서는 군주인 유연과 유요 뿐 만 아니라 신하들도 동일한 관념을 가지고 있음을 알 수 있다. 특히 유연에게 난리를 일으키기를 적극 권유한 劉宣은 문화변용의 정도가 더욱 심했다. 『晉書』 「劉元海載記」에 이르기를,

> "낙안의 손염에게 학문을 배웠으며, … 모씨 시경과 춘추좌씨전을 좋아하였다. 손염이 매번 탄식하여 말하기를 만약 한 무제를 만나 섬겼더라면 마땅히 김일제보다 뛰어났을 것이라고 하였다 …. (유선)매번 한서를 읽을 때마다 소하와 등우전에 이르러서는 반복해서 그것을 읊조리지 않은 적이 없었다.[14]

또 同上書 「董景道傳」에도 "(동경도)춘추3전과 역경, 상서, 시경 등에 밝아서 각각의 깊은 뜻을 세밀히 연구하였다."[15] 라는 기록이 있다. 위의 내용으로 볼 때 유연과 유요의 주위에는 이미 문화변용의 정도가 상당한 인물들이 군주 주변에 포진하고 있음을 짐작할 수 있다. 그리고 그들이 주동적으로 전조의 정책 입안과 결정에 상당한 힘을 작용하고 있음을 알 수 있다.

已上, 神志可敎者千五百人, 選朝賢宿儒明經篤學敎之."
14) 同上書, 卷101 「劉元海載記」, 2653쪽. "師事樂安孫炎, … 好毛詩·左氏傳. 炎每嘆之曰: 宣若遇漢武, 當踰於金日磾也. … 每讀漢書, 至蕭何·鄧禹傳, 未嘗不反覆詠之"
15) 同上書, 卷91 「董景道傳」, 2355쪽. "明春秋三傳·京氏易·馬氏尚書·韓詩, 皆精究大義."

결론적으로 말해서 흉노족 유씨는 혈통적으로 한족의 후예라고 하였을 뿐 아니라, 문화상으로도 문화변용의 정도가 상당하였던 것 같다. 그들의 정치 활동 중에서 비록 꼭 선왕의 가르침에 따라 행동하지는 않지만 堯, 舜, 文, 武王의 덕과 유학의 근본적 정신을 흠모하거나 경외하고 있음을 짐작할 수 있다.

2. 羯族 石氏 군주

갈족은 沈目, 高鼻, 多鬚의 전형적인 이민족의 특징을 가지고 있으며, 변새 내부에 진입한 흉노 19종 중에서 康居種의 후예로 上黨郡에 흩어져 살았다.[16] 石勒(shílè)은 바로 상당군 武鄕縣의 갈족이다. 전조는 後趙에 멸망하였고 후조 정권은 갈족 석륵이 337년에 창건하였다. 갈족은 주변의 문화 대국인 중국에 대한 문화변용의 정도가 매우 희박하였고 문자를 몰랐으며 성씨는 한족의 성씨를 사용하였지만 이름은 여전히 갈족의 이름을 사용하고 있었다. 그리고 석륵 또한 일찍이 서진의 군관에게 포로로 잡힌 후에 노예로 팔려나가 수차례 모욕을 당했기 때문에[17] 한족에 대한 배척이 5호 중에서 가장 극심하였다. 그래서 인지는 몰라도 서진의 변방 장군 劉琨(liúkūn)이 그에게 서진에 항복할 것을 권하자 석륵이 유곤에게 보낸 편지에 이르기를 "당신은 마땅히 당신의 조정에 충절을 다하지만 나는 夷族 출신이어서 본 받기가 어렵다"[18]라고 하였다. 이러한 현상은 흉노족 정권과

---

16) 同上書, 卷104 「石勒載記」, 2707쪽. "石勒字世龍, … 上黨武鄕羯人也. 其先匈奴別部羌渠之胄." 인용문에 등장하는 羌渠는 王仲犖, 『魏晉南北朝史』(臺北, 谷風出版社, 1987), 241쪽에 의하면 흉노족의 일원으로 서진 시기에 중원에 진입한 19개 부락 중의 하나이다. 이들은 『魏書』에 등장하는 "者舌國"과 『隋書』에 등장하는 "石國"이 있는데, 석륵의 조상은 아마도 석국 사람이고 그들은 중원으로 이동한 후에 석을 성씨로 삼았을 가능성이 크다고 하였다.
17) 同上書, 2708~2709쪽에 석륵이 겪은 역정이 잘 나타나 있으니 참고할 것.
18) 同上書, 2715쪽. "君當逞節本朝, 吾自夷, 難爲效."

는 완전히 다른, 즉 스스로 이족 출신이라고 천명하고 혈통적으로도 자신은 한족과 다름을 강조하고 있다.

이러한 석륵 또한 호족이 한족 사대부들을 모욕하지 못하게 하는[19] 등 한족 사대부에 대해서는 매우 중시하는 태도를 가졌다. 또 그들의 도움으로 국가 체제를 정비하는데[20] 많은 도움을 받았다. 석륵은 후조의 왕을 칭한 이후에는 문화변용을 위해서 적극적인 노력을 보였다. 즉 도성인 襄國에 태학을 세우고 문무관리의 자제를 교육하고[21] 양국의 四門에는 소학 10여 곳을 세우고 호족의 자제를 교육하였다.[22] 또 지방에도 學館을 설치하고 博士祭酒를 두어 교육을 담당하게 하였던 것이다.[23] 그 외에 『晉書』「石勒載記」에 이르기를,

> "친히 대학, 소학에 가서 여러 학생에게 경전의 의미를 시험하고 가장 성적이 높은 자에게는 비단을 상으로 주었는데 각각 차이가 있었다. 그는 평소 문학을 좋아하여 비록 군대에 있어도 항상 유생으로 하여금 역사책을 읽게 하여 들었으며, 매번 사서에서 깨달은 의미로써 옛날 제왕의 선악에 대하여 의논하였는데 조정의 어진 자나 유학자가 듣고 훌륭하다 하지 않은 자가 없었다."[24]

이처럼 본인이 스스로 이족이라고 일컬으면서도 문화변용의 대상인 중

---

19) 同上書, 卷105 「石勒載記」, 2735쪽. "不得侮易衣冠華族"
20) 同上書, 卷35 「裵憲傳」, 1051쪽. "及勒僭號, 未遑制度, 與王波爲之選朝議. 於是憲章文物, 擬於王者."
21) 同上書, 卷104 「石勒載記」, 2720쪽. "立太學, 簡明經善書吏署爲文學掾, 選將佐子弟三百人教之."
22) 同上書, 2729쪽. "勒增置宣文·宣教·崇儒·崇訓十餘小學於襄國四門, 簡將佐豪右子弟百餘人教之."
23) 同上書, 2750쪽. "命郡國立學官, 每郡置博士祭酒二人, 弟子百五十人, 三考修成, 顯升台府."
24) 同上書, 2741쪽. "勒親臨大小學, 考諸學生經義, 尤高者賞帛有差. 勒雅好文學, 雖在軍旅, 常令儒生讀史書而聽之, 每以其議論古帝王善惡, 朝賢儒士聽者莫不歸美焉."

원의 전통 문화인 유학(경학)을 흡수하고 전파하는 데에 있어서는 한족 군주와 다를 바가 없었다. 즉 통치에 있어서도 옛날의 제왕과 선악의 표준 역시 유학의 도통에 두고 있었고, 자신의 관념상 또는 의식 형태상에 있어서도 이미 문화변용의 정도가 심각한 지경에 이르렀음을 알 수 있다.

석륵의 태자 石弘(shíhóng)은 문화변용의 정도가 석륵보다 훨씬 깊었다. 즉 선비를 사랑하고 글을 외우기를 좋아하며 가까이 하기가 유학적인 소양 아닌 것이 없었다.[25] 라고 할 정도였다. 그러나 불행히도 石季龍(shíjìlóng)에 의하여 폐위되어 재위기간이 너무 짧은 것이 유감이다.

석계룡이 이어서 정권을 장악하고 무자비한 방법으로 통치하였지만 그 역시 문화변용의 중요성을 깊이 체득하고 있었다.『晉書』「石季龍載記」에 이르기를,

> "조서를 내려서 각 군국에 오경박사를 설치하게 하였다. 처음에 석륵이 대학박사와 소학박사를 두었는데 이때에 이르러 다시 국자박사와 조교를 두었다 …. 석계룡이 비록 어리석고 잔인하여 인간의 도리에 어긋나는 행동을 하지만 자못 경학을 숭배하여, 국자박사를 낙양에 보내어 석경을 쓰게 하였다."[26]

위의 내용으로 보면 석계룡 역시 중원의 전통 사상과 학문인 경학을 중시하고 그것을 전문적으로 가르치는 國子學을 설치하고 博士를 두는 등 문화변용에 적극적이었음을 알 수 있다. 또 석계룡 자신도 점차 문화변용에 깊이 젖어들게 되었다. 즉 스스로 말하기를 "정치는 고르고 공평함을 첫째로 치고, 교화는 어질고 은혜로움이 근본"[27]이라는 것을 알게 되었다고 하

---

25) 同上書, 2752쪽. "虛襟愛士, 好爲文詠, 其所親昵, 莫非儒素."
26) 同上書, 卷106「石季龍載記」, 2769~2774쪽. "下書令諸郡國立五經博士. 初, 勒置大小學博士, 至是復置國子博士·助敎. … 季龍雖昏虐無道, 而頗慕經學, 遣國子博士詣洛陽寫石經."
27) 同上書, 2775쪽. "政以均平爲首, 化以仁惠爲本"

였는데, 이것이 바로 석계룡이 중원의 사상과 문화의 근본정신으로 문화변용이 되었음을 증명해주는 것이 아닐까?

3. 氐族 苻氏 군주

부씨는 略陽의 臨渭의 저족으로 부씨는 대대로 西戎의 추장이었다.[28] 그들이 건립한 前秦 정권은 5호16국 중에서 세력이 가장 강성하였다.[29] 苻堅(fújiān)의 伯父 苻健(fújiàn)은 황제를 칭한 이후에 다른 호족 군주와는 다르게 백성을 위하고 유학을 숭상하는 등 문화변용에 대하여 적극적이고 구체적인 조치를 취하였다.『晉書』「苻健載記」에 이르기를,

> "백성과 더불어 법으로 제약한 것은 3장에 불과한 것만을 시행하였다. 조세를 적게 하고 궁궐의 담장을 낮추었으며 마음을 기우려 정사를 돌보았다. 노인을 예로써 우대하고 자신을 닦고 유학을 숭상하였다."[30]

위의 내용으로 미루어볼 때 부건은 전진을 건국하면서부터 문화변용에 적극적이었음을 알 수 있다. 즉 역대 한족의 건국 군주가 행하던 백성의 복지를 위한 적극적인 조치를 시행하여, 한족 백성들은 이민족 정권의 상이함을 느끼지 못하게 되었던 것이다.

부건의 뒤를 이어 전진의 황제에 즉위한 부견은 어릴 때부터 문화변용에 깊이 훈도되었던 것 같다.『晉書』「苻堅載記」에 이르기를,

> "여덟 살에 스승을 청하고 학문을 배웠다. 그의 조부 부홍이 말하기를 "너는

---

28) 同上書, 卷112「苻洪載記」, 2867쪽. "略陽臨渭氐人也. … 世爲西戎酋長."
29) 同上書, 卷113「苻堅載記」, 2893쪽. "諸州郡牧守及六夷渠帥盡降於堅."
30) 同上書, 卷112「苻健載記」, 2871쪽. "與百姓約法三章, 薄賦卑宮, 垂心政事, 優禮耆老, 修尙儒學."

오랑캐와는 다른 족속이구나. 다른 사람들은 대대로 술 마시는 것만 알았는데, 지금 너는 학문을 추구하다니" 라고 하면서 기뻐하며 허락하였다."[31]

이렇듯 부견은 어려서부터 중원의 사상과 학문의 흡수와 수용에 관심을 기울였다. 그가 정권을 장악한 이후에는 한족 사대부 王猛(wángměng) 등을 중용하였고,[32] 자신도 堯 임금과 같은 덕치를 추구하였다. 왕맹 또한 한족 관리와 유생 등으로 보좌하여 중원 한족 방식의 문화가 전진에 크게 성행하였다. 그리고 저족 귀족 중에서 문화변용에 불복종하는 자는 모두 참수하였으며, 백성들도 저족인 이민족 정권이 통치하는지 조차도 알 수 없을 정도였다.

전진 甘露年間(359~364년)에 부견은 문화변용에 대한 본격적인 조치를 실행하였다. 즉 널리 학교의 건물을 수축하고 유학의 경전에 한 가지 이상 능통한 학생의 충원 및 유학을 통한 인재의 선발 등을 시행하였다.『晉書』 「苻堅載記」에 이르기를,

"널리 학교 건물을 수축하고 군과 국의 학생으로 유학의 경전 한 가지 이상에 능통한 자를 불러들여 학교에 충원하였고, 공경 이하의 자손들도 아울러 보내어 수업을 듣게 하였다. 그 중에서 학문적으로 유학에 능통한 자, 재주가 있어 일 처리를 감당할 수 있는 자, 품성을 수행하여 청렴하고 정직한 자, 부모에 효도하고 어른을 공경하여 농사에 힘쓰는 자 등이 있으면 모두 기치를 세워 칭찬하였다."[33]

---

31) 同上書, 卷113「苻堅載記」, 2884쪽. "八歲, 請師就學. (其祖)洪曰..'汝戎狄異類, 世知飮酒, 今乃求學邪' 欣而許之."
32) 同上書, 卷114「苻堅載記」, 2930쪽. "王景略固是夷吾·子産之儔也."에서 알 수 있듯이 부견은 왕맹을 깊이 신임하였다. 이와 상관있는 논저로는 范文蘭,『中國通史簡編』(北京, 人民出版社, 1965), 325쪽. "苻堅在皇帝群中是個優秀的皇帝, 他最親信的輔佐王猛, 在將相群中也是第一流的將相."을 참고할 것.
33) 同上書, 2889쪽. "廣修學官, 召郡國學生通一經以上充之, 于是公卿以下子孫並遣受業. 其有學爲通儒·才堪幹事·淸修廉直·孝悌力田者, 皆旌表之."

이렇듯 부견이 통치한 전진은 문화변용의 정도가 이미 상당한 수준에 이르러 東晉과 문화적으로 정통을 쟁탈하려고 하는 듯이 보일 뿐 아니라, 나아가서는 스스로 전진에 도통이 있다고 여기고 왕도를 천하에 널리 펴는 데 적극적이었음을 알 수 있다.

4. 鮮卑族 慕容氏 군주(前燕)

선비족 모용씨는 북방의 여러 유목 종족 중에서 문화변용의 정도가 가장 깊었다. 前燕의 창립자인 모용씨는 慕容皝(mùrónghuàng)의 조부 慕容涉歸(mùróngshèguī)시기부터 중원과의 관계가 밀접하여 單于 칭호를 받을 정도였고 문화변용에도 매우 적극적이었다.[34] 특히 모용황의 부친인 慕容廆(mùróngwěi)는 문화변용을 적극 실천하였다. 『晉書』「慕容廆載記」에 이르기를,

> "대극성은 5제 중의 하나인 전욱의 도읍지이므로 원강 4년에 그곳으로 옮겨 거주하고, 백성에게 농사와 길쌈을 가르치고 법률과 제도는 중국과 동일하게 하였다."[35]

모용외는 전연의 도읍지를 5제 중의 하나인 전욱의 도읍지인 商丘(河南省 商丘市 부근)로 옮기고 그곳에서 유목 종족인 자신들의 고유한 생산 활동을 버리고 농경 종족의 생산 활동인 농사와 길쌈을 가르쳤다. 그리고 법률과 제도도 모두 중원의 왕조와 같게 하였다는 것은 그들의 문화변용의 정도가 이미 상당한 수준에 이르렀음을 알 수 있다. 또 모용외가 중시하고

---

34) 同上書, 卷108「慕容廆載記」, 2803쪽. "父涉歸, 以全柳城之功, 進拜鮮卑單于, 遷邑於遼東北, 於是漸慕諸夏之風矣."
35) 同上書, 2804쪽. "以大棘城卽帝顓頊之墟, 元康四年乃移居之, 教以農桑, 法制同於上國."

실천한 문화변용은 생산 형태의 변화와 법률과 제도 등의 하드웨어(Hard Ware)적인 문화변용에 집중되고 있음을 알 수 있다.

모용황 시기의 문화변용은 사상과 학문적인 방면에 집중되었다. 모용황 자신이 "경학을 숭상하고 천문에 밝았고"[36] 연왕에 즉위한 이후에는 더욱 문화변용을 적극적으로 실행하였다. 『晉書』「慕容皝載記」에 이르기를,

> "신하의 자제로 관학생이 된 자에게는 고문생이라는 호칭을 하사하였고, 옛 궁궐에 동상을 세우고 향사의 예(향대부가 시골의 어진 사람을 선발하기 위하여 행하는 활 쏘는 의식)를 시행하였으며 매달 친히 가서 학생들의 우열을 시험하였다. 모용황은 평소에 학문과 서적을 좋아하였고 경전을 강의하는데도 열심이어서, 배우는 무리가 매우 많아 천 여 명이나 되었다 … 경전에 능통하여 우수한 자는 발탁하여 근시로 삼았다."[37]

모용황의 문화변용은 사상과 학문의 장려에 집중되었다. 즉 학교의 설립과 학생의 교육 및 경전을 통하여 관리를 선발하는 등 소프트웨어(Soft Ware)적인 방향으로 문화변용이 진행되었던 것이다.

모용황의 아들인 慕容翰(mùrónghàn)역시 "유학을 좋아하여 사대부부터 병졸에 이르기까지 즐기지 않은 자가 없을 정도로 모두 따랐다"[38]고 할 정도로 문화변용이 상당히 진척되었다. 또 모용황의 뒤를 이어 즉위한 慕容儁(mùróngjùn) 역시 문화변용의 적극적인 실천자였다. 그는 小學을 顯賢里에 세우고 자식들을 가르쳤음은[39] 물론 그 자신도 경전의 학습을 게을리 하지 않았다. 『晉書』「慕容儁載記」에 이르기를,

---

36) 同上書, 卷109「慕容皝載記」, 2815쪽. "尚經學, 善天文"
37) 同上書, 2826쪽. "賜其大臣子弟爲官學生者號高門生, 立東庠於舊宮, 以行鄉射之禮, 每月臨觀, 考試優劣. 皝雅好文籍, 勤於講授, 學徒甚盛, 至千餘人. … 其經通秀異者, 擢充近侍."
38) 同上書, 2827쪽. "愛儒學, 自士大夫至於卒伍, 莫不樂而從之."
39) 同上書, 2840쪽. "立小學于顯賢里以教胄子."

"평소에 학문과 서적을 좋아하였는데 즉위 초기부터 말년에 이르기까지 학문의 강의와 토론에 게으름을 부리지 않았으며, 정사를 처리하다가도 여가가 생기면 오직 가까이서 모시는 신하와 더불어 복잡하게 뒤섞인 경전의 의미를 정리하여 저술한 것이 40 여 편에 이르렀다."[40]

위의 내용에서 알 수 있듯이 모용준 시기는 이미 이민족으로서의 문화변용의 실천 단계를 넘어서 두 종족 간에 문화상으로 동질화되었음을 알 수 있다. 즉 전연은 모용준 시기에 이르러 이미 한족의 문화와 모용선비족의 문화 사이에 문화적으로는 어떤 차이도 찾을 수 없는 지경에 이르렀다. 그래서인지 몰라도 그의 전연 정권은 북방의 유목 종족인 선비족이 중원을 점령하여 세운 이민족 정권이 아니고, 마치 한족의 일원이 중원 내부에서 일정한 지역을 토대로 할거하는 할거정권으로[41] 여겨질 정도로 문화적으로 거의 동질화되었음을 알 수 있다.

5. 巴氐族 李氏 군주

301년 파저족 李特(litè)이 綿竹에서 유랑민의 봉기를 지휘하였고 302년에는 廣漢을 공격하여 차지하고 益州牧이라고 일컬었다.[42] 303년 이특이 사망하고 자식인 李雄(lǐxióng)이 成都를 공략하고 成都王이라고 일컬었다. 306년 이웅은 황제를 칭하고 성도를 도읍으로 삼았으며 국호를 大成이라고 정했다. 338년 이웅의 조카 李壽(lǐshòu)가 국호를 漢이라고 고쳤으며 역사에서는 이를 成, 成漢, 혹은 前蜀이라고 부른다. 성한의 군주는 특별히 문화변용에 대하여 노력한 흔적이 사료 상에 보이지 않아서 상세한 내용을

---

40) 同上書, 2842쪽. "雅好文籍, 自初卽位至末年, 講論不倦, 覽政之暇, 唯與侍臣錯綜義理, 凡所著述四十餘篇."
41) 趙儷生, 「從宏觀角度看鮮卑族在中世紀史上的作用」, 『文史哲』 1986-3, 27쪽.
42) 『晉書』 卷120 「李特載記」, 3027쪽. "太元元年, 特自稱益州牧"

알 수 없지만, 그 사람됨이 흉악하고 백성을 침탈한다는[43] 기록으로 볼 때에는 한족의 문화를 수용하는 것에 대하여 그리 탐탁하게 여기지 않음을 알 수 있다. 그러나 반대로 국호에 한이라는 명칭을 사용한 것과 자신의 성씨를 한족의 성씨인 李를 사용한 것 등을 볼 때에는 상당히 한족의 문화를 동경하였으리라는 것은 짐작할 수 있다. 또 이특의 아들 이웅 시기에는 학교를 세우고 사관을 설치하였으며[44] 그 다음의 군주들도 모두 학문을 좋아하는[45] 사실로 미루어 짐작할 때 문화변용의 정도가 상당히 진척된 것으로 보인다.

6. 羌族 姚氏 군주

姚弋仲(yáoyìzhòng)은 南安 赤亭의 강족이며 대대로 강족의 추장이었다. 그는 자식들에게 훈계하여 말하기를 "옛날부터 오랑캐가 중원의 천자가 된 적이 없다. 내가 죽으면 너희들은 곧 東晉에 항복하여 마땅히 신하로써 충절을 다 바치고 의롭지 못한 일을 해서는 안 된다."[46]라고 하였다. 그러나 그의 24번째 아들인 姚萇(yáocháng)이 부친의 훈계를 따르지 않고 동진 太元 9年(384년)에 後秦을 창건하고[47] 동진 및 여러 이족 정권과 중원의 정통을 다투게 되었다. 그러나 요장의 시기에는 문화변용에 대한 명백한 징조가 드러나지 않았다.

---

43) 同上書, 3028쪽. "特兇忮滋逆, 侵暴百姓"
44) 同上書, 卷121 「李雄載記」, 3040쪽. "雄乃興學校, 置史官, 聽覽之暇, 手不釋卷."
45) 同上書, 「李期載記」, 3042쪽. "(李期)聰慧好學" 이와 관련된 기록으로는 「李壽載記」, 3043쪽. "敏而好學, 雅量豁然, 少尙禮容, 異於李氏諸子."
46) 同上書, 卷116 「姚弋仲載記」, 2961쪽. "自古以來未有戎狄作天子者. 我死, 汝便歸晉, 當竭盡臣節, 無爲不義之事."
47) 同上書, 卷116 「姚萇載記」, 2965쪽. "以太元九年自稱大將軍・大單于・萬年秦王"이라 하였고, 그 2년 후인 太元11년에 황제를 일컬었다. 同上書, 2967쪽. "以太元十一年萇僭卽皇帝位于長安, 大赦, 開元曰建初, 國號大秦, 改長安曰常安."

요장의 아들 姚興(yáoxīng)이 후진을 통치한 기간이 가장 길었으며 중원의 중심 사상 문화인 유학에 대한 흡수를 비롯한 문화변용에도 비교적 열심이었다. 그는 어려서 "유학의 경전에 대하여 강론하였고 전쟁이 발생하여도 강론을 없애지 않았다"[48) 요흥은 자신이 정권을 담당한 이후에는 유학의 이념을 널리 보급하기 위하여 교육에 더욱 적극적이었다. 『晉書』 「姚興載記」에 이르기를,

> "각각의 제자 수 백 명이 장안에서 학문을 가르치고, 여러 학생들 중에서 멀리에서 온 자들이 만 몇 천 명이나 되었다. 요흥은 매번 정사를 처리하고 여가가 있으면 강감 등 유학자들을 동당에 불러들여 도덕과 학예에 대하여 강론하며 복잡한 이치를 탐구하였다 …. 그래서 학자들도 모두 학문 연구에 열심이었으며 유학의 풍조가 흥성하게 되었다."[49)

또 요흥은 재위 기간에 중원의 제도는 물론 풍속 습관까지도 수용하여 실행하였다. 특히 모친의 장례에서 그 일단을 볼 수 있는데[50) 이미 자신들의 고유한 상장 습속을 버리고 한위의 전통 상례를 따를 정도로 문화변용이 이루어졌음을 알 수 있다.

요흥의 뒤를 이어서 후진을 통치한 군주는 姚泓(yáohóng)이다. 그는 비록 문학을 좋아하고 효성과 너그러운 성품을 지녔으나[51) 재간이 적고 질병이 많아서 군주로서의 역할을 다하지 못 했다. 즉 국가조차도 보위하지 못 했는데 문화변용을 실행할 겨를은 더더욱 없었을 것이다.

이상의 내용을 종합해 볼 때 강족 역시 자신의 문화 전통이 깊지 않고

---

48) 同上書, 卷117 「姚興載記」, 2975쪽. "講論經籍, 不以兵難廢業"
49) 同上書, 2979쪽. "各門徒數百, 敎授長安, 諸生自遠而至者萬數千人. (姚)興每於聽政之暇, 引(姜)龕等於東堂, 講論道藝, 錯綜名理. … 於是學者咸勤, 儒風盛焉."
50) 同上書, 2977쪽. "群臣議請依漢魏故事"
51) 同上書, 卷119 「姚泓載記」, 3007쪽. "孝友寬和而無經世之用, … 博學善談論, 尤好詩詠."

역사 발전 단계도 비교적 낙후한 상태에 처해 있었지만, 중원의 문화와 접촉한 이후에는 유학을 가장 먼저 수용하였고, 또 그것을 통하여 위에서 아래로부터의 문화변용을 이루려고 노력하였음을 알 수 있다.

7. 鮮卑族 慕容氏 군주(後燕, 西燕, 南燕)

1) 後燕

모용선비족인 慕容垂(mùróngchuí)가 淝水之戰(383년) 이후인 384년에 정식으로 부견과 결별하고 낙양을 공격하였으며 자칭 연왕이라고 일컬었다. 그 후에 386년 모용수는 황제의 자리에 올랐으며 中山에 도읍을 정하고 연호를 建興이라고 하였는데 역사에서는 이를 후연이라고 일컬었다. 후연은 16국 후기에 중원지역에서 가장 강성한 왕국을 건설하였다. 그러나 그는 연의 복국을 슬로건으로 하여 건국하였기 때문에 내치보다는 대외 정벌을 중심으로 외치에만 국력을 집중하여 문화변용에 대한 노력이 사료 상에 특별히 드러나지 않았다.

2) 西燕

부견의 남정 실패 이후에 각 종족의 복국 운동이 활발히 전개되었는데, 그 중에서 관중 내외에 거주하는 徒何鮮卑族은 전연의 황제 慕容暐(mùróngwěi)의 동생인 慕容泓(mùrónghóng)을 추대하였다. 모용홍은 스스로 濟北王이라고 일컬었으며 연호를 燕興이라고 하였는데[52] 이 시기가 바로 서연의 진정한 시작이라고 하겠다. 그 후 慕容永(mùróngyǒng)이 내분을 수습하고 386년에 스스로 황제라고 일컬었으며 中興으로 연호를 바꿨

---

52) 『魏書』 卷95 「徒何慕容廆傳」, 2061쪽.

다.[53] 서연의 전성시기 통치구역은 남쪽으로는 軹關, 북쪽으로는 新興, 동쪽으로는 太行, 서쪽으로는 황하에 이를 정도로 강성하였다. 이러한 서연도 계속되는 내분과[54] 후연 모용수의 친소원근에 따른 구별, 즉 종실의 소속인 모용영의 참칭을 용납할 수 없어서[55] 서연을 겸병하여 10년 만에 멸망하고 말았으니 문화변용을 시행할 겨를이 없었을 것이다.

3) 南燕

慕容德(mùróngdé)은 전연 모용황의 어린 아들이며 후연 모용수의 막내동생이다. 후연의 慕容寶(mùróngbǎo) 시기에 北魏가 중원을 공격하여 모용보가 북쪽의 龍城으로 도망가면서 후연이 남북으로 분단되었다. 그 당시에 鄴城에 주둔하고 있던 모용덕이 황하 남안의 滑臺로 이동하여 연왕이라고 일컬었고, 399년에는 다시 廣固로 천도하고 황제에 즉위하였으며 역사에서는 이것을 남연이라고 부른다.

남연은 靑州와 兗州 일대에서 건국하였고 모용덕은 한족 사대부의 건의를 받아들여[56] 경제 개혁으로 전성기를 맞이하였다.[57] 그는 호한분치 정책을 사용하지 않은 까닭에 많은 한족 농민이 선비 귀족과 한족 세가대족의 部曲과 佃客이 되어 농경에 힘썼다. 또 그는 여러 서적을 널리 읽고 재주가 많았으며[58] 학교를 세우고 귀족의 자제와 선비를 선발하여 학생으로 삼

---

53) 同上書, 2064쪽.
54) 『魏書』 卷95 「徒何慕容廆傳」에 의하면 서연의 제위는 慕容泓 - 慕容冲 - 段隨 - 慕容顗 - 慕容瑤 - 慕容忠 - 慕容永에 이르기까지 계속 제위의 찬탈이 발생하였다.
55) 『資治通鑑』 卷108 孝武帝 太元18年條, 3411쪽. "永虓國之枝葉, 又僭擧位號, 惑民視聽, 宜先除之, 以壹民心. … 終不復留此賊以累子孫也."
56) 『晉書』 卷127 「慕容德載記」, 3169~3170쪽. 韓𧨳의 上疏를 참고할 것.
57) 남연의 전성시기 강역은 『讀史方輿紀要』, 卷3「歷代州域形勢」(京都, 中文出版社, 1981), 155쪽에 이르기를 "東至海, 南濱泗上, 西帶鉅野, 北薄於海"에 이르렀다고 하였다.
58) 『晉書』 卷127 「慕容德載記」, 3161쪽. "博觀群書, 性淸愼, 多才藝"

앉고,[59] 또 그들을 모아놓고 친히 시험을 치를[60] 정도로 본인이 이미 상당한 정도의 문화변용에 심취되었다. 즉 유학을 중심으로 하는 한족 문화는 남연의 군주 모용덕의 숭상과 제창으로 선비족 사회가 유학의 충효예의의 정권으로 변모해 가는 결정적인 계기를 만들었다고 하겠다.

모용덕의 뒤를 이어 즉위한 자는 형의 아들인 慕容超(mùróngchāo)가 계승하였다. 모용초는 난세에 태어났으며 장성한 이후에야 비로소 모용덕을 따라다니면서 배웠기 때문에 문화변용에 관한 소양이 많이 부족하였을 뿐만 아니라 실행할 의지도 없어보였다. 모용초는 즉위 후에 公孫五樓(gōngsūnwǔlóu)등 간신을 총애하고 사냥만을 일삼고 정치를 돌보지 않았다. 그래서 심지어는 신하인 封孚(fēngfú)가 桀紂에 비길 정도였다.[61]

8. 匈奴族 赫連氏 군주

大夏를 건국한 赫連勃勃(hèliánbóbó)은 흉노족이다. 그는 원래 흉노 南單于의 후예로 가계가 劉虎(liúhǔ), 劉務桓(liúwùhuán), 劉衛辰(liúwèichén)으로 이어지며 유위진의 3자이다.[62] 拓跋珪(tuòbáguī)가 유위진의 자제 및 무리 5천여 명을 살해할 때 高平川으로 도망가서 後秦의 高平公 破多羅沒奕于(pòduōluómòyìyú, 鮮卑族)에게 의탁하였고 그는 혁연발발을 사위로 삼았다. 그 후 그는 요흥의 후진에 출사하였고 407년 파다라몰혁우를 살해하고 자칭 大夏天王 大單于라고 일컬었고 연호를 龍升이라 하였다.[63] 그는 한족의 성씨인 유씨를 사용하길 원하지 않았고 흉노 남선우는 屠各種으로 屠各 또는 僕谷, 獨孤 등의 성씨도 사용하지 않고 새로이 혁연씨를 사용하였다.[64]

---

59) 同上書, 3168쪽. "建立學官, 簡公卿以下子弟及二品士門二百人爲太學生."
60) 同上書, 3170쪽. "大集諸生, 親臨策試"
61) 同上書, 卷128 「封孚傳」, 3185쪽. "朕於百王可方誰? 孚對曰.. 桀紂之主."
62) 同上書, 卷130 「赫連勃勃載記」, 3201쪽. 참고할 것.
63) 同上書, 3202쪽. "僭稱天王·大單于, 赦其境內, 建元曰龍升, 置置百官. … 國稱大夏."

하를 건국한 혁연발발은 사람됨이 극도로 잔인하고 미치광이 기질이 있으며 백성을 초개와 같이 여기는 폭군이었다. 그런 폭군에게서 어찌 예와 학이 통용되기를 희망할 수 있겠는가? 다시 말해서 하의 혁연발발은 문화변용의 어떠한 조치를 실행할 의지가 없었을 것은 자명한 사실이다.

9. 저족 呂氏 군주

後涼은 저족 呂光(lǔguāng)이 건립한 정권이다. 여광은 略陽의 저족으로 전진의 부견 시기 太尉 呂婆樓(lǔpólóu)의 아들이다. 부견이 중원을 통일한 이후에 여광으로 하여금 서역을 경영하게 하였다. 그는 龜玆城에 주둔하며 서역 30여 국을 복속시켰다. 383년(前秦 建元19년) 여광은 姑臧에 거주하였고, 386년에 大將軍, 涼州牧이라 일컬었다. 389년 여광은 三河王이라 일컬었고 나중에 天王으로 일컬으면서 大涼을 건국했다. 역사에서는 후량이라 명명했고 통치범위는 감숙성 서부와 寧夏, 靑海, 新疆, 內蒙, 外蒙古 일부분을 차지하여 서북의 패주가 되었다. 그는 부견이 비수전에서 패배하고 요장에게 살해된 후에 396년에 자립하여 大涼天王이 되었다.

여광은 저족의 부씨와 동일하게 문화변용을 중시하였다. 여광의 문화변용에 대한 사실로 비교적 흥미 있는 것은 군신들과 연회를 거행하던 중에 왕도와 패도에 대하여 논의한 것이다. 『晉書』「呂光載記」에 이르기를,

> "단업이 아뢰기를 "엄하고 중한 형벌을 사용함은 훌륭한 군주의 이치가 아니다."라고 하자 여광이 말하기를 "상앙의 법은 매우 엄중하였어도 지위가 제후를 겸하였고, 오기의 개혁은 친척도 예외를 두지 않았지만 남방의 만족이 패권

---

64) 同上書, 3206쪽. "帝王者, 係天爲子, 是爲徽赫實與天連, 今改姓曰赫連氏, 庶協皇天之意, 永享無疆大慶." 그리고 그의 직계 이외에는 당시 胡父鮮卑母의 후손은 모두 鐵弗이라 일컬어지던 경우에 따라서 鐵伐氏로 하였는데 아마도 이것은 鐵弗氏의 異譯일 것이다.

을 차지하였는데, 이것은 무슨 까닭이냐?"라고 하였다. 단업이 말하기를 "훌륭한 군주는 천명을 받고 살펴서 바야흐로 천하에 군림하고, 요와 순 임금의 행동을 우러르며 혹여 잘못이 있을까 두려워하는데, 어찌 상앙과 신불해의 법가 사상과 같은 하찮은 것으로 도의의 중원에 임할 수 있으며, 이런 사람을 어찌 중원의 백성이 바라는 훌륭한 군주라 하겠는가!"라고 하였다. 여광은 얼굴색을 바꾸며 사과하고 스스로를 책망하면서 관후하고 간략한 정치를 숭상하게 되었다."[65]

즉 여광은 전국 시대 秦의 孝公과 莊公이 法家 사상을 수용하여 이룩한 업적을 중시하였지만, 결국 진의 2세 황제 胡亥(húhài)때에 법가적인 잔혹한 통치로 인하여 멸망한 사실은 잊고 있었던 것 같다. 이에 대하여 신하들이 유학적인 도의 정치와 관대한 행정의 숭상을 주장하였으며, 여광이 이를 흔쾌히 받아들였다는 점에 있어서 여광 역시 중원의 사상과 문화의 핵심인 유학을 통하여 문화변용의 필요성을 절감하고 있었던 것 같다. 그러나 여광은 문화변용에 대한 실질적인 조치를 취하지 않았고 이에 대하여 실망한 段業(duànyè)은 여광을 배반하고 盧水胡인 沮渠蒙遜(jǔqúméngxùn) 형제와 더불어 北涼 정권을 세우게 되는 계기를 조성하였다.[66]

위의 내용으로 볼 때 저족 여씨 정권은 비록 신하들은 유학과 왕도정치를 실현하려는 문화변용에 열심이었지만, 정작 군주인 여광은 중원 방식의 도의 정치보다는 이족의 실정에 비교적 적합하다고 할 수 있는 엄한 형벌을 이용한 통치(물론 여광이 법가사상의 신봉자인 商鞅(shāngyāng)과 申不害(shēnbùhài) 등을 거명하였다는 점으로 봐도 자신은 이미 문화변용에 상당히 심취되었다)에 매료되어 있었음을 알 수 있다.

---

[65] 同上書, 卷122「呂光載記」, 3058쪽. "段業進曰.. 嚴刑重憲, 非明王之意也. 光曰.. 商鞅之法至峻, 而兼諸侯；吳起之術無親, 而荊蠻而霸, 何也？業曰.. 明公受天眷命, 方君臨四海, 景行堯舜, 猶懼有弊, 奈何欲以商申之末法臨道義之神州, 豈此州士女所望於明公哉！光改容謝之, 於是下令責躬, 及崇寬簡之政."
[66] 同上書, 卷129「沮渠蒙遜載記」, 3190쪽. "屯據金山, 與從兄男成推光建康太守段業爲使持節・大都督・龍驤大將軍・涼州牧・建康公, 改呂光龍飛二年爲神璽元年."

10. 鮮卑族 禿髮氏 군주

禿髮烏孤(tūfàwūgū)는 선비족이며 독발은 拓跋의 異譯이다. 독발오고는 廉川堡를 정치 중심으로 삼고 397년에 자칭 大都督·大將軍·大單于·西平王이라 하였다가 후에 武威王으로 고쳤으며 다시 3년 후에 樂都로 도읍을 옮겼다.[67] 독발오고가 죽고 동생 禿髮利鹿孤(tūfàlìlùgū)가 부락을 통솔하고 西平으로 도읍을 옮겼으며 401년에 河西王으로 개칭하였다.[68] 402년에 독발이록고가 죽고 동생인 禿跋辱檀(tūfàrǔtán)이 부락을 통솔하였으며 樂都로 재차 도읍을 옮기고 凉王으로 개칭하였는데[69] 역사에서는 이를 南凉이라고 부른다. 선비족 독발씨가 건립한 남량은 19년 동안 존재하였다. 비록 짧은 기간이지만 남량의 통치자는 문화변용을 이용하여 정권을 장기간 존속시키려고 노력한 흔적이 엿보인다. 독발이록고는 왕위에 즉위한 3년 후에 신하들과 정치를 안정시키는 방법에 대하여 토론하였고 그 중에서 祠部郎中 史皓(shǐhào)가 독발이록고에게 건의한 것이 대표적이다. 『晉書』「禿髮利鹿孤載記」에 이르기를,

> "마땅히 학교를 세우고 지방에도 교육기관인 상과 서 등을 열고, 나이가 많고 덕이 높으며 유학에 박식한 자를 선발하여 자제들을 깨우치게 하라고 하였다. 독발이록고는 좋다고 여기고 전현충과 조탄을 박사제주로 삼고 자제들을 가르치게 하였다."[70]

즉 선비족 독발씨 군주 독발이록고도 문화변용에 적극적이었고 특히 유

---

67) 同上書, 卷126「禿髮烏孤載記」, 3142쪽. "隆安元年, 自稱大都督·大將軍·大單于·西平王, 徙其境內, 年號太初. … 後三歲, 徙於樂都"
68) 同上書,「禿髮利鹿孤載記」, 3144~3145쪽. "利鹿孤以隆安三年即僞位, 赦其境內殊死以下, 又徙居于西平. … 以隆安五年僞稱河西王."
69) 同上書,「禿跋辱檀載記」, 3148쪽. "以元興元年僞號凉王, 遷於樂都, 改元曰弘昌."
70) 同上書, 3146쪽, "宜建學校, 開庠序. 選耆德碩儒以訓冑子. 利鹿孤善之, 於是以田玄沖·趙誕爲博士祭酒, 以教冑子."

학이 정치와 교육에 유익하다는 점을 인지하고 있었음을 알 수 있다. 후세의 역사가들도 독발이록고의 문화변용에 대하여 칭찬한 것을 볼 때[71] 그가 왕위에 즉위하고 얼마나 문화변용에 적극적이었음을 짐작할 수 있다.

11. 盧水胡 沮渠氏 군주

北涼은 盧水胡 저거몽손이 단업의 도움으로 건립한 정권이다. 저거몽손은 걸출한 지략과 식견을 가지고 있었고 여러 역사에 박식하였으며 변방에서 활약할 때에 이미 문화변용에 상당히 경도되었음을 알 수 있다. 이에 대한 증거로는 저거몽손이 李歆(lǐxīn)을 공격하고 酒泉을 평정한 이후에 신하들에게 말 한 내용을 보면 알 수 있다. 『魏書』 「宋繇傳」에 말하기를,

> "송요의 집에서 서적 수천 권을 얻었는데, 소금과 쌀은 수십 말에 불과하였다. 저거몽손이 탄식하며 말하기를 "나는 이흠을 정벌한 것은 기쁘지 않고 송요를 얻은 것이 기쁘다."라고 하며 송요를 상서 이부낭중에 임명하고 인재를 평하여 선발하는 직책을 맡겼다."[72]

위의 간략한 기록에서도 저거몽손은 중원의 학술과 문화에 많은 관심을 가지고 있었다. 또한 宋繇(sòngyáo)같은 유학자와 학식 있는 인재를[73] 중시하였고, 유학 교육을 받은 인재의 선발에도 많은 관심을 갖는 등 문화변용에 대하여 적극적이었다.

---

71) 同上書, 3158쪽. "史臣曰.. 禿髮累葉雄豪, … 鹿孤從史皓之言, 建學而延胄子. 遂能開講河右, 抗衡強國. 道由人弘, 抑此之謂!"
72) 『魏書』 卷52 「宋繇傳」, 1153쪽. "於繇室得書數千卷, 鹽米數十斛而已. 蒙遜嘆曰.. '孤不喜克李歆, 欣得宋繇耳.' 拜尚書吏部郎中, 委以銓衡之任."
73) 同上書, 1152쪽. "家無餘財, 雅妤儒學, 雖在兵難之間, 講誦不廢, 每聞儒士在門, 常倒履出迎, 停寢政事, 引談經籍."

12. 鮮卑族 乞伏氏 군주

西秦의 乞伏國仁(qǐfúguórén)은 선비족이다. 걸복국인의 선조는 서진 말기 민족 대이동 시기에 막북의 남쪽에서 大陰山을 나와서 隴西로 이동하였다. 이동하는 과정 중에서 乞伏, 如弗斯, 出連, 叱盧의 4개 부락이 연합하여 부락연맹을 형성하였다. 그들은 서진 泰始(265~274) 초기에 농업과 축목에 적합한 롱서의 高平川에 도달하여 정착하면서 매우 신속하게 발전하였다. 걸복국인은 385년에 스스로 大都督, 大將軍, 大單于, 領秦河二州牧이라 일컬었다.[74] 그 후 걸복국인이 사망하고 동생 乞伏乾歸(qǐfúqiánguī)가 부락을 통솔하고 394년에 자칭 秦王이라고 일컬었는데[75] 역사에서는 이를 서진이라고 일컫는다. 서진은 乞伏熾磐(qǐfúchìpán)시기에 가장 강성하였으나 주위 여러 종족 및 정권과의 전란으로 내부적으로 문화변용을 실행할 겨를이 없이 4대 40여년 만에 망하고 말았다.

III. 한족 군주의 문화변용

1. 前涼의 張軌

漢代이래 형성된 사대부 계층이 涼州 지구에도 존재하였으며, 유명한 사대부로는 宋氏, 陰氏, 范氏, 張氏 등이 있다. 서진 惠帝 시기에 천하에 대란이 발생하자 張軌(zhāngguǐ)는 301년 涼州刺史로 임명되었으며, 그는 비밀리에 河西 지구를 도모하려 하였다. 장궤는 본래 한대의 유명한 유학자인 張耳(zhānge̋r)의 17대손이고 대대로 유학을 가훈으로 지켜왔으며, 해당

---

74) 『晉書』 卷125 「乞伏國仁載記」, 3115쪽. "以孝武太元十一年自稱大都督·大將軍·大單于·領秦河二州牧."
75) 同上書, 「乞伏乾歸載記」, 3121~3122쪽. "義熙三年, 僭稱秦王"

지역의 유명한 사대부들의 도움을 받아서 한족의 문화를 꽃 피우고자 하였음을 알 수 있다. 314년 장궤가 사망하고 그의 아들 張寔(zhāngshí)이 계승하였으며, 서진이 망한 이후에 장씨는 대대로 양주에 주둔하면서 할거 정권을 건립하기에 이르렀다. 345년 장식의 아들 張駿(zhāngjùn)이 凉王을 일컫고 도읍을 姑臧으로 정하였는데 이를 역사에서는 전량이라고 부른다.

전량의 장씨 군주의 문화변용에 대해서는 『晉書』「張軌傳」에 이르기를,

"송배, 음충, 범원, 음담으로써 가장 신임하는 신하로 삼고 9군의 자제 500명을 취하여 학교를 세우고 처음으로 숭문제주를 두었으며 지위는 별가와 동일시했으며 봄, 가을에 향사례를 행하였다."[76]

위의 인용문에서도 알 수 있듯이 한족 정권 또한 호족 정권이 그랬던 것처럼 정권을 건립한 이후에 가장 먼저 실행한 것이 바로 한족의 문화를 일으키는데 있음을 알 수 있다. 그 외에 전량의 崇文祭酒의 지위가 別駕와 비슷하였다고 하였는데, 당시 별가는 刺史의 바로 아래 지위이므로 전량 정권이 유학을 장려하려는 결심이 얼마나 큰 지를 짐작할 수 있다. 단지 다른 점이라고는 호족 정권에서는 볼 수 없었던 현상 즉 강남의 동진 왕조를 종주국으로 여기고 있다는 사실이다.[77]

또 전량 정권의 건립 목적은 위로는 동진 왕실을 배반하지 않고 아래로는 백성을 잘 보호하는 것이며, 정권 내부의 전장 제도부터 가치윤리에 이르기까지 모두 유학에 기초하고 있다. 즉 장궤가 동진 왕조를 받들고 세가 대족을 중용하는 정책을 시행하는 것은 하서 지역의 사대부들이 중원의 대혼란 과정에서 양주의 지역성 정권의 힘을 빌려 자신의 가족과 학술을 보존하려는 정치적 요구를 어느 정도 만족하려는 의도에서 시작되었다. 그리

---

76) 同上書, 卷86「張軌傳」, 2221~2222쪽. "以宋配·陰充·氾瑗·陰澹爲股肱謀主, 徵九郡胄子五百人, 立學校, 始置崇文祭酒, 位視別駕, 春秋行鄉射之禮."
77) 同上書, 2253쪽. "無忘本朝(東晉)"

고 이러한 시도로 각 집단의 이해가 맞아떨어진 것이 바로 유학을 중심으로 한 문화변용인 것이다. 이러한 목적을 바탕으로 형성된 지역적인 정권 조직은 한대 이래로 계승 발전되어 온 유학 사상이 사회의 조직과 균형, 융합과 정체성 확립 등 여러 사회문화적 기능을 발휘하는데 촉진 작용을 한 것이다. 이러한 의도는 장궤의 후사인 張祚(zhāngzuò), 張天錫(zhāngtiānxī), 張重華(zhāngzhònghuá) 등에 있어서도 유학과 유학자들을 중용하는 정책을 계승하면서 유지되었다.

결론적으로 말하면 양주 지역에서 출현한 서량, 후량, 북량, 남량의 4개 정권은 모두 전량의 문화변용 정책을 계승 발전시켰다. 다시 말하면 전량의 문화변용에 대한 적극적인 태도는 주변의 소수 민족 지역에 유학을 전파하는 반사 기능을 가지고 있었고, 중국의 서북 지역에 위치하고 있으며 문화상으로 불모지대라고 말할 수 있는 하서 지역으로 하여금 유학 문화권에 편입시킨 공로를 인정하지 않을 수 없다.

2. 北燕의 馮跋

407년 馮跋(féngbá)이 후연을 멸망시키고 高雲(gāoyún)을 天王으로 추대하고 龍城에 도읍을 정했는데 역사에서는 이를 북연이라고 부른다. 409년 고운이 부하에게 살해되는 정변이 발생하자 풍발이 정변을 평정한 후에 昌黎에서 스스로 천왕의 자리에 올랐으며, 그 후 자식인 馮宏(fénghóng)을 거쳐 436년 북위에 멸망당했다. 북연 역시 문화변용에 대한 특별한 조치가 사료 상에 보이지 않아서 상세한 내용을 알 수 없다.

3. 西涼의 李皓

전량에서 느꼈던 문화변용에 대한 방법은 李皓(lǐhào)가 건립한 서량 정권에서도 동일하게 작용하였다고 하겠다. 이호는 전한의 명장 李廣(lǐguǎng)

의 16세손으로 대대로 양주에 거주한 명문 세족이다. 그는 어려서부터 학문을 좋아하였고 한족의 정신적 문화의 결정체인 유학의 경전과 고금의 역사에 통달하였다. 그는 張邈(zhāngmiǎo), 宋繇(sòngyáo), 索仙(suǒ xiān) 등 敦煌의 사대부들의 추대에 의하여 서량 정권을 건국하였다.

서량 정권은 한족 출신의 정권인 전량과 마찬가지로 문화변용에 대하여 매우 적극적이었다. 『晉書』「李暠傳」의 『訓子ㆍ手論』에서 서량 정권의 통치 이념을 짐작할 수 있다.

> "이곳 하서군은 대대로 충성스러움을 높이 숭상하여 인물들도 돈후하고 고상하며, 천하가 태평성세일 때는 국내에서 더욱 칭송하였다. 하물며 오늘날 이러한 체제가 회복되었으니 진실로 유명한 지역임에 틀림없다."[78]

즉 유학의 정신인 "예로써 바르게 하고 덕으로써 인도한다(齊之以禮, 導之以德)"는 내용과 같이 이곳은 문화적인 질서로 정치 질서를 유지하고 있음을 알 수 있다. 이에 대한 방증으로 泮宮을 세우고 학생을 증가시켰고,[79] 당시 유명한 유학자인 劉昞(liúbǐng)을 儒林祭酒 겸 從事中郎으로 임명하였으며,[80] 이호 본인의 유학의 중시와 또 이호가 임종 시에 경사에 능통한 유학자인 송요를 세자의 후견인으로 삼고 정치를 부탁한 내용과,[81] 후대의 王夫之(wángfūzhī)가 이호를 가리켜 하상주 3대 이후에 사람이 없다고 하지 말라는[82] 내용에서도 알 수 있듯이 유학을 통하여 문화변용을 실현하려 했음을 알 수 있다.

---

78) 『晉書』 卷87 「李玄盛傳」, 2262쪽. 『訓子ㆍ手論』 "此郡世篤忠厚, 人物敦雅, 天下全盛時, 海內猶稱之, 況復今日, 實是名邦."
79) 同上書, 2259쪽. "又立泮宮, 增高門學生五百人."
80) 『魏書』 卷52 「劉昞傳」, 1160쪽.
81) 『晉書』 卷87 「李玄盛傳」, 2267쪽. "吾終之後, 世子猶卿子也, 善相輔導, 述吾平生, 勿令居人之上, 專騎自任. 軍國之宜, 委之於卿, 無使籌略乖衷, 失成敗之要."
82) 王夫之, 『讀通鑑論』 卷14, 326쪽.

전량과 서량은 郡姓인 대사족이 건립한 한족 정권이고, 기타 호족 정권과는 성질상 근본적으로 다르다. 다시 말해서 천하가 혼란할 때에 국가의 통제 계통은 아무런 도움을 주지 못하지만 사회 계통과 자발적으로 형성된 조직 계통은 사회 안정에 많은 도움을 준다. 특히 한족의 핵심 사상 체계인 유학은 이러한 상황을 반전시키는데 결정적인 역할을 하였던 것이다.

Ⅳ. 결 어

여러 호족은 야만에서 문명으로 즉 고도로 발달된 중화문명을 수용하였기 때문에 그들이 중원에서의 통치상의 성패는 중국의 선진문화를 그 중에서도 중원문화의 핵심 사상체계인 유학을 어떻게 흡수해서 적용하느냐에 달려 있다. 다시 말하면 그들이 시행하고자 하는 문화변용은 중원 한족의 핵심사상인 유학과 유학 사상으로 무장된 한족 사대부의 태도가 이민족정권의 향배를 가름 할 정도였다고 해도 지나치지 않다. 만약에 유학의 수용이나 한족 사대부의 지지가 없다면 군사상의 성공도 심각한 영향을 받게 되며[83] 설사 군사상에 성공을 하였다 할지라도 중원 사회에 적응할 수 있는 국가 형태를 건국하여 통치체제를 장기간 유지할 수 없었을 것이다.

아래에 이민족 군주의 종족별 문화변용에 대한 노력을 귀납하여 정리하면 다음의 몇 가지 특징을 알 수 있다.

첫째, 흉노족이 세운 정권은 유씨의 전조와 혁연씨의 하가 있지만 두 정권의 문화변용에 대한 태도는 완전히 상이한 내용을 보이고 있다. 즉 유

---

83) 『晉書』 卷118 「姚興載記」, 3004쪽을 참고할 것. 즉 전진의 부견이 일찍이 天水의 사대부인 윤씨들에게 모두 관직에 나가지 못하게 한 적이 있었다. 이에 尹緯가 姚萇에게 투항하여 후진을 건국하도록 적극 지원하였고 결국 전진은 멸망하였다. 부견이 후에 윤위에게 말하기를 "짐이 그대를 몰랐으니 망하는 것도 또한 마땅하다"고 할 정도였다.

씨 군주는 문화변용에 대하여 군주 자신들이 이미 상당한 수준에 이르렀다. 특히 유요는 학교를 세워서 유학을 가르칠 정도로 문화변용에 대한 태도가 진일보하였다. 또 그들의 이러한 태도는 신하들은 물론 일반 민중에 대해서도 매우 적극적으로 실행하여 많은 영향을 끼쳤던 것이다. 이에 반하여 동일한 흉노족이지만 혁연씨 군주는 문화변용에 대하여 조금의 이해도 없었던 것 같다.

둘째, 갈족 석씨 군주는 처음에는 중국문화에 대한 이해는 매우 낮았지만 정권을 창건한 이후에는 석륵, 석호, 석계룡 모두 문화변용에 대하여 깊은 이해를 가지고 이를 적극적으로 실천하였다. 즉 그들이 문화변용에 적극적으로 대처한 점에서는 흉노족과 유사한 형태(pattern)를 보이고 있다. 다른 점은 흉노족 군주는 자신이 정체성마저 무시하고 한족과 동일시 하려 했지만 갈족 군주는 자신이 갈족이라는 정체성을 유지하면서 문화변용을 시행하였다는 점이 구별된다고 하겠다.

셋째, 저족 왕조는 부씨 정권과 여씨 정권이 있으며 이들은 모두 한족의 문화변용에 적극적이었음을 알 수 있다. 특히 부씨 군주는 한족의 정권인 동진과 문화적으로 정통을 다툴 정도로 군주와 신하 모두가 상당한 수준에 이르렀고, 그래서 한족 백성들조차도 이민족이 통치하는 정권인지도 알 수 없을 정도였다. 여씨 군주는 한족의 문화변용에 대해서 비교적 미온적이라고 할 수 있지만 군주 자신이 이미 중원의 법가 사상에 깊이 훈도되어 있었으며, 또 신하들이 매우 문화변용의 실천에 적극적이어서 통치 계급 내부에서는 이미 상당한 수준에 이르렀다고 하겠다.

넷째, 선비족 왕조는 모용씨 정권과 독발씨 정권 및 걸복씨 정권이 있다. 그 중에서 모용씨 정권은 다시 전연, 후연, 서연, 남연의 4개 정권이 건립되었다. 전연과 남연의 두 정권은 16국 중에서 문화변용에 대하여 매우 적극적이었으며, 모용외, 모용황, 모용준을 거치면서 한족의 문화와 선비족의 문화 사이에 어떤 차이점이 존재하는지를 찾을 수 없을 정도였다. 그리고 후연과 서연의 두 정권은 상호간의 잦은 정벌로 인하여 문화변용을 논할 계제가 되지 못했다. 즉 후연의 모용수와 서연의 모용영은 모두 연의 부흥을 기치로 건국하였지만 모용외의 적손과 종실 소속간의 정통 문제로 인한 상호 정벌로 다른 문제를 살필 겨를이 없었던 것이다. 그 외에 독발씨 군주는 문화변용의 중요성을 인식하고 나름대로 실천에 많은 노력을 기울였고, 걸복씨 군주는 47년이라는 비교적 장기간 존재하였지만 문화변용에 대한 특별한 조치를 사료에서 살펴볼 수가 없는 실정이다.

다섯째, 파저족 이씨 군주는 정권 창립 초창기에는 문화변용에 대한 사례를 찾기가 힘들지만, 이웅과 그 이후의 군주인 이기, 이수에 이르기까지 한족의 문화에 대한 흡수와 전파에 일정부분 노력을 경주했음을 알 수 있다.

여섯째, 강족의 요씨 군주가 건립한 왕조는 후진이다. 요씨 군주는 요장시기를 제외하고 대부분의 군주와 신하들이 문화변용을 지지하고 실천하려고 노력하였다. 특히 요흥은 유학에 대한 문화변용은 물론 중원의 제도와 한족의 풍속습관까지 수용하여 한족과 동일한 문화 체계를 가진 정권으로 거듭나기를 희망하였다.

일곱째, 노수호 저거씨 군주는 중원의 학술과 문화에 많은 관심을 가지고 있으며 문화변용에 대해서도 매우 적극적이었음을 알 수 있다.

한족 군주의 문화변용에 대한 노력을 귀납하여 정리하면 아래의 몇 가지 특징을 알 수 있다.

첫째, 북연의 풍씨 군주가 실행한 문화변용에 대한 사례는 사료에서 합당한 근거를 찾을 수 없다.

둘째, 장씨의 전량 정권은 대외적으로 동진 왕조를 받들고, 대내적으로는 하서 지역 사족의 이익을 만족하기 위해서 유학의 수용과 유학자들을 중시하는 정책을 중심으로 하는 문화변용에 대해서 16국의 어느 정권보다도 적극적이었다. 그리고 이들의 이러한 노력은 하서 지역에 위치한 나머지 서량, 후량, 북량, 남량 등 4개 정권에 일정부분 영향을 끼쳤고, 나아가서는 유학의 불모지인 이곳을 유학문화권으로 편입시키는데 있어서 크게 공헌하였다.

셋째, 서량의 이씨 군주 역시 유학과 유학자의 중용으로 문화변용에 매우 적극적이었고 전량의 군주와 더불어 문화적으로 낙후한 하서 지역을 중원의 문화수준과 동등하게 제고시킨 공로를 인정하지 않을 수 없을 것이다.

결론적으로 말해서 한족 군주의 경우는 양주 지역에 건립된 장씨의 전량과 이씨의 서량 정권 및 동북 지역에 건립된 풍씨의 북연 정권이 있다. 한족 군주의 경우 특히 전량과 서량 정권의 경우는 하서 지역이 중화문화의 전통과 보존에 대한 의의가 막중하다고 하겠다. 즉 陳寅恪은 "秦, 凉의 여러 주는 서북의 한 귀퉁이에 있는 지역에 불과하지만 그 문화상 한, 위, 서진의 학풍을 계승하고 아래로는 북위, 북제, 수, 당의 제도 형성에서 앞 시대의 전통을 계승하여 후대의 역사 서막을 열었으며 5백년간 그 맥이 계속 유지되었다. 그런 연후에 비로소 북조 문화 전통 중에는 강남의 여러 왕조에서 발전 변천된 것 이외에 또한 한, 위, 서진의 하서 지역의 특색이 전해지고 있음을 알게 되었다."[84]라고 하였던 것이다.

(『한중인문학연구』 9, 2002년)

---

84) 陳寅恪, 前引 『陳寅恪先生論集』, 3쪽.

참고문헌(출현 순서에 따라)

1. 사료

『十六國春秋』(『太平御覽』卷127 引用本), 臺北, 商務印書館, 1987.
『十六國春秋輯補』, 臺北, 鼎文書局, 1987.
『晉書』, 同上.
『魏書』, 同上.
『資治通鑑』, 臺北, 世界書局, 1987.
『讀史方輿紀要』, 京都, 中文出版社, 1981.

2. 저서

康有爲, 『論語注』, 北京, 中華書局, 1998.
王夫之, 『讀通鑑論』, 北京, 中華書局, 1999.
劉學銚, 『鮮卑史論』, 臺北, 南天書局, 1994.
鄭欽仁, 『北魏官僚機構研究』, 臺北, 稻禾出版社, 1995.
孫同勛, 『拓跋氏的漢化』, 臺北, 國立臺灣大學文學院, 1962.
陳寅恪, 『陳寅恪先生論集』, 臺北, 中央研究院歷史語言研究所, 1971.
徐復觀, 『學術與政治之間』, 臺北, 學生書局, 1985.
費孝通, 『中華民族多元一體格國』, 北京, 中央民族大學出版社, 1999.
陳　明, 『中古士族現象硏究』, 臺北, 文津出版社, 1994.
王仲犖, 『魏晉南北朝史』, 臺北, 谷風出版社, 1987.
范文蘭, 『中國通史簡編』, 北京, 人民出版社, 1965.

3. 논문

金榮煥, 「『魏書』「序紀」에 나타난 拓跋鮮卑族의 神異現象 考釋」, 『中國學硏究』 15, 1998.
趙儷生, 「從宏觀角度看鮮卑族在中世紀史上的作用」, 『文史哲』 1986-3.

제8장

5호16국시기 匈奴族 정권의 문화변용 연구
-劉漢, 前趙를 중심으로-

I. 서 언

永嘉之亂(311년) 이후 西晉 조정이 붕괴되고 북방의 이민족이 앞 다투어 중원에 건립한 정권이 20여 개나 되었고, 그들이 활약한 시기를 중국사에서 5호16국 시대라고 부른다.[1] 그들은 이동과 융합을 일삼던 특성상[2] 원래부터 자신의 문화적인 기반이 공고하지 못하였으며, 또한 장기간 한족과 잡거하면서 그 나마 존재하였던 일부 전통 문화의 색채 또한 분명하지 않게 되었다. 이러한 과정에서 비록 그들이 중원에 정권을 세우고 정치적으로 강남의 한족 정권에 대항하였지만 문화적으로는 어떤 대립의 징조도 보이지 않고 오히려 스스로를 중국(중원 왕조의 의미)과 다르게 여기지 않았을 뿐만 아니라,[3] 대부분의 군주는 이러한 현상을 적극 수용하여 중원 한족 왕조의 혼란기를 틈타서 이민족 정권을 세우는데 이용하려는 흔적이 역력하였다.[4]

당시 이민족 정권의 군주들은 자신과 중국을 다르게 보지 않았고, 단지 다른 것이 있다면 문화적으로 열세에 처해 있음을 인정하였다. 그래서 중원의 선진 문화를 적극 수용 융합하여 자신의 문화를 발전시키고, 나아가서는 이를 토대로 중원에 형성된 자신의 정권을 다수의 중원 민중(漢族)의 거부감을 없애고 안착시키려고 하였던 것이다. 즉 흉노, 선비, 저, 갈, 강족 등의 이

---

1) 5호16국의 개념에 관한 설명은 「서문」 후반부의 관련 내용을 참고할 것.
2) 金榮煥, 「『魏書』「序紀」에 나타난 拓跋鮮卑族의 神異現象 考釋」, 『中國學硏究』 15, 316쪽의 註釋 7)을 참고할 것.
3) 葉適, 『習學紀言』 卷32(臺北, 商務印書館, 1989), 27쪽. "劉, 石, 苻, 姚, 與夫慕容, 雖曰種類不同, 然皆久居中國, 其豪傑好惡之情狀, 與中國不甚相異."
4) 『晉書』 卷101 「劉元海載記」, 2647쪽. "自漢亡以來, 魏晉代興, 我單于雖有虛號, 無復尺土之業, 自諸王侯, 降同編戶. 今司馬氏骨肉相殘, 四海鼎沸, 興邦復業, 此其時矣."라고 하여 이민족 정권을 세우려는 의지를 살펴볼 수 있다. 이하 인용된 중국 정사서는 모두 臺北의 鼎文書局版을 이용하였고, 다른 판본을 이용하였을 경우에는 따로 그 출처를 명기하였다.

민족 출신의 군주들은 물론이거니와 한족 출신의 군주들 조차 서진 조정이 와해된 이후의 혼란기에 한족의 대표적 전통문화인 유학의 사회 문화 질서와 가치 원칙의 흡수와 응용을 통해서 중원의 왕조와 비슷한 통치 구조를 형성하려고 하였던 것이다. 이러한 행위와 노력을 문화변용이라고 하며[5] 문화변용의 첫 번째 단계가 바로 자신과 중원의 종족이 다르지 않음을 내외에 나타내는 것이고,[6] 두 번째 단계는 이를 통해서 중원 한족의 핵심 사상 체계인 유학의 흡수를 통하여 이민족 정권을 중원에서 깊게 뿌리내리려는 것이다.

본문은 이와 같은 인식 하에서 16국 군주 중에서 한족과의 관계가 가장 밀접하고 문화변용 정도가 깊은 흉노족 劉氏가 건립한 왕조를 선택하였다.[7] 즉 유씨가 세운 劉漢과 前趙에서 발생한 문화변용, 특히 중원 한족의 문화상의 핵심 사상인 유학에 대한 여러 가지 수용 태도를 살펴보고, 나아가서는 이를 토대로 혈연간의 이질적인 갈등을 해소하여 중원에서 착근하려는 일련의 사실들을 군주 개인과 왕조 차원의 문화변용으로 나누어 살펴보았다. 고금의 여러 학자들도 혈통에서 한 걸음 나아가 문화적으로 상호간의 차이를 구별해야 함을 인정하였으며,[8] 이러한 각도에서 이 시기의 역

---

5) 문화변용에 대해서는 제3장 주석 5)를 참고할 것. 관련 이론의 소개는 김영환, 「5胡16國 君主의 文化變容에 관한 연구」, 『한중인문학연구』 9, 245~246쪽 ; 孫同勛, 『拓跋氏的漢化』(臺北, 國立臺灣大學文學院, 1962), 1~2쪽 ; 鄭欽仁, 『北魏官僚機構硏究』(臺北, 稻禾出版社, 1995), 3쪽을 참고할 것.
6) 『晉書』 卷101 「劉元海載記」, 2650쪽. "立漢高祖以下三祖五宗神主而祭之"의 기록과 『資治通鑑』 卷85 惠帝 永興元年條, 2702쪽. "吾漢氏之甥, 約爲兄弟, 兄亡弟紹, 不亦可乎!"라고 하였으며 이에 대하여 胡三省의 注에 "(劉)淵以漢高祖·世祖·昭烈爲三祖, 太宗·世宗·中宗·顯宗·肅宗爲五宗"에서처럼 흉노족인 유연이 한족의 왕조인 한을 건립한 유씨 일족을 자신의 조상으로 여기는 행위에서도 그 일단을 볼 수 있다. 즉 유연은 군사를 일으키면서 한족의 후예임을 천명하고 국호도 한이라고 정한 것은 한족 백성들로 하여금 이민족에 대한 거부감을 없애고 자신의 정권 기초를 공고히 하려는데 그 목적이 있었음을 알 수 있다.
7) 陳登原, 『國史舊聞』(臺北, 明文書局, 1984), 618~619쪽. "匈奴人入中國者, 其地位可分爲三:上也者, 漸染中國之政敎, 劉淵·劉聰·劉曜·劉宣之類是也. … 言其丈年衣服·死喪殯葬, 已與中國略同, 其渠帥亦頗識文字."

사를 볼 때 우리들은 비로소 중국 북방 이민족 정권이 보편적으로 유학을 존중하는 것에 대해서 합리적으로 이해할 수 있게 되는 것이고, 이로 인하여 5호16국 시기에 유학의 역사 문화적인 기능에 대하여 깊이 있게 파악할 수 있게 되는 것이다.

본문의 연구 범위는 시간적으로는 5호16국 시기의 여러 정권 중에서도 흉노족이 건립한 초기의 유한과 전조 두 왕조를 중심으로 서술하였다. 공간적으로는 유한과 전조의 군주 개인과 왕조차원에서 시행한 문화변용의 노력을 중심으로 살펴보았다. 내용적으로는 흉노족 군주가 한족의 핵심 사상 체계인 유학의 수용과 교육 기관의 건립 및 교육 내용을 실시하는 과정, 한족 사대부의 등용으로 문화변용을 적극적으로 실천하는 일련의 노력을 서술하였다. 또 흉노족 정권의 독특한 내용을 토대로 기타 호족 정권과의 종족별, 지역별, 시기별 등의 공통점이 내재하는 가를 검토하였고, 나아가서는 한족 출신의 군주들이 행한 문화변용의 노력과 어떤 차이점이 존재하며, 차이점이 존재한다면 그 이유가 무엇인가를 개략적으로 살펴보았다.

연구 방법으로는 『晉書』, 『十六國春秋』, 『十六國春秋輯補』, 『三十國春秋輯本』 등을 중심으로 분석 정리하였고, 『魏書』, 『資治通鑑』, 『太平御覽』의 상관 기록을 보조로 하여 문헌 사료의 결함을 보충하려고 시도하였다. 기타 유학 사상과 이론 문제 등은 현금 학자의 상관 논저를 인용하여 서술하는데 도움을 삼았다.

---

8) 종족 구별은 문화가 우선한다. 陳寅恪, 『陳寅恪先生論集』(臺北, 中央研究院歷史語言研究所, 1971), 119쪽. "漢人與胡人之分別, 在北朝時代, 文化較血統尤爲重要. 凡漢化之人卽目爲漢人, 胡化之人卽目爲胡人, 其血統如何, 在所不論.";徐復觀, 『學術與政治之間』(臺北, 學生書局, 1985), 15쪽. "但孔子所謂華夷, 不僅是種族問題, 主要的還是文化問題.所以諸夏在文化上 … 而主要是文化的凝聚";康有爲, 『論語注』(臺北, 明文書局, 1987), 46쪽. 「子欲居九夷條」, "夷狄而有德, 則中國也;中國而無德, 則夷狄也.";費孝通, 『中華民族多元一體格國』(北京, 中央民族大學出版社, 1999), 338쪽 등에서 모두 화이의 구별은 혈통에 있지 않고 문화에 있음을 강조하고 있다.

Ⅱ. 유한의 문화변용

흉노는 중국 고대 북방의 중요 유목 민족으로 그들의 발원지는 내몽고 자치구 大靑山 일대이다. 중국의 역사 무대에 출현부터 소실에 이르기까지 대략 700여 년 활약했고, 중국 고대 북방 민족 및 중국사에 중요한 영향을 끼친 종족이었다. 흉노의 명칭은 전국 시기『逸周書』「王會篇」에 처음 보인다. 명칭의 유래는 대다수 연구자들이 鬼方, 混夷, 獯鬻, 獫狁, 胡 등이 흉노의 異譯이라고 여긴다. 또 그들의 종족 근원 역시 위에 열거한 여러 종족의 기초 위에서 주위의 각 종족들을 흡수하면서 발전하였다.[9]

西晉 시기에 이르러 국경 안으로 들어온 흉노는『晉書』「匈奴傳」에 의거하면 대략 屠各種, 鮮支種, 寇頭種, 烏譚種, 赤勤種, 捍蛭種, 黑狼種, 赤沙種, 鬱鞞種, 萎莎種, 禿童種, 勃蔑種, 羌渠種, 賀賴種, 鍾跂種, 大樓種, 雍屈種, 眞樹種, 力羯種의 19 종류였으며, 각 종족마다 각자의 부락을 가지고 있었으며 서로 섞이지 않았다.[10] 그 중에서 도각종이 가장 세력이 있어 여러 종족을 통솔하였고 선우의 자리를 차지하였다. 劉氏는 도각종 중에서 가장 지위가 높은 씨족이며, 呼衍, 卜, 蘭, 喬의 4개 성씨가 유씨를 보좌하였다.[11]

---

9) 王鍾翰,『中國民族史』(北京, 中國社會科學出版社, 1994), 215쪽.
10)『晉書』卷97「匈奴傳」, 2549~2550쪽. "其人居塞者有屠各種 … 凡十九種, 皆有部落, 不相雜錯." 이 외에 馬長壽,『北狄與匈奴』(北京, 三聯書店, 1962), 94~104쪽에 의하면 이들 19종 중에서 屠各種, 寇頭種, 赤沙種, 賀賴種 만이 흉노 본족이고 나머지는 대부분이 흉노족 중에서 분화된 부락이거나 흉노와 다른 종족이다. 그러나 그들은 이전부터 흉노국 혹은 흉노 부락의 구성원이었기 때문에 北狄 또는 匈奴別部라는 기록으로 흉노의 일부로 여겨졌던 것이다.
11) 姚薇元,『北朝胡姓考』(臺北, 華世出版社, 1977), 38~51쪽. 해당 姓氏부분. 즉 유씨는 후한 시기에 欒鞮氏 혹은 虛連鞮氏(위진 시기에 유씨로 개칭)가 남선우의 지위를 계승하였다. 선우의 직책은 內田吟風,『北アジア史研究』(京都, 同朋社, 1975), 283쪽에 의하면 흉노 19종 중에서 최강 부족인 도각종이 차지한다고 하였다. 선우 아래에는 呼衍氏(후에 呼延氏로 개칭), 須卜氏(후에 卜氏로 개칭), 丘林氏(후에 喬氏로 개칭), 蘭氏 등 4성이 최고 귀족이었으며 이들이 유씨를 보좌하였다.

흉노족은 한족과 뒤섞여 살면서 농업에 종사하여 이미 서진의 백성이 되었지만, 유씨를 우두머리로 하는 흉노 귀족들은 여전히 전통적인 명성과 위엄을 가지고 있어서 통솔력이 컸다. 또한 이미 갖추어진 5부 조직은 신속하게 군사 조직으로 변할 수 있었다. 이렇게 볼 때 劉淵(liúyuān)이 제일 먼저 군대를 일으켜 서진을 배반하고 왕조를 건립한 것은 자연스러운 현상이었다.

1. 군주 개인의 문화변용

유연은 중원으로 이동한 흉노 귀족 출신이다. 『晉書』「劉元海載記」와『太平御覽』卷119에 인용된『十六國春秋』「前趙錄」의 기록에 의하면 南匈奴 單于 於扶羅(yūfúluó)가 사망하고 동생 呼廚泉(hūchúquán)이 계승하였다. 그는 於扶羅의 아들 劉豹(liúbào)를 左賢王으로 삼았는데 유표가 바로 유연의 부친이다.[12] 즉 유연은 남흉노 선우 어부라의 손자이고 좌현왕 유표의 아들이며 원래 성씨는 虛連題氏이고 후에 유씨로 바꿨다. 흉노족의 추장은 중원의 후한 왕조에 귀의한 이후에는 후한 왕조의 外孫이라 일컫고 유씨를 사칭하였다.[13] 서진 武帝 시기에 유연은 흉노의 左部都尉였다. 8왕의 난리 기간에 成都王 司馬穎(sīmǎyǐng)이 유연과 결합하여 내전에 참여하게 하였고 유연을 北單于로 삼았다. 304년 유연이 군대를 일으켜 左國城을 점거하고 스스로 漢王이라고 일컬었다. 유연은 먼저 서진에 반대하는 것을 기치로 한을 세웠고, 황하 하류 일대에서 서진의 군사에게 패한 石勒(shílè), 王彌(wángmí) 등의 군대가 모두 와서 항복하였다. 유연은 이들 투항군을 얻어 그 위세가 점차 강성해졌다. 또 劉聰(liúcōng) 등 10명의 장수를 보내 太行山을 점거하였다. 석륵 등 10명에게 河北의 각 주와 군을 공략하게 하고, 劉曜(liúyào), 왕미 등은 河南의 각 주와 군을 공략하게 하였다. 永興元

---

12) 『太平御覽』卷119「偏霸部」(北京, 中華書局, 1985), 574쪽.
13) 『晉書』卷101「劉元海載記」, 2645쪽. "初, 漢高祖以宗女爲公主, 以妻冒頓, 約爲兄弟, 故其子孫遂冒姓劉氏."

年(304년) 스스로 왕이라 칭하고 도읍을 좌국성에 세우고 국호를 한이라 하였다. 스스로 유씨 왕통을 계승하였음을 표방하였다. 흉노족 유연이 창립한 한은 16국 중에서 가장 먼저 탄생하였다.14)

유연의 흉노족은 중국의 변새 내부에서 오랫동안 생활하면서 한족 문화의 흡수 정도도 나날이 심화되었다. 그들은 모두 한족의 성씨를 사용하였고 평상시에도 한어를 말할 정도였으며 중원 한족의 핵심 사상 체계인 유학을 습득하려고 하였다. 이러한 문화변용은 최고 통치자인 유연 자신부터 시작되었다. 유연은 개인적으로 上黨의 유학자인 崔游(cuīyóu)에게 『詩經』, 『易經』, 『書經』 3경 등 유학 경전을 배우고, 『春秋左氏傳』과 『孫吳兵法』, 『史記』, 『漢書』 및 제자백가의 서적을 탐독하였으며 문학이나 무예에 관련된 지식을 모르는 것이 없을 정도였고 흉노족 중에서도 최고의 교양인이었던 것이다.15) 『晉書』 「劉元海載記」에 이르기를,

"어려서부터 학문하기를 좋아했고 상당의 최유를 스승으로 모시고 모시와 경씨역, 마씨상서를 익혔고, 더욱이 춘추좌씨전과 손오병법을 좋아하여 대략 모두 암송하였으며, 사기와 한서, 제자백가 등을 처음부터 끝까지 죽 살펴보지 않은 것이 없었다."16)

라고 할 정도로 중원의 핵심 사상 체계인 유학의 핵심 사상(齊之以禮, 導之

---

14) 同上書, 2644쪽. "大凡劉元海以惠帝永興元年據離石稱漢. … 其爲戰國者一百三十六載, 抑元海爲之禍首云."
15) 田村實造, 『中國史上の民族移動期』(東京, 創文社, 1985), 24쪽. 그러나 흉노족 중의 최고의 교양인이라는 것은 오히려 한족 정권과 통치 계급에게는 위험인물이 될 가능성이 높기 때문에 오히려 제거의 대상이 되기도 하는 것이다. 즉 西晉의 孔恂과 楊珧가 武帝에게 유연을 제거하라고 권한 내용을 보면 명확해진다. 『晉書』 卷101 「劉元海載記」, 2646쪽의 기록을 참고할 것.
16) 同上書, 2645쪽. "幼好學, 師事上黨崔游, 習毛詩·京氏易·馬氏尚書, 尤好春秋左氏傳·孫吳兵法, 略皆誦之, 史·漢·諸子, 無不綜覽."

以德)에 깊이 심취되어 있었다. 또 유연의 사후에 적자인 劉和(liúhé)가 계승하였는데 그 역시 유연에 못지않게 중원의 전통 문화에 깊이 심취되어 있었다. 同上書「劉元海載記」附「劉和傳」에 이르기를,

> "학문하기를 좋아하여 일찍이 학문을 성취하고 모시, 좌씨춘추, 정씨역 등을 배웠다."[17]

라고 하여 부친인 유연과 더불어 문화변용이 이미 상당한 정도에 이르렀음을 알 수 있다.

그 외에 유화와의 권력 투쟁에서 승리하여 왕위를 계승한 유총이 있다. 그는 유연의 4자이며 張夫人 소생이다. 유총은 유연과 유화보다 더욱 문화변용에 열중하였고 수준도 상당한 경지에 이르렀다. 그는 經, 史, 子, 集 등의 서적에 능통하고 초서와 예서에 능숙하였으며, 특히 글을 잘 지어서 『述懷詩』100여 편과 賦頌 50여 편을 지었다. 또 무술에도 뛰어나 그와 겨룰 상대가 없을 정도이며 사대부들과 널리 교류를 맺는 등 중원의 전통 문화에 깊이 경도되었다. 『晉書』「劉聰載記」에 이르기를,

> "어려서부터 총명하고 학문하기를 좋아하였다 …. 14세에 경학과 역사에 통달하였고 겸하여 제자백가의 학설에 두루 통달하였으며 손오병법을 암송하지 못하는 곳이 없었다. 초서와 예서에 능숙하였고 글짓기를 잘하여 술회시 100여 편과 부송 50여 편을 지었다. 15세에는 장검을 쓰는 기술을 배웠고 원숭이와 같은 긴 팔로 활쏘기를 잘했으며 300근 무게의 활을 당기고 완력이 굳세고 민첩하여 당시에 비길만한 사람이 없었다 …. 스무 살이 되어서는 수도에 놀러가서 당시 유명한 선비들과 교류를 맺지 않은 사람이 없었다."[18]

---

17) 同上書, 2652쪽. "好學夙成, 習毛詩·左氏春秋·鄭氏易"
18) 同上書, 卷102「劉聰載記」, 2657쪽. "幼而聰悟好學, … 年十四, , 究通經史, 兼綜百家之言, 孫吳兵法靡不誦之. 工草隸, 善屬文, 著述懷詩百餘篇·賦頌十五餘篇. 十

라고 할 정도였다. 유총의 이러한 한족 문화에 대한 소양을 증명해주는 또 다른 사례가 있다. 즉 서진이 멸망하고 유총이 서진 懷帝를 會稽郡公으로 임명하고 대화를 나누는 내용에서도 서진의 회제가 흉노족 유총의 중원의 전통 사상과 학문 및 문화에 대한 깊이를 인정하는 내용이 있다.『晉書』「劉聰載記」에 이르기를,

"유총은 회제를 데리고 연회에 들어가면서 회제에게 말하기를 당신이 예장왕으로 있을 때 나는 일찍이 왕무자와 더불어 서로 왕래하고 있었으며, 왕무자가 나를 당신에게 소개 시켜 주자 당신은 내 이름을 들은 지가 오래되었다고 말했다. 당신은 자신이 지은 악부 노래를 나에게 보여주면서 너는 사부를 잘 짓는다고 들었는데 한번 사부를 지어서 보여주라고 말했다. 나는 당시 왕무자와 더불어 성덕송을 지었는데 당신이 잘 지었다고 칭찬한지가 오래전이다 …. 당신은 잘 기억하느냐?"[19]

즉 위의 내용으로 보면 유총의 학문과 재주가 어느 정도인지 알 수 있다. 설령 사서의 기록에 비록 과장이 있다 해도 유총의 문화변용 정도가 상당한 수준에 이르렀다. 중원의 한족 군주와 사대부가 예상하고 있는 수준을 훨씬 초월하였다. 또 유총의 아들인 劉約(liúyuē)도 중원의 한족 전통 문화에 깊이 심취되어 있었으며[20] 한족 사대부들이 향유하고 있던 전통 문

五習擊刺, 猿臂善射, 彎弓三百斤, 膂力驍捷, 冠絶一時. … 弱冠游於京師, 名士莫不交結."이와 비슷한 내용이『太平御覽』卷119「前趙錄」에도 보인다.
19)　同上書, 2660쪽. "(劉)聰引帝入讌, 謂帝曰..「卿爲豫章王時, 朕嘗與王武子相造, 武子示朕於卿, 卿言聞其名久矣. 以卿所製樂府歌示朕, 謂朕曰..『聞君善爲辭賦, 試爲看之.』朕時與武子俱爲盛德頌, 卿稱善者久之 … 卿頗憶否?"
20)　前引『太平御覽』卷610, 蕭方 등의『三十國春秋』에 이르기를 "汝誦何書, 昧何句也? 約曰.. 臣誦孝經, 每詠身體髮膚, 受之父母, 不敢損傷. 至于在上不驕, 高而不危, 未嘗不反覆誦之. 聰聽後大悅."또『三十國春秋輯本』(臺北, 鼎文書局, 1987), 6~7쪽에도 유사한 내용이 있으니 참고할 것.

화와 사상 체계까지도 이미 흉노 귀족에게 깊숙이 전수되었다.

2. 왕조 차원의 문화변용

유연이 유한을 건국하고 시행한 몇 가지 중요한 문화변용 내용을 열거하면 다음과 같다. 유연 정권이 시행한 문화변용에 대한 첫 번째 조치는 천명을 받았음을 내외에 알리는 것이다. 『晉書』「劉元海載記」에서 劉宣(liúxuān)이 유연에게 말하기를,

> "지금 사마씨의 부자 형제가 서로 골육상쟁하는데 이것은 하늘이 서신을 싫어하고 나에게 천명을 주는 것이라고 하였다 …. 무릇 제왕이라고 어찌 항상 변하지 않음이 있겠는가! 하의 우 임금도 서쪽의 오랑캐에서 나왔고 주의 문왕도 동쪽의 오랑캐에서 태어났는데 이것은 오직 천명을 받은 것만을 생각한 것이다."[21]

위의 내용에서도 알 수 있듯이 혈통상의 문제는 그리 중요하지 않고 "天命"이라는 문화적인 의미가 중원의 통치자가 될 자격임을 은연중에 암시하고 있는 것이다. 즉 유연이 중원에 정권을 건립한 이후에 시행한 문화변용은 바로 "천명"이라는 문화적인 의미의 강조로 한족과의 충돌을 완화시키는 것이었다.

그러면 흉노족의 유연이 군사를 일으켜 중원에 국가를 건립한 것을 어떻게 볼 것인가? 이것을 정치 군사적인 사건으로 접근하면 한족의 입장과 북방 이민족의 입장으로 구별된다. 즉 전자의 입장으로 보면 일종의 변방 소수종족의 민중봉기이고, 후자의 입장으로 보면 이민족의 중국 침략으로 보는 것이 일반적이다. 그러나 동일한 현상을 문화적인 키워드를 이용하여

---

21) 『晉書』卷101「劉元海載記」, 2648~2649쪽. "今司馬氏父子·兄弟自相魚肉, 此天厭晉德, 授之於我. … 夫帝王豈有常哉, 大禹出於西戎, 文王生於東夷, 顧惟德所授耳."

살펴보면, 농민 반란으로 보기도 매우 어렵지만 그렇다고 그들을 외래의 적으로 간주하기도 매우 어려움을 발견할 수 있다. 즉 위의 인용문 중의 "天厭晉德, 授之於我"의 내용을 분석하면 하, 상, 주 3대의 천하 쟁탈과 비슷하다. 주지하다시피 이것은 문화상의 대립적인 의미가 강한 것이고, 한족과 외래 종족과의 군사 정치상의 대립의 의미는 그리 부각되지 않는다.[22] 이렇게 볼 때 흉노족 유연이 세운 유한의 통치 기반은 당연히 문화상의 문제 즉 천명의 수여에 있지 혈통상의 문제는 중요하지 않음을 알 수 있다. 그렇다고 해서 혈통상의 문제를 완전히 배제하지는 않은 것 같다. 『晉書』「劉元海載記」에 이르기를,

"위로는 한나라 고조의 위업을 이룩하고 아래로는 조위의 성취를 잃지 않았다 …. 한나라는 천하를 대대로 오랫동안 유지하면서 은덕으로 백성의 마음을 차지하였고, 촉한의 유비는 일개 주의 넓이에 불과한 지역에서 어렵게 존재하면서도 능히 강대국과 대항하여 천하의 균형을 유지하였다. 나는 또 한나라 유씨의 생질로 서로 약속하여 형제가 되었으므로, 형이 죽으면 동생이 계승하는 것이 어찌 불가한 일이겠는가! 그래서 한이라 일컫고 유비의 아들 유선을 추존하여 백성의 인심을 얻고자 한다 …. 먼 지역의 사람들로 귀부한 자가 수 만 명이나 되었다."[23]

이처럼 혈통상의 문제를 완전히 무시하지 않는 태도를 유지하면서 한족의 지지를 얻기 위하여 문화변용을 최대한 정략적으로 이용하였다. 이의 구체적 표현으로 마침내 劉禪(liúshàn)을 孝懷皇帝로 추존하고 漢高祖 이하 3祖5宗의 신주를 모시고 제사지냈으며 국호도 한을 사용하였다.[24]

---

22) 陳明, 『中古士族現象硏究』(臺北, 文津出版社, 1994), 256쪽.
23) 『晉書』卷101「劉元海載記」, 2649쪽. "上可成漢高之業, 下不失爲魏氏. … 漢有天下世長, 恩德結於人心, 是以昭烈崎嶇於一州之地, 而能抗衡於天下. 吾又漢氏之甥, 約爲兄弟, 兄亡弟紹, 不亦可乎! 且可稱漢, 追尊後主, 以懷人望. … 遠人歸附者數萬."

유씨의 유한이 이렇게 문화변용을 할 수밖에 없었던 이유는 서진이 멸망한 이후 한족과 비한족간의 간격은 갈수록 현저해졌기 때문이다. 한족은 서진 왕조를 계승한 동진을 자신의 조정으로 인정하고 정통 왕조로 여겼다. 비한족의 통치자 또한 남방의 한족 조정이 중화의 정통이라는 것을 감히 부인하지는 않았다. 이렇게 남방에 건립된 각 왕조는 수의 통일 때까지 계속되었다. 이들은 시종 정통의 권위를 누렸고 북방에 거주하는 한족들의 동경의 대상이었다. 이에 대한 구체적 증거는 유연이 군대를 일으켜 서진에 반기를 들었을 당시를 보면 명백하다. 유연이 말하기를,

> "한족 백성들이 반드시 나와 함께 거사를 일으키고자 한다고 할 수 없다 …. 그러므로 은혜와 덕으로 백성들의 인심을 얻어야 한다."[25]

라고 하였다. 유연은 흉노 유씨가 바로 兩漢 유씨의 생질이고 유한을 세운 것은 양한을 계승한 것임을 선언하였으며, 한 고조 이하 3조(高祖·光武帝·昭烈帝)와 5종(文帝·武帝·宣帝·明帝·章帝)을 자신의 조상으로 제사지내고 흉노의 선우에게는 제사를 올리지 않았다. 그가 이렇게 한 것은 당연히 한족의 반대를 경감하고 한족의 지지를 획득하여[26] 자신의 정권을 공고히 하고자 하였던 것이었다.

유한 정권이 시행한 문화변용에 대한 두 번째 조치는 중원 한족의 정치체제와 관료 제도의 계승이다. 중원 지역의 한족을 통치하는 수요에 적응하기 위하여 정권기구 중에 기본적으로 한, 위 이래의 한족 왕조의 제도와 명칭을 계승하고, 각 이민족을 통치하기 위해서는 별도로 單于臺를 설치하여[27] 한족과 흉노족(기타 이민족을 포함)을 분할 통치하였다. 즉 중앙에는

---

24) 同上書, 2650쪽. "追尊劉禪爲孝懷皇帝, 立漢高祖以下三祖五宗神主而祭之."
25) 同上書, 2649쪽. "晉人未必同我. … 恩德結於人心"
26) 同上書, 2647쪽. "幽冀名儒, 後文秀士, 不遠千里, 亦皆遊焉"; 2649쪽. "遠人歸附者數萬"

丞相, 太尉, 御史大夫, 太傅, 太宰, 太保, 大司馬, 大司徒, 大司空과 大將軍 등 문무관직을 두었고, 지방에는 州牧, 郡守, 司隸校尉 등을 설치하였다.[28] 아울러 역대 중원 왕조의 封王 혹은 郡王의 제도를 계승하여 황실 자제 및 종실을 임명하고 이성 귀족은 군현의 公, 侯로 임명하였다.[29] 유총이 계승한 이후에 유한의 통치 기구는 중원 왕조의 제도와 명칭을 계승하여 더욱 완비되었다.[30] 즉 흉노족 유씨가 건국한 유한은 관료 제도에 있어서도 철저히 문화변용을 이루어 중원의 한족 정권과 다름이 없었으며, 흉노족과 기타 소수 민족을 통치하기 위하여 선우대를 두어 간신히 명맥을 유지하였을 뿐이었다.

유한 정권이 시행한 문화변용에 대한 세 번째 조치는 인재의 중시와 등용이다. 즉 흉노족 인재는 물론 한족 사대부에 대한 중시와 등용에 대한 적

---

27) 同上書, 2652쪽. "置單于臺于平陽西" 또 『資治通鑑』 卷89 愍帝 建興2年條, 2809쪽을 참고할 것. 즉 유한에서 선우에 임명된 경우는 필자의 조사에 의하면 이것 이외에 유총이 계승한 이후에 異母弟 유예를 대선우에 임명하였고, 또 아들 유찬을 대선우에 임명한 사실이 있다. 그 후에 유요가 즉위하여 진조로 국호를 개칭한 이후에는 상당 기간 선우의 직책이 보이지 않다가 光初9年(326년)에 비로소 유요의 아들 유윤을 대선우에 임명하게 된다. 결론적으로 흉노족이 건국한 유한과 전조에서는 한족과 소수 민족을 통치하기 위하여 이원체제의 일환으로 선우대가 존속하였던 것이다. 이와 관련된 논저로 참고할 만한 것은 周偉洲, 『中國中世西北民族關係研究』(西安, 西北大學出版社, 1992), 59~62쪽 ; 邱久榮, 「十六國時期的胡漢分治」, 『中央民族學院學報』 1987-3, 44~49쪽이 있다. 그리고 선우대의 성격에 대해서 비교적 독특한 논저는 白翠琴, 『魏晉南北朝民族史』(成都, 四川民族出版社, 1996), 162쪽에 의하면 군사 조직이며 가족과 가축 등 재산이 딸려 있는 부락 조직이라고 하였다.
28) 同上書, 2650~2652쪽에 유연이 임명한 인물과 관직명이 등장하고 관직의 명칭은 대부분 한, 위 이래의 한족 왕조의 것과 일치한다.
29) 同上書, 2651쪽. "宗室以親疎爲等, 悉封郡縣王, 異姓以勳謀爲差, 皆封郡縣公侯."
30) 同上書, 卷102 「劉聰載記」, 2665쪽에 문무 관료제도의 내용과 명칭 등이 상세히 서술되어 있다. 그 외에 『册府元龜』 卷229 「僭位部」(北京, 中華書局, 1982), 2721~2730쪽 ; 『通志』 卷14 「選舉二」(臺北, 商務印書館, 1987), 77~81쪽에도 유사한 내용이 있으니 참고할 것.

극적인 노력이었다. 유연의 흉노족과 한족의 인재에 대한 태도와 중시는 크게 다르지 않았다. 『晉書』「劉元海載記」에 이르기를,

"흉노족 5부의 준걸로 이르지 않은 사람이 없었다. 또 유주와 기주의 유명한 유학자와 후문의 재덕이 뛰어난 선비들이 천리를 멀다않고 또한 모두 와서 지냈다."[31]

라고 하여 유연이 흉노족은 물론 한족 사대부에게도 상당히 우대하였음을 알 수 있다. 특히 유연이 우대한 흉노 귀족은 거의 문화변용에 깊이 심취되어 있었다. 대표적으로는 유연의 종실에 유선이 있다. 그는 유연의 從祖父로 유연에게 난리를 일으키기를 적극 권유하였고, 한족의 유학 수용 등 문화변용의 정도가 한의 다른 군주들보다 더욱 심했다. 『晉書』「劉宣傳」에 이르기를,

"학문을 좋아하고 행실이 곧았다. 악안의 손염에게 학문을 배웠으며, 마음을 가라앉히고 생각이 깊었으며 밤낮을 가리지 않고 모시와 좌씨전을 좋아하였다. 손염이 매번 탄식하여 말하기를 유선이 만약 한 무제를 만나 섬겼더라면 마땅히 김일제보다 뛰어났을 것이라고 하였다. 학문을 이루고 돌아와서는 집과 마을의 문을 닫고 수년 동안이나 나오지 않았다. 매번 한서를 읽으면서 소하전과 등우전에 이르러서는 반복하여 읽지 않은 적이 없었다."[32]

유선은 并州刺史 王廣(wángguǎng)의 소개로 서진 武帝 司馬炎(sīmǎyán)

---

31) 同上書, 卷101 「劉元海載記」, 2647쪽. "五部俊杰无不至者. 幽州名儒, 後門秀士, 不遠千里, 亦皆游焉."
32) 同上書, 卷101 「劉元海載記」 附 「劉宣傳」, 2653쪽. "好學修潔. 師事樂安孫炎, 沈精積思, 不捨晝夜. 好毛詩·左氏傳. 炎每嘆之曰.. 宣若遇漢武, 當踰於金日磾也. 學成而返, 不出門閭蓋數年. 每讀漢書, 至蕭何·鄧禹傳, 未曾不反覆詠之."

을 대면하게 되었는데, 사마염이 유선의 학문과 능력을 인정하며 관직과 상을 하사했다. 『晉書』「劉元海載記」에 이르기를,

> "내가 유선을 만나지 않았을 때는 왕광의 말이 거짓인줄로 여겼다. 지금 그의 훌륭한 풍채와 기거 동작을 보니 진실로 옥으로 만든 홀과 같으며, 그의 성품을 보니 흉노족 본부를 통솔할 만 하다. 이에 유선을 우부도위로 임명하고 특별히 붉은 깃발과 굽은 일산을 하사하였다 … 유연이 왕위에 오른 것은 유선의 도모함 때문이므로 그래서 특별히 존중하였고 공신과 친척 중에 그와 비길만한 사람이 없었으며 국가의 군사와 행정 등을 모두 장악하게 하였다."[33]

즉 유선처럼 유연의 유한 정권에서 중용된 흉노족 출신의 귀족도 중원의 전통 문화에 대하여 문화변용의 정도가 깊은 사람이었음을 알 수 있다.

겸해서 기타 흉노 출신 인물의 문화변용 정도에 관해서 설명하면 아래의 몇 사람이 대표적이다. 陳元達(chényuándá)은 어릴 때 부모를 여의고 가난했지만 자신이 직접 농사를 지으면서 경전을 읽었다.[34] 卜珝(bǔxǔ)는 『易經』에 대하여 이야기하는 것을 좋아하여 당시에 역학에 뛰어난 학자인 郭璞(guōpǔ)과 더불어 교류하였고, 『晉書』에서는 그의 학문을 인정하여 「藝術傳」에 안배할 정도였다.[35] 또 喬智明(qiáozhìmíng)은 부모의 상을 당하자 극도로 슬퍼하며 예를 다했다.[36] 이 외에 陳武(chénwǔ)가 있는데 그도 역시 학문적으로 뛰어났다.[37] 이러한 것들은 모두 흉노 귀족 출신의 한족

---

33) 同上書, 654쪽. "吾未見宣, 謂廣言虛耳. 今見其進止風儀, 眞所謂如珪如璋, 觀其性質, 足能撫集本部. 乃以宣爲右部都尉, 特級赤幢曲蓋."
34) 同上書, 卷102 「劉聰載記」 附 「陳遠達傳」, 2679쪽. "少而孤貧, 常躬耕兼誦書."
35) 同上書, 卷95 「卜珝傳」, 2481쪽. "匈奴後部人也. 少好讀易, 郭璞見而歡."
36) 同上書, 卷90 「良吏傳」 附 「喬智明傳」, 2337쪽 ; 『十六國春秋輯補』 卷10 「喬智明」(臺北, 鼎文書局, 1987), 71쪽.
37) 前引 『太平御覽』 卷833 「資産部」 牧. "諸家牧竪十數人, 或有和歌者, 武遂學太山梁父吟及行路難之屬也."

전통 문화의 습득 정도가 이미 서진 사대부의 수준에 이르렀음을 설명하는 것이다. 그러나 이들의 사회적 지위는 오히려 서진의 중, 하급 사대부에 비해서 훨씬 낮았고 벼슬길에 나갈 수 있는 희망도 거의 없었다. 일반 흉노족은 국경 안에 거주한 시일이 오래될수록 한족의 문화를 받아들이는 것 또한 갈수록 깊어져서 흉노족은 모두 한족의 성씨로 바꾸고 한족의 언어를 채용하였다. 흉노족 노예와 농노는 서진의 통치하에서는 대부분 서진 지주 집안의 佃客이 되었으며 일부 지주는 흉노족 전객을 많게는 수천 명까지 부렸다. 실의에 빠진 흉노 귀족과 한족의 흉노족에 대한 극심한 민족 차별과 노역 등 착취에 고생하는 군중들이 결합하여 서진에 반란하는 주력 군대가 되었고, 유연이 유한을 건국하면서 흉노족 중에서 문화변용이 깊은 무리들이 한의 통치계층으로 부상하여 거꾸로 중원의 한족을 통치하였다.

한족 사대부와의 교류와 등용은 幽州와 冀州의 유명한 유학자와 학문의 뛰어난 선비 등이 흉노 귀족과 밀접한 교류를 가졌다. 대표적으로는 崔游(cuīyóu),[38] 公師彧(gōngshīyù), 崔懿之(cuīyìzhī),[39] 王渾(wánghún)과 王濟(wángjì) 부자[40] 范隆(fànlóng), 朱紀(zhūjì)[41] 등이다. 무장으로는 왕미가 있다.[42] 이들은 모두 유연을 도와 정권을 창출하는데 커다란 공적을 세웠고, 흉노 정권의 한족 문화 수용에 일정부분 역할을 담당했다.

III. 전조의 문화변용

前趙 통치자들의 적극적인 문화변용은 호족 통치자들의 개인적인 요구

---

38) 『晉書』卷101 「劉元海載記」, 2645쪽. 그는 상당의 유학자로 유연의 스승이다.
39) 同上書, 2646쪽. 두 사람은 모두 관상가로 유연과 어려서부터 인연을 맺었다.
40) 同上書, 王渾은 유연의 친구이고 왕제는 왕혼의 아들이다.
41) 同上書, 2645쪽. 두 사람은 유연과 동문 수학한 동학이다.
42) 同上書, 2610쪽. 왕미의 유연에 대한 귀의와 유연의 왕미에 대한 태도가 잘 나타나 있다.

에 의한 것이라고 보기보다는, 생존을 위해서 호족 통치자가 흉노의 구제도와 문화를 개조하여 새로운 역사 시대 요구에 적응하기 위한 산물이었다. 즉 전조의 통치 지역 내에서 농업을 위주로 하는 한족과 유목을 위주로 하는 6이 부락 및 후한 이후에 중원 내지로 이동하여 이미 한족과 융합된 흉노족 자신들로서는 통치상의 필요에 따라서 문화변용의 길로 나가지 않을 수 없었을 것이다. 그리고 이러한 상황은 당시 각 종족 민중들이 아직 융합되지 않았음을 나타내주고 있다.[43]

1. 군주 개인의 문화변용

318년 유총이 죽고 劉粲(liúcàn)이 즉위하였다. 그러나 靳準(jìnzhǔn)이 정변을 일으켜 유찬을 죽이고 스스로 漢天王이라 칭하였다. 근준이 유찬을 살해했다는 소식을 들은 유요는 長安으로부터 군사를 이끌고 晉陽으로 돌아와 변란을 진압하고 스스로 황제라 칭하고 국호를 趙(前趙)로 바꿨다.[44] 즉 유연이 국호를 유한이라고 일컬은 것은 자신을 한 왕조의 계승자로 변모시켜서 한족의 지지를 획득하고자 한 것이다. 그러나 유요가 지금 즉위하면서 국호를 조로 바꾼 것은 서진이 이미 멸망하였고 북방은 민족 융합과 할거 상태에 처해있어서 더 이상 한의 기치를 사용할 필요가 없기 때문이었다.

전조의 유요는 성격이 매우 잔혹하여 전쟁 중에도 약탈과 살육을 대대적으로 감행하였다. 하지만 그는 유연, 유총과 동일하게 중원 한족의 전통문화에 대한 문화변용에 매우 적극적이었다. 그는 유연의 族子로 정권을 장악한 이후에 문화변용의 정도가 더욱 심했다. 책 읽는 것을 좋아했고 학문에 상당한 소양이 있었으며 학습 방법에도 글을 읽을 때는 널리 읽는 것

---

43) 周偉洲, 前引 『中國中世西北民族關係史研究』, 62쪽.
44) 『資治通鑑』 卷91 元帝 太興2年條, 2870쪽. "陛下又王中山, 中山, 趙分也, 請改國號爲趙." 유요는 일찍이 中山王에 봉해졌는데, 중산은 원래 전국 시대 조국의 지역이었으므로 국호를 조라고 한 것이다.

에 뜻을 두고 章과 句節에는 깊이 생각하지 않는다는 독특한 태도로 일가견이 있었다. 특히 병법 서적 읽는 것을 좋아했으며 무술에도 상당한 조예가 있었다. 유요의 문화변용 정도에 대해서는 『晉書』「劉曜載記」에 이르기를,

"글을 읽을 때는 널리 읽는 것에 뜻을 두고 장과 구절에는 깊이 생각하지 않았으며, 글 짓는 것을 잘했으며 초서와 예서에 능했다. 무략이 보통사람보다 월등하였고 쇠의 두께가 1촌인 것도 활로 쏘아서 뚫을 정도였으며 그래서 당시에 신사(활쏘기에 명수)라고 불려졌다. 더욱이 병법 책을 읽는 것을 좋아하였고 대략 모두 암송하였다."[45]

위의 내용으로 전조 통치자의 한족 문화에 대한 동경과 그 깊이가 어느 정도인지 짐작할 수 있다.

2. 왕조 차원의 문화변용

첫째, 전조가 건국되면서 시행한 문화변용의 첫 번째 조치는 한족 혈통과의 관련성을 부인하고 자신의 흉노족 혈통을 재차 인정하는 것이다. 유요는 서진에 반대하는 호소가 이미 그 의미를 잃었다는 것을 알았다. 유연과 유총이 양한의 3조 5종에게 제사지내는 것은 한족의 지지를 획득하기 위하여 대다수 한족 백성을 속인 것인데, 서진의 멸망으로 이러한 행위를 더 이상 계속 유지한다는 것이 무의미하게 되었다. 그래서 유요는 근준을 토벌한 후에 국호를 조라 고치고 冒頓(mòdú) 單于와 유연을 조상으로 삼고 제사를 지냈다. 『資治通鑑』元帝 太興2年條에서 이르기를,

---

45) 『晉書』卷103 「劉曜載記」, 2683쪽. "讀書志於廣覽, 不精思章句, 善屬文, 工草隷. 雄武過人, 鐵厚一寸, 射而洞之, 于時號爲神箭. 尤好兵書, 略皆暗誦."

"나의 조상은 북방에서 흥기하였다. 유연(광문제)은 한의 종묘를 세워서 백성의 희망을 따랐다. 지금 마땅히 국호를 바꾸고 선우로써 조상으로 삼을 것이다. 급히 의논하여 보고하라. 여러 신하들이 아뢰기를 … 폐하는 또 중산의 왕이었으며 중산은 전국시대 조의 영토이므로 국호를 조로 바꾸기를 청합니다. 유요가 따랐다. 모돈으로 하늘에 제사지낼 때 같이 지내고 광문제로 하여금 상제로 모시고 제사지냈다."[46)]

위의 내용은 유연이 개국할 때에 사용한 유한이라는 국호를 사용한 것은 스스로를 漢 왕조의 계승자로 만들어 한족의 호응과 지지를 이끌어 내려고 한 정치적 태도였다. 그러나 유요가 즉위하면서 서진은 이미 멸망했고 북방은 각 종족간의 융합과 할거에 처해 있으므로 한이라는 국호가 더 이상 필요하지 않게 되었으므로 국호를 바꿨다. 유요는 일찍이 중산왕에 봉해졌고 중산은 조의 영토이므로 국호를 조로 바꾸고 아울러 모돈을 조상으로 유연을 상제로 하여 제사지냈다. 비록 유요가 한족 왕조인 한의 유씨를 조상으로 모시지 않고 흉노족 모돈을 조상으로 섬기고 국호를 조로 바꾼 것은 문화변용을 포기한 것이 아니고 주변의 상황에 기인한 바가 크다고 하겠다. 즉 당시 전국은 여전히 할거 상태에 처해있었고 조(전조)는 陝西와 關中 및 河南 동부만을 차지하고 있었다. 전조의 주위에는 後趙, 成漢, 前涼 정권과 仇池, 鮮卑, 鐵弗匈奴, 東晋 정권으로 둘러싸여 있었다. 유요는 방금 붕괴된 흉노족 한 정권에서 분리되어 나와서 국력이 미미하고 사회가 불안하였다. 그래서 건국 초기에는 대외적으로 수세에 처해있었으며 주요 역량을 내부의 안정에 두고 통치를 공고히 하려 하였다. 즉 흉노족 본연의 기개를 살리고, 한편으로는 일부 한인을 관리로 삼아 사회 질서를 이전의 한 정권 시기보다 안정시키려는 노력의 일환으로 국호를 바꾸고

---

46) 『資治通鑑』 卷91 元帝 太興2年條. 2870쪽. "吾之先, 興於北方. 光文立漢宗廟以從民望. 今宜改國號, 以單于爲祖. 亟議以聞!群臣奏 … 陛下又王中山, 中山, 趙分也, 請改國號爲趙. 從之. 以冒頓配天, 光文配上帝."

모돈과 유연을 조상으로 모시고 제사지낸 것이다. 유요가 국호를 바꾸고 흉노족을 자신의 조상으로 천명한 것은 문화변용을 포기한 것이 아니고 문화변용을 진일보 가속화시키기 위하여 행한 우회적인 조치인 것이다.

둘째, 전조 정권이 시행한 문화변용에 대한 두 번째 조치는 중원의 핵심사상 체계인 유학의 적극적인 수용에서 명백히 드러나고 있다. 유학은 한족에게 있어서 문화 발전 수준의 거울이며 봉건 통치자 수중에 가장 효용이 있는 사상적인 무기임은 주지의 사실일 것이다. 흉노족 유씨는 유한과 전조를 건립한 이후에 그들의 통치를 보호하기 위하여 한족 백성과 기타 소수 민족의 장악에 역량을 집중하였고, 이의 효과적인 실현을 위해서 유학 사상의 도움을 필요로 했다.[47] 즉 유씨 통치자들이 가지고 있는 사상적 중심은 중원 한족의 전통사상인 유학에 있음은 재론의 여지가 없다. 이에 대한 증명으로 『晉書』 「劉元海載記」에 이르기를,

> "내가 매번 사서의 인물전을 보면, … 도라는 것은 사람으로 말미암아 널리 밝혀지는 것인데, 학문의 한 쪽만 알고 다른 한쪽은 알지 못하는 것은 진실로 군자로서 부끄러운 것이다."[48]

위의 내용으로 당시 흉노 군주들이 가지고 있는 사상의 중심은 한족의 전통사상인 유학이었으며, 특히 양한 유학의 전통에 깊이 매료되어 있음을 알 수 있다. 이러한 현상은 전조의 유요도 마찬가지였으며 흉노족 유씨 일가는 모두 매우 유학을 중시했음을 알 수 있다.

위에 서술한 것과 같이 흉노족 유씨 통치자들은 모두 서로 다른 수준에 있어서 유학의 중시와 훈도를 받았고 또 유학을 통치에 적극적으로 활용하였다. 그러면 왜 이들 통치자들은 유학을 중시했을까? 첫째는 유학의 기능

---

47) 羅宏曾, 『魏晉南北朝文化史』(成都, 四川人民出版社, 1989), 44쪽.
48) 『晉書』 卷101 「劉元海載記」, 2645쪽. "吾每觀書傳, … 道由人弘, 一物之不知, 故君子之所恥也."

자체가 사회 질서를 안정시키고 지식을 전수하며 풍속과 교화 등의 방면에 적극적인 작용을 하였기 때문이다. 둘째는 흉노족 유씨 통치자가 비록 정치상으로는 통치 지위를 획득했지만 그러나 경제 문화상으로는 오히려 한족에 비해서 크게 낙후되어 있었다. 그래서 이미 건립된 이민족 정권을 보호하고 공고히 하기 위해서이다. 셋째는 각 종족 특히 각 소수민족과 한족 간의 모순과 편견의 해소에 적극적인 작용을 하였을 뿐만 아니라, 소수 민족의 유학의 수용에 대한 객관적인 효과는 각 종족간의 융합을 촉진하고 또 각 소수 민족의 봉건화의 과정을 가속화하는데 유리하였다. 넷째는 문화가 비교적 높은 한족에 대한 장악을 강화하기 위함이었다. 그들은 유학의 도움을 빌려서 한족 백성 특히 사대부의 지지와 합작을 이끌어 내려고 유학을 중심으로 한 한족의 문화변용에 전력을 다했던 것이다. 유씨의 이런 노력은 유연의 부장이었다가 후조를 건국한 석륵의 경우에도 잘 나타나 있다.[49] 결론적으로 말하면 5호16국 시기의 유학은 흉노족 정권인 한과 전조를 통해서 동진 시기의 유학이 당시 사회에 끼친 역할보다 새로운 흡인력과 생명력을 구비하고 있었다고 하겠다.

셋째, 전조 정권이 시행한 문화변용에 대한 세 번째 조치는 유학의 확산을 위한 교육에 대한 투자이다. 전조 정권이 한족의 문화와 교육을 접수하는 과정 중에 언급할 가치가 있는 것은 일부 한인이 흉노에 항복한 이후에 흉노에게 한족의 문화 지식을 전수하여 흉노의 교육에 대하여 적극적인 영향을 끼친 점이다. 이 시기 흉노족의 문화 소양과 교육에 몇 가지 특징이 나타났다. 즉 흉노족 정권은 한족의 전통사상인 유학을 자신들 국가의 이념으로 채택하였다. 또 상층 귀족 대부분이 개인적으로 스승을 청하여

---

49) 同上書, 卷105 「石勒載記」, 2741쪽. "勒親臨大小學, 考諸學生經義, 尤高者賞帛有差. 雅好文學, 雖在軍旅, 常令儒生讀史書而聽之, 每以其意論古帝王善惡, 朝賢儒士聽者莫不歸美焉." 즉 유연의 부장인 석륵이 이정도로 문화변용에 적극적이고 자신도 이미 상당한 수준에 이른 것을 보면 흉노족 유씨의 문화변용 정도는 더 이상 말하지 않아도 잘 알 수 있다.

중원의 학문을 배우고 문화를 습득하였다.50) 그리고 교육과 학습의 중시로 인하여 흉노 귀족의 문화 소양은 보편적으로 향상되었고, 이를 계기로 유학을 교육받은 인재의 등용이 이루어졌다. 위의 내용 중에서 교육에 관한 내용을 상세히 설명하면 다음과 같다.

동진 시기의 북방은 소수민족의 통치 지역으로 변했으며 소수 민족 통치자는 한족 특히 중소 지주 계급의 지지를 얻기 위하여 그들을 자신의 통치 지역으로 끌어들였으며, 그들을 자신의 통치 구역 안에 정착시키기 위하여 유학을 숭상하고 학교를 세워 문화변용을 가속화 하였다. 비록 한과 전조의 통치한 시간이 그리 길지 않지만 교육 방면의 성취는 비교적 현저하다고 하겠다. 이렇게 할 수 밖에 없었던 주요 원인은 교육의 발전이 각 종족 혹은 자신의 흉노족을 보다 적극적으로 융합시키는 과정에 일정한 작용을 할 뿐만 아니라, 또한 이후 5호16국의 교육에도 매우 중요한 위치를 차지하였던 것이다.

전조의 교육은 비교적 괄목할만한 성취가 있었다. 일부 중국의 문화와 교육을 연구하는 자들은 5호16국 시기는 암흑시대라고 하여 "경제와 문화는 정돈되지 않고 학교 교육은 더욱 고찰하여 알 수가 없다"51)라고 하였다. 사실 130여년 중 16국(실제로는 21국)이52) 차례로 존재하였고 각 정권의 존재 기간도 비교적 짧았으며, 게다가 계속된 전란으로 확실히 유학의 수용과 교육사업의 발전에는 불리한 점이 있는 것은 사실이었다. 그러나 각 소수 민족 특히 흉노족 통치자들은 유학을 중심으로한 학교 교육과 인재의 선발에 매우 적극적이었고 아울러 놀랄만한 성취를 이룩했던 것이다. 이러한 문화변용의 대표적인 실천자는 전조의 유요였다.

---

50) 同上書, 卷101, 「劉元海載記」, 2645쪽. "拜师上黨崔游, … 拜师樂女孫炎" 그 외에 유연의 아들 유화, 유총 및 族子 유요 등은 모두 학교에 들어가 스승에게서 문무를 익히고 뛰어난 성취를 이룩했다.
51) 楊樹森, 『中國歷代敎育制度』(北京, 中華書局, 1989), 92쪽. "經濟文化無從整頓, 學校敎育更無從考知"
52) 金榮煥, 前引「5胡16國 君主의 文化變容에 관한 硏究」, 1쪽을 참고할 것.

흉노족의 문화 수준 제고와 교육에 대한 중시를 따라서 흉노족 스스로 학교를 세워 중원의 한족 문화를 배우고 가르치려는 조짐이 본격화되었고, 이것은 중원에 정권을 유지하려는 흉노족에게는 필연적인 행위로 등장하게 되었다. 흉노의 학교 설립의 시초는 전조의 유요이고, 그가 즉위한 이후에 시행한 문화변용은 학교를 세워 교육을 장려하는 것이었다. 『晉書』「劉曜載記」에 이르기를,

> "장락궁 동쪽에 태학을 미앙궁 서쪽에는 소학을 세웠으며 백성 중에서 나이가 25세 이하 13세 이상으로 지혜가 있어 가르칠만한 자 1500명을 선발하고, 조정의 어진 자와 명성이 뛰어난 유학자, 경전에 밝은 자 및 학문에 힘쓰는 자를 선정하여 그들을 가르치게 하였다. 중서감 유균을 영국자제주로 삼았다. 숭문제주를 두었는데 순위는 국자 다음이다. 산기시랑 동경도를 명경으로 발탁하고 숭문제주로 임명했다."[53]

위의 내용 중에서 다음과 같은 사실을 알 수 있다. 즉 흉노는 위진 시기 한족 문화의 영향을 받아서 자신의 종족을 위하여 학교를 세웠는데, 이것은 중원 지역에 한족이 세운 학교와 일부 다른 점이 있다. 흉노족 정권 기구 중에는 전문적으로 교육을 전담하는 國子祭酒와 崇文祭酒 등의 관리가 있다. 흉노 학교의 교육 내용은 유가의 경전을 학습하는 것을 위주로 하였다. 학교는 大學과 小學의 구분이 있었고 國子學은 없었다. 이것은 한대 학교의 형식을 대부분 계승한 것으로 중앙의 관학 위주이다. 또 학생의 연령으로 볼 때 차이가 비교적 큰데, 아마도 교육 수준이 비교적 낮고 초급 교육을 실행하고 있음을 알 수 있다. 인원의 수효로 볼 때 학교의 규모는 자못 크다. 그 외에 학생을 백성 중에서 선택한다는 내용으로 볼 때 피교육

---

53) 『晉書』卷103 「劉曜載記」, 2688쪽. "曜立太學於長樂宮東, 小學於未央宮西, 簡百姓年二十五已下十三已上, 神志可敎者千五百人, 選朝賢宿儒明經篤學以敎之. 以中書監劉均領國子祭酒. 置崇文祭酒, 秩次國子. 散騎侍郎董景道以明經擢爲崇文祭酒."

대상은 귀족의 자제뿐만 아니라 일반 평민까지 있었고 학생 신분에 대하여 엄격한 구분을 두지는 않은 것 같다.

또 유요는 학교를 설립했을 뿐만 아니라 또한 친히 太學에 가서 학생의 실력을 테스트하고 성적이 우수한 자는 郎中에 임명하였다.[54] 이것은 고시 제도의 실시로 국가가 인재에 대한 갈망과 중시를 나타낸 것이고 교육의 사회 작용을 중시한 것이다. 또 이것은 교육의 발전을 촉진시키고 문화변용에 대한 적극적인 작용을 일으켰다.[55] 그 외에 학교는 통치 계급을 위하여 우수한 인재를 공급하는 공급 기관의 역할도 한 것이다. 이와 같이 흉노족이 자신의 학교를 건립하여 인재를 양성한 것은 흉노의 교육사에 있어서 일종의 질적인 비약이라 하겠다. 게다가 5호16국 시기와 같은 대혼란 시기에 흉노 정권이 오히려 교육을 중시한 것은 쉽사리 그 예를 찾기가 어려운 행위였다. 그래서 흉노 학교의 탄생은 기타 소수 민족에 있어서 교육 중심의 선례를 남기게 되었고, 문화변용을 적극적으로 시행한 증거이다.

넷째, 전조 정권이 시행한 문화변용에 대한 네 번째 조치는 중원 전통 사상인 유학에 경도된 인재의 등용이다. 흉노족 통치자는 학문을 좋아하고 스스로 교육을 받았을 뿐만 아니라 또한 중원의 전통사상인 유학에 뛰어난 각 종족의 인재 등용에 대해서도 매우 적극적으로 실행하였다. 유요의 인재 등용에 대한 기록으로는 『晉書』 「劉曜載記」에 이르기를,

> "유요는 공경들에게 각각 박식하고 직언하는 선비를 1명씩 천거하라고 명령하였다. 사공 유균이 참군 대산을 천거하자 유요가 친히 동당에 가서 중황문을 보내어 대책을 묻게 했다. 대산이 적극적으로 그 까닭을 말하자 유요가 보고 좋다고 여겨서 동당으로 불러들여 정사를 상의하였다 ···. 유요는 얼굴색을 바꾸고 예로써 대접하고 박사제주 간의대부 영태사령으로 임명하였다."[56]

---

54) 同上書, 2692쪽. "曜臨太學, 引試學生之上策者拜郎中."
55) 李才棟(編), 『中國敎育管理制度史』(南昌, 江西敎育出版社, 1996), 156~157쪽.
56) 『晉書』卷103 「劉曜載記」, 2698쪽. "曜命其公卿各擧博識直言之士一人, 司空劉均

또 同上書 「董景道傳」에도 "동경도는 춘추3전과 역경, 상서, 시경 등에 밝아서 각각의 깊은 뜻을 세밀히 연구하였으며,[57] 유요는 散騎侍郎 董景道(dǒngjǐngdào)를 明經으로 발탁하고 崇文祭酒로 임명했다. 이렇듯 유요는 인재를 중시하고 적극적으로 등용하였는데 이러한 행위는 모두 자신의 통치 기반을 확립하기 위함이었고, 이의 방편으로 교육을 중시하거나 인재의 등용에 주의를 기울였음을 나타내주는 증거이다. 즉 유요의 주위에는 이미 문화변용의 정도가 상당한 인물들이 유요에 의하여 등용되어 군주 주변에 포진하고 있음을 짐작할 수 있다. 그리고 그들이 주동적으로 전조의 정책 입안과 결정에 상당한 힘을 작용하고 있음을 추측할 수 있다.

다섯째, 전조 정권이 시행한 문화변용에 대한 다섯 번째 조치는 제도상의 계승이다. 전조 정권이 건립된 이후에 기본적으로 한위 이래의 한족 정권의 정치 제도를 계승하였다. 관료 제도는 흉노 귀족은 대부분 한족 정권의 관료 제도를 사용하였고 한족 사대부를 대량으로 등용하여 관리로 삼고 공동으로 정권을 통치했다.[58] 즉 흉노 정권과 구성원의 사상, 습속, 문화 등은 점차 한족 사대부 관료의 그것과 접근되고 차이도 별로 없었다. 그 외에 경제 제도는 농업을 위주로 하고 축목업을 보조로 삼았다. 즉 한족과 문화변용이 비교적 깊은 종족은 농업에 종사하고, 그 외의 각 종족들은 축목 혹은 농업과 목축을 겸했다. 또 기타 방면에서는 흉노 통치자인 유요는 한족의 전통 문화와 유학을 사회의 사상 기초로 삼고 거기에 흉노의 사회

舉參軍臺産, 曜親臨東堂. 遣中黃門策問之. 産極言其故. 曜覽而嘉之. 引見東堂, 訪以政事. … 曜改容禮之. 卽拜博士祭酒·諫議大夫. 領太史令." 동일한 내용이 同上書, 卷95 「臺産傳」, 2503쪽에 있다.
57) 同上書, 卷91 「董景道傳」, 2355쪽. "明春秋三傳·京氏易·馬氏尙書·韓詩, 皆精究大義."; 同上書, 卷103 「劉曜載記」, 2688쪽. "散騎侍郎董景道以明經擢爲崇文祭酒."
58) 周偉洲, 『漢趙國史』(山西, 人民出版社, 1986), 184쪽에 의하면 유한과 전조 263명의 관리 중에서 유연의 가족 44명, 유씨 종족 30명, 기타 흉노족 40명, 한족 관리 131명, 기타 소수민족 출신 18명으로 나와 있는데, 이를 근거로 하면 유요의 전조 정권은 다민족 공동 정권의 성격이 짙다.

습속, 윤리 도덕, 문학, 사학과 예술방면을 혼합하였다. 즉 전조는 한위 이래의 전통을 계승하여 발전시키면서[59] 흉노와 한족의 문화변용을 적극적으로 시도하였다.

결론적으로 말해서 전조의 유요는 유한의 유연보다 진일보 문화변용에 힘썼음을 알 수 있고, 특히 유요의 문화변용은 중원의 전통사상인 유학(경학)의 흡수와 전파에 집중되었던 것이다. 즉 유요는 호족과 한족이라는 혈통상의 문제점을 문화적인 방면의 흡수와 전파로 보완하려고 하였던 것이다. 유요는 중원의 한족과 흉노족의 혈연상의 이질성을 해소하기 위해서 중원의 한족과 동일한 정신문화를 수용함으로써 문화적으로는 그들과 동일한 문화 종족임을 나타내려고 노력하였던 것이다.

Ⅳ. 결 어

유한과 전조의 흉노족 유씨는 일찍이 서진의 정치 중심지인 낙양에서 일정기간 생활하면서 광범위하게 한족의 유명한 학자들과 접촉하였으며 서진 왕조의 정치, 경제 및 사상과 의식 형태에도 익숙하게 알고 있었다. 그런 까닭에 왕조를 건립한 후에는 한위 이래의 문물제도를 계승하고 적극 문화변용을 추진할 수 있었던 것이다. 또 그들은 필요에 따라서 한족과의 혈통상의 동질성을 강조하여 백성의 지지를 획득하였을 뿐 아니라, 자신의 정권 기반이 안정되었다고 느껴질 때는 과감히 흉노족 본연의 주체성을 내세우기도 하였다. 흉노족 정권에서 시행한 문화변용의 주된 내용은 학술사상 및 문화 방면에 집중되어 있다. 이에 대한 그들의 구체적인 표현은 비록 꼭 선왕의 가르침에 따라 행동하지는 않았다고 하더라도 堯, 舜, 文, 武

---

59) 『晉書』 卷103 「劉曜載記」, 2702쪽. "永嘉之亂, 海內分崩, 伶官樂器, 皆設於劉·石."

王의 덕과 유학의 근본정신을 흠모하거나 경외하고 있음을 짐작할 수 있다. 이상의 내용을 귀납하여 정리하면 다음과 같다.

첫째, 유한과 전조를 건국한 흉노 통치자는 한족의 전통 문화인 유학으로 하여금 자신들 정권의 통치 이념 및 전체 사회상층부의 사상 기초로 삼았고, 또 이것을 사회 습속과 윤리 도덕 문학, 사학 예술 등 각 방면에 이르기까지 수용하여 흉노족 본연의 문화 색채를 탈피하려고 노력하였다.

둘째, 유한과 전조를 건국하여 통치한 흉노 귀족인 유씨 가계는 한족의 전통문화 학습에 적극적이어서 비교적 수준 높은 소양을 가지고 있었으며 일부 유씨는 한족 사대부와 조금도 차이가 없을 정도로 문화변용의 정도가 깊게 이루어졌다.[60]

셋째, 유연의 유한 정권은 자신이 천명을 받았음을 내외에 알렸으며, 천명이라는 중원의 한족에게 오랫동안 전해져온 문화적 코드의 강조로 한족과의 충돌을 완화시키고 오히려 그들을 지지 세력으로 변화시켜 자신의 정권을 중원에 정착시키려고 노력하였던 것이다.

넷째, 유요의 전조 정권은 유연의 한 정권이 표방한 한족과의 혈통상의 동질성을 탈피하여 스스로를 흉노 출신이며 전조는 흉노 정권임을 나타내었다. 말하자면 흉노족은 이전 시대에 흉노족이 강성할 때에는 흉노에 복속된 종족이 스스로를 흉노족이라고 하듯이 종족의 정체성을 그다지 중시하지 않았고, 통치상의 필요에 따라서 변화되는 가변적인 대상으로 여겼다.

다섯째, 유한 정권에서는 유학의 수용에 대해서만 집중적으로 노력을 한 반면에, 전조 정권에서는 이의 수용은 물론 한 걸음 더 나아가서 유학의 확산을 위하여 교육기관을 세우고 한족의 핵심 사상체계인 유학으로 무장된 인재 양성에 노력을 기울인 점이 독특하다 하겠다. 특히 교육체제는

---

60) 前引 『太平御覽』 卷610에 인용한 蕭方 등의 『三十國春秋』. "汝誦何書, 昧何包也? 約曰.. 臣誦孝經, 每詠身體髮膚, 受之父母, 不敢損傷. 至于在上不驕, 高而不危, 未嘗不反復誦之. 聰聽後大悅." 이것은 바로 한족 사대부의 윤리와 도덕 또한 점차 흉노 귀족에 의하여 수용되고 있음을 말해준다.

한족의 전통적인 체제를 수용하였고 교육 대상은 흉노족과 한족을 막론하고 대규모로 이루어졌다.

여섯째, 유한과 전조의 정치 제도상의 문화변용은 소수 민족으로 다수 민족인 한족을 통치하기 위해서와 한족 백성의 수요에 적응하기 위해서 정치 제도상의 변화는 자신의 고유한 제도를 고집하지 않았다. 즉 한위 이래로 계승 발전되어온 한족의 전통적인 제도를 대부분 받아들였으며 여기에 일부 흉노족 고유의 제도가 가미된 이원적인 체제를 이룩했지만, 후기에 이르면 이마저도 점차 한족의 제도로 일원화 되어갔다.

일곱째, 유한과 전조 정권의 순조로운 정착을 위해서 흉노족과 한족의 인재를 대규모로 등용하였다. 당시 등용된 인재는 흉노족과 한족을 막론하고 중원 한족의 핵심 사상 체계인 유학에 깊이 심취된 인물 중심이었으며, 이들은 상호 융합하여 정권의 창출과 유지에 커다란 공적을 세웠고 흉노 정권이 한족의 문화를 수용하는데 커다란 공헌을 하였다.

결론적으로 흉노족 유씨의 문화변용에 대한 노력과 실천은 향후 전개되는 5호16국의 각 정권에서도 한족의 문화에 대한 문화변용을 시행하는 선례를 남겼다. 이러한 결과로 한족의 전통 문화가 소수 민족을 통하여 외연이 확대되고, 반대로 소수 민족의 문화는 한족을 통하여 한족의 문화 내용에 깊숙이 침투되어 한족 문화의 다양성과 풍부성을 이룩하여 통일시대 수, 당의 새로운 문화를 창조하는데 많은 영향을 끼쳤던 것이다.

(『중국학연구』 24, 2003년)

참고문헌(출현 순서에 따라)

1. 사료

『資治通鑑』, 臺北, 世界書局, 1987.
『三十國春秋輯本』, 臺北, 鼎文書局, 1987.
『晉書』, 同上.
『太平御覽』, 北京, 中華書局, 1985.
『册府元龜』, 北京, 中華書局, 1982.
『通志』, 臺北, 商務印書館, 1987.
『十六國春秋輯補』, 臺北, 鼎文書局, 1987.

2. 저서

劉學銚, 『鮮卑史論』, 臺北, 南天書局, 1994.
葉　適, 『習學紀言』, 臺北, 商務印書館, 1989.
川本芳昭, 『魏晉南北朝時期の民族問題』, 東京, 汲古書院, 1998.
鄭欽仁, 『北魏官僚機構研究』, 臺北, 稻禾出版社, 1995.
孫同勛, 『拓跋氏的漢化』, 臺北, 國立臺灣大學文學院, 1962.
陳登原, 『國史舊聞』, 臺北, 明文書局, 1984.
陳寅恪, 『陳寅恪先生論集』, 臺北, 中央研究院歷史語言研究所, 1971.
徐復觀, 『學術與政治之間』, 臺北, 學生書局, 1985.
康有爲, 『論語注』, 臺北, 明文書局, 1987.
費孝通, 『中華民族多元一體格國』, 北京, 中央民族大學出版社, 1999.
王鍾翰, 『中國民族史』, 北京, 中國社會科學出版社, 1994.
馬長壽, 『北狄與匈奴』, 北京, 三聯書店, 1962.
姚薇元, 『北朝胡姓考』, 臺北, 華世出版社, 1977.
內田吟風, 『北アジア史研究』, 京都, 同朋社, 1975.
田村實造, 『中國史上の民族移動期』, 東京, 創文社, 1985.
陳　明, 『中古士族現象研究』, 臺北, 文津出版社, 1994.

周偉洲, 『中國中世西北民族關係研究』, 西安, 西北大學出版社, 1992.
白翠琴, 『魏晉南北朝民族史』, 成都, 四川民族出版社, 1996.
羅宏曾, 『魏晉南北朝文化史』, 成都, 四川人民出版社, 1989.
楊樹森, 『中國歷代教育制度』, 北京, 中華書局, 1989.
李才棟(編), 『中國敎育管理制度史』, 南昌, 江西敎育出版社, 1996.
周偉洲, 『漢趙國史』, 山西, 人民出版社, 1986.

3. 논문

金榮煥, 「『魏書』「序紀」에 나타난 拓跋鮮卑族의 神異現象 考釋」, 『中國學硏究』 15, 1998.
金榮煥, 「5胡16國 君主의 文化變容에 관한 연구」, 『한중인문학연구』 9집, 2002.
邱久榮, 「十六國時期的胡漢分治」, 『中央民族學院學報』 1987-3.

제9장

5호16국시기 大夏 군주 赫連勃勃의 문화변용 연구

I. 서 언

　일반적으로 말해서 오늘날 북아시아 지역이라고 부르는 곳은 몽고 초원과 중국 동북(만주), 시베리아 등을 포함한다. 몽고 초원은 유목민의 세계이고 중국 동북지역은 반수렵 반농경민의 세계이며 시베리아 지역은 수렵민의 세계였다고 여겨지고 있다.[1] 永嘉之亂 이후 西晉 조정이 붕괴되고 몽고 초원의 유목민이 앞 다투어 중원에 건립한 이민족 정권이 20여 개나 되었고, 그들이 활약한 시기를 중국사에서 5호16국 시기라고 부른다.[2] 그들은 수초를 따라 이동하고 종족 상호간의 이해관계에 따라서 융합을 일삼던 특성상[3] 원래부터 자신의 문화적인 기반이 공고하지 못하였다. 또한 장기간 한족과 잡거하면서 그 나마 존재하였던 일부 이민족 고유문화의 색채 또한 분명하지 않게 되었다. 이러한 과정에서 비록 그들이 중원에 정권을 세우고 정치적으로 강남의 한족 정권에 대항하였지만 문화적으로는 어떤 대립의 징조도 보이지 않았다. 오히려 스스로를 중국(중원 왕조의 의미)과 다르게 여기지 않았을 뿐만 아니라,[4] 대부분의 군주는 이러한 현상을 적극 수용하여 중원 한족 왕조의 혼란기를 틈타서 이민족 정권을 세우는데 이용하려는 흔적이 역력하였다.[5]

---

1) 護雅夫, 神田信夫, 『北アジア史』(東京, 山川出版社, 1985), 1~2쪽.
2) 5호16국의 개념에 관한 설명은 「서문」 후반부의 관련 내용을 참고할 것. 그 외에 개념상의 문제는 劉學銚, 『五胡史論』(臺北, 南天書局, 2001), 16~27쪽 ; 柏楊, 『中國人史綱』(臺北, 星光出版社, 1992), 388쪽 ; 劉學銚, 『鮮卑史論』(臺北, 南天書局, 1994), 17쪽 등이 참고할 가치가 있다.
3) 金榮煥, 「『魏書』「序紀」에 나타난 拓跋鮮卑族의 神異現象 考釋」, 『中國學研究』 第15輯, 1998, 316쪽의 註釋 7) ; 札奇斯欽, 『蒙古文化與社會』(臺北, 商務印書館, 1987), 1쪽을 참고할 것.
4) 葉適, 『習學紀言』 卷32(臺北, 商務印書館, 1989), 27쪽. "劉, 石, 苻, 姚, 與夫慕容, 雖曰種類不同, 然皆久居中國, 其豪傑好惡之情狀, 與中國不甚相異"
5) 『晉書』 卷101 「劉元海載記」, 2647쪽. "自漢亡以來, 魏晉代興, 我單于雖有虛號,

당시 몽고 초원의 유목민이 건립한 이민족 정권의 군주들은 자신과 중국을 다르게 보지 않았고, 단지 다른 것이 있다면 문화적으로 열세에 처해 있음을 인정하였다. 그래서 중원의 선진문화를 적극 수용 융합하여 자신의 문화를 발전시키고, 나아가서는 이를 토대로 중원에 형성된 자신의 정권을 다수의 중원민중(한족)의 거부감을 최소화 시키면서 안착시키려고 하였던 것이다.

즉 匈奴, 鮮卑, 氐, 羯, 羌族 등의 이민족 출신의 군주들은 서진 조정이 와해된 이후의 혼란기에 한족의 전통문화와 사회제도, 가치체계 등 여러 문화 현상의 흡수와 응용을 통해서 중원의 왕조와 비슷한 통치 구조를 형성하려고 하였던 것이다. 이러한 행위와 노력을 문화변용이라고 하며[6] 문화변용의 첫 번째 단계가 바로 자신과 중원의 한족이 다르지 않음을 내외에 나타내는 것이고,[7] 두 번째 단계는 이를 통해서 중원 한족의 여러 문화

無復尺土之業, 自諸王侯, 降同編戶. 今司馬氏骨肉相殘, 四海鼎沸, 興邦復業, 此其時矣."라고 하여 이민족 정권을 세우려는 의지를 살펴볼 수 있다. 이하 인용된 중국 正史書는 모두 臺北의 鼎文書局版을 이용하였고, 다른 판본을 이용하였을 시는 따로 그 출처를 명기하였다.

6) 문화변용에 대해서는 제3장 주석 5)를 참고할 것. 상관 이론의 소개는 金榮煥, 「5胡16國 군주의 문화변용에 관한 연구」, 『韓中人文學硏究』 9, 1998, 245~246쪽 ; 川本芳昭, 『魏晉南北朝時期의 民族問題』(東京, 汲古書院, 1998), 391쪽 ; 李培棟, 『魏晉南北朝史緣』(上海, 學林出版社, 1996), 45쪽 ; 鄭欽仁, 『北魏官僚機構硏究』(臺北, 稻禾出版社, 1995), 3쪽 ; 孫同勛, 『拓跋氏的漢化』(臺北, 國立臺灣大學文學院, 1962), 1~2쪽 ; 呂春盛, 「從北亞史主體性的觀點論中國歷史」, 『臺南師院學報』 30, 1997, 1~3쪽을 참고할 것.

7) 『晉書』 卷101 「劉元海載記」, 2650쪽. "立漢高祖以下三祖五宗神主而祭之"의 기록 이외에 『資治通鑑』 卷85 惠帝 永興元年條(臺北, 世界書局, 1987), 2702쪽. "吾漢氏之甥, 約爲兄弟, 兄亡弟紹, 不亦可乎!"라고 하였으며 이에 대하여 胡三省의 注에 "(劉)淵以漢高祖·世祖·昭烈爲三祖, 太宗·世宗·中宗·顯宗·肅宗爲五宗"에서 처럼 흉노족인 유연이 한족의 왕조인 한을 건립한 유씨 일족을 자신의 조상으로 여기는 행위에서도 그 일단을 볼 수 있다. 즉 유연은 군사를 일으키면서 한족의 후예임을 천명하고 국호도 劉漢이라고 정한 것은 한족 백성들로 하여금 이민족에 대한 거부감을 없애고 자신의 정권 기초를 공고히 하려는데 그 목적이 있었음을

현상의 흡수와 융합을 통하여 이민족 정권을 한족의 거부감 없이 중원에서 깊게 뿌리내리려는 것이다.

본문은 이와 같은 인식에서 16국 군주 중에서 한족과의 관계가 가장 밀접하고 문화변용의 정도가 깊은 흉노족을 선택하였고,[8] 그 중에서도 유씨가 건립한 유한과 전조의 문화변용[9] 후속편으로 赫連勃勃(hèliánbóbó)의 大夏 정권을 선택하였다. 주지하다시피 대하는 南匈奴 屠各種 鐵弗部의 혁연발발이 건립한 정권이고, 역사에서는 "胡夏" 라고 일컬었다. 도읍은 統萬城이고 16국 시기 최후에 출현한 정권이다. 즉 대하의 군주 혁연발발이 시행한 문화변용, 특히 중원 한족의 여러 문화 현상에 대한 여러 가지 수용 태도를 살펴보았다.

그리고 이를 토대로 호족과 한족간의 혈연간의 이질적인 갈등을 해소하여 중원에서 착근하려는 일련의 사실들을 군주 개인의 문화변용에 대한 노력을 중심으로 살펴보았다. 고금의 여러 학자들도 혈통에서 한 걸음 나아가 문화적으로 상호간의 차이를 구별해야 함을 인정하였으며,[10] 이러한 각도에서 이 시기의 역사를 볼 때 우리들은 비로소 중국 북방 이민족 정권이 한족의 여러 문화 현상을 적극적으로 수용하려는 행위에 대해서 합리적으

알 수 있다.
8) 陳登原, 『國史舊聞』(臺北, 明文書局, 1984), 618~619쪽. "匈奴人入中國者, 其地位可分爲三:上也者, 漸染中國之政敎, 劉淵·劉聰·劉曜·劉宣之類是也. … 言其丈年衣服·死喪殯葬, 已與中國略同, 其渠帥亦頗識文字."
9) 金榮煥, 「5胡16國時期 匈奴族 정권의 문화변용 연구 - 漢, 前趙를 中心으로 - 」, 『中國學研究』 23, 2003.을 참고할 것.
10) 陳寅恪, 『陳寅恪先生論集』(臺北, 中央研究院歷史語言研究所, 1971), 119쪽. "漢人與胡人之分別, 在北朝時代, 文化較血統尤爲重要. 凡漢化之人卽目爲漢人, 胡化之人卽目爲胡人, 其血統如何, 在所不論."; 徐復觀, 『學術與政治之間』(臺北, 學生書局, 1985), 15쪽. "但孔子所謂華夷, 不僅是種族問題, 主要的還是文化問題. 所以諸夏在文化上, … 而主要是文化的凝聚."; 康有爲, 『論語注』(臺北, 明文書局, 1987), 46쪽. 「子欲居九夷條」, "夷狄而有德, 則中國也. 中國而無德, 則夷狄也."; 費孝通, 『中華民族多元一體格國』(北京, 中央民族大學出版社, 1999), 338쪽. 등에서 모두 화이의 구별은 혈통에 있지 않고 문화에 있음을 강조하고 있다.

로 이해할 수 있게 되는 것이다.

　본문의 연구 범위는 시간적으로는 5호16국 시기에 흉노족이 건립한 정권 중에서 후기의 대하 정권을 중심으로 하였다. 그중에서도 대하의 군주인 혁연발발이 시행한 문화변용의 노력을 편의상 전기(407~413년)와 후기(414~424년)로 나누고 각 시기마다 주요 사안을 중심으로 살펴보았다. 내용적으로는 흉노족 출신 대하의 군주 혁연발발의 전반기에 추진한 문화변용, 즉 한족 왕조의 국호였던 하를 채택하고, 한족 통치자들이 사용했던 天王의 칭호를 사용하고, 흉노족과 한족을 동시에 아우르려는 목적 하에서 시행한 赫連氏로의 창씨개명 등의 내용을 서술하였다. 혁연발발의 후반기에는 농경민의 정주 형태인 도성의 축성과 정주 통치를 시행하고, 한족 정권에서 보편적으로 시행되었던 사민과 지방 행정 기구인 주를 설치하여 통치하였으며, 한족 사대부의 우대로 그들의 지지를 도출하는 등 여러 문화 현상의 수용으로 인한 문화변용을 적극적으로 실천하는 일련의 노력을 서술하였다. 또 흉노족 정권의 문화변용 내용을 토대로 동일한 흉노족 정권인 劉漢과 前趙의 군주가 시행한 문화변용에 대한 노력과의 공통점과 차이점 등도 겸해서 개략적으로 살펴보았다.

　연구 방법으로는 『十六國春秋』(『太平御覽』 卷127 引用本), 『十六國春秋輯補』, 『十六國春秋纂錄校本』, 『十六國疆域志』, 『三十國春秋』, 『三十國春秋輯本』 등을 중심으로 비교 분석 정리하였고, 『晉書』, 『魏書』, 『宋書』, 『南齊書』, 『資治通鑑』의 상관 기록을 보조로 하여 문헌 사료의 부족을 보충하려고 시도하였다.[11]

---

11) 이상의 문헌 사료는 『太平御覽』(臺北, 商務印書館, 1987) ; 『資治通鑑』(臺北, 世界書局, 1987)을 제외하고 모두 臺北의 鼎文書局版을 사용하였다.

II. 혁연발발 전기의 문화변용

1. 大夏 건국

대하(407~431년)를 건립한 혁연발발은 흉노족 南單于의 후손이다. 혁연발발의 증조부는 劉虎(liúhǔ)이고, 유호의 조부는 去卑(qùbēi)로 南匈奴의 左賢王이다. 유호의 부친은 誥升爰(gàoshēngyuán)이고 남흉노 5부 중에서 북부의 우두머리였다. 고승원이 사망한 이후에 유호가 북부의 우두머리 지위를 계승하여 4천여 부락을 거느리고 新興郡 慮虒縣의 북쪽에 거주하였다. 그 후에 劉淵(liúyuān)의 아들 劉聰(liúcōng)이 흉노족 정권 前趙를 건국한 이후에 유호는 유총과 종실인 관계로 樓煩公 安北將軍 監鮮卑諸軍事 丁零中郞將으로 봉해졌으며 幷州 북쪽의 중심 세력을 형성하게 되었다. 그러나 西晉 幷州刺史 劉琨(liúkūn)이 拓跋鮮卑와 연합하여 유호를 공격하였고, 크게 패배한 유호는 서쪽의 황하를 건너서 새외 지역으로 도망갔다. 유호가 사망한 이후에 아들 劉務桓(liúwùhuán)이 부락을 통솔하여 우두머리가 되었다.[12]

유무환의 아들 劉衛辰(liúwèichén)은 탁발선비족이 건립한 代國의 군주 拓跋什翼犍(tuòbáshíyìjiān)의 사위이다. 그러나 탁발십익건이 여러 차례 유위진의 부락을 습격하여 약탈하자 유위진은 前秦의 苻堅(fújiān)에게 귀의하였다. 부견은 탁발십익건이 통치하는 대국을 멸망시킨 이후에 대국의 영토를 황하 이동과 이서의 2부로 분할하고, 황하 이동은 劉庫仁(liúkùrén)으로 하여금 통솔하게 하고 황하 이서는 유위진으로 하여금 통솔하게 하였다. 부견은 아울러 유위진을 西單于로 임명하고 하서의 여러 부락을 통솔하게 하였으며 代來城에 주둔하게 하였다. 淝水의 전투에서 부견이 東晉에 대패한 이후에 유위진의 세력은 급속히 성장하여 朔方의 패자가 되었다.[13] 그 후

---

12) 『晉書』 卷130 「赫連勃勃載記」, 3201쪽.

386년에 탁발십익건의 손자 拓跋珪(tuòbáguī)가 北魏를 건국하면서 삭방의 상황은 급변하였다. 즉 391년에 탁발규가 유위진의 대래성을 공격하였고, 유위진은 부하에 의하여 살해되었다. 탁발규는 유위진의 자제와 무리 5천여 명을 살해하고 말 30여만 필과 소와 양 4백여만 마리를 약탈하였다.

혁연발발은 유위진의 3자로[14] 高平川으로 도망갔다가 姚興(yáoxīng)이 건립한 後秦의 高平公 破多羅沒奕于(pòduōluómòyìyú, 鮮卑族)에게 귀의하였으며, 파다라몰혁우는 그를 사위로 삼았다. 혁연발발은 후진 정권에 출사하여 驍騎將軍이 되었고 요흥의 신임을 받았다. 그 후에 다시 安北將軍 五原公에 봉해지고 5부 선비 2만여 부락을 통솔하고 삭방에 주둔하였다.[15] 407년에 혁연발발은 무리 3만여 기병을 거느리고 고평천으로 거짓 사냥을 나간 후에 장인인 파다라몰혁우를 습격하여 살해하고 무리를 복속시켰다. 그 해 6월에 혁연발발은 자칭 大夏天王 大單于라고 일컬었고 연호를 龍昇으로 정하고 대하를 건국하였다.[16]

혁연발발은 16국 군주 중에서 잔인하기가 둘째가라면 서운할 정도로 포악한 군주이다.[17] 이러한 군주가 중원에 정권을 건립하고 시행한 문화변용의 첫 번째 조치는 한족의 최초 왕조인 하의 명칭을 수용하여 국호를 대하라고 정하고 연호를 사용한 것이다. 大는 형용사적인 의미이고, 하는 舜

---

13) 『魏書』卷95 「鐵弗劉虎傳」, 2055쪽.
14) 혁연발발의 가계를 『十六國春秋』(『太平御覽』卷127 引用本), 『十六國春秋輯補』, 『十六國春秋纂錄校本』, 『十六國疆域志』, 『三十國春秋』, 『三十國春秋輯本』, 『晉書』, 『魏書』, 『資治通鑑』 등 사료에 근거하여 정리하였다.
15) 『魏書』卷95 「鐵弗劉虎傳」, 2055쪽.
16) 同上書, 2056쪽. "僭稱大夏天王, 號年龍昇, 置百官." 또 『晉書』卷130 「赫連勃勃載記」, 3202쪽에도 유사한 내용이 있다.
17) 혁연발발의 포악성에 대하여 대표적인 예를 들면 다음과 같다. 『魏書』卷95 「鐵弗劉虎傳」, 2057쪽. "所造兵器, 匠呈必死. 射甲不入卽斬弓人, 如其入也便斬鎧匠, 凡殺工匠數千人. 常居城上, 置弓劍於側, 有所嫌忿, 手自殺之. 群臣近視者鑿其目, 笑者決其脣, 諫者謂之誹謗, 先截其舌而後斬之." 이외에도 『晉書』卷130 「赫連勃勃載記」, 3202쪽에 나타난 것으로는 "天性不仁 … 貪暴無親"; 동상서, 3213쪽. "兇暴好殺" 등이 있다.

으로부터 선양을 받은 禹가 건국한 한족 왕조의 최초 명칭이다. 그리고 『史記』 「匈奴傳」과 『漢書』 「匈奴傳」에 모두 흉노족은 夏后氏의 후예인 淳維(chúnwéi)의 자손이라고 기록되어 있다.[18] 혁연발발은 흉노족으로 하후씨의 후손이라는 전설에 부회하여 한족 왕조의 명칭인 하를 채택하여 국호로 정한 것이다. 또 하라는 글자는 中國人, 大, 人 등이며 이것은 다시 중원 한족의 우월적인 문명화로 인한 자존심을 나타내는 공통의 호칭임을 알 수 있다.[19] 물론 혁연발발이 한족의 최초 왕조의 명칭을 이용하여 자기 정권의 국호로 삼은 행위는 모종의 의도가 숨겨져 있음을 쉽게 알 수 있다. 다시 말해서 흉노족은 한족에 비해서 열등한 이민족이 아니고 한족과 동일한 조상의 후예라는 사실을 천명하여 건국의 정통성을 스스로 부여한 것이다. 그리고 혁연발발은 여기서 한 걸음 더 나아가 한족 왕조의 연호까지 사용하였는데, 이것 역시 다른 이민족 정권의 경우와 비교할 때 매우 흔치않은 현상이었다.

 이처럼 대하를 건국한 혁연발발의 문화변용에 대한 일련의 조치로 볼 때, 당시 흉노족 정권의 군주들은 자신과 중국을 다르게 보지 않았고, 단지 다른 것이 있다면 문화적으로 열세에 처해 있음만을 인정하였다. 그래서 위에 열거한 일련의 행위를 통하여 중원의 선진 문화를 적극 수용 융합하여 자신의 문화를 발전시키고, 나아가서는 이를 토대로 중원에 형성된 자신의 정권을 다수의 중원민중(한족)의 거부감을 없애고 안착시키려는 의지를 나타내려고 하였던 것이다.

---

[18] 『史記』卷110 「匈奴傳」, 2879쪽. "匈奴, 其先祖夏后氏之苗裔也, 曰淳維." 그리고 赫連勃勃 스스로도 『晉書』卷130 「赫連勃勃載記」, 3202~3210쪽. "自以匈奴夏后氏之苗裔也"; "朕大禹之後"; "我皇祖大禹以至聖之姿"; "淳維遠裔, 名王之餘" 등으로 일컬었다.
[19] 국호 하에 관한 의미를 상세히 서술한 것으로는 蔡學海, 『中國文化新編 – 根源篇 –』(臺北, 聯經出版社, 1987), 137~139쪽을 참고할 것.

2. 天王 稱帝

혁연발발이 시행한 문화변용의 두 번째 조치는 통치자의 호칭을 천왕이라고 명명한 것이다. 혁연발발은 최고통치자의 호칭 역시 유목 민족의 호칭이 아닌 한족 왕조의 호칭을 사용하였다. 일반적으로 이민족 정권의 통치자에 대한 호칭은 선우, 대선우 혹은 可汗 등이 있다.[20] 천왕이라는 호칭은 한족 통치자의 호칭으로 천자를 가리킨다. 군주의 칭호가 어떠했다는 것은 자신 혹은 민중이 어떠한 국가로 인식하고 있는가라는 정체성 문제에 직면하게 된다. 진의 시황제 이래 한족 왕조의 군주는 황제를 칭하고 있었다. 그러나 16국 군주에 대한 칭호는 상당히 다양하다. 16국 군주의 칭호로 사료에 등장하는 것으로는 황제, 천왕, 왕, 공, 대선우 등이 있는 것을 알 수 있다. 그 외에도 牧 혹은 刺史라는 관호를 일컬으면서 사실상 통치하고 있는 경우도 있지만, 이것은 晉의 관직을 편의상 사용한 것이라고 할 수 있다. 대체적으로 말해서 16국 전부가 황제를 칭한 것이 아니라는 것이다. 즉 황제를 칭한 나라는 成漢, 前趙, 冉魏, 前燕, 前涼, 前秦, 西燕, 後燕,

---

20) 선우, 대선우는 흉노족 계통의 통치자에 대한 호칭이며, 可汗은 선비족 계통의 통치자에 대한 호칭이다. 또 필자의 분석에 의하면 탁발선비는 선세부터 가한이라는 칭호를 사용하였음을 알 수 있고, 隴西鮮卑, 遼東鮮卑, 慕容鮮卑도 가한 호칭을 사용했는데 이런 정황으로 보면 가한 호칭은 선비족에게서 나왔음을 알 수 있다. 그 외에 柔然도 가한, 가돈의 호칭을 사용했는데 탁발선비에서 유래한 것이다. 그 후에 突厥, 回鶻 등 투르크 계통 종족과 吐谷渾, 蒙古 등 선비족 계통 종족의 우두머리 칭호도 대략 이와 비슷하다. 이에 관한 논저로는 金榮煥, 『魏晉南北朝時期 北方民族史 硏究-拓跋鮮卑族의 歷史와 文化-』(서울, 아이반호, 2003), 197~198쪽 ; 王吉林, 「北魏建國前的拓跋氏」, 『史學彙刊』 1977-8, 67쪽 ; 黃烈, 「拓跋鮮卑早期國家的形成」, 『魏晉隋唐史論集』 2(北京, 社會科學出版社, 1983), 62쪽 ; 町田隆吉, 「北魏太平眞君4年拓跋燾石刻祝文をめぐって-可汗・可敦の稱號を中心として-」, 『岡本敬二先生退官紀念論集-アジア諸民族における社會と文化-』(東京, 國書刊行會, 1985), 101쪽 ; 白鳥庫吉, 『東胡民族考』(上海, 商務印書館, 1934), 64~72쪽 ; 內田吟風, 「柔然族に關する硏究」, 『北アジア史硏究-鮮卑・柔然・突厥篇-』(東京, 同朋社, 1975), 284~292쪽. 등을 참고할 것.

南燕, 後秦, 大夏, 北魏의 13개 정권이 있고, 게다가 대부분은 처음에는 왕 혹은 천왕을 칭하고, 일정기간 이후에 황제에 즉위하는 형식을 취하고 있었다. 그밖에 後趙, 前涼은 그 존속기간에 비해 황제를 칭했던 기간이 꽤 짧았다.[21]

그러나 위의 내용에서 비교적 흥미 있는 것은 "천왕"이라는 칭호가 많이 사용되고 있는 것이다. 천왕은 한족 왕조의 대표적 정권인 周 왕조의 최고 통치자를 나타내는 말로서 『春秋』와 『荀子』 등에서도 여러 번 볼 수 있다. 또 『史記』와 『漢書』, 『三國志』에서는 황제의 의미로 사용되고 있었고, 최초로 황제의 호칭을 사용한 진시황도 왕과 천왕을 거친 후에 황제라는 칭호를 본격적으로 사용했음을 알 수 있다.[22] 그러나 5호16국 시기 이민족 통치자의 천왕 호칭의 사용은 한족 통치자의 그것과는 조금 다르다. 즉 천왕은 황제에 준하는 지위를 가진 자의 칭호로서 사용되어졌고, 정권의 기반이 공고해지고 한족과 이민족을 모두 아우를 여건이 갖춰지면 천왕에서 한걸음 더 나아가 황제로 즉위하곤 하였다. 예를 들면 후조의 석륵과 석호는 여러 신하들이 제호를 칭하도록 권했지만 왕실의 어려움 등을 이유로 천왕으로 칭했다.[23] 또 전진의 부견도 천왕을 칭했으나, 이것은 사촌 형제인 苻生(fúshēng)을 쿠데타로 제거하고, 또 형인 苻法(fúfǎ)이 庶出을 이유로 하여 사퇴한 것에 따른 즉위였다. 그러나 그 후에 화북을 통일하여 5호16국 시대 최대의 세력을 자랑함에도 불구하고 부견은 여전히 천왕에 머물렀다.[24] 그 외에 후진의 요흥은 천재지변을 이유로 황제에서 천왕으로 호칭을 내리기도 하였다.[25] 이와 같이 순조롭게 정권을 장악한 경우가 아닐 경우 또는 권력이 종실의 다른 인물과 공유되어 군주권의 행사에 지장

---

21) 三崎良章, 『五胡十六國 - 中國史上の民族大移動』(東京, 東方書店, 2002), 177쪽.
22) 谷川道雄, 『隋唐帝國形成史論』(東京, 筑摩書房, 1998), 316쪽.
23) 『晉書』 卷105 「石勒載記」, 2746쪽. "僭號趙天王, 行皇帝事" 또 石虎의 경우에는 同上書, 卷106 「石季龍載記」, 2765쪽. "僭稱大趙天王"
24) 同上書, 卷113 「苻堅載記」, 2884쪽. "僭稱大秦天王"
25) 同上書, 卷117 「姚興載記」, 2980쪽. "以(姚)興降號"

이 있는 경우[26] 혹은 이민족과 한족을 장악하는 과정에서 서두르지 않으면서 일련의 과정을 단계별로 밟아가는 경우(公 - 王 - 天王 - 皇帝)에도 천왕으로 일컬었음을 알 수 있다

그러나 가장 중요한 것은 천왕과 대선우의 호칭을 겸용한 것이다.[27] 주지하다시피 대선우는 이민족을 통치하는 최고의 직위이고, 당시 중원에 진입한 이민족 정권은 대부분 胡漢二元體制로 분할통치하고 있었다.[28] 즉 이민족을 통치하는 대선우의 존재는 한족을 통치하는 천왕의 존재와 동일시되어왔던 것이다. 다시 말하면 중원에 진입하여 정권을 건립하고 문화변용을 진행하는 초기에는 대선우와 천왕 호칭을 겸하지만, 문화변용이 진행되는 과정에서 또는 국가 권력의 발전을 따라서 국가 사무가 번잡해지자 황제는 대선우의 직무를 겸할 여유가 없었다. 또 황제 자신이 계승자의 지위를 제고시키기 위해서 대선우의 호칭을 황태자에게 전해주기도 한다. 그러면서 점차 대선우의 호칭은 사라지고 황제에 즉위하고 있는 공통된 현상을 발견할 수 있다. 그러나 이러한 경우에도 부인을 황후, 세자를 황태자로 하거나, 부친과 조부에게 황제의 시호를 내리는 등 황제와 다름없는 부분이 많았다. 천왕은 황제보다 한 단계 낮은 칭호이지만, 위에 황제의 존재를 전제로 한 王과는 전혀 다른 지고무상의 지위인 점에서는 황제와 동일한 범주에 포함되어 있다.[29] 혁연발발 역시 기타 이민족 정권의 군주와 비슷한

---

26) 谷川道雄, 前引『隋唐帝國形成史論』, 330쪽.
27) 『晉書』 卷130 「赫連勃勃載記」, 3202쪽. "僭稱天王·大單于"
28) 邱久榮, 「十六國時期的胡漢分治」, 『中央民族學院學報』 1987-3, 44쪽. 호한분치 또는 민족분치 등의 용어로 사용되고 있다. 즉 통치자는 한족과 호족에 대하여 서로 다른 통치 방법을 사용하고 있다. 그 방법은 황제와 대선우 칭호의 동시 존재이며, 중앙부터 지방에 이르기까지 한족과 호족을 관리하는 전문적인 기구가 동시에 존재한다는 것이다.
29) 三崎良章, 前引『五胡十六國 - 中國史上の民族大移動 -』, 174~177쪽. 이에 대하여 필자의『十六國春秋』(『太平御覽』 卷127 引用本),『十六國春秋輯補』,『十六國春秋纂錄校本』,『十六國疆域志』,『三十國春秋』,『三十國春秋輯本』,『魏書』,『晉書』,『資治通鑑』 등 여러 사서를 분석한 결과에 의하면 황제를 일컫는 나라는 거

경로를 거치면서 중국식 최고 통치자의 지위인 황제에 즉위하여[30] 문화변용의 일정 부분 달성을 내외에 표시하게 되었다.

3. 赫連 創姓

혁연발발이 시행한 문화변용의 세 번째 조치는 성씨를 혁연으로 개칭한 것이다. 주지하다시피 혁연발발은 흉노족 남선우의 종족은 屠各種이다. 屠各은 僕谷[31] 또는 獨孤로[32] 기록하기도 한다. 혁연발발은 흉노의 직계자손으로[33] 당연히 도각종이다. 그러나 그는 한족의 성씨인 유씨를 사용하지 않았고 또 도각 혹은 독고의 성씨도 사용하기를 원하지 않았다. 당시 초원에서 상호 융합과정 중에 있던 많은 부락 중에서 「胡父鮮卑母爲鐵弗」[34] 또는 「鮮卑父胡母爲禿髮(拓跋)」[35]의 상황에서 새로운 성씨 혁연을 사용하는

의 牧, 公 - 大單于 - 王 - 天王 - 皇帝의 순서로 칭호를 상승시켜 갔다. 물론 경우에 따라서는 황제에서 천왕으로 강등하는 상황도 있지만 이것은 예외적인 경우이다. 또 5호16국의 여러 왕조를 칭호를 중심으로 3부류로 구별할 수 있다. 첫째는 천왕에서 황제로 진행되는 경우가 대표적으로 前趙, 後趙, 前秦, 後秦, 大夏 등이 있다. 둘째는 왕에서 황제로 진행되는 경우로 成漢, 前燕, 前凉, 南燕, 北魏 등이 있다. 셋째는 불규칙적인 경우로 代, 北燕, 翟魏, 西秦, 後凉, 南凉, 北凉 등이 있다.

30) 『晉書』 卷130 「赫連勃勃載記」, 3209쪽. "群臣固請, 乃許之. 于是爲壇于灞上, 僭卽皇帝位, 赦其境內, 改元爲昌武"
31) 同上書, 卷103 「劉曜載記」, 2701쪽. "僕谷王, 關右稱帝皇" 또 同上書, 卷95 「佛圖澄傳」, 2486쪽에 이르기를 "秀支替戾岡, 僕谷劬秀當. 此羯語也. 秀支, 軍也. … 僕谷, 劉曜胡位也."
32) 『魏書』 卷23 「劉庫仁傳」, 604~605쪽. "劉庫仁, … 劉虎之種也. … 自賀蘭部來居焉." 이 외에 『魏書』 卷83 「賀訥傳」, 1812쪽. "會苻堅使劉庫仁分攝國事, 於是太祖(自賀蘭部)遷居獨孤部"
33) 『南齊書』 卷57 「魏虜傳」, 984쪽. "索虜勃勃, 匈奴正胤"
34) 『魏書』 卷95 「鐵弗劉虎傳」, 2054쪽. "鐵弗劉虎, 南單于之苗裔, 左賢王去卑之孫, 北部帥劉猛之從子. … 北人謂胡父鮮卑母爲鐵弗, 因以爲號."
35) 『晉書』 卷126 「禿髮烏孤載記」, 3141쪽. "禿髮烏孤, … 其先與後魏同出. 八世祖匹孤率其部自塞北遷於河西. … 匹孤卒, 子壽闐立. 初壽闐之在孕, 母胡掖氏因寢而産

것 자체가 일종의 모험이었을 것이다.

혁연발발은 흉노족의 성씨에서 탈피하여 새로운 성씨를 개창하였는데, 이것은 부계의 흉노족은 물론 모계의 선비족과 새로운 통치 대상인 한족을 모두 포함하는 원대한 목표아래 진행한 것이다. 또 혁연발발의 새로운 성씨를 창조한 행동은 이미 문화변용의 정도가 깊어졌으며, 중원 통치에 대한 일종의 자신감을 표출한 것이라고 볼 수 있다. 그래서 혁연발발은 자신의 직계는 새로운 성씨인 혁연을 사용하게 하여 누구도 침범할 수 없는 천손민족임을 대내외에 공표하였고, 방계는 흉노족을 부계로 선비족을 모계로 하는 鐵弗이라는 성씨를 사용하게 하여 흉노계통과 선비계통의 연합세력의 지도자로 활동할 수 있게 배려한 것이다. 혁연발발의 창씨 개명은 문헌에 그 이유가 분명히 기록되어 있다. 『晉書』 「赫連勃勃載記」에 이르기를,

> "제왕은 하늘의 아들이며, 아름답고 빛나서 실제로는 하늘과 더불어 이어져 있으므로 현재 성씨를 바꿔서 혁연이라고 한다."[36]

그리고 그의 방계에 대해서는 同上書에 이르기를,

> "정통이 아닌 자들은 모두 철벌로써 성씨를 삼았는데, 바라건대 짐의 종족 자손들은 굳세고 날카롭기가 강철과 같아서 모두 다른 사람을 정벌하는 것을 감당할 수 있기를 바라는 것이다."[37]

於被中, 鮮卑謂被爲禿髮, 因以氏焉." 즉 독발은 탁발의 이역이고, 수전의 모친 호액씨는 호인(흉노족)일 가능성이 농후하다. 결론적으로 선비부호모의 혼혈아가 독발 혹은 탁발의 칭호로 일컬어졌음을 알 수 있다. 관련 논저로는 馬長壽, 『烏桓與鮮卑』(上海, 人民出版社, 1962), 4쪽을 참고할 것.

36) 『晉書』 卷130 「赫連勃勃載記」, 3206쪽. "帝王者, 係天爲子, 是爲徽赫實與天連, 今改姓曰赫連氏."

37) 同上書, "非正統, 皆以鐵伐爲氏, 庶朕宗族子孫, 剛銳如鐵, 皆堪伐人"

위의 인용문에 등장하는 철벌은 철불의 이역이다. 주지하다시피 철불은 당시 초원에서 광범위하게 융합 과정 중에 있는 부족 중에서 호부선비모의 소생을 일컫는 것이다. 즉 혁연발발과 그의 종족은 흉노 남선우의 후손으로 선비족과 융합된 종족으로 흉노족과 선비족의 혼혈임을 알 수 있다.[38]

혁연발발의 흉노족은 선비족 그 중에서도 西部 선비족과[39] 융합된 종족임을 알 수 있다. 여기에서 우리가 주의할 점이 두 가지 있다. 하나는 혁연발발의 흉노족이 비교적 낙후되었지만 오랫동안 자기 부족의 정체성을 유지시켜 왔다는 점이다. 또 하나는 혁연발발의 종족과 서부 선비와의 밀접한 관계를 주의할 필요가 있다. 즉 유위진이 北魏의 공격으로 살해되고 혁연발발은 叱干部로 도망간 기록이 있다. 『魏書』「官氏志」에 "西方叱干氏, 後改爲薛氏"[40] 또 『晉書』「赫連勃勃載記」에 "鮮卑薛干等三部"[41]가 있다 즉 질간은 薛干이며 서부선비의 일부이다. 혁연발발이 질간부로 도망갔다는 것은 모계가 서부선비이기 때문이다. 후에 후진의 요흥이 혁연발발을 安北將軍으로 임명하면서 삭방에 주둔하게 하였으며 "配三交五部鮮卑及雜虜二萬餘落"[42]하였으며, 羊苟兒(yánggǒuér)로 하여금 安定에 주둔하게 하면서도 "鮮卑五千"[43]을 배속시켰다. 이것은 모두 혁연발발과 서부선비와의 관계가 밀접함을 나타내주는 증거이다. 혁연발발은 흉노족과 서부 선비족의 융합의 결과물이며 흉노족 이면서 또 서부 선비족이라고 할 수 있다.[44]

이와 같이 혁연발발은 흉노의 성씨도 아니며 선비족의 성씨도 아닌 그

---

38) 馬長壽, 『北狄與匈奴』(北京, 三聯書店, 1969), 103쪽. 흉노족 철불부는 흉노를 부계로 선비를 모계로 하여 탄생하였지만, 당시 북방 이민족들도 父系父權制를 실행하였기 때문에 흉노족으로 보는 것이 타당하다고 하였다.
39) 西部 선비족은 金榮煥, 前引 『魏晉南北朝時期 北方民族史 硏究－拓跋鮮卑族의 歷史와 文化－』, 191~225쪽을 참고할 것.
40) 『魏書』 卷113 「官氏志」, 3012쪽.
41) 『晉書』 卷130 「赫連勃勃載記」, 3202쪽.
42) 同上書.
43) 同上書, 3207쪽.
44) 萬繩楠, 『魏晉南北朝史論稿』(合肥, 安徽敎育出版社, 1983), 185쪽.

렇다고 해서 한족의 성씨도 아닌 새로운 성씨로 창씨 개명한 것은 흉노족과 선비족의 유목 세계 및 한족의 농경 세계 모두를 아우르려는 의지의 적극적인 표출로 보인다. 이러한 행동은 統萬城을 축성하고 명칭을 취득할 때 스스로 "統一天下, 君臨萬邦"[45)]에서 차용했다는 내용에서도 잘 드러나고 있다.

III. 혁연발발 후기의 문화변용

1. 築城 定住

혁연발발은 대하의 천왕에 즉위한 이후에 신하들이 지세가 험난하고 토지가 비옥한 高平(寧夏省 固原縣)에 도읍을 정하기를 권유했지만, 혁연발발은 後秦과의 정세를 고려하여 듣지 않았다. 그 후에 후진과의 여러 차례 전투를 거치면서 유격 전술을 이용하여 후진 嶺北의 鎭戍 군현을 대부분 차지하였다. 또 南凉의 禿髪褥檀(tūfàrùtán)을 공격하여 대승을 거두기도 하였다. 408년 후진의 요흥은 대규모 군사를 동원하여 대하를 공격했지만 대패하여 국력이 크게 약화되었다. 당시 東晉의 劉裕(liúyù)가 후진을 멸망시키고 오래지 않아서 강남으로 회군하였는데, 혁연발발은 이 기회를 틈타서 長安을 차지하였고 장안의 灞上에서 황제에 즉위하였다.

혁연발발이 장안과 관중을 차지한 이후에 대하는 최대 전성기를 맞이하였다.[46)] 대하의 판도는 비록 후진의 전성기만큼 확대되지는 못했지만 대하

---

45) 『資治通鑑』 卷116 安帝 義熙9年條, 3659쪽. "朕方統一天下, 君臨萬邦, 宜名新城曰統萬."
46) 顧祖禹, 『讀史方輿紀要』 卷3(臺北, 中文出版社, 1979), 158쪽. "南阻秦嶺, 東戍蒲津, 西收秦隴, 北薄於河."; 『資治通鑑』 卷120 文帝 元嘉3年條, 3787쪽. "赫連氏土地不過千里"라고 하였다.

의 군사력은 후진보다 월등하였다.⁴⁷⁾ 413년에 혁연발발은 嶺北의 호족과 한족 10만 명을 동원하여 도성인 統萬城을 축성하였다. 통만은 천하를 통일하고 만방에 군림한다는 의미이다. 즉 중국식의 도성을 중심으로 백성을 통치하였고, 자신은 통만성에 거주하고 태자 赫連瑰(hèliánguī)는 장안에 주둔하면서 대하를 통치하였다. 425년 혁연발발이 사망하고 아들 赫連昌(hèliánchāng)이 즉위하였다. 426년에는 北魏 황제 拓跋燾(tuòbátāo)가 북방을 통일하기 위하여 대하를 공격하고 장안을 차지하였다. 또 427년에는 대하 도성 통만성을 신속하게 공격하여 대하는 멸망하였고, 북방은 분열에서 통일에의 과정으로 진입하였다.

　혁연발발이 시행한 문화변용의 네 번째 조치는 통만성의 축성과 정주 통치이다. 즉 유목 민족의 이동식이 아닌 한족의 정주(정착) 형태인 도성을 건립하여 통치하였다. 주지하다시피 도성이라는 것은 농경민족인 한족의 경우에는 정치 영역의 도구이고 문화활동의 중심지이며, 인구와 공상업과 재부 등 경제활동의 집중지이고 주로 군사적으로 방어 기능을 담당하는 구조물이다. 원래 혁연발발은 흉노족으로 한족의 통치자처럼 축성하고 정착하며 백성을 통치하는 방어적 특성이⁴⁸⁾ 없다고 하겠다. 이에 대한 중요한 사례로 혁연발발이 대하 천왕에 즉위한 이후에, 신하들이 혁연발발에게 지세가 험하고 옥토가 넓은 고평 지역에 도읍을 정하여 국가의 방비를 튼튼하게 할 것을 권유하였다. 하지만 혁연발발은 장강 이남의 한족 정권과 주변 호족 정권과의 대외관계를 이유로 반대하였다. 『晉書』「赫連勃勃載記」에 이르기를,

---

47) 同上書, 159쪽. "其地不逮於姚秦, 而雄桀則過之矣." 또 『晉書』 卷130 「赫連勃勃載記」, 3210쪽. "控弦之衆百有餘萬." 이에 대하여 王仲犖, 『魏晉南北朝史』(臺北, 谷風出版社, 1987), 304쪽.에서 후진의 군사력보다 월등하다고 하였다.
48) 『墨子』「明鬼」. "昔者虞夏商周三代之聖王, 其始建國營都, 必擇國之正壇, 置以爲宗廟."

"내가 대업을 이룬 초창기에는 따르는 무리도 많지 않았고 요흥도 또한 한 때의 영웅으로 관중을 도모 할 수 없었다 …. 내가 만약 하나의 성을 지키고 있으면 적은 필히 나를 힘으로 아우르려 할 것이고, 우리는 그들을 대적할 수 없으며 멸망하는 것을 서서 기다리는 것과 같다. 나는 구름과 바람처럼 말을 달려서 그들이 예상하지 못한 계책을 내어, 앞쪽을 구하는 척 하면서 그 뒤쪽을 공격하고, 뒤쪽을 구하는 척 하면서 그 앞쪽을 공격하여 그들로 하여금 분주히 돌아다니게 하여 힘을 빠지게 하면, 나는 놀고먹는 것과 같게 된다. 그러면 10년도 안 되서 영북, 하동 지역은 모두 내가 차지하게 된다. 요흥이 죽기를 기다린 후에 천천히 장안을 차지하면 된다 …. 옛날에 헌원씨도 또한 이리저리 옮겨 다니기를 20여년 하였는데 어찌 나 혼자만이 그랬는가!"[49]

이처럼 혁연발발은 이동 전술과 습격의 방법을 사용하여 후진의 영토를 잠식하였고 이것은 후진에 대하여 심각한 위협이 되었다. 또 혁연발발의 대하는 정권을 건립한 이후에도 여전히 유목적인 생활방식(이동)을 유지하고 있음을 알 수 있다.[50] 즉 혁연발발이 이렇게 어느 성을 중심으로 정주하지 않고 유격전의 전술을 사용한 것은 아마도 철불흉노가 삭방에서 유지했던 유목 경제와 밀접한 관련이 있다. 만약에 이미 농경에 종사했더라면 근거지 없이 오래 지탱하기는 힘든 것은 자명한 일이다. 이후의 사실이 증명해주듯이 당시 대하는 열세이고 후진이 강성한 형세 하에서 혁연발발의 유격 전술은 상당히 성공적이었다. 대하는 이때부터 주요 역량을 후진과의 嶺北과 關中의 여러 성을 쟁탈하는 전쟁에 투입하여 후진을 쇠망의 길로

---

[49] 『晉書』 卷130 「赫連勃勃載記」, 3203쪽. "吾大業初創, 衆旅未多, 姚興亦一時之雄, 關中未可圖也. … 我若專固一城, 彼必并力于我, 衆非其敵, 亡可立待. 吾以雲騎風馳, 出其不意, 救前則擊其後, 救後則擊其前, 使彼疲於奔命, 我則遊食自若. 不及十年, 嶺北·河東, 盡我有也. 待姚興死後, 徐取長安. 昔軒轅氏亦薦居無常二十餘年, 豈獨我乎!"

[50] 劉迎勝, 『絲路文化 – 草原卷 – 』(浙江, 浙江人民出版社, 1995), 86쪽.

몰고 갔다. 특히 龍昇6年(412년)에 대하는 여러 번 후진을 격파하고 후진의 민중을 大城과 貳城 등지로 이주시켰으며 자신의 통치지역을 남쪽의 참城과 安定 일대에 이르기까지 확대하기에 이르렀다.

혁연발발은 동진의 유유가 후진을 멸망시키고 강남으로 돌아가자 그 기회를 이용하여 장안을 차지하였다. 이후부터 혁연발발은 축성과 정주의 방식으로 전환하였으며, 이러한 중국식의 성을 거점으로 도읍을 정하고 백성을 통치하는 방식의 일환으로 통만성을 축성하였다. 413년 혁연발발은 5호와 한족 민중 10만 호를 동원하여 無定河 상류의 北岸에 통만성을 축조하여 수도로 삼았다. 성은 군사 기능이 농후하였으며 내성과 외성으로 되어 있고 내성은 다시 東城과 西城으로 구분되었다. 성벽에는 다층 발사탑 모양의 고층 건축물이 있고, 馬面墻臺에는 창고를 건축하였다.[51] 마면 내부에 창고를 건축하여 군수품을 저장하여 사용한 것은 후세에 성장 내부에 藏兵洞을 건축한 선례가 되었다.[52] 축성에 사용한 흙은 점토와 석회를 혼합하였으며[53] 모두 증숙(수분을 증발시켜 정제한 것)을 거친 것이다. 축성 후에는 철 송곳으로 흙을 찔러서 1촌이 들어가면 곧 성을 쌓은 자를 살해할 정도로 가혹하였다.[54]

성안에 있는 궁전의 벽은 두께가 5丈이 넘었는데 역시 증숙한 흙을 사용하여 축성한 것으로 그 견고함이 칼과 도끼를 갈 정도였다. 궁중의 누대

---

51) 任重, 陳儀, 『魏晉南北朝城市關係研究』(北京, 中國社會科學出版社, 2003), 29쪽.
52) 中國軍事史編寫組(編), 『中國軍事史 - 第6卷 - 』(北京, 解放軍出版社, 1989), 145~146쪽.
53) 白翠琴, 『魏晉南北朝民族史』(成都, 四川民族出版社, 1996), 174쪽. 陝西省 靖邊縣 東北 白城子에 있다. 통만성은 석회가 혼합되어 성 전체가 백색으로 이루어졌고 또 매우 견고하여 오늘날까지도 그 유적이 존재한다. 현재는 白城子라고 일컬으며 마을도 白城子村이다.
54) 『魏書』 卷95 「鐵弗劉虎傳」, 2057쪽. "性驕虐, 視民如草芥. 蒸土以築都城, 鐵錐刺入一寸, 卽殺作人而幷築之." 그러나 『資治通鑑』 卷116 安帝 義熙9年條, 3659쪽에서 축성시에 기술자를 가혹하게 처벌한 자는 혁연발발이 아니라 領將作大匠 叱干阿利라고 기록되어 있다.

는 높고 컸으며 전각도 크고 웅장하였다. 모두 그림을 조각해 놓았으며, 화려한 비단으로 덮여있으며 단청으로 장식되어 있어서 극도로 사치스럽고 아름다웠다.[55] 혁연발발이 통만성을 축성하면서 살해한 백성과 기술자는 적어도 수천 명에 달했다. 그러나 한족 출신으로 혁연발발 정권에서 秘書監에 재직한 文人 胡義周(húyìzhōu)가 지은 「統萬城銘」에서 혁연발발의 공덕을 노래로 지어 칭송하기를 "서민의 자제들이 와서 하루도 안 되어 이루었다"[56]라고 말했다. 호의주와 같은 부류의 한족 문인들의 마음과 혁연발발은 똑같이 야수와 같은 마음으로, 백성들이 끝없이 재난을 당하는 것이 그들이 보기에는 오히려 마땅히 칭송할 만한 공덕이었던 것이었다.

혁연발발은 도성의 축성과 정주의 방법으로 문화변용을 추진하면서 점차 영역의 판도를 확대시켰다. 통만성은 오르도스 사막 남쪽 도로변에 건축되어 있어서 隴東 방면으로의 진출에 편리하였고, 또 오르도스의 중심지라고 할 수 있는 최적의 위치를 차지하고 있었다.[57] 즉 혁연발발은 통만성에 수도를 정한 이후에 이곳을 기점으로 해서 隴東과 관중 공격을 강화할 수 있었던 것은, 이곳이 바로 曹魏의 鄴城과 6조의 建業 및 북위의 낙양성처럼 동서교류와 호한 융합과 남북 문화의 중심지 역할을 담당하였기 때문이었다. 이러한 요인으로 인하여 후진은 점차 세력의 약화가 진행되었고, 417년 8월에는 동진의 유유에 의하여 멸망당하고 장안은 동진에 의하여 점령되었다. 그해 12월에 혁연발발은 장자인 혁연괴와 3자 혁연창을 선발로 삼고 관중 평야를 공격하여 획득하였다. 418년 10월에는 유유가 건강으로 돌아간 기회를 이용하여 장안을 포위하여 차지하였다.

유유가 후진을 멸한 것은 큰 공을 세운 것이라 할 수 있었다. 그러나 그

---

55) 同上書, 2059쪽. "城高十仞, 基厚三十步, 上廣十步, 宮牆五仞, 其堅加以礪刀斧. 臺榭高大, 飛閣相連, 皆彫鏤圖畵, 被以綺繡, 飾以丹靑, 窮極文采."
56) 『晉書』 卷130 「赫連勃勃載記」, 3212~3213쪽. "庶人子來, 不日而成"
57) 朴漢濟, 「五胡赫連夏國의 도시 統萬城의 選址와 그 구조-胡族國家의 都城經營 方式-」, 『東洋史學研究』 69, 104~105쪽.

는 12살짜리 아들 劉義眞(liúyìzhēn)으로 하여금 장안을 지키게 하고 자신은 建康으로 급히 돌아가 동진의 제위를 찬탈하였다. 유유는 오직 자신이 황제 되기만을 바랐고 관중의 득실이 자신에게는 그리 대수롭지 않았던 것이다. 혁연발발과 그의 참모인 王買德(wángmǎidé)은 이점을 간파하고 418년 대군을 이끌고 장안을 공격하였다. 당시 유유가 장안에 남겨두고 간 장수들은 상호간에 권력쟁탈전을 벌이고 있었다. 즉 沈田子(shěntiánzi)는 王鎭惡(wángzhènè)을 죽이고 다시 王修(wángxiū)는 심전자를 죽였으며 유의진은 왕수를 죽였다. 이렇게 장수들이 전부 살해된 이후에 유의진은 군사들이 대대적으로 약탈하는 것을 내버려두었다. 그들은 탈취한 재물과 부녀자들을 데리고 潼關으로 달아났으며, 약탈한 재물을 실은 수레가 너무 많아서 하루에 겨우 10리 밖에 갈 수 없었다. 혁연발발의 군대가 추격하자 유의진의 군사는 전부 전멸하고 유의진은 강남으로 달아났다. 혁연발발은 유의진의 군사를 무수하게 죽여서 쌓인 머리가 큰 더미를 이루었는데 이를 髑髏臺라고 불렀다.[58] 혁연발발 군대의 장안 진입으로 유유 군대의 손해와 사망은 심각했지만, 오히려 장안의 백성들은 혁연발발의 장안 진입을 환영하였다.[59]

혁연발발은 그해 12월에 장안 동쪽 교외의 灞上에서 황제에 즉위하였다. 그러나 혁연발발은 북위의 공격을 고려해서 장안에 머무르지 않고, 거기에 南臺를 두어 아들 혁연괴를 주둔시켰다. 당시 신하들은 혁연발발에게 장안으로 천도할 것을 권유했지만 혁연발발은 거절하였다. 『晉書』「赫連勃勃載記」에 이르기를,

"짐(혁연발발)이 어찌 장안이 대대로 황제의 도읍이었으며 산과 강에 의해 사방이 막힌 견고함이 있음을 모르겠는가! 그리고 동진이 지배하는 형오 지역

---

58) 『晉書』 卷130 「赫連勃勃載記」, 3204쪽. "殺傷萬計, 斬其大將十餘人, 以爲京觀, 號髑髏臺"
59) 同上書, 3209쪽. "百姓遂逐齡石, 而迎赫連勃勃入于長安"

도 멀리 떨어져 있고 세력도 우리들이 걱정할 정도가 아니다. 하지만 동방의 북위는 우리와 국경을 접하고 있고, 북경인 통만에서는 겨우 몇 백 리 밖에 떨어져 있지 않다. 만약 장안으로 도읍을 옮기면, 북경을 지킬 수 없는 상황이 생길 우려가 있다. 그러나 짐이 통만에 있으면, 북위가 마침내 황하를 건너 쳐들어오는 일은 없을 것이다. 여러 신하들은 바로 이점을 몰랐을 것이다."[60]

여기서 혁연발발의 뛰어난 정세 분석력이 여실히 드러나고 있다고 할 수 있다. 그리고 419년 2월에 통만성으로 돌아간 후에 그 사방의 성문을 각각 남은 朝宋門, 동은 招魏門, 서는 服涼門, 북은 平朔門으로 명명하였다.[61] 즉, 남의 宋(강남은 아직 동진이었지만, 宋公 유유가 실권을 잡음)을 조공을 바치게 하고, 동의 북위를 복종시키고, 서의 북량을 복속시키고, 북의 유연을 제거하려고 하는 의미이며, 통만성을 중심으로 중국 전토를 지배하려고 하는 혁연발발의 패기를 나타내는 것이다.[62] 그러나 단지 현실에서는 420년대 중반 쯤, 북량을 일시적으로 복속시킨 것에 머물렀다.[63]

이처럼 이동 위주의 이민족인 혁연발발은 중원에 진입하여 정권을 건립한 이후에 문화변용의 일환으로 통만성을 건축하였고 통만성을 도읍으로 중원을 통일하려고 시도하였음을 알 수 있다. 혁연발발의 축성 정주의 또 다른 증거로는 통만성 이외에도 代來城, 三交城, 契吳城 등 39개의 성을[64] 수축하여 한족과 이민족을 통치하였다. 대하의 영역내의 한족은 농경을 위주로 하고 겸하여 목축업, 임업, 어업, 수공업, 상업 등에 종사하였다. 그러나 흉노, 선비, 강족 등은 여전히 유목을 위주로 하였지만, 한족의 영향으

---

60) 同上書, 3210쪽. "朕豈不知長安累帝舊都, 有山河四塞之固!但荊吳僻遠, 勢不能爲人之患. 東魏與我東襄境, 去北京裁數百餘里, 若都長安, 北京恐有不守之憂. 朕在統萬, 彼終不敢濟河, 諸卿適未見此耳!"
61) 同上書, 3213쪽. "名其南門曰朝宋門, 東門曰招魏門, 西門曰服涼門, 北門曰平朔門"
62) 河北敎育出版社(編), 『中華文明史 - 4卷 - 』(北京, 河北敎育出版社, 1992), 47쪽.
63) 三崎良章, 前引 『五胡十六國 - 中國史上の民族大移動 - 』, 126쪽.
64) 白翠琴, 前引 『魏晉南北朝民族史』, 176쪽.

로 점차 농경으로 변해갔는데, 이러한 변화를 촉진시킨 것은 모두 축성 정주의 영향이라고 하겠다. 결과적으로 혁연발발의 통만성과 기타 성의 수축과 정주는 이동을 중시하는 유목 민족인 흉노족으로서는 최후의 정주의 역사적 증거가 되었던 것이다.[65]

2. 徙民 設州

혁연발발이 시행한 문화변용의 다섯 번째 조치는 사민(백성의 강제 이주)과 지방 행정 기구인 州의 설치이다. 사민이란, 국가 권력을 이용하여 주민을 본적지 또는 현주지에서 국가의 필요에 의한 모종의 장소로 강제적으로 이주시키는 것으로, 그 목적은 대략 4가지로 분류할 수 있다. 첫째, 노동력의 확보를 위한 경제적 목적이다. 목축을 생업으로 하는 이민족이 중원의 농경 사회를 지배하기 위하여 농업 노동력을 보유한 농경민과 수공업자를 각각 적당한 지역으로 옮기고 국가의 경제력을 높이려는 의도이다. 둘째, 적대 세력을 멸망시킨 후에 주요 구성원을 국도 주변으로 옮겨 관리와 통제에 편리함을 가지기 위한 사민이다. 즉 전투에서 승리한 후에 적대 세력의 병력과 그 세력하의 주민을 국가가 관리하기 쉬운 지역으로 이주시키는 것이다. 셋째, 국내의 반란 세력을 진압한 후의 사민이다. 반란 세력의 중심 인물을 그 근거지에서 떼어 놓아 차후의 반란을 방지하는 것이다. 넷째, 자국의 중심 부분과 종속되어 있는 자를 정치적·군사적 필요성에서 사민하는 것이다. 국내의 통치를 강화하기 위해서 자민족의 통치 체제 안에 포함된 각 지역에 거주하게 하거나, 외적의 공격을 피하기 위해서 외적으로부터 떨어진 장소로 옮기는 것이다.[66]

그러면 5호16국 시기 대하에서 추진된 사민의 주요 목적과 규모는 어떠

---

65) 佟柱臣, 『中國邊疆民族物質文化史』(成都, 巴蜀書社, 1991), 78쪽.
66) 三崎良章, 前引 『五胡十六國－中國史上の民族大移動－』, 192~193쪽.

했을까? 이 문제에 대해서 설명하기 전에 5호16국 시기에 행해진 주요 사민을 일별하면 다음과 같다. 즉 5호16국 시기 후기에 이르면[67] 하서지방은 격심한 사민이 행해진 지역이다. 남량은 양주 남방의 湟水 유역에서 황하 유역에 걸친 지역을 차지하고 있었으나, 농업을 발전시키기 위하여 인접한 후량과 북량, 후진 등의 지배 지역에 침입하여 농경민을 약탈하여 湟水 유역의 西平(靑海省 西寧市)과 樂都(靑海省 樂都縣)에 이주시켰다. 이주 회수는 대략 400년에서 411년에 걸친 기록에 남아있는 것만으로도 9번에 달했고, 이주된 농경민의 수효는 후량에서 약 6만 명, 북량에서는 8만 명 가까이 되었다. 이것은 중원의 여러 국가와 비교하면 언뜻 보기에는 적게 생각되지만, 280년의 양주의 인구가 15만 명인 것을 생각하면, 상당히 큰 숫자라고 할 수 있다. 남량은 선비족이 건립한 정권으로 사민당한 백성들은 한족이 중심이었다. 즉 남량의 사민은 농경에 익숙하지 못한 선비족이 농업 생산력을 강화하기 위해서 한족 농민을 대량으로 이주시킨 것이고, 한족 농민들은 농경에 종사하며 남량의 경제기반 구축에 공헌하였다. 즉 남량은 영토의 확대보다 한족 농경민의 약탈을 목적으로 대외 전쟁을 행했다고 할 수 있다.

이러한 현상은 다른 양주의 정권에서도 볼 수 있다. 북량은 남량에서 8만 명, 서량에서 1만5천 명에 달하는 백성들의 강제 이주가 이루어졌다. 서량은 북량에서 1만5천 명의 사민이 행해졌다. 그 결과 각 정권이 농민을 서로 빼앗는 일이 발생했으며, 남량과 북량 양국 간에 수만 명씩의 한족 농경민이 오고 가게 되었다. 특히 410년에서 413년 사이에는 양국은 매년 한족 농민의 쟁탈을 반복하고 있었던 것이다. 북량과 서량사이에는 406년에 북량의 沮渠蒙遜(jǔqúmēngxùn)이 서량의 建康(甘肅省 酒泉市)에 침입하여 1만5천 명을 약탈한 것에 대해서, 서량의 李暠(lǐgǎo)는 이들을 쫓아서 安彌에서 전투하여 빼앗긴 농민들을 모두 데리고 돌아왔다. 이 때문에 407

---

67) 본서의 「서문」 후반부에서 5호16국시기를 前秦 이전(전기)과 이후(후기)로 구분하였다.

년에 남량은 북량과 후진 등이 쳐들어오는 것을 두려워하여 300里 내의 사람들을 姑臧(甘肅省 武威市)으로 옮긴 일도 있었다. 또한 隴西의 중심을 차지한 서진도 양주로 진출할 때에 남량에서 6만 명, 북량에서 1만5천 명을 약탈하였다. 이상의 내용처럼 후량, 남량, 북량, 서량, 서진 등 각 국에서는 30만 명 이상의 사민이 전개되었다. 이처럼 농업노동자를 확보하기 위한 사민은 전연과 대하에서도 여러 차례 시행되었다.

대하의 백성 약탈과 주요 사민에 대한 기록을 『晉書』「赫連勃勃載記」에 의거하여 정리하면 다음과 같다.

(1) "討鮮卑薛干等三部, 破之, 降衆萬數千."
(2) "自楊非至於支陽三百餘里, … 驅掠二萬七千口"
(3) "嶺北夷夏降附者數萬計, 勃勃于是拜置守宰以撫之"
(4) "掠平涼雜胡七千餘戶以配後軍"
(5) "徙七千餘家于大城, 以其丞相右地代領幽州牧以鎭之"
(6) "徙其人萬六天家于大城"
(7) "降其衆四萬五千, 獲戎馬二萬匹"
(8) "徙其三千餘戶于貳城"
(9) "發嶺北夷夏十萬人, 于朔方水北·黑水之南營起都城"
(10) "安定人胡儼·華韜率戶五萬居安定, 降于勃勃"
(11) "留鎭東羊苟兒鎭之, 配以鮮卑五千"[68]

이상의 여러 자료를 분석한 결과 혁연발발은 항복민의 수용과 약탈의 2가지 방법을 이용하여 대하의 백성을 충원하였으며, 이들을 다시 필요한 지역으로 사민하여 국가를 통치하였음을 알 수 있다. 즉 혁연발발에게 항복하여 귀의한 인원은 자료(1)의 선비족 1만 수천 명과 자료(3)의 이민족과

---

68) 이상의 내용은 『晉書』 卷130 「赫連勃勃載記」, 3202~3207쪽에서 인용한 것이다.

한족 수만 명이 있으며, 또 자료(7)의 후진 요흥의 백성 4만5천 명 및 자료(10)의 한족 5만 명이 있다. 혁연발발이 약탈한 인원은 자료(2)의 남량 독발욕단의 백성 2만7천 명과 자료(4)의 雜胡 4천여 호가 있다.

    결론적으로 혁연발발은 항복민의 수용과 약탈을 기초로 유목사회에서는 볼 수 없지만 중국식의 한족 정권에서 통치 상 필요에 의하여 빈번하게 행해지는 사민의 방식을 채용하여 문화변용의 일환으로 적극 이용하였다. 혁연발발의 사민은 경제적 필요와 군사적 수요 및 특수 목적의 달성 등 3가지 목적에서 진행되었음을 알 수 있다. 혁연발발이 사민한 인원은 자료(5)의 후진 요흥의 백성 7천여 가를 大城으로 사민하였고, 자료(6)의 후진의 백성 6천 가를 역시 대성으로 사민하였으며, 자료(8)의 후진의 백성 3천여 호를 貳城으로 사민하였다. 이상의 사민은 주로 후진의 백성 1만3천여 가를 대성으로 사민하고, 역시 후진의 백성 3천여 호를 이성으로 사민하였다. 당시 하서 지역에 있는 각 정권이 행한 사민으로 추측할 때 이들은 모두 후진의 농경민으로 한족일 가능성이 농후하다. 즉 농업노동력을 보유한 농경민을 적당한 지역으로 옮기고 그들을 농업에 종사하게 하여 국가의 경제력을 높이려는 의도이다. 또 자료(9)의 통만성을 건축하기 위하여 영북에 거주하는 이민족과 한족 10만 명을 사민하였다. 이것은 중국식의 정주형 통치방식에 필수적인 도성 건축에 필요한 노동력을 확보하기 위한 특수한 목적에서 실행된 것으로 보인다. 그 외에 자료(10)의 선비족 5천 명을 양구아의 주둔지로 사민하였는데, 이것은 군사적 필요에 의해서 사민된 것으로 보인다. 즉 적대 세력의 병력과 그 세력하의 주민을 국가가 관리하기 쉬운 지역으로 이주시키는 것이다.

    혁연발발의 문화변용 시행에 대한 또 다른 증거는 자신의 영토에 편입된 여러 종족들을 사민하는데 그치지 않았고, 한걸음 더 나아가 중국식의 지방 행정기구인 주를 설치하여 백성을 통치한 사실로도 알 수 있다. 대하는 관중을 차지한 이후에 통치지역이 확대되고 자신의 통치하에 편입된 종족도 매우 다양하였다. 즉 한족, 흉노, 노수호, 저족, 강족, 파저족 등이 있었다. 서진 이래로 관중의 저족과 강족은 이미 통치계급의 편호제민이 되었고, 일부 흉노족과 선비족은 자신들 고유의 부락 조직과 유목 생활을 영위하고 있었다. 그들과 한족은 상호 잡거하고 있었다. 이로 인하여 혁연발발은 기본적으로 전진과 후진의 통치방식을 채용하여 각 지역에 지방 행정 기구인 주를 설치하여 각 종족에 대하여 통치를 강화하였다.[69]

대하가 설치한 주는 幽州(治大城), 南台(治長安), 朔州(治三城), 秦州(治杏城), 雍州(治陰密),[70] 并州(治蒲坂), 涼州(治安定), 北秦州(治武功)), 豫州(治李潤), 荊州(治陝城)가 있고 이외에 吐京과 長城의 두 護軍이 있다.[71] 그러나 대하와 16국 각 정권이 건립한 지방 행정 기구와 다른 점은 단지 주만 설치하고 군현을 설치하지 않은 점이 다르다. 그리고 대하의 주는 실제적으로 군정을 총괄하는 군진에 불과하며 군진의 책임자인 성주가 군사와 백성을 통치하였다.[72] 즉 대하는 군사력을 보유한 성주에 의지하여 각 지역을 통치하였고, 중앙은 혁연발발의 공포정치에 의지하여 정권을 유지하였던 것이다.

3. 士人 優待

이민족 정권이 무력으로 북방을 점거하고 중원에 자신의 정권을 건국하려면 필히 유학 전통에 익숙해야하고 중원의 전통문화를 숭상하며 한족의 율법으로 한족은 물론 이민족까지 다스려야 한다. 이민족 군주와 한족 사대부는 이러한 배경 하에서 귀의와 우대를 통한 효과적인 합작을 진행하였고 상호간의 만족감을 극대화시켜 나갔던 것이다.

한족 사대부에 대한 이민족 통치자의 적극적인 등용과 동시에 대부분의

---

69) 周偉洲, 『中國中世西北民族關係研究』(西安, 西北大學出版社, 1992), 96쪽.
70) 『晉書』 卷57 「地理志」, 531쪽.
71) 洪亮吉, 『十六國疆域志』 卷16 「夏國」, 217쪽.
72) 同上書, 卷1 「序記」, 3쪽. "赫連以統萬建基, 故無郡縣之名, 盡歸城主"

한족 사대부들은 중원 대혼란의 곤경에서 벗어나 비호를 얻기 위하거나 혹은 이민족 통치자에게 투항하여 자신의 정치적 재간을 펼쳐 보이려고 이민족 정권에 투항하였다. 이들을 5가지 부류로 구별하면 다음과 같다. 첫째, 이민족 정권의 창립에 도움을 주는 경우이다. 이민족이 정권을 건립하는 과정에 있어서 한족 사대부의 작용이 직접적인 관계가 있는 경우이다. 둘째, 이민족 정권의 건립 초기에 정권의 핵심인물로 활동하여 이민족의 낙후한 문화 수준을 제고시키는 경우이다. 즉 이민족 정권의 유지에 있어서 문화 건설은 매우 중요한 일이다. 그래서 문화가 비교적 낙후한 이민족 정권의 통치자가 문화변용을 시행함에 있어서 한족 사대부의 도움을 절실히 필요로 하며, 그들로 하여금 문교를 발전시키고 문명을 촉진하는 경우이다. 셋째, 구세력을 제거하고 이민족 중심의 새로운 통치 질서를 건립하는 경우이다. 이러한 경우에도 신흥 한족 사대부를 적극 등용하여 세가대족으로 대표되는 집단을 견제하는 세력으로 양성하는데 목적이 있다. 넷째, 한족 사대부를 이민족 정권의 지방 행정 기구에 참여시켜서 이민족 정권의 체제 완비를 구축하려는 경우이다. 다섯째, 한족 혹은 기타 이민족 정권과 군사 투쟁 중에 있어서 한족 사대부의 지휘 재능과 전략 전술을 이용하여 자신의 세력을 확대시키거나 통일 사업의 완성에 이용하기 위한 경우이다.[73]

혁연발발의 대하 정권 역시 한족 사대부에 대한 우대 정책을 사용하였으며, 한족 사대부의 귀의로 인하여 대하 정권의 문화변용 또한 형식상 혹은 방법상에 있어서 괄목할만한 성과를 나타나게 되었다. 사료에 근거하여 한족 사대부의 귀의와 이들에 대한 우대 내용을 정리하면 다음과 같다. 즉 혁연발발은 정권을 건립한 초창기부터 한족 사대부에 대하여 우대 정책을 시행하여 다수의 한족 사대부들이 귀의하였으며[74] 칭제 이후에는 京兆의 대유학자로 은둔해있던 韋祖思(wéizǔsī)를 불러들여 국사로 대우하고[75] 회

---

[73] 王希恩,「五胡政權中漢族士大夫的作用及歷史地位」,『蘭州學刊』1986-3, 61~62쪽.
[74] 『晉書』 卷130「赫連勃勃載記」, 3203쪽. "率思歸之士"
[75] 同上書, 3209쪽. "徵隱士京兆韋祖思. … 吾以國士徵汝" 이 외에 毛漢光,『中國中

건하였다. 또 후진 요흥의 鎭北參軍인 왕매득의 귀의와 중용으로 장안을 점령하는데 많은 도움을 받는[76] 등 한족 사대부를 우대하였고, 그들을 적극 활용하여 중국 문화를 수용하고 정권을 안정적으로 유지하는데 도움이 되게 하였다.[77]

　위의 몇 가지 단편적인 내용으로 유추해보면, 혁연발발의 대하 정권 역시 당시 기타 이민족 정권에 귀의한 한족 사대부의 경우와 크게 다르지 않다고 여겨진다. 즉 이민족 통치자에게 협력한 한족 사대부는 관도가 순조로워서 대부분 현관을 역임하였으며, 어느 정도까지는 西晉 이래로 형성된 비교적 높은 사회적 지위와 특권을 보장하였다. 아울러 그들의 가문은 대대로 번성하였고, 이민족 통치자의 문화변용 정도에 따라서 장기간 상층계층을 형성하기도 하였다. 그러나 대체적으로 사대부의 장래가 밝은 것만은 아니다. 가장 중요한 것은 사대부의 수효가 그리 많지 않았으며 일류 세가대족 출신 역시 극소수였다. 이러한 현상은 그들의 사회상의 영향력 또한 상대적으로 미미하고 그들이 대표하는 정치력과 경제력도 그리 크지 않았음을 말해준다. 또 그들의 정치 경제 사회상의 특권은 대체적으로 이민족 통치자에 의해서 승인된 것이다. 이것은 일종의 불안정한 상태에 처해 있어서 종족간의 갈등이 발생하였을 때는 이민족 통치자에 의해서 잔혹하게

古社會史論』(上海, 上海書店出版社, 2002重刊本), 58쪽의 도표에 의하면 京兆 杜陵 韋氏는 삼국 이래부터 당말에 이르기까지 관중의 군성으로 세가대족이었지만 걸출한 인재의 배출은 없었다. 당시 혁연발발이 한족 사대부를 등용하면서도 가장 두려워했던 것은 그들이 흉노족인 자신을 한족과 다른 무리(非類)라고 여기는 것이었다. 그래서 위조사를 불러들여 자신이 한족 사대부를 중시한다는 사실을 나타내려고 하였다. 그러나 위조사가 자신을 보고 지나치게 두려워하는 것을 보고는 자신을 비류라고 여기고 있다고 여기고 그를 살해하였다. 사실 혁연발발의 이러한 모순적인 심리상태는 자신이 여전히 낙후된 유목민족의 자괴감을 간직하고 있음을 표출한 것이다.

76) 同上書, 3205~3209쪽. "姚興鎭北參軍王買得來奔. … 雖宗廟社稷之靈, 亦卿謀猷之力也. … 非卿而誰!"
77) 同上書, 3213쪽. "備中國之禮容, 驅駕英賢"

제거되는 운명을 가지고 있었다. 그 외에 이들은 이민족 통치자의 중시와 우대를 받고 있었지만 이민족 집단이 차지하고 있는 중요한 위치를 차지할 수 없는 태생적인 한계 등이 있었다.

결론적으로 말해서 혁연발발의 한족 사대부에 대한 우대 정책은 위에 언급한 5가지 부류에서 첫째와 둘째, 다섯째의 경우와 비교적 일치하였다. 한족 사대부의 귀의와 우대라는 방식을 통한 문화변용은 이민족 문화의 한화를 촉진하고 한족 문화의 호화를 촉진하여 漢胡互化를 달성하는 첩경이 되었다.[78]

5호16국의 통치자들이 시행한 문화변용 중에서 공통적으로 출현하는 것이 사대부의 우대와 결합해서 나타나는 현상으로 유학의 중시가 있다. 주지하다시피 유학의 수용은 문화발전 수준의 거울이고 통치자 수중에 있는 가장 효과적인 사상도구이다. 16국의 통치자는 중원에 정권을 건립한 이후에 자신의 통치를 보호하고 공고히 하기 위해서, 또 문화가 비교적 높은 다수의 한족과 기타 이민족에 대한 통제를 강화하기 위해서, 나아가서는 유학의 학설을 통하여 한족 사대부의 지지와 합작을 끌어내기 위해서, 또 각 종족간의 융합은 물론 각 종족의 봉건화를 향한 여정을 가속화시키기 위해서는 대다수 한족의 사유와 행동의 근간인 유학사상의 도움을 필요로 하는 것이 자연스러운 행동이었을 것이다.[79] 그러나 유일하게도 대하만이 유학을 중시하고 유학적 소양을 갖춘 사대부를 양성하기 위한 교육 기관의 설치 등에 관한 기록이 없다. 이것은 동일한 흉노족 정권인 유한과 전조의 경우와 비교해도 특수한 면이다. 427년에 북위가 통만성을 점령했을 때 북위의 장군 李順(lǐshùn)이 책 수천 권을 가져왔다[80] 라는 내용으로 통만성에 漢과 晉의 오래된 서적이 많이 있고, 학문도 상당히 발전했음을 짐작할 따름이다.

---

78) 樊樹志, 『國史槪要』(上海, 復旦大學出版社, 2000), 135쪽.
79) 羅宏曾, 『魏晉南北朝文化史』(成都, 四川人民出版社, 1989), 48쪽.
80) 『魏書』 卷36 「李順傳」, 695쪽. "取書數千卷"

Ⅳ. 결 어

　대하는 남흉노의 후예가 건국한 정권이었지만, 그 정권의 구성원은 흉노족 뿐만 아니라 선비와 저족, 강족 등이 포함된 다종족 공동체로 구성되어 있었다. 또 대하는 북위와 후진, 서진, 남량, 북량 등으로 둘러싸여 있어서 발전의 한계가 있었다. 그러니 이러한 한계를 극복하고 전진과 후진이 수도를 둔 장안을 중심으로 하는 지역으로 진출하여 관중 평야를 획득한 후에도, 오르도스(Ordus)의 유목 지대에 거점을 두고 농경 지대를 지배하는 浸透王朝的 성격을 잃지 않았다. 대부분의 5호 정권이 중원으로의 진출을 시도했지만 일종의 유목 민족과 농경 민족 사이에 경계선을 긋는 정책을 추진한 것에 불과하다고 할 수 있다. 그러나 혁연발발이 유목 민족(非漢人) 군주로서 강력하게 추진한 문화변용의 내용으로 볼 때, 중국에 군림한다는 의미를 강하게 가지고 있었던 것이다. 물론 그의 물리적인 노력(주로 military power를 가리킨다)은 일시적으로는 북위와 화북을 2분하는 능력을 보여주기도 했지만, 결국 북위와의 항쟁에서 멸망하였다.

　대하의 군주 혁연발발은 중원에 진입하여 정권을 건립한 이후 가장 우선적으로 실시한 정신적인 노력(주로 cultural deed을 가리킴)은 기타 이민족 정권이 그랬던 것처럼 한족의 선진 문화를 받아드리는 문화변용을 실시한 것이다. 혁연발발은 이를 통하여 개인적으로는 흉노족을 포함하는 이민족과 한족을 동시에 아우르는 천하 질서의 최고 통치자가 되려고 하였다. 또 정권의 유지 방면에서는 흉노족의 유목적 정권에서 탈피하여 한족이 건립한 정권과 문화적으로 동등한 정권으로 이행하려는 여러 가지 노력을 적극 추진하였으며 심지어는 흉노족과 한족 두 정권을 모두 초월하려는 의도를 비치기도 하였다.

　흉노족 대하 군주 혁연발발이 시행한 문화변용의 주된 내용을 간략하게 귀납하여 정리하면 다음과 같다.

　첫째, 혁연발발은 흉노족으로 하후씨의 후손이라는 전설에 부회하여 한족 왕조의 최초 명칭인 하를 채택하여 국호로 정한 것이다. 물론 혁연발발이 한족의 최초 왕조의 명칭을 이용하여 흉노족 정권의 국호로 삼은 행위는 모종의 의도가 숨겨져 있음을 쉽게 알 수 있다. 다시 말해서 흉노족은 한족에 비해서 열등한 이민족이 아니고 한족과 동일한 조상의 후예라는 사실을 천명하여 건국의 정통성을 스스로 부여한 것이다. 그리고 혁연발발은 여기서 한 걸음 더 나아가 한족 왕조의 연호까지 사용하였다.

둘째, 최고 통치자를 가리키는 천왕은 한족 왕조의 대표적 정권인 서주 왕조의 최고 통치자를 가리켰던 칭호이다. 혁연발발이 천왕 호칭을 사용한 것은 한족 통치자의 그것과는 조금 다르다. 즉 천왕은 황제에 준하는 지위를 가진 자의 칭호로서 사용되어졌고, 정권의 기반이 공고해지고 한족(天王)과 이민족(大單于)을 모두 아우를 여건이 갖춰지면 천왕에서 한걸음 더 나아가 황제로 즉위하곤 하였다.

셋째, 흉노족 출신으로 새로운 성씨 혁연을 사용하는 것 자체가 천하를 아우르려는 욕심을 표출한 것이다. 혁연발발은 흉노족의 성씨에서 탈피하여 새로운 성씨를 개창하였는데, 이것은 부계의 흉노족은 물론 모계의 선비족과 새로운 통치 대상인 한족을 모두 포함하는 원대한 목표아래 진행하였다

넷째, 천거무상의 이민족인 혁연발발은 중원에 진입하여 정권을 건립한 이후에 통만성을 건축하고 도읍으로 삼아 국가를 통치하려고 시도하였다. 혁연발발의 축성 정주의 또 다른 증거로는 통만성 이외에도 대래성, 삼교성, 계오성 등 39개의 성을 축성하여 정주와 농경으로 전환하기를 강력히 희망하였다.

다섯째, 혁연발발은 항복민의 수용과 약탈을 기초로 유목사회에서는 볼 수 없지만 중국식의 한족 정권에서 통치 상 필요에 의하여 빈번하게 행해지는 사민의 방식을 채용하여 통치하였다. 혁연발발의 사민은 주로 경제적 필요와 군사적 수요 및 특수 목적의 달성 등 3가지 목적에서 진행되었다.

여섯째, 이민족이 중원에 자신의 정권을 건국하려면 필히 한족 사대부

의 협조가 필수적이다. 이민족 군주와 한족 사대부는 이러한 배경 하에서 귀의와 우대를 통한 효과적인 합작을 진행하였고 상호간의 만족감을 극대화시켜 나갔던 것이다. 그러나 대하가 기타 이민족 정권과 다른 점은 사대부 우대가 그리 보편적이지 않았고 또 사대부 우대 정책에 필수적으로 동반되는 유학과 교육 기관의 설치 등에 관한 기록이 없는 점이다.

이처럼 대하를 건국한 혁연발발의 문화변용에 대한 일련의 조치로 볼 때, 문화적으로 열세에 처해 있음만을 인정하였다. 그래서 위에 언급한 주요 방법으로 문화변용을 추진하였고, 문화변용의 목표를 단순히 중원 한족 문화의 흡수를 통하여 자신의 정권을 안착시키려는 것에서 벗어나 문화적으로 천하를 통일하려는 원대한 목적으로 문화변용을 단계적으로 추진하였던 것이다.

결론적으로 흉노족 혁연발발의 문화변용에 대한 노력과 실천은 향후 전개되는 5호16국은 물론 북조의 각 정권에서도 문화변용을 적극적으로 시행하는 선례를 남겼다. 물론 혁연발발을 포함한 이민족 통치자의 노력만이 존재하는 것이 아니고 반대로 한족 통치자의 이민족 문화에 대한 문화변용도 동시에 진행되고 있음을 기억해야 할 것이다. 이러한 결과로 한족의 전통문화가 이민족을 통하여 외연이 확대되고, 반대로 이민족의 문화는 한족을 통하여 한족의 문화 내용에 깊숙이 침투되어 "漢胡互化"를 형성하고 두 문화의 다양성과 풍부성을 이룩하여 통일시대 수, 당의 새로운 문화를 창조하는데 많은 영향을 끼쳤던 것이다.

(『중국학연구』 34, 2005년)

참고문헌(출현 순서에 따라)

1. 사료

『晉書』, 臺北, 鼎文書局, 1987.
『資治通鑑』, 臺北, 世界書局, 1987.
『魏書』, 臺北, 鼎文書局, 1987.
『史記』, 同上.
『南齊書』, 同上.
『太平御覽』, 臺北, 商務印書館, 1987.
『十六國春秋』(『太平御覽』 卷127 引用本).
『十六國春秋輯補』, 臺北, 鼎文書局, 1987.
『十六國春秋纂錄校本』, 同上.
『十六國疆域志』, 同上.
『三十國春秋』, 同上.
『三十國春秋輯本』, 同上.
『墨子』, 『十三經今注今譯』, 長沙, 岳麓書社, 1994.
『春秋』, 同上.

2. 저서

金榮煥, 『魏晉南北朝時期 北方民族史 硏究－拓跋鮮卑族의 歷史와 文化－』, 서울, 아이반호, 2003.
葉 適, 『習學紀言』, 臺北, 商務印書館, 1989.
康有爲, 『論語注』, 臺北, 明文書局, 1987.
顧祖禹, 『讀史方輿紀要』, 臺北, 中文出版社, 1979.
洪亮吉, 『十六國疆域志』, 臺北, 鼎文書局, 1987.
劉學銚, 『五胡史論』, 臺北, 南天書局, 2001.
劉學銚, 『鮮卑史論』, 臺北, 南天書局, 1994.
柏 楊, 『中國人史綱』, 臺北, 星光出版社, 1992.

札奇斯欽, 『蒙古文化與社會』, 臺北, 商務印書館, 1987.
李培棟, 『魏晉南北朝史緣』, 上海, 學林出版社, 1996.
鄭欽仁, 『北魏官僚機構研究』, 臺北, 稻禾出版社, 1995.
孫同勛, 『拓跋氏的漢化』, 臺北, 國立臺灣大學文學院, 1962.
陳登原, 『國史舊聞』, 臺北, 明文書局, 1984.
陳寅恪, 『陳寅恪先生論集』, 臺北, 中央研究院歷史語言研究所, 1971.
徐復觀, 『學術與政治之間』, 臺北, 學生書局, 1985.
費孝通, 『中華民族多元一體格國』, 北京, 中央民族大學出版社, 1999.
蔡學海, 『中國文化新編-根源篇-』, 臺北, 聯經出版社, 1987.
馬長壽, 『烏桓與鮮卑』, 上海, 人民出版社, 1962.
馬長壽, 『北狄與匈奴』, 北京, 三聯書店, 1969.
萬繩楠, 『魏晉南北朝史論稿』, 合肥, 安徽敎育出版社, 1983.
王仲犖, 『魏晉南北朝史』, 臺北, 谷風出版社, 1987.
劉迎勝, 『絲路文化-草原卷-』, 浙工, 浙工人民出版社, 1995.
任 重, 陳 儀, 『魏晉南北朝城市關係研究』, 北京, 中國社會科學出版社, 2003.
中國軍事史編寫組(編), 『中國軍事史-第6卷-』, 北京, 解放軍出版社, 1989.
佟柱臣, 『中國邊疆民族物質文化史』, 成都, 巴蜀書社, 1991.
河北敎育出版社(編), 『中華文明史-4卷-』, 北京, 河北敎育出版社, 1992.
周偉洲, 『中國中世西北民族關係研究』, 西安, 西北大學出版社, 1992.
樊樹志, 『國史槪要』, 上海, 復但大學出版社, 2000.
羅宏曾, 『魏晉南北朝文化史』, 成都, 四川人民出版社, 1989.
護雅夫, 神田信夫, 『北アジア史』, 東京, 山川出版社, 1985.
川本芳昭, 『魏晉南北朝時期の民族問題』, 東京, 汲古書院, 1998.
白鳥庫吉, 『東胡民族考』, 上海, 商務印書館, 1934.
三崎良章, 『五胡十六國-中國史上の民族大移動』, 東京, 東方書店, 2002.
谷川道雄, 『隋唐帝國形成史論』, 東京, 筑摩書房, 1998.

3. 논문

金榮煥, 「『魏書』「序紀」에 나타난 拓跋鮮卑族의 神異現象 考釋」, 『中國學研究』15, 1998.
金榮煥, 「5胡16國 君主의 文化變容에 관한 연구」, 『韓中人文學研究』9, 2002.

金榮煥, 「5胡16國時期 匈奴族 政權의 文化變容 硏究-漢, 前趙를 中心으로-」, 『中國學硏究』 23, 2003.
朴漢濟, 「五胡赫連夏國의 도시 統萬城의 選址와 그 구조-胡族國家의 都城經營方式-」, 『東洋史學硏究』 69, 2004.
呂春盛, 「從北亞史主體性的觀點論中國歷史」, 『臺南師院學報』 30, 1997.
王吉林, 「北魏建國前的拓跋氏」, 『史學彙刊』 1977-8.
王希恩, 「五胡政權中漢族士大夫的作用及歷史地位」, 『蘭州學刊』 1986-3
黃　烈, 「拓跋鮮卑早期國家的形成」, 『魏晉隋唐史論集』 2, 北京, 社會科學出版社, 1983.
內田吟風, 「柔然族に關する硏究」, 『北アジア史硏究-鮮卑, 柔然, 突厥篇-』, 東京, 同朋社, 1975.
町田隆吉, 「北魏太平眞君4年拓跋燾石刻祝文をめぐって-可汗,可敦の稱號を中心として-」, 『岡本敬二先生退官紀念論集-アジア諸民族におげる社會と文化-』, 東京, 國書刊行會, 1985.

제10장

대하 군주 赫連勃勃의 대외투쟁 연구
-朔方, 嶺北, 長安을 중심으로-

I. 서 언

위진남북조 시대에(220~581년) 중원으로 진입한 북방의 흉노족은 대략 『晉書』「匈奴傳」에 의하면 19종류가 있다.[1] 이들 중에서 비교적 세력이 큰 종족이 3개 있는데, 첫째는 羌渠種이고 南單于 於扶羅(yūfúluó)의 직계 자손으로 劉豹(liúbào) - 劉淵(liúyuān) - 劉聰(liúcōng)으로 계승되는 일파이다.[2] 둘째는 屠各種 鐵弗部이고 谷蠡王 尸利(shīlì)의 후손이며 左賢王 去卑(qùbēi)의 직계자손으로 劉虎(liúhǔ) - 劉務桓(liúwùhuán) - 劉衛辰(liúwèichén) - 赫連勃勃(hèliánbóbó)로 계승되는 일파이다.[3] 셋째는 屠各種 獨孤部이고 역시 곡려왕 시리의 후손이며 北部帥 劉猛(liúměng)의 직계 자손으로 劉副崙(liúfùlún) - 劉路孤(liúlùgū) - 劉庫仁(liúkùrén)과 劉眷(liújuàn) - 劉顯(liúxiǎn)으로 계승되는 일파이다.[4]

5호16국(304~439년)의 일원인 大夏(407~431년)를 건립한 혁연발발은 철불부이고 흉노족 좌현왕 거비의 직계 자손이다. 철불부의 흥망 과정을

---

1) 『晉書』卷97「北狄匈奴傳」, 2549~2550쪽. "北狄以部落爲類, 其入居塞者有屠各種·鮮支種·寇頭種·烏譚種·赤勒種·捍蛭種·黑狼種·赤沙種·鬱鞞種·萎莎種·禿童種·勃蔑種·羌渠種·賀賴種·鍾跂種·大樓種·雍屈種·眞樹種·力羯種, 凡十九種, 皆有部落, 不相雜. 屠各最豪貴, 故得爲單于, 統領諸種."
2) 동상서, 「劉元海載記」와 『太平御覽』「前趙錄」의 기록에 의하면, 유연(劉元海)은 흉노족 남선우 어부라의 손자이고 유표의 아들로 성씨는 허련제였으나 후에 유씨로 바꿨다. 그리고 유연의 세계표를 『晉書』「劉元海載記」와 『太平御覽』「前趙錄」및 『後漢書』「南匈奴傳」을 참고하여 간략히 작성하였다.
3) 철불부의 지도자 가계는 內田吟風,「南匈奴に關する硏究」,『北アジア史硏究』(京都, 同朋社, 1975), 333쪽을 참고할 것. 혁연발발의 가계를 『十六國春秋』(『太平御覽』卷127 引用本),『十六國春秋輯補』,『十六國春秋纂錄校本』,『十六國疆域志』,『三十國春秋』,『三十國春秋輯本』,『晉書』,『魏書』,『資治通鑑』등 사료에 근거하여 표로 정리하였다.
4) 內田吟風, 前引「南匈奴に關する硏究」,『北アジア史硏究』, 333쪽. 그 외에『新唐書』卷75「宰相世系表」, 3437쪽. "猛生副崙. 副崙生路孤, 路孤生眷, 眷生羅辰."

살펴보면 다음과 같다. 거비의 아들 誥昇爰(gàoyshēnguán)은 남흉노 5부 중에서 북부의 지도자이다. 고승원이 사망한 이후에 유호가 북부의 지도자 지위를 계승하여 4천여 부락을 거느리고 新興郡 慮虒縣의 북쪽에 거주하였다. 유호는 강거종 유연의 아들 유총이 흉노족 정권 전조를 건국한 이후에 유총과 종실인 관계로 樓煩公 安北將軍 監鮮卑諸軍事 丁零中郞將으로 임명되었으며 幷州 북쪽의 중심세력을 형성하게 되었다. 그러나 西晉 幷州 刺史 劉琨(liúkūn)이 拓跋鮮卑와 연합하여 유호를 공격하였고, 크게 패배한 유호는 서쪽의 황하를 건너서 새외 지역으로 도망갔다. 유호가 사망한 이후에 아들 유무환이 부락을 통솔하여 지도자가 되었다.[5] 유무환의 아들 유위진은 탁발선비족이 건립한 代國의 군주 拓跋什翼犍의(tuòbáshíyìjiān)사위이다. 탁발십익건이 여러 차례 유위진의 부락을 습격하여 약탈하자 유위진은 前秦의 苻堅(fújiān)에게 귀의하였다. 부견은 탁발십익건이 통치하는 대국을 정벌하였다.[6] 그리고 대국의 영토를 황하 이동과 이서의 2부로 분할하였으며, 황하 이동은 유고인으로 하여금 통솔하게 하고 황하 이서는 유위진으로 하여금 통솔하게 하였다.[7] 부견은 아울러 유위진을 西單于로 임명하고 하서의 여러 부락을 통솔하게 하였으며 代來城에 주둔하게 하였다. 淝水의 전투(383년)에서 부견이 동진에 대패한 이후에 유위진의 세력은 급속히 성장하여 삭방의 패자가 되었다.

386년에 탁발십익건의 손자 拓跋珪(tuòbáguī)가 북위를 건국하면서 삭방의 상황은 급변하였다. 즉 391년에 탁발규가 유위진의 대래성을 공격하였고, 유위진은 부하에 의하여 살해되었다. 탁발규는 유위진의 자식과 무리 5천여 명을 살해하고 말 30여만 필과 소와 양 4백여 만 마리를 약탈하

---

5) 『晉書』 卷130 「赫連勃勃載記」, 3201쪽. "父衛辰入居塞內, 苻堅以爲西單于 … 遂有朔方之地."
6) 代國에 대해서는 金榮煥, 「5胡16國時期代國之形成過程硏究」, 『國際中國學硏究』 6, 2003을 참고할 것.
7) 『魏書』 卷95 「鐵弗劉虎傳」, 2055쪽. "堅遂分國民爲二部, 自河以西屬之衛辰, 自河以東屬之劉庫仁."

였다. 혁연발발은 유위진의 3자로 高平川으로 도망갔다가 姚興(yáoxīng)이 건립한 後秦의 高平公에 임명된 破多羅(蘭)沒奕于(pòduōluóyìyú, 鮮卑族)에게 귀의하였으며, 파다라몰혁우는 그를 사위로 삼았다. 또 혁연발발은 後秦 정권에 출사하여 驍騎將軍이 되었고 요흥의 신임을 받았다. 이후에 安北將軍 五原公에 임명되고 三交 5부선비 및 雜虜 2만여 부락을 배속시켜서 삭방에 주둔하게 하였다.[8] 407년에 혁연발발은 무리 3만여 기병을 거느리고 고평천으로 거짓 사냥을 나간 후에 장인인 파다라몰혁우를 습격하여 살해하고 삭방을 장악하였다.

 이와 같은 시대 상황 하에서 본문의 연구 목적은 필자의 철불부 관련 일련의 논문을 기초로 하여 진일보 심화 보충한 것이다.[9] 즉 철불부의 혁연발발이 지리멸렬된 부락을 재차 결집하여 대하를 건국하는 과정을 대외 투쟁을 중심으로 탐구한 것이다. 혁연발발이 선비족 계통과 잡로를 중심으로 대하 정권을 건립하고 서북부의 강자로 재차 등장하게 되는 일련의 과정을 대외 투쟁의 관점에서 설명하는 논저는 거의 찾을 수 없었다. 그래서 본문은 혁연발발이 5호16국 시기 각 정권의 견제와 이해충돌의 와중에서 대외 상황을 어떻게 이용하여 대하를 건국하였고, 대외적으로 어떤 지역을 점령하였으며, 이러한 대외 투쟁의 결과로 철불부가 어떻게 입지를 굳건히 할 수 있었는지를 탐구하였다.

 본문의 연구 범위는 내용적으로는 혁연발발이 지리멸렬된 부락을 재차 결집하여 대하를 건국하고 발전하는 과정을 중심으로 하였다. 공간적으로는 탁발선비가 건국한 북위와 후진의 영토가 중첩되는 범위에서의 활동으로, 오늘날 陝西省 지역에서의 대외 투쟁을 중심으로 서술하였다. 시간적

---

8) 『晉書』 卷130 「赫連勃勃載記」, 3202쪽. "以勃勃爲持節・安北將軍・五原公, 配以三交五部鮮卑及雜虜二萬餘落, 鎭朔方."
9) 金榮煥, 「大夏 君主 赫連勃勃의 文化變容」, 『中國學研究』 34, 2005 ; 「5胡16國時期 匈奴族 鐵弗部 研究」, 『中國研究』 51, 2011 ; 「5胡16國時期 匈奴族 鐵弗部와 鮮卑族 拓跋部의 관계 연구」, 『中國學研究』 57, 2011.

으로는 대략 혁연발발의 대하 건국 이전의 삭방 진입(391~406년)과 건국 이후의 嶺北 탈취(407~411년) 및 長安 점령(412~426년)의 3단계로 나누어 설명하고 고증하였다. 즉 혁연발발 부활의 중요 과정을 대외 투쟁을 중심으로 3단계로 설정하고, 각 단계별 투쟁 과정을 분석하였다. 혁연발발이 완전히 멸망된 철불부에서 기사회생하고 마침내는 대하를 건국하여 5호16국의 일원으로 등장하였고, 위진남북조 시대 서북에서 중심적인 활동을 할 수 있었던 핵심 요인을 대외 투쟁으로 인식하였다. 이러한 과정을 통해서 혁연발발의 각 단계별 대외 투쟁 승리는 철불부의 입지를 한 단계씩 강화하는 결정적인 계기가 되었음을 알게 되었다.

본문의 연구 방법은 『十六國春秋』(『太平御覽』卷127 引用本)와 『魏書』 「鐵弗劉虎傳」 및 『晉書』, 「赫連勃勃載記」, 『資治通鑑』, 『宋書』, 『南齊書』의 관련된 기록 등을 중심으로 상호 비교분석하였다. 사료의 분석 방법은 『晉書』의 내용을 저본으로 삼고, 『魏書』와 『十六國春秋』 및 『資治通鑑』 등의 내용을 참고하여 시기별로 재구성하고 결론을 도출하였다.

II. 혁연발발의 삭방 진입(391~406년)

위진남북조 시대 흉노족의 부락 체계와 구성원 및 거주지는 대략 다음과 같다. 曹魏 시기에는 呼韓邪(hūhányé)의 자손(조위 시기에 성씨를 유로 바꾸었다.)을 부락의 지도자로 세우고 우현왕 거비로 하여금 平陽(山西省 林汾縣)에 거주하면서 5부를 통치하게 하였다. 西晉 시기에는 武帝가 부락 지도자의 명칭을 都尉로 고쳤다. 5부 중에서 좌부가 통솔하는 대략 1만여 부락은 茲氏縣(山西省 汾陽縣)에 거주하였고, 우부가 통솔하는 대략 6천여 부락은 祁縣(山西省 祁縣)에 거주하였다. 남부의 약 3천여 부락은 蒲子縣(山西省 蒲縣)에 거주하였고, 북부의 약 4천여 부락은 新興縣(山西省 忻縣)에, 中部의 약 6천여 부락은 大陵縣(山西省 文水縣)에 거주하였다. 거비가 거느린 흉노족은 적어도 3만 호는 되었다. 게다가 기타 귀의하는 흉노족 부락까지 더한다면 총수는 수십 만 명에 달했다. 그래서 서진 시기에는 흉노족을 포함한 북방의 여러 호족을 통칭해서 北狄이라고 불렀던 것이다.[10]

이러한 부락 상황 하에서 철불부의 부락민은 북부의 부락민을 기반으로 한다. 북부의 약 4천여 부락은 新興郡(山西省 忻縣)을 중심으로 거주하였다. 철불부의 지도자 유씨 역시 독고부 유씨와 마찬가지로 병주 지역의 흉노 "幷州屠各"과 밀접한 관계가 있다.[11] 철불부 유씨가 통치한 부락민은 당연히 유씨 자신의 종족과 병주의 신흥군과 안문군 지역에 거주하던 기타 흉노 부락민을 포함하였을 것이다. 이러한 철불부 부락민은 대략 6단계 과정을 거치면서 계속해서 새롭게 변모되었다.[12] 그러나 오래지 않아서 철불

---

10) 馬長壽, 『北狄與匈奴』(北京, 三聯書店, 1969), 1~21쪽. 북적의 의의 및 분포와 종류에 대해서 상세히 언급하였다.
11) 병주의 도각종에 대해서는 唐長孺, 「魏晉雜胡考」, 『魏晉南北朝史論叢』(北京, 三聯書店, 1955), 396~403쪽 ; 林榦, 『匈奴通史』(北京, 人民出版社, 1986), 187~193쪽 ; 內田吟風, 前引 「南匈奴に關する研究」, 『北アジア史研究 - 匈奴篇 - 』, 278~288쪽 ; 周偉洲, 『漢趙國史』(山西, 人民出版社, 1986), 19~25쪽 ; 馬長壽, 前引 『北狄與匈奴』, 92~97쪽 ; 姚薇元, 『北朝胡姓考』(北京, 中華書局, 1962), 38~52쪽을 참고할 것.
12) 철불부 부락 정체성의 형성에 대하여 필자가 정리한 것을 열거하면 다음과 같다. 1단계는 철불 유호가 통치하던 부락민은 마땅히 유맹의 부락민과 대동소이하다. 『魏書』 卷95 「鐵弗劉虎傳」, 2054쪽. "鐵弗劉虎, … 北部帥劉猛之從子, 居於新興 盧俿之北. … (劉)猛死, 子副論來奔(拓跋氏). (劉)虎父誥升爰代領部落. … 誥升爰死, 虎代焉." 2단계는 철불부가 비록 통치자는 유호의 자손이 계속 담당했지만 부락민은 하서의 雜類로 새롭게 충원되었다. 同上書, 卷95 「鐵弗劉虎傳」, 2054쪽. "招集種落, 爲諸部雄. … 督攝河西雜類, … 部落奔潰" 3단계는 유알두가 일부분 부락민을 거느리고 탁발부에 귀의하였다. 同上書, 卷1 「序紀」, 14쪽. "初關頭之叛, … 悉勿祁奪其衆. 關頭窮而歸命, 帝待之如初." 4단계는 유위진은 종족을 거느리고 서쪽으로 도망갔고, 철불 부락민의 구성 요소도 흉노 계통에서 하서 지역의 선비족 계통으로 새로운 변화가 발생하였다. 同上書, 卷1 「序紀」, 15쪽. "帝征衛辰, 衆軍利涉, 出其不意, 衛辰與宗族西走, 收其部落而還" ; 同上書, 卷95 「鐵弗劉虎傳」, 2055쪽 ; 『資治通鑑』 卷101 海公 太和2年條, 3208쪽. 에 관련 기록이 있다. 5단계는 부견은 유위진을 서선우에 임명하고 하서 지역의 여러 종족을

부는 선비족 탁발부의 치명적인 공격에서 부락의 명맥이 끊기게 되었다. 요행히 살아남은 유위진의 아들 혁연발발은 남쪽으로 도망갔고,[13] 나중에 후진 요흥이 고평공으로 임명한 선비족 파다란부의 지도자 파다란몰혁우에게 귀의하였다. 파다란몰혁우는 혁연발발을 받아들이고 자신의 딸을 시집보냈다. 요흥 또한 혁연발발을 安北將軍 五原公에 임명하고, 그에게 三交(陝西省 楡林縣 서쪽)의 5부 선비 및 잡로 2만여 부락을 주어서 삭방을 지키게 하였다.[14] 혁연발발은 이를 계기로 삭방을 차지하면서 비약적인 성장을 할 수 있었고, 마지막 6단계 과정인 혁연발발 시기에 이르러 비로소 철불부의 종족 정체성을 완성하였다.

혁연발발이 구사일생의 위험에서 벗어나고 재차 삭방 지역에서 철불부의 기치를 앞세우고 재기하는 과정을 살펴보면, 크게 전반기와 후반기의 두 시기로 구분할 수 있다.

통치하게 하면서 철불부는 겨우 명맥을 유지하게 되었다. 同上書, 卷23「劉庫仁傳」, 605쪽. "苻堅進庫仁廣武將軍, … 處衛辰在庫仁之下. 衛辰怒, … 攻庫仁西部. 庫仁又伐衛辰, 破之, 追到陰山西北千餘里, 獲其妻子, 盡收其衆."; 同上書, 卷95「鐵弗劉虎傳」, 2055쪽;『資治通鑑』卷104 孝武帝 太元元年條, 3281쪽. 결론적으로 다음의 두 가지를 알 수 있다. 첫째, 철불부의 지도자는 고승원과 유호의 자손인 유무환, 유위진, 혁연발발이 줄곧 담당하였다. 둘째, 철불부 부락민의 구성 성분은 여러 차례 바뀌었다. 즉 흉노 계통의 도각종에서 胡父鮮卑母의 혼혈종을 거치고, 황하 이서 지역인 삭방으로 도망간 이후에 "河西雜類", "河西鮮卑", "雜虜" 등 하서 지역의 잡호를 모아서 새로운 철불 부락민을 형성하였다. 그리고 혁연발발 시기에는 구성 성분이 점차 확대되어 선비족 계통과 잡로를 중심으로 대하 정권을 건립하기에 이르렀다.

13) 白翠琴,『魏晉南北朝民族史』(成都, 四川民族出版社, 1996), 170쪽. 그 외에 관련 원전으로는『魏書』卷95「鐵弗劉虎傳」, 2056쪽 ;『晉書』卷130「赫連勃勃載記」, 3201~3202쪽 ;『十六國春秋輯補』卷64「夏錄」, 463~464쪽.
14)『續漢書』「君國誌」에 삭방군에는 1987호, 7843명이 있고, 後漢 順帝 永和5년(140년) 삭방군은 6개 현(臨戎縣, 三封縣, 朔方縣, 沃野縣, 廣牧縣, 大城縣)을 거느리고 있었다. 삭방은 남흉노가 귀화하고 전진 이후에 폐지하였다. 삭방에 관한 논저는 吳洪琳,「鐵弗匈奴對朔方地區的經營開發」,『寧夏大學學報』30-1, 2008을 참고할 것.

전반기는 북위에 의하여 멸망되었다가 선비족 薛干部(추장 太悉伏)와 파다란부(추장 破多蘭沒奕于)의 도움으로 간신히 명맥을 유지한 시기이다. 북위 登國6年(391년) 10월에 道武帝 탁발규가 철불흉노의 근거지 대래성을 공격하였다. 당시 11살[15] 이던 유위진의 아들 혁연발발(유발발)은 요행히 탈출하여 선비족 설간부(달리 질간부라고 일컫는다)에 의탁하였다.[16] 이 부락은 三城(陝西省 延安 부근) 일대에서 유목하고 있었고 일찍이 유위진에게 의탁하였다. 탁발선비가 유위진을 멸망시킨 이후에는 부락 추장 太悉伏(tàixīfú)달리 叱干他斗伏, 또는 他斗伏이라고 일컫는다)[17]은 다시 탁발선비의 대국에 귀의하였다. 도무제는 유위진의 아들 혁연발발이 설간부 태실복에게 귀의한 사실을 알고 사신을 보내서 혁연발발을 자신에게 보내줄 것을 요청하였다. 그러나 태실복은 탁발규가 파견한 사신에게 혁연발발을 돌려보낼 수 없다고 말하고,[18] 혁연발발을 후진의 고평공 파다란몰혁우에게로 보냈으며[19] 파다란몰혁우는 딸을 혁연발발에게 시집보냈다.[20]

파다란몰혁우는 원래 선비족의 별종인 파다란부의 추장으로 牽屯山 부근에서 유목하며 金城과 安定을 약탈하여서 모두들 두려워하였다.[21] 그는

---

15) 崔鴻, 『十六國春秋』 「夏錄」, 475쪽. "眞興七年 … 八月薨於永安殿, 年四十五" 즉 혁연발발이 眞興7年(425년)에 45세로 사망하였는데 이것을 근거로 당시 나이를 추정하면 11세에 불과하다.
16) 『資治通鑑』 卷107 孝武帝 太元16年, 3402쪽. "衛辰少子勃勃亡奔薛干部"
17) 『魏書』 卷2 「太祖紀」, 25쪽은 太悉佛 ; 동상서, 卷103 「高車傳」과 『北史』 卷98 「高車傳」은 太悉伏 ; 『晉書』 卷130 「赫連勃勃載記」는 他頭伏 ; 『資治通鑑』 卷107 孝武帝 太元16年條는 太悉伏으로 기록되어 있다.
18) 『晉書』 卷130 「赫連勃勃載記」, 3201쪽. "今執而送之, 深非仁者之事, … 弗從" 그러나 『資治通鑑』 卷107 孝武帝 太原16年條, 3402쪽. "勃勃國破家亡, 以窮歸我, 我寧與之俱亡, 何忍執以與魏" 약간 다르게 기록되어 있다.
19) 同上書, 3202쪽. "送于姚興高平公沒奕于 ; 『魏書』 卷103 「破多蘭部傳」, 2313쪽. 에는 "木易干" ; 『資治通鑑』 卷107 孝武帝 太元16年條, 3402쪽.에는 "沒奕于"으로 기록되어 있다. 파다란몰혁우는 원래 선비족 파다란부의 지도자였고, 전진에 귀의하여 驃騎將軍이 되었으며, 다시 후진에 귀의하여 高平公에 임명되었다.
20) 同上書, 3202쪽. "送于姚興高平公沒奕于, 奕于以女妻之"

서진 穆帝 升平4年(360년) 10월에 부락 수 만 명을 거느리고 전진의 부견에게 항복하였고, 부견은 그들을 경내에 안치하려고 하였다. 그러나 陽平公 苻融(fúróng)이 강력히 반대하여 국경밖에 안치하고 安定都尉, 驃騎將軍으로 임명하였다.[22] 그 후 전진 太初6年(391년) 8월에 파다란몰혁우는 둘째 아들을 西秦 金城王 乞伏乾歸(qǐfúqiánguī)에게 인질로 보냈다. 파다란몰혁우는 걸복건귀와 함께 安陽城에 근거한 선비족 大兜(dàdōu)를 공격하였고 쌍방은 鳴蟬堡에서 전투하였다. 파다란몰혁우는 대두를 공격하여 크게 격퇴하고 걸복건귀도 그의 부락민을 거두어 돌아왔다. 파다란몰혁우는 또 서진의 걸복건귀을 배반하고 동쪽의 유위진과 연합하였다. 걸복건귀는 1만 기병을 거느리고 파다란몰혁우를 토벌하였고, 파다란몰혁우는 高平의 他樓城으로 도망갔다.[23]

북위의 탁발규는 登國8年(393년)에 8월에 설간부가 거주하는 三城을 정벌하였다. 원인은 선비족 설간부의 추장 태실복이 혁연발발을 탁발선비에게 보내지 않아서 탁발규의 분노를 샀기 때문이다. 당시 태실복은 군사를 거느리고 曹覆을 공격하고 있었다.[24] 탁발규는 그 틈을 타서 삼성을 공격하고 태실불의 자식과 진귀한 보물을 약탈하였으며 설간부 부락민들을 이주시키고 돌아왔다. 그래서 태실불은 다시 후진의 요흥에게 귀의하였다.[25] 후진 皇初2年(395년)에 태실불은 장안에서 영북으로 도망쳐 돌아왔고, 上郡 이서의 여러 선비족과 雜胡들이 그 소식을 듣고 그를 따랐다.[26]

---

21) 『魏書』 卷103 「破多蘭部傳」, 2313쪽. "至木易干有武力壯勇, 劫掠左右, 西及金城, 東侵安定, 數年間諸種患之"
22) 『資治通鑑』 卷107 孝武帝 太元16年條, 3400쪽. "秦驃騎將軍沒奕干"
23) 同上書, "沒奕干尋叛, 東合劉衛辰. 八月, 乾歸帥騎一萬討沒奕干, 沒奕干奔他樓城"
24) 『魏書』 卷103 「薛干傳」과 『北史』 卷98 「高車傳」에서는 "曹覆寅"으로 기록되어 있다.
25) 同上書, 卷103 「薛干傳」, 2313쪽. "太悉伏來赴不及, 遂奔姚興, 未幾亡歸嶺北"
26) 同上書, "上郡以西諸鮮卑・雜胡聞以皆應之";『北史』 卷98 「高車傳」, 3726쪽 ; 『資治通鑑』 卷108 孝武帝 太元20年條, 3419쪽에 관련 기록이 있다.

후반기는 혁연발발이 후진 요흥에게 귀의하였고, 요흥의 지원으로 삭방으로 돌아와서 옛날 철불부 부락민 3만여 명을 거느리면서 재기의 발판을 마련한 것이다. 당시 후진 요흥은 전진이 비수의 전투(383년) 이후에 급속히 쇠약해진 기회를 틈타서 관중에 후진 정권을 건립하였다. 『晉書』 「赫連勃勃載記」에 이르기를,

"(후진의 요흥은 요옹의 반대에 직면하여 말하기를) 혁연발발은 도탄에 빠진 백성을 구제할 능력이 있고, 나는 마침 그의 재능을 사용하여 그와 함께 천하를 평정하고자 하는데 무엇이 안 된단 말인가! 그래서 혁연발발을 안원장군 양천후로 임명하고 그로 하여금 파다란몰혁우를 도와서 고평에 주둔하여 지키게 하였으며 삼성과 삭방의 잡이 및 유위진의 부락민 3만여 명을 그에게 나눠줘서 북위를 공격하고 적을 정찰하게 하였다. 요옹이 극력 간언을 하며 불가하다고 하였다 …. 요흥은 이에 그만 두었다. 그러나 오래지 않아서 혁연발발을 지절 안북장군 오원공으로 임명하고 삼교의 5부 선비 및 잡이 2만여 부락을 그에게 나눠주고 삭방에 주둔하며 지키게 하였다."[27]

이처럼 천재일우의 기회를 만나서 혁연발발은 삭방에 주둔하게 되었고, 한편으로는 후진의 변경을 지키고 다른 한편으로는 자신의 세력을 구축하게 되었다.

후진 皇初4年(397년) 요흥은 북위에게 함락되었다가 나중에 다시 반란을 일으켰던 설발부(선비족 薛干部)를 토벌하였다.[28] 그래서 후진의 강역

---

[27] 『晉書』 卷130 「赫連勃勃載記」, 3202쪽. "勃勃有濟世之才, 吾方收其藝用, 與之共下天下, 有何不可! 乃以勃勃爲安遠將軍, 封陽川侯, 使防沒弈于鎭高平, 以三城·朔方雜夷及衛辰部衆三萬配之, 使爲伐魏偵候. 姚邕固諫以爲不可. … 興乃之. 頃之, 以勃勃爲持節·安北將軍·五原公, 配以三交五部鮮卑及雜虜二萬餘落, 鎭朔方"; 『魏書』 卷95 「鐵弗劉虎傳」, 2056쪽에서는 三城을 "義城"으로 기록되어 있다.
[28] 同上書, 卷117 「姚興載記」, 2978쪽. "鮮卑薛勃叛奔嶺北, … 遣姚崇·尹緯討之"

은 사방으로 대규모 확장되었고,[29] 혁연발발이 거주하던 삭방 지역에 대해서도 손쉽게 경영할 수 있었다. 요흥은 혁연발발이 북위하고 대대로 원한이 있는 것을 알고 또 혁연발발에게 국가를 경영할 재능이 있음을 알았다. 그래서 요옹이 혁연발발을 중용하지 말라는 권고가 있었음에도 마침내 弘始4年(402년)에 혁연발발을 安北將軍 五原公으로 임명하고 삭방지역을 통치하게 하였다.[30] 혁연발발은 후진 요흥의 도움아래 자신의 조상들이 오랫동안 경영하던 삭방 지역으로 돌아왔다. 혁연발발이 삭방으로 돌아온 이후에 그의 주위에는 그의 부친 유위진이 통치하던 옛날 부락들이 신속하게 몰려들었고, 마침내 자신의 세력을 건립하기에 이르렀다.

주지하다시피 삭방지역은 철불부의 근거지이고 그들이 오랫동안 통치하던 지역이다. 西晉 永嘉4年(310년)에 철불 유호가 拓跋猗盧(tuòbáyīlú)의 공격을 받아서 朔方 지역으로 도망친 이후부터, 北魏 登國6年(391년) 代來城이 파괴될 때까지 鐵弗部는 이 지역에서 거의 80여년을 통치하고 있었다. 劉衛辰 시기에는 3만8천여 기병을 거느리게 되었고,[31] 북위 登國6年(391년)에 유위진의 아들 直力鞮(zhílìdī, 力挨提)가 북위의 남부를 침략할 때에는 병력이 이미 8~9만에 이를 정도였다.[32] 이것 이외에 그들이 보유하고 있던 가축의 수량은 이루 헤아릴 수가 없을 정도였다. 東晉 太和2年(367년) 10월 탁발선비가 처음으로 대래성을 공격할 때에는 소와 양 수십만 마리를 획득하여 돌아갔다.[33] 또 登國6年(391년)에 탁발선비가 대래성을 공격하고 명마 3십여만 필과 소와 양 4백여만 마리를 차지하였다.[34]

---

29) 顧祖禹, 『讀史方輿紀要』卷3「州域形勢」, 49쪽. "南至漢川, 東逾汝·穎, 西控西河, 北守上郡"
30) 『晉書』卷130「赫連勃勃載記」, 3202쪽. "以勃勃爲持節·安北將軍·五原公, 配以三交五部鮮卑及雜虜二萬餘落, 鎭朔方."
31) 同上書, 3201쪽. "遂有朔方之地, 控弦之士三萬八千."
32) 『資治通鑑』卷108 孝武帝 太元16年條, 3402쪽. "劉衛辰遣子直力鞮帥衆八九萬攻魏南部."
33) 『魏書』卷2「太祖紀」, 15쪽. "大破直力鞮軍 … 獲其器械輜重, 牛羊二十餘萬"

비록 북위의 두 차례 공격으로 많은 가축을 빼앗겼지만 철불부는 여전히 북방의 여러 정권이 무시할 수 없는 세력을 보유하였다. 나중에는 전진, 후조 등과 연합할 정도가 되었고, 이들 할거세력은 적극적으로 철불부를 끌어들이기에 이르렀다. 탁발선비가 철불부의 근거지인 대래성을 공격하고 유위진의 무리 5천여 명을 살해하였으며 대량의 가축을 약탈하여 한때 세력이 약해지기도 하였다. 그러나 당시 북방의 복잡한 형세 때문에 탁발선비는 관중 지역에서 굴기한 후진과 더불어 삭방 일대에 대한 효과적인 관리를 할 수 없었다. 이로 인하여 후진의 요흥은 유위진의 옛날 부락 3만여 명을 혁연발발에게 예속시켜서 삭방을 관리하게 하였던 것이다. 결국 혁연발발은 요흥의 지원으로 삭방으로 돌아왔고, 삭방 주변의 형세에도 변화가 발생하여 흉노족 철불부의 재기에 매우 적합한 여건이 조성되었다. 즉 혁연발발이 재차 삭방을 장악하면서 철불부의 세력은 점차 안정되고 발전을 이룩하였으며, 옛날 철불부의 영광을 재현하기에 이르렀다.

결론적으로 말해서 혁연발발이 삭방에서 굴기할 수 있었던 원인을 정리하면 다음과 같다.

첫째, 혁연발발은 후진 요흥의 지원으로 삭방으로 돌아와서 흩어졌던 부락을 재결합하고, 주변의 북위를 공격하면서 세력이 증강되었다. 혁연발발이 다시 삭방으로 돌아온 이후에 당시 삭방 주변의 상황은 매우 복잡하였다. 즉 북부에는 柔然, 동부에는 북위, 남부에는 혁연발발이 의탁하고 있던 후진, 서부에는 서진과 남량이 차지하고 있었다. 그러나 당시 북위의 최대 적대국인 유연은 후진과 외교관계를 맺고 혁연발발이 거주하던 삭방 지역은 관심을 기울이지 않았다. 이로 인하여 혁연발발은 항상 북위를 침략하여 북위 북부의 후환이 되었다. 북위는 혁연발발의 불공대천의 원수이다. 혁연발발이 후진에 예속된 것은 완전히 후진의 세력을 빌려서 북위를 공격하려는 의도였다.[35]

---

34) 同上書, "簿其珍寶畜産, 名馬三十餘萬匹, 牛羊四百餘萬頭."

둘째, 후진의 삭방 지역 장악과 지리적 요건이다. 삭방은 5호16국 시기에는 지금의 內蒙古 河套 이남과 관중 평원 이북 지역이고 북쪽으로는 陰山에 연결되어 있다. 사서에는 북위 登國6年(391년), 흉노족 철불부의 중심지 대래성이 격파된 이후에 철불부에 의하여 장악된 황하 이남의 여러 부족들도 대부분 북위에 항복한 것으로 여겼다.[36] 이것은 약간 과장된 면도 있지만 북위가 대래성을 격파한 이후에 잠시 동안 삭방 지역 즉 하투 이남과 관중 평원을 장악한 것을 나타내고 있다. 그러나 실제 상황은 비교적 복잡하다. 또한 북위가 삭방을 장악한 시기에도 반란이 여러 차례 있었고, 결국에는 후진 세력의 확장과 북위의 주의력이 다른 곳으로 옮겨가면서 삭방 지역은 후진에 의하여 완전히 장악되었다. 게다가 쌍방 간에는 황하라는 천연 요새가 있어서 소강상태를 유지할 수 있었고, 이것이 바로 철불부의 세력이 재차 확대되고 발전하는 중요한 계기가 되었다.

셋째, 북위 주변의 국제적인 상황으로 누구도 삭방의 혁연발발을 돌아볼 여유가 없었다. 북위의 입장에서 보면 철불부의 대래성이 격파되고 東晋 義熙3年(407년) 혁연발발이 대하 정권을 건립하기까지, 북위는 한편으로 철불부의 동방 진출을 저지하였고 다른 한편으로는 북위 내부에서 약간의 위기가 싹트고 있었다. 북위 내부의 양대 세력인 道武帝의 妻族 賀蘭部와 母族 獨孤部는 항상 탁발선비 내부의 권력 투쟁에 개입하였다.[37] 이로 인하여 북위 도무제가 즉위한 이후에는 주로 내부의 모순을 해결하려고 힘썼고, "招撫離散, 勸課農桑"[38]과 "詔給內徙新民耕牛, 計口授田"[39]의 정책으

---

35) 杜士鐸, 『北魏史』(太原, 山西高校聯合出版社, 1992), 75~76쪽 ; 金榮煥, 前引「5胡16國時期 匈奴族 鐵弗部와 鮮卑族 拓跋部의 관계 연구」, 『중국학연구』 57, 419~425쪽에서 유위진 통치 시기 탁발부와의 관계를 참고할 것.
36) 『魏書』 卷2 「太祖紀」, 15쪽. "白河已南, 諸部悉平" ; 『資治通鑑』 卷107 孝武帝 太元16年條, 3402쪽에서는 "諸部悉降"으로 되어 있다.
37) 張繼昊, 「北魏王朝創建歷史中的勳臣賀氏」, 『空大人文學報』 1996-5, 53~74쪽.
38) 『資治通鑑』 卷106 孝武帝 太元11年條, 3372쪽.
39) 『魏書』 卷2 「太祖紀」, 25쪽.

로 기존의 부락 조직을 해산시키고 유목 경제를 농업 경제로 전환시켰다. 그러나 이러한 정책의 실시는 오히려 북위 정권과 이들 부락간의 지속적인 대항과정을 일으켰다. 북위의 외부 환경으로 볼 때, 남방은 동진 정권이고 산서 남부는 後秦과 접해있고 동쪽은 後燕과 西燕이 있었다. 북방에는 유연이 있어서 커다란 위협이 되었다. 이들 독립정권은 전부 북위의 국력을 소모시켰다. 이로 인하여 철불부에 대하여는 돌아볼 여지가 없었고, 비록 철불부가 항상 북위 서쪽을 약탈하였지만 북위의 커다란 위협이 되지는 못했다. 철불부의 재차 흥기와 혁연발발의 삭방 제패는 바로 이러한 배경 하에서 실현되었다.

Ⅲ. 혁연발발의 영북 탈취(407~411)

후진이 강성해지면서 하투 이남과 관중 평원 이북의 일부 부락은 후진에 귀의하였다. 後秦 建初7年(392년) 파다란부의 파다란몰혁우가 후진에 항복하였고, 삭방 지역의 원래 유위진의 옛날 부락 또한 후진에 복속되었다. 요흥은 파다란몰혁우와 함께 귀의한 혁연발발을 安遠將軍 陽川侯로 임명하고 파다란몰혁우를 도와서 고평에 주둔하게 하였으며, 삼성과 삭방 雜夷 및 유위진의 부락 3만을 배속시켜서 북위의 정찰대를 정벌하게 하였다.[40] 그러나 요흥의 동생 姚邕(yáoyōng)의 건의로 중지하였고, 다시 혁연발발을 持節, 安北將軍, 五原公에 임명하고 삼교의 5부 선비 및 잡로 2만여 부락을 배속하여 삭방에 주둔시켰다.[41] 이로써 삭방 지역은 완전히 혁연발발에 의하여 장악되었다. 후진은 북위의 강성으로 파생된 대외적인 상

---

40) 『晉書』 卷130 「赫連勃勃載記」, 3202쪽. "乃以勃勃爲安遠將軍, 封陽川侯, 使助沒奕于鎭高平, 以三城·朔方雜夷及衛辰部衆三萬配之, 使爲伐魏偵候."
41) 同上書, "姚邕固諫以爲不可, … 以勃勃爲持節·安北將軍·五原公, 配以三交五部鮮卑及雜虜二萬餘落, 鎭朔方."

황의 변동으로 삭방 지역의 혁연발발을 간섭할 여력이 없었다.

후진의 동쪽은 慕容垂(mùróngchuí)의 後燕이다. 후연은 建興6年(392년)에 滑台에 도읍을 건립한 翟魏를 멸망시키고 적위가 통치하던 7군 3만여호를 차지하였다. 후연 建興8年(394년)에 또 長子와 晉陽을 공격하고 慕容永(mùróngyǒng)의 西燕을 공략하여 서연이 통치하던 8군 7만여호를 차지하여 세력이 증강되었다. 그러나 북위가 강성해지면서 상황이 급변하여 후연은 점차 멸망의 길로 접어들었다.

혁연발발은 삭방에 주둔한 이후에 북위와 후진의 양대 세력이 투쟁하고, 주변의 여러 독립 정권들이 흥망성쇠 하는 상황을 이용하였다. 또 점차 쇠퇴해가는 후진과의 투쟁에서 후진의 영북 지역의 영토를 탈취하게 되었는데, 이러한 과정을 크게 전반기의 후진 귀의 시기와 후반기의 후진 배반 시기로 구분할 수 있다.

전반기의 후진 귀의 시기는 다시 후진과 북위의 대치, 후진의 남량과 북량의 제패, 후진과 북위의 전투와 화평, 후진과 동진의 전투 시기로 나눌 수 있다. 처음은 후진과 북위의 대치이다. 북위는 登國10年(395년)에 三合陂에서 후연 군사를 대파하고 후연의 군사는 4~5만 명이 전사하였다. 登國12年(397년)에 다시 후연의 도읍지 中山을 공격하였고, 慕容寶(mùróngbǎo)는 龍城으로 도망갔다가 선비 귀족 蘭汗(lánhán)에 의하여 살해되었다. 선비 귀족들은 모용수의 아들 慕容熙(mùróngxī)를 군주로 옹립하였지만 建始1年(407년)에 모용희가 피살되고 후연은 망했다. 모용보가 중산으로 물러난 이후부터 하북과 산서의 대부분 지역은 북위의 영토가 되었다. 또 북위의 강성으로 원래 후진에 속해있던 渭北과 河東의 각 종족과 지방 세력은 앞 다투어 북위에 항복하였는데, 주요 세력으로는 흉노 도각종인 董羌과 杏城 盧水胡 郝奴(hǎonú) 및 氐族 부흥 등이다.[42] 그러나 후진과 북위

---

42) 『魏書』 卷2 「太祖紀」, 32쪽. "于鄴城屠殺各董羌·杏城和盧水的郝奴, 迫其部族歸附于魏."

는 서로 사신을 보내서 충돌하지 않았다.[43] 그 후에 상황이 변화하면서 북위 天興4年(401년) 12월에는 拓跋遵(tuòbázūn)을 보내서 후진에 속해 있었던 파다란부의 지도자 파다란몰혁우를 고평에서 격파하였다.[44] 또 材官將軍 和突(hétū)을 보내서 후진에 속해있던 선비족 黜弗部와 素古延部 등 여러 부락을 공략하였다. 그 해에 북위 平陽太守 貳塵(èrchén)이 재차 후진의 하동을 침략하여 장안이 놀라게 되었다. 그래서 관중 지역의 각 성은 대낮에도 성문을 굳게 닫고 방비하였다. 후진의 요흥은 병사를 훈련시키고 신하들과 북위를 정벌할 것을 논의하였다. 탁발규 또한 군사를 준비하고 아울러 병주의 여러 군에 식량을 징수하여 平陽의 乾壁으로 이동시켰으며 후진의 공격에 대비하였다.[45]

다음은 후진의 남량과 북량의 제패이다. 후진은 弘始2年(400년)에 西秦을 멸망시켰다. 또 요흥은 西秦王 걸복건귀를 파견하여 苑川에 주둔시키고 서진의 부락을 배속시켰다. 弘始4年(402년)에 乞伏熾磐(qǐfúchìpán)은 남량의 西平으로부터 苑川으로 도망쳐서 부친 걸복건귀와 만났다. 요흥은 걸복건귀는 散騎常侍 左賢王에 임명하고 걸복치반을 興晉太守로 임명하고 枹罕에 주둔하게 하였다. 걸복씨 또한 부흥의 기회를 가지게 되었다. 하서지역은 弘始4年(402년) 12월에 요흥은 사신을 보내서 南涼의 독발녹단을 車騎將軍 廣武公으로 임명하였다. 북량의 저거몽손은 鎭西將軍 沙州刺史 西海侯로 임명하고 서량의 이고는 安西將軍 高昌侯로 임명하였다.[46] 남량과

---

43) 同上書, 36쪽. "姚興遣使朝貢, … 詔謁者僕射張濟使於姚興."
44) 同上書, 39쪽. "遣征西大將軍・常山王遵等至安定之高平.";『資治通鑑』卷112 安帝 隆安5年條, 3530쪽. "魏主圭遣常山王遵・定陵公和跋帥衆五萬襲沒弈干于高平."
45) 『晉書』卷117 「姚興載記上」에서는 "乾城"으로 기록되었다. 이것은 후진과 북위가 평양 일대에서 싸운 비교적 규모가 큰 전쟁으로 역사에서는 이를 乾壁(城)之戰이라고 일컫는다. 『資治通鑑』卷112 安帝 元興元年條, 3534쪽. "庚寅, 圭大閱士馬, 命幷州諸郡積穀於平陽之乾壁以備秦."
46) 『資治通鑑』卷112 安帝 元興元年條, 3547쪽. "遣使拜禿發傉檀爲車騎將軍・廣武公, 沮渠蒙遜爲鎭西將軍・沙州刺史・西海侯, 李暠爲安西將軍・高昌侯."

북량은 후진의 책봉을 받아들였지만 기본적으로 독립정권이었다. 또한 이 두 정권은 하서 지역에서의 세력의 증강과 확장으로 점차 후진을 견제하기에 이르렀다.

그 다음은 후진과 북위의 전투와 화평이다. 후진 弘始4年(402년)에 요흥은 姚平(yáopíng)과 尙書僕射 狄伯支(díbózhī)로 하여금 4만 군사를 거느리고 북위를 공격하고 乾壁을 함락시켰으며, 북위도 10만 대군으로 반격하였다. 이 전투에서 후진은 대패하고 북위는 적백지 및 越騎校尉 唐小方(tángxiǎofāng) 등 40여명과 병사 2만여 명을 포로로 잡았다. 전쟁이 끝난 후에 북위의 탁발규가 말 1천 필을 보내서 요흥에게 청혼하였고 요흥이 허락하였다. 북위는 별도로 황후를 세운 후에 드디어 청혼을 거절하였고, 그런 까닭에 柴壁의 전투가 발생하였다. 이것이 바로 위진남북조 역사상 유명한 시벽의 전투이다.[47] 전쟁에 패배한 요흥은 북위에 사신을 보내서 화평을 요청했지만 탁발규가 반대하였다. 그리고 이러한 기회를 이용하여 蒲坂을 공격하였고, 후진의 秦晉公 姚緖(yáoxù)는 성을 굳게 지키고 싸우지 않았다. 마침 유연이 북위를 정벌하려고하자 탁발규는 비로소 군사를 이끌고 돌아갔다.

당시의 형세로 볼 때, 후진의 동남에는 東晉이 있고, 서북에는 혁연발발이 나날이 강대해져서 계속 변경을 침략하고 있었다. 이로 인하여 후진은 더 이상 북위와 대적할 능력이 없었고, 실제로 중원을 차지할 희망도 사라졌다. 북위도 새롭게 후연의 토지를 차지하였지만 유연과의 관계를 고려하여 후진을 대거 공격할 수는 없었다. 이러한 상황에서 弘始9年(407년)에 요흥은 북위에 사신과 좋은 말 1천 필을 보내서 시벽의 전투에서 포로가 된 적백지와 당소방 등과 교환하기를 원하고 북위의 신하 賀狄干(hèdígān)을 돌려보냈다. 탁발규도 北新侯 安東(āndōng)을 보내서 후진의 포로들을

---

47) 『晉書』 卷118 「姚興載記下」, 2991쪽. "先是, 魏主拓跋圭送馬千匹, 求婚于興, 興許之. 以魏別立后, 遂絶婚, 故有柴壁之戰."

장안으로 돌려보냈다.[48] 즉 탁발규는 포로교환을 이용하여 북위와 대대로 원수지간이었던 혁연발발과 후진의 관계를 이간질 시키려고 생각하여 후진의 요구에 동의하였다. 결국 북위의 탁발규는 후진과의 투쟁 중에서 군사와 외교 양 방면의 승리를 획득하였고 북위와 후진의 쌍방관계는 잠시 평화를 가져왔다.[49]

마지막으로 후진과 동진의 전투이다. 후진의 남쪽은 동진과 연결되어 있어서 쌍방은 때때로 전쟁하였다. 후진 建初8年(393년)에 동진의 平遠將軍 護氏校尉 楊佛嵩(yángfósōng)이 氐族과 호족 3천여 호를 거느리고 후진에 항복하였다. 姚萇(yáocháng)은 양불숭을 鎭東將軍으로 임명하였다.[50] 皇初4年(397년)에 요흥은 秦隴과 河東 지역을 차지하여 안정시키고 동진의 弘農郡을 공격하였으며, 별도로 姚崇(yaochong)을 보내서 洛陽을 공격하게 하였다. 요숭은 전투에서 이기지 못하고 2만여 호를 이주시키고 돌아왔다.[51] 2년이 지나서(399년) 후진의 鎭東將軍 양불숭 등이 낙양을 함락하고 주변의 여러 지역이 후진에 항복하기를 요청하였다.[52] 후진 세력의 동방 진출은 淮水와 漢水 이북에까지 이르렀지만, 유유가 동진의 정권을 장악한 이후에 후진은 더 이상 진격하지 못했다. 이와 같이 후진의 요흥은 사면으로 출격하면서 병력이 분산되어 삭방으로 돌아가 적극 활동하고 있는 혁연발발을 경계할 여력이 없었다. 결론적으로 이러한 상황은 철불부가 삭방에서 재차 흥기하고 영북 지역을 탈취하는데 결정적인 계기가 되었던

---

48) 『魏書』卷28「賀狄干傳」, 685쪽. "擒其將狄伯支·唐小方等四十餘人. 天賜中, 詔北新侯安東送唐小方於長安";『資治通鑑』卷114 安帝 義熙3年條, 3597쪽. "魏主圭歸所虜秦將唐小方于秦. 秦王興請歸賀狄干, 仍送良馬千匹以贖狄伯支. 圭許之."
49) 杜士鐸, 前引『北魏史』, 109쪽.
50) 『晉書』卷117「姚興載記上」, 2979쪽. "興遣將鎭東楊佛嵩攻陷洛陽" 또 楊佛嵩이 後秦에 귀의한 기록은『資治通鑑』卷108 孝武帝 太元18年條, 3410쪽. "氐帥楊佛嵩叛, 奔後秦."
51) 同上書, 2978쪽. "遣姚崇寇洛陽, … 崇攻之不克, 乃陷柏谷, 徙流人西河嚴彥·河東裴岐·韓襲等二萬餘戶而還."
52) 同上書, 2980쪽. "洛陽旣陷, 自淮·漢以北諸城, 多請降送任."

것이다.

후반기의 후진 배반 시기에 혁연발발은 본격적으로 후진의 요충지인 영북 지역을 탈취하는 전투를 전개하였다. 삭방 지역으로 돌아온 혁연발발은 마침내 절호의 기회를 잡았다. 『資治通鑑』 安帝 義熙3年條에 이르기를,

> "북위 군주 탁발규는 포로로 잡은 후진의 장군 당소방을 후진으로 돌려보냈다. 후진의 왕 요흥도 하적간을 북위로 돌아가게 하고, 이에 좋은 말 1천 필을 보내서 후진의 장군 적백지와 교환하도록 요청하였다. 탁발규가 허락하였다. 혁연발발은 후진이 다시 북위와 교통한다는 소식을 듣고 화를 냈으며, 이에 후진에 배반하려고 모의하였다. 유연의 가한 사륜이 말 8천 필을 후진에 보내려고 대성에 이르렀을 때 혁연발발이 그것을 탈취하였으며, 자신의 무리 3만여 명을 전부 모아서 거짓으로 고평천에서 사냥한다고 하며 파다란몰혁우을 기습하여 살해하고 그의 무리를 차지하였다 … 6월에 혁연발발은 스스로 대하천왕 대선우를 일컫고 대규모로 사면하였으며 연호를 용승으로 바꾸고 백관을 설치하였다."[53]

위의 내용처럼 동진 義熙3年(407년) 요흥이 사신을 북위에 보내서 시벽의 전투에서 포로로 잡힌 적백지와 당소방과 북위 신하 하적간을 교환하였다. 탁발규는 이것을 이용하여 혁연발발과 후진의 관계를 이간질하려고 생각하였다. 그래서 후진의 요청을 수락하였고 쌍방은 평화 관계를 유지하였다. 혁연발발은 후진의 요흥이 자신과 오랫동안 원수인 북위와 평화관계를 가졌다는 소식을 듣고 후진에 반란을 일으키려고 계획하였다. 후진의 고평공 파다란몰혁우를 습격하여 살해하고 그의 부락 수만 명을 차지하였다.

---

[53] 『資治通鑑』卷114 安帝 義熙3年條, 3597~3598쪽. "魏主歸所虜秦將唐小方于秦. 秦王興請歸賀狄干, 仍送良馬千匹以贖狄伯支, 珪許之. 勃勃聞秦復與魏通而怒, 乃謀叛秦. 柔然可汗社崙獻馬八千匹于秦, 至大城, 勃勃取之, 悉集其衆三萬餘人 爲獵於高平川, 因襲殺沒奕于而并其衆. 勃勃自謂夏后氏之苗裔, 六月, 自稱大夏天王, 大單于, 大赦, 改元龍升, 置百官."

그리고 그해 6월에 대하 정권을 건립하였다. 즉 혁연발발은 삭방을 장악한 이후에 다음 목표로 후진을 배반하고 후진의 최대 요충지인 영북을 차지하려는 목표를 드러냈으며,[54] 동시에 대하 정권을 건립하였던 것이다.

혁연발발이 영북 지역을 탈취하는 과정을 시기별로 열거하면 다음과 같다. 혁연발발은 영북의 대부분을 차지하고 있던 후진을 첫 번째 공격 대상으로 삼았다. 동진 義熙3年(407년)에 이미 후진에 예속된 선비족 설간부 등 3부를 격파하고 부락민 1만여 명을 항복시켰다. 또 후진 요흥의 삼성 이북의 여러 성을 공격하고 후진의 장군 楊丕(yángpī)와 姚石生(yáoshísheng) 등을 살해하였다. 또 주변의 일부 독립 정권과 연합 또는 정벌을 시도하였다. 남량은 서쪽에서 세력이 비교적 강한 정권으로 여기에 사신을 보내서 구혼하였다. 그러나 남량의 독발녹단에게 거절당하자, 혁연발발은 11월 친히 2만 기병을 거느리고 남량을 공격하였고 쌍방 간에 전쟁이 발생하였다. 혁연발발은 독발녹단을 대파하고, 1만여 명을 살상하였으며 노예 2만 7천명을 약탈하고 소와 말, 양 수십만 마리를 거느리고 돌아왔다.[55] 赫連勃勃은 추격해온 독발녹단과 전투하여 南涼을 크게 대파하고 독발녹단은 기병 몇 명만 거느리고 南山으로 도망갔다.[56] 혁연발발과의 전투에서 크게 패한 남

---

54) 嶺北 지명의 해석에 대해서는 학자들 간에 일치하지 않지만 최근의 연구 성과에 의하면 九㟮山에서 서쪽으로 慶陽 일대의 이북에 이르는 지역으로 보고 있다. 吳洪琳, 「十六國時期嶺北考」, 『魏晉南北朝史論叢』, 80쪽. 이 외에 영북에 관련한 주장을 제기한 연구자는 다음과 같다. 胡三省의 "九㟮嶺北"; 『資治通鑑』 卷108 孝武帝 太元20年條, 3419쪽; 馬長壽의 "古代以九㟮山以北爲嶺北, 在今禮泉縣北."; 馬長壽, 『碑銘中所見前秦至隋初的關中部落』(北京, 中華書局, 1985), 14쪽; 譚其驤의 "今甘肅慶陽西北"; 譚其驤, 『中國歷史地圖集』, 圖說部分; 史念海의 "所謂嶺北當指橫山而言"; 史念海, 「十六國時期各割據霸主的人口遷徙」, 『河山集』 第七集(西安, 陝西師範大學出版社, 1999), 429쪽; 侯甬堅의 "馬領縣以北地區"; 侯甬堅, 「十六國北朝嶺北地名淵源」, 『中國歷史地理論叢』, 2001-1, 124쪽; 吳宏岐의 "關中北緣山系以北廣大的範圍"; 吳宏岐, 「後秦嶺北考」, 『中國歷史地理論叢』 1995-2, 183쪽 등이 있다.
55) 『十六國春秋輯補』 卷64 「夏錄」, 465쪽. "牛馬羊四十萬而還"라고 기록되어 있다.
56) 『資治通鑑』 卷114 安帝 義熙3年條, 3603쪽. "傉檀與數騎奔南山"

량은 비록 이후에 후진과 姑臧의 전투에서 승리하였지만 통치 근간은 이미 동요하고 있었다. 혁연발발은 남량을 공격하는 동시에 靑石原에서 후진의 장군 張佛生(zhāngfóshēng)을 공격하고 5천여 명을 참살하였다.[57]

후진의 요흥은 尙書左僕射 齊難(qínán)으로 하여금 2만 기병을 거느리고 혁연발발에 대응하게 하였다. 대하 龍升2年(408년)에 혁연발발은 후진 군대의 기세가 등등함을 보고 잠시 河曲으로 물러나서 후진의 공격에 정면으로 대응하지 않고 우회 전술을 채택하기도 하였다. 그러다가 木城에서 제난을 사로잡고 후진의 군사 1만 2천명과 전투 말 1만 필을 획득하였다. 이번 전쟁으로 말미암아 영북 지역에서 요흥에게 소속되어있던 여러 종족 수만 명이 혁연발발에게 귀의하게 되었고 정복한 지역에는 관리를 파견하여 다스리게 하였다.[58] 결국 이 전투는 강력한 후진과 허약한 혁연발발의 상태를 일거에 반전 시켰으며, 역사에서는 이를 가리켜 "제난의 패배로 혁연발발에 대한 근심이 더욱 심해졌다"[59]라고 하였다. 이후에 혁연발발과 후진의 요흥은 매년 秦隴 지역에서 영북의 주도권을 차지하기 위해서 전투하였다.

대하 龍升3年(409년) 1월에 후진의 요흥은 재차 姚沖(yáochōng)과 적백지가 이끄는 4만 기병을 동원하여 혁연발발을 공격하게 하였으나, 오히려 요충이 장안으로 회군하여 정권을 탈취하려고 하였다. 그러나 사전에 발각되어 요흥에 의하여 진압되었다. 4월에는 혁연발발이 후진의 高岡과 五井 등을 습격하고 平凉과 이남의 依力川에 주둔하였다.[60] 9월에 요흥은 貳城

---

57) 『晉書』 卷130 「赫連勃勃載記」, 3204쪽. "勃勃與姚興將張佛生戰于靑石原, 又敗之, 俘斬五千七百人."
58) 同上書, 3204쪽. "擒難, 俘其將士萬有三千, 戎馬萬匹. 嶺北夷夏降附者數萬計, 勃勃于時拜置守宰以撫之"
59) 『資治通鑑』 卷114 安帝 義熙4年條, 3608쪽. "齊難之敗, 則赫然之患熾矣"
60) 『晉書』 卷130 「赫連勃勃載記」, 3204쪽. "勃勃又奉騎二萬入高岡, 及于五井, 掠平凉雜胡七千餘戶以配後軍, 進屯依力川"; 평량과 의력천의 위치에 대해서는 『資治通鑑』 卷115 安帝 義熙5年條, 3615쪽. "平凉城在漢安定 … 依力川又當在其東南

에 이르러 혁연발발과 전투하였다. 혁연발발이 승리하고 주위의 군현과 해당지역의 7천여 호의 주민을 대성으로 이주시켰다. 요흥은 姚詳(yáoxiáng)에게 군사 5천을 주고 貳城을 지키게 하고 자신은 장안으로 돌아갔다. 오래지 않아서 혁연발발은 요흥이 장악하던 黃石固와 我羅城의 7천여 호를 대성으로 이주시키고, 丞相 右地代(yòudìdài)를 幽州牧으로 임명하고 주둔하게 하였다.[61]

龍升4年(410년)에 혁연발발은 尙書 金纂(jīnzuǎn)으로 하여금 기병 1만을 거느리고 후진의 평량을 공격하였다.[62] 요흥은 친히 군사를 거느리고 구원하였고 김찬을 살해하였다. 이어서 혁연발발은 형의 아들인 左將軍 羅提(luótí, 提)를 파견하여 기병 1만 명을 거느리고 定陽을 공격하고 요흥의 군사 4천여 명을 살해하였다. 요흥은 많은 인구가 혁연발발의 수중에 넘어가는 것을 피하기 위하여 이 지역의 주민을 내지의 湟山澤 및 陳倉으로 이주시켰다. 혁연발발은 또 淸水城을 공격하였고 주민 1만6천 가를 대성으로 이주시켰다. 요흥은 安定에서 추격하다가 壽渠川에 이르러 다시 돌아왔다.[63]

龍升5年(411년)에 혁연발발은 군사 3만을 거느리고 안정을 공격하였다. 후진의 雍州刺史 양불숭은 영북의 見兵을[64] 거느리고 대항하였으나 혁연발발에게 패배하고 4만5천명이 항복하고 말 2만 필을 약탈당했다. 양불숭도 포로가 되어 스스로 목을 자르고 자살하였다.[65] 혁연발발은 또 東鄕에

---

61) 『晉書』 卷130 「赫連勃勃載記」, 3204쪽. "勃勃又攻興將金洛生于黃石固, 彌姐豪地于我羅城, 皆拔之, 徙七千餘家于大城. 以其丞相右地代領幽州牧以鎮之"
62) 『十六國春秋輯補』 卷64 「夏錄」, 466쪽. "率騎二萬"이라고 기록되어 있다.
63) 『晉書』 卷118 「姚興載記下」, 2994쪽. "勃勃遣兄子提攻陷定陽, … 各將數千戶避勃勃內徒, … 于湟山澤, … 於陳倉. 勃勃旋隴右, 攻白崖堡, 破之, 遂趣淸水. 略陽太守姚壽都委守奔秦州, 勃勃又收其衆而歸. 興自安定追之, 至壽渠川, 不及而還." 또 『資治通鑑』에서는 勃勃의 형 아들을 "羅提"라고 하였다.
64) 高敏, 『魏晉南北朝軍事制度硏究』(鄭州, 大象出版社, 1998), 191쪽. 見兵은 당시 서진의 장군과 지방관에 의하여 편제되어 다스리던 군대를 말한다.
65) 『十六國春秋輯補』 卷64 「夏錄」, 467쪽. "六年, 勃勃率騎三萬攻安定, 與興將楊佛嵩戰於靑石北原敗之, 降其衆四萬五千獲戎馬三萬匹.";『晉書』 卷118 「姚興載記

서 후진 장군 黨智隆(dǎngzhìlóng)을 공격하였고, 당지융이 항복하자 그의 무리 3천여 호를 貳城으로 이주시켰다. 이번 전투에서 후진의 鎭北參軍 王買德(wángmǎidé)이 투항하였고, 혁연발발은 왕매덕을 軍師中郎將으로 임명하였다. 이로부터 왕매덕은 혁연발발의 중요 참모가 되었고, 그의 많은 군사 전략은 모두 왕매덕에게서 나왔다. 당시 그가 혁연발발에게 건의한 것은 당분간 힘을 기르고 기회를 기다렸다가 준비가 완비되면 행동하라고 하였다.[66] 왕매덕의 건의를 듣고 혁연발발은 삭방으로 진입하여 군사력을 확장하고 재차 흥기하였으며, 10년도 안 되서 平涼, 杏城, 定陽, 安定 등 嶺北의 중요 지역을 대부분 획득하였다.[67] 또 군사 10여만 명을 살상하였고, 정복 지역의 인구 2만여 호를 이주시켰다. 가축은 수를 헤아릴 수 없을 정도로 획득하는 등 대대적인 성과를 거두었다.

혁연발발의 영북 지역 탈취 과정에서 나타난 중요한 사실 몇 가지를 열거하면 다음과 같다.

첫째, 혁연발발은 삭방에 주둔하면서 후진의 서북쪽 요충지인 영북 지역을 탈취하는 것을 최우선 목표로 삼았다. 즉 영북 지역의 탈취는 한편으로는 후진의 강대한 역량을 위축시켜 남쪽으로 확장을 저지시켰다. 다른 한편으로는 대하를 건국할 정치 경제 사회 군사적 기반을 다지는 중대한 계기를 형성하였다. 둘째, 후진과의 전투에서는 특별히 고도로 민첩하게 대응할 수 있는 유격전술을 채택하였다.[68] 셋째, 전투에서 승리하면 필히

下」, 2997쪽. "佛嵩果爲勃勃所執, 絶亢而死"
66) 『晉書』 卷130 「赫連勃勃載記」, 3205쪽. 당시 왕매덕이 혁연발발에게 건의한 내용은 "今秦政雖衰, 藩鎭猶固, 深願蓄力待時, 詳而後擧."
67) 同上書, 3208쪽. "尋進據安定, 姚泓嶺北鎭戍郡縣悉降, 勃勃于是盡有嶺北之地." 또 안정의 중요성에 대해서는 『資治通鑑』 卷117 安帝 義熙12年條, 3692쪽. 胡三省 註에 "姚萇之興也, 以安定爲根本, 後得關中, 以安定爲重鎭, 徙民以實之" 이렇듯 안정은 후진에게 있어서 매우 중요한 지역이었다. 안정을 혁연발발에게 뺏긴 것은 바로 후진의 위기가 급박했다는 것을 설명하고 있다. 참고로 후진의 일부에서는 안정을 포기하고 장안 주변을 충실히 하자는 의견도 있었다. 동상서. "安定孤遠, 難以救衛, 宜遷其鎭戶, 内實京畿"

대량의 가축 약탈과 정복지역의 백성을 대규모로 이주시키는 사민 정책을 시행하였다. 넷째, 영북을 탈취한 이후에는 공격 방향을 남쪽으로 돌리고, 전술상의 변화를 가져왔다. 즉 대하는 나날이 강성해져서 통치 지역이 남쪽의 杏城과 안정 일대에까지 이르렀다. 또 이전의 후진과의 전투에서 사용한 북방 유목 종족에 적합한 유격전술을 버리고, 진지를 공고히 하고 통만성 등 도성을 건립하는 등 중원 한족의 守城戰을 중시하게 되었다.[69]

Ⅳ. 혁연발발의 장안 점령((412~426)

혁연발발은 후진과의 전투에서 장불승, 당지융의 군사를 격파하고 점차 공격 방향을 관중으로 돌렸다. 혁연발발의 관중 정벌은 후진 요흥의 鎭北將軍 왕매덕이 귀의한 이후에 본격적으로 진행되었고, 왕매덕은 혁연발발의 軍師中郞將이 되어 향후 관중 정벌에 많은 공적을 세웠다. 왕매덕의 조언은 향후 대하 정권의 흥성 발전에 관건적인 역할을 하였는데, 혁연발발의 대외 정벌과 관련된 중요한 사례 몇 가지를 열거하면 다음과 같다.

龍升5年(411년) 정월에 후진 鎭北參軍 왕매덕이 혁연발발에게 귀의하였다. 혁연발발은 왕매덕에게 후진을 멸망시킬 방법을 물었다. 왕매덕은 "후진의 덕망과 위세가 이미 쇠퇴하였지만, 그러나 지방 세력은 여전히 매우 굳건하므로, 잠시 역량을 축적하고 기회를 기다릴 것을 권유하였다."[70] 龍

---

68) 『資治通鑑』 卷114 安帝 義熙3年條, 3602쪽. "不如以驍騎風馳, 出其不意, 救前則擊後, 救後則擊前, 使彼疲於奔命, 我則游食自若."; 『讀史方輿紀要』 卷3 「歷代州域形勢」, 96쪽. "奇兵衝其腹心, 出其不意."
69) 『晉書』 卷130 「赫連勃勃載記」, 3205쪽. "發嶺北夷夏十萬人, 于朔方水北·黑水之南營起都城 … 朕方統一天下, 君臨萬方, 可以統萬爲名" 그 외에 통만성 관련 논저로는 戴應新, 「大夏統萬城址考古記」, 『故宮學術季刊』 17-2, 99쪽 ; 邢福來, 「統萬城遺址考古發掘的新收穫」, 『中國歷史地理專輯』, 2003 ; 陳喜波, 韓光輝, 「統萬城名稱考釋」, 『中國歷史地理論叢』 2004-3.

升6年(412년) 6월에 혁연발발은 서진 걸복치반을 공격하려고 하였다. 이에 왕매덕이 말하기를 "걸복치반은 우리의 이웃이고 현재 喪難을 당하였는데, 지금 만약 그들을 정벌함은 어찌 이치를 따라서 행동하고 상서롭고 화평한 기운에 감응하는 도리라고 하겠습니까! 만약 군대의 강대함을 믿고 타인의 喪難 같은 재난을 틈타서 공격하는 것은 일반 사람들도 이런 일을 하는 것을 부끄러워하는데, 만승의 지위에 있는 황제가 어찌 그런 일을 하겠습니까?"[71] 라고 하자 서진 정벌을 중지하였다. 그리고 鳳翔1年(413년)에 혁연발발은 왕매덕의 건의를 받아들여 대외 정벌을 중지하고 御史中丞 烏洛孤(wūluògū)를 저거몽손에게 보내서 맹약을 맺고, 저거몽손도 沮渠漢平(jŭqúhànpíng)을 보내서 화답하였다.[72]

鳳翔4年(416년) 혁연발발은 후진의 장군 요숭과 氐王 楊盛(yángshèng)이 서로 대치하자 곧 4만 기병을 거느리고 上邽를 습격하였다. 혁연발발은 상규를 공격하고 20일 만에 차지하였으며 후진의 秦州刺史 姚平都(yáopíngdū)와 5천 군사를 살해하였다. 다시 陰密을 공격하고 後秦의 장군 姚良子(yáoliángzǐ)와 1만 군사를 살해하였으며, 赫連昌(hèliánchāng)을 使持節·前將軍·雍州刺史로 임명하고 음밀을 지키게 하였다. 姚泓(yáohóng)의 장군 姚恢(yáohuī)는 안정을 버리고 장안으로 도망갔으며, 안정 출신 胡儼(húyǎn)과 華韜(huátāo)가 5만 호를 거느리고 안정을 점령하고 혁연발발에게 투항하였다.[73]

혁연발발은 호엄을 시중으로 화도를 상서로 임명하고 안정에 주둔하게 하였으며 선비족 5천명을 보내주었다. 혁연발발은 雍城으로 갔다가 요홍의 장군 姚諶(yáochén)을 공격하였고 요심은 장안으로 도망갔다. 혁연발발

---

70) 同上書, "今秦政雖衰, 藩鎮猶固, 深願蓄力待時, 詳而後擧."
71) 同上書, 3206쪽. "且熾磐我之與國, 新遭大喪, 今若伐之, 豈所謂乘理而動, 上感靈和之義乎!苟恃衆力, 因人喪難, 匹夫猶恥爲之, 而況萬乘哉!"
72) 同上書, 3207쪽. "遣其御史中丞烏洛孤盟于沮渠蒙遜 … 蒙遜遣其將沮渠漢平來盟."
73) 同上書, "泓將姚恢棄安定, 奔于長安, 安定人胡儼·華韜率戶五萬據安定, 降于勃勃."

은 군사를 거느리고 郿城으로 전진하였다. 요홍은 姚紹(yáoshào)를 파견하여 저항하게 하였고, 혁연발발은 안정으로 물러났다. 호엄 등은 양구아를 습격하여 살해하고, 안정의 백성을 거느리고 요홍에게 투항하였다. 혁연발발은 杏城으로 돌아와서 여러 신하들에게 웃으면서 말하기를 "유유가 장안을 점령하고 곧 물러날 것이니, 그때를 기다렸다가 장안을 차지하면 된다"[74] 라고 하였다.

鳳翔5年(417年)에 동진의 유유는 후진을 멸망시키고 장안을 차지하였다. 유유는 그 후에 동진의 정권을 찬탈하기 위해서 12세의 아들 劉義眞(liúyìzhēn)으로 하여금 장안을 지키게 하고 자신은 동진으로 돌아갔다. 사실 당시 유유가 장안을 점령한 결과에 대해서 북위의 대신 崔浩(cuīhào) 또한 분명하게 인식하고 있었다.[75] 이러한 상황에서 혁연발발은 일찍부터 유유가 후진을 정벌할 것을 알고 대비를 해왔으며,[76] 유유가 후진의 장안을 공격할 시기에 혁연발발도 비밀리에 장안을 차지할 준비를 하고 있었다. 유유도 혁연발발의 위협을 예측하고 혁연발발에게 사신을 보내서 형제의 맹약을 맺었다. 유유가 장안을 공격하여 점령한 이후에 아들 유의진에게 지키게 한 것은 유유는 근본적으로 隴右를 경략하고 관중을 굳건히 하려는 의지가 없음을 나타낸 것이다.[77]

혁연발발은 동진 太尉 유유가 강남으로 돌아갔다는 말을 듣고 매우 기뻐하며 왕매덕에게 關中 탈취에 대해서 자문을 구하였다. 왕매덕이 『晉書』

---

74) 同上書, 3207~3208쪽. "劉裕伐秦, 水陸兼進, 且裕有高世之略, 姚泓豈能自固! … 必當克之 … 裕既克長安, 利在速返, 正可留子弟及諸將守關中. 待裕發軔, 吾取之若拾芥耳, 不足復勞吾士馬."
75) 『資治通鑑』 卷117 安帝 義熙8年條, 3704쪽. "昔姚興好事虛名而少實用, 子泓懦而多病, 兄弟乖爭. 裕乘其危, 兵精將勇, 何故不克!"; "劉裕之事, 崔浩·王買德皆知之."
76) 『晉書』 卷130 「赫連勃勃載記」, 3207쪽. "劉裕伐秦, … 吾驗以天時人事, 必當克之."
77) 同上書, 3208쪽. "劉裕滅秦, 所謂以亂平亂, 未有德政以濟蒼生. 關中形勝之地, 而以弱小兒守之, 非經遠之規也. 狼狽而返者, 欲速成篡事耳, 無暇有意于中原."; 『資治通鑑』 卷118 安帝 義熙9年條, 3713쪽.

「赫連勃勃載記」에 이르기를,

    "유유가 후진을 멸망시키는 것은 바로 난리로써 난리를 평정하는 것으로 덕망 있는 정치로 백성을 구제하는 방법을 사용하지 않는 것이다. 관중의 지리 형세가 우월하다고 오히려 능력이 약한 어린애로 하여금 주둔하여 지키게 하는 것은 오랫동안 유지하려는 계책이 아니다. 유유가 바쁘게 동진으로 돌아가는 이유는 그가 황제의 자리를 빨리 탈취하고자 함이어서 중원에 대하여 마음을 쓸 겨를이 없습니다. 폐하는 순리로써 거역함을 공격하고 대의가 천지에 이르니, 백성들이 폐하의 의로운 깃발이 이르기를 희망한 것이 하루가 일 년처럼 되었습니다. 청니와 상락은 동진의 요충지이니 마땅히 유격대를 배치하여 적이 왕래하는 통로를 끊어야 합니다. 그런 후에 동관과 효합을 막아서 그들의 수륙 양 방면의 통로를 단절시켜야 합니다 … 유의진은 혼자 텅 빈 성에 앉아 있으니 도망갈 곳이 없는 쥐새끼 형세로, 10일 이내에 폐하의 면전에 와서 투항할 것입니다. 이것이 바로 군사를 동원함에 칼에 피를 묻히지 않는 것이요, 싸우지 않고도 평정하는 것입니다."[78]

    위의 내용처럼 왕매덕은 이것은 하늘이 관중을 우리에게 상으로 하사하는 것이고, 유의진은 그물에 떨어진 형세로 힘들이지 않고도 사로잡을 수 있다고 주장하였습니다.

    혁연발발은 왕매덕의 말을 옳다고 여기고, 아들 赫連璝(hèliánkuài)를 都督 前鋒諸軍事, 兼領撫軍大將軍으로 임명하고 2만 기병을 거느리고 장안을 공격하게 하였다. 前將軍 혁연창은 동관에 주둔시키고, 왕매덕을 撫軍

---

78) 同上書, 3208쪽. "劉裕滅秦, 所謂以亂平亂, 未有德政以濟蒼生. 關中形勝之地, 而以弱才小兒守之, 非經遠之規也. 狼狽而返者, 欲速成纂事耳, 無暇有意于中原. 陛下以順伐逆, 義貫幽顯, 百姓以君命陛下義旗之至, 以日爲歲矣. 靑泥·上洛, 南師之衝要, 宜置遊兵斷其去來之路. 然後杜潼關, 塞嶢郁陝, 絶其水陸之道. … 義眞獨坐空城, 逃鼠無所, 一旬之間必面縛麾下, 所謂兵不血刃, 不戰而自定也."

右長史로 임명하고 靑泥의 道路를 차단하고, 혁연발발은 대군을 거느리고 이어서 출발하였다. 鳳翔6年(418년)에 혁연괴가 渭陽에 진군했을 때에 유유에 대하여 실망한 관중의 민중들은 대부분 혁연괴에게 귀의하였다. 동진의 沈田子(shěntiánzǐ)가 군사를 거느리고 항거하였다. 쌍방의 전투가 교착상태에 빠졌을 때 동진의 장군 王鎭惡(wángzhèn'è)과 심전자 사이에 충돌이 발생하였다. 심전자는 太尉 王修(wángxiū)에게 왕진악의 상황을 보고하였다. 왕진악은 왕수에게 심전자의 후퇴를 원망하는 말을 하였다.[79] 이로써 둘 사이의 충돌은 더욱 심각해졌고 오래지 않아서 심전자와 왕진악은 함께 北地로 나가서 대하의 군사를 방어하였지만, 오래지 않아서 왕진악과 심전자는 모두 유의진에 의하여 살해되었다.[80]

동진의 장군 傅弘之(fùhóngzhī)가 보병과 기병 5천 명 군사를 거느리고 혁연괴를 공격하여 池陽에서 격퇴시켰다. 또 혁연발발의 군사와 寡婦渡에서 전투하여 승리하고 많은 군사를 살해하였다.[81] 유의진은 外軍을 모두 불러들이고 장안으로 들어가서 성문을 굳게 닫고 수비하였다. 관중의 군현은 모두 대하에 항복하였고, 혁연괴는 야간에 장안을 급습하였지만 성공하지 못했다. 그래서 혁연발발이 咸陽에 주둔하면서 장안으로 향하는 모든 길을 차단하면서 장안의 자멸을 기다리고 있었다.[82] 유유는 이 소식을 듣고 매우 두려워하여 즉시 유의진에게 낙양에 주둔하여 지키도록 명령하였고, 또 朱齡石(zhūlíngshí)을 雍州刺史로 임명하고 장안을 지키게 하였다. 유의진은 낙양으로 가면서 계속 약탈하였고 灞上에 이르자 백성들은 주영

---

79) 同上書, "公(劉裕)以十歲兒付吾屬, 當共思竭力: 而(沈田子)擁兵不進, 虜何由得平"
80) 同上書, 3208쪽. "義眞遣龍驤將軍沈田子率衆逆戰, 不利而退, 屯劉廻堡. 田子與義眞司馬王鎭惡不平, 因鎭惡出城, 遂殺之. 義眞又殺田子"; 『資治通鑑』 卷118 安帝 義熙14年條, 3720쪽. "王鎭惡欲反, 故沈田子殺之. (王)修殺田子, 是亦欲反也."
81) 『資治通鑑』 卷118 安帝 義熙14年條, 3716쪽. "傅弘之大破赫連璝于池陽, 又破之于寡婦渡, 斬獲甚衆, 夏兵乃退."
82) 同上書, 3720쪽. "義眞悉召外軍入長安, 閉門拒守. 關中郡縣悉降于夏. 赫連璝夜襲長安, 不克, 夏王勃勃進據咸陽, 長安樵采路絶."

석을 원망하며 쫓아내고 혁련발발을 장안으로 맞아들였다. 혁연괴는 3만 군대를 거느리고 유의진을 추격하였으며 유의진의 군대는 크게 패배하고 유의진은 혼자서 말을 타고 도망갔다. 왕매덕은 靑泥에서 동진의 寧遠將軍 부홍지와 輔國將軍 蒯恩(kuǎiēn)과 유의진의 司馬 毛脩之(máoxiūzhī) 등을 포로로 잡고 무수히 많은 군사를 살해하였다.[83] 혁연창은 潼關의 曹公故壘에서 주영석과 龍驤將軍 王敬(wángjìng)을 공격하고 주영석과 왕경을 사로잡아 장안으로 보냈다.

鳳翔6年(418년) 11월에 혁련발발은 장안을 점령하였고, 장안에서 군사들을 위하여 연회를 베풀었다. 그는 술잔을 들고 왕매덕의 계책을 치하하였고, 왕매덕을 都官尙書, 冠軍將軍, 河陽侯로 임명하였다.[84] 군신들은 혁연발발에게 황제를 일컫기를 권유하자 혁연발발은 사양하였다.[85] 군신들이 재차 강력하게 요청하자 혁연발발은 비로소 승낙하고 灞上에서 황제에 즉위하였다. 경내에서는 사면을 단행하고 연호를 昌武로 바꿨다.

혁연발발은 장군 叱奴侯提(chìnúhóutí)에게 보병과 기병 2만 명을 거느리고 蒲坂에서 동진의 幷州刺史 毛德祖(máodézǔ)를 공격하게 하였고, 모덕조는 彭城으로 도망갔다. 혁연발발은 질노후제를 幷州刺史로 임명하고 포판을 지키게 하였다. 혁연발발이 장안으로 돌아온 이후에 군신들은 그에게 장안을 도읍지로 할 것을 권유하였다. 혁연발발이 말하기를 "자신이 통만성에 있어야 북위가 감히 황하를 건너오지 못할 것이라고 하였다."[86] 그

---

83) 유의진이 낙양으로 도망가면서 약탈한 내용은 동상서, "十一月, 齡石至長安. 義眞將士貪縱, 大掠而東, 多載寶貨·子女, 方軌徐行, … 建威將軍傅弘之曰.. 公處分亟進 ; 今多將輜重, 一日行不過十里, 虜追騎且至, 何以待之！宜棄車輕行, 乃可以免. 義眞不從." ; 『十六國春秋輯補』 卷65 「夏錄」, 471쪽. "買得獲晉寧朔將軍傅弘之·輔國將軍蒯恩·義眞司馬毛修之於靑泥, 積人頭以爲京觀."
84) 『晉書』 卷130 「赫連勃勃載記」, 3209쪽. "于是勃勃大饗將士于長安, 擧觴謂王買德曰.. 卿往日之言, 一周而果效, 可謂算無遺策矣. 雖宗廟社稷之靈, 亦卿等獻之力也. 此觴所集, 非卿而誰！于是拜買德都官尙書, 加冠軍將軍, 封河陽侯."
85) 同上書, "朕無撥亂之才, … 皇帝之號, 豈薄德所膺."
86) 同上書, 3210쪽. "朕豈不知長安累帝舊都, 有山河四塞之固！但荊吳僻遠, 勢不能爲

래서 장안에 南台를 설치하고 혁연괴를 大將軍·雍州牧·錄南台尙書事로 임명하고 장안을 맡겼다.[87] 혁연발발은 통만성으로 돌아가서 궁전을 대규모로 건설하고 경내에서 사면을 실시하였다. 또 연호를 眞興으로 바꿨으며 도성 남쪽에 혁연발발의 공덕을 치하하는 비석을 세웠다.[88]

이로써 혁연발발의 오랜 숙원은 마침내 실현되었고 대하는 전성시기로 진입하였다. 전성기 대하의 영토에 대해서 『讀史方輿紀要』「歷代州域形勢」에 이르기를,

"혁연발발의 대하 전성 시기에는 남쪽으로는 진령에 이르고 동쪽으로는 포진에 주둔하였으며 서쪽으로는 진·롱 지역을 차지하고 북쪽으로는 황하 유역에 다다랐다. 대성에 유주의 치소를 설치하여 다스리고 삭성에 삭주의 치소를 두어 다스리고, 장안에 옹주의 치소를 두어 다스리고 포판에 병주의 치소를 두어 다스리고, 상규에 진주의 치소를 두어 다스리고, 안정에 양주의 치소를 두어 다스리고, 무공에 북진주의 치소를 두어 다스리고, 이윤에 예주의 치소를 두어 다스리고, 섬에 형주의 치소를 두어 다스렸다. 이들 지역은 모두 서진 요흥에 예속되지 않았고 군사들도 매우 용감하고 강성하였다."[89]

대략적으로 대하의 강역은 오늘날 섬서성 渭水 이북과 내몽고 河套지역 및 山西省 太原과 臨汾 서남부와 甘肅省 동남부를 포함하고 있다. 또 한족,

---

人之患. 東魏與我同壤境. 去北京在數百餘里, 若都長安, 北京恐有不守之憂. 朕在統萬, 彼終不敢濟河, 諸卿適未見此耳!"
87) 同上書, "乃于長安置南臺, 以瑱領大將軍·雍州牧·錄南臺尙書事."
88) 同上書, "勃勃還統萬, 以宮殿大成, 于是赦其境內, 又改元曰眞興, 刻石都南, 頌其功德."
89) 顧祖禹, 『讀史方輿紀要』 卷3 「歷代州域形勢」, 145쪽. "勃勃盛時, 南阻秦嶺, 東戍蒲津, 西收秦·隴, 北薄於河. 置幽州於大城, 朔州於三城, 雍州於長安, 并州於蒲阪, 秦州於上邽, 梁州於安定, 北秦州於武功, 豫州於李閏, 荊州於陝. 其地不逮於姚秦, 而雄悍則過之矣."

선비족, 흉노족, 노수호, 저족, 강족, 파저족 등을 관할하고 있다. 그 중에는 서진 이래로 편호제민에 속했던 민중이 적지 않지만 일부는 여전히 원래의 부락 조직을 유지하고 있었고, 그들의 대부분은 한족과 잡거하였다. 이로 인하여 대하의 영역 내에서 여러 종족에 대한 통치는 기본적으로는 전진과 후진의 제도를 계승하여 각 지역에 주를 설치하였다. 주의 아래는 군현을 설치하지 않았고 성주가 군사와 백성을 통치하는 군진 성격이었다. 성주는 통만성 이외에 대래성 등 39개 성을 다스렸다.[90] 대하가 장안을 공격하여 차지한 것은 대하 정치의 전성기이면서 반대로 대하 쇠락의 시작이라고 일컬을 수 있는 양면성이 존재한 사건이었다.

V. 결 어

북위에 의하여 철불부가 멸망하고, 당시 11살 철부지 혁연발발이 선비족 설간부와 파다란부의 도움으로 살아남고, 마침내 후진의 요흥에게 귀의하여 삭방에 정착하여 세력을 구축하게된 것은 일종의 기적이다. 이러한 기적에서 대하 정권을 건국하여 현실로 바꾼 것은 완전히 혁연발발의 능력이며, 당시의 대외상황이 그를 도왔다고 하겠다. 혁연발발은 대외정책을 실행하면서 항상 두 가지 전략을 같이 사용하였다. 즉 평화와 전투를 동시에 활용하였다. 한편으로는 동맹국의 지원을 얻기 위해서 북연의 풍발, 북량의 노수호 저거몽손 등과 화친 또는 맹약을 체결하였다.[91] 다른 한편으

---

90) 『十六國疆域志』 卷1 「序記」. "赫連以統萬建基, 故斐郡縣之名, 盡歸城主"; 同上書, 卷16 「夏國志」. "自勃勃至昌·定世, 類皆不建郡縣, 惟以城爲主. 故勝克敵則徙其降虜, 築城以處之."

91) 『資治通鑑』 卷117 安帝 義熙10年條, 3671쪽. "燕主跋與夏連和, 夏王勃勃遣御史中丞烏洛孤如燕位盟."; 동상서, 安帝 義熙11年條, 3675쪽. "夏王勃勃遣御史中丞烏洛孤與蒙遜結盟, 蒙遜遣其弟湟河太守漢平位盟于夏."

로는 끊임없이 후진을 향하여 공격을 감행하고 연속해서 杏城, 新平, 上邽, 陰密, 安定 등 영북의 지역을 탈취하였으며, 池陽과 장안을 위험에 빠뜨리게 하고 동진에 의하여 멸망당한 후진의 수도 장안을 점령하여 명실상부한 흉노족 철불부의 정권을 건국하였다.

혁연발발의 성공적인 대외 투쟁으로 대하 정권을 건국하게 된 몇 가지 중요한 내용을 귀납하여 정리하면 다음과 같다.

첫째, 흉노족 철불부의 오랜 활동 부대였던 삭방 지역으로 돌아와서 그의 부친 유위진이 통치하던 옛날 부락들을 결집하고 마침내 자신의 세력을 건립하기에 이르렀다. 또 이러한 상황에 대하여 주변 강대국들은 누구도 간섭하지 못했는데, 당시 5호16국 혼란시기에 각 독립 정권 간의 전쟁과 견제 때문에 혁연발발과 삭방 지역을 돌아볼 여지가 없었다.

둘째, 삭방 이라는 특수한 지역과 후진 요흥의 신뢰로 혁연발발은 급속도로 재무장하였고 주변 부락과의 투쟁 과정 중에서 마침내 후진을 위협하기에 이르렀다. 또 삭방을 차지한 이후에는 후진의 전략적 요충지인 영북을 탈취하여 후진의 세력을 잠식하려는 일관된 목표에 의하여 움직였다.

셋째, 영북 지역을 탈취한 이후에는 공격 방향을 남쪽으로 돌려서 관중으로 진출하였고, 북위와 동진의 관계를 적극 이용하여 장안을 차지하고 5호16국의 일원으로 관중에서 강대한 정권을 유지하게 되었다.

종합적으로 말해서, 대하 정권의 탄생은 선비족 탁발부와의 적대 관계에서 탄생되었다고 말해도 지나치지 않다. 또 쌍방 간의 적대 관계는 전쟁을 통하여 깊어졌고 북위가 화북을 통일하는 시기까지 유지되었으며, 결국 철불부의 잔여세력인 대하는 중국 역사에서 사라지게 되었다.[92] 혁연발발의 대외 투쟁 노력은 비슷한 시기에 성립되었던 호족 정권의 투쟁 방침에 상당부분 영향을 끼쳤고, 혁연발발이 의도했건 의도하지 않았던 간에 결과

---

92) 김영환, 前引「五胡十六國 시기 匈奴族 鐵弗部와 鮮卑族 拓跋部의 관계연구」, 『中國學研究』 57, 426쪽.

적으로는 호족 문화의 영역을 확대시켜서 문화적으로 5호16국 시기를 더욱 풍성하게 만든 공로를 인정하지 않을 수 없을 것이다.

(『중국학연구』 71, 2015년)

참고문헌(출현 순서에 따라)

1. 사료

『晉書』, 臺北, 鼎文書局, 1987.
『太平御覽』, 北京, 中華書局, 1960.
『後漢書』』, 臺北, 鼎文書局, 1987.
『十六國春秋』, 同上.
『十六國春秋輯補』, 同上.
『十六國春秋纂錄校本』, 同上.
『十六國疆域志』, 同上.
『三十國春秋』, 同上.
『三十國春秋輯本』, 同上.
『魏書』, 同上.
『資治通鑑』, 臺北, 世界書局, 1987.
『新唐書』, 臺北, 鼎文書局, 1987.
『續漢書』, 同上.
『十六國疆域志』, 同上.

2. 저서

杜士鐸, 『北魏史』, 太原, 山西高校聯合出版社, 1992.
馬長壽, 『北狄與匈奴』, 北京, 三聯書店, 1969.
林 幹, 『匈奴通史』, 北京, 人民出版社, 1986.
姚薇元, 『北朝胡姓考』, 北京, 中華書局, 1962.
周偉洲, 『漢趙國史』, 山西, 人民出版社, 1986.
白翠琴, 『魏晉南北朝民族史』, 成都, 四川民族出版社, 1996.
顧祖禹, 『讀史方輿紀要』, 臺北, 中文出版社, 1979.
馬長壽, 『碑銘中所見前秦至隋初的關中部落』, 北京, 中華書局, 1985.
譚其驤, 『中國歷史地圖集』, 北京, 中國地圖出版社, 1982.

高　敏, 『魏晉南北朝軍事制度研究』, 鄭州, 大象出版社, 1998.

3.논문

內田吟風, 「南匈奴に關する硏究」, 『北アジア史硏究』, 京都, 同朋社, 1975.
金榮煥, 「5胡16國時期代國之形成過程硏究」, 『國際中國學硏究』 6, 2003.
金榮煥, 「大夏 君主 赫連勃勃의 文化變容」, 『中國學硏究』 34, 2005.
金榮煥, 「5胡16國時期 匈奴族 鐵弗部 硏究」, 『中國硏究』 51, 2011.
金榮煥, 「5胡16國時期 匈奴族 鐵弗部와 鮮卑族 拓跋部의 관계 연구」, 『中國學硏究』 57, 2011.
張繼昊, 「北魏王朝創建歷史中的勳臣賀氏」, 『空大人文學報』 1996-5.
唐長孺, 「魏晉雜胡考」, 『魏晉南北朝史論叢』, 北京, 三聯書店, 1955.
吳洪琳, 「鐵弗匈奴對朔方地區的經營開發」, 『寧夏大學學報』 30-1, 2008.
吳洪琳, 「十六國時期嶺北考」, 『魏晉南北朝史論叢』, 北京, 中華書局, 1995.
史念海, 「十六國時期各割據霸主的人口遷徙」, 『河山集』, 陝西師範大學出版社, 1999.
侯甬堅, 「十六國北朝嶺北地名淵源」, 『中國歷史地理論叢』, 2001-1.
吳宏岐, 「後秦嶺北考」, 『中國歷史地理論叢』 1995-2.

제11장

5호16국 시기 羯族의 초기사회 연구
-후조 건립 이전의 갈족을 중심으로-

I. 서 언

　중국은 고대부터 현재까지 다민족 국가의 틀을 유지해왔다. 각 시대별로 다민족 구성원(통칭해서 이민족, 또는 소수 민족이라 함)이 한족과 공동으로 중국의 역사와 문화를 창조하였음을 부정할 수 없을 것이다.[1] 羯族 역시 중국 고, 중세사에 있어서 5호의 일원으로 중국의 역사와 문화 형성에 일익을 담당해온 중요한 종족 중의 하나이다. 이들은 대략 흉노족과 밀접한 관계를 가지고 있었고, 남북조 시대에 이르기까지 중원 왕조 또는 이민족 왕조와 관계를 맺으면서 활동해 왔다. 위진남북조 시대에 갈족이 건립한 정권으로는 石氏가 건립한 後趙가 있다. 石勒(shílè)과 石虎(shíhǔ)의 후조는 5호16국시기[2] 한족과의 문화 융합에 주도적인 역할을 담당하면서 남북조 시대 역사 형성에 있어서 중대한 영향을 끼치기도 하였다. 남북조 시대 이후에 갈족은 점차 한족 등에 융합되어 중국 역사상에서 그 면모를 찾아보기가 힘들게 되었으나, 그들이 남긴 여러 가지 문화 현상은 5호16국은 물론이고 남북조를 거쳐서 隋, 唐 문화에 이르기까지 한족과 이민족(소수 민족)과의 문화 융합의 흔적이 면면히 존재하고 있음을 부인할 수는 없다.[3]

　이민족에 대한 역사 연구 또한 기왕의 중국사 연구 형태를 답습하여 중원의 한족과의 관계 등을 위주로 진행되었다. 갈족에 대한 역사연구 또한 이러한 범주를 벗어나지 못했고, 갈족의 문화 형성에 필수적인 요소인 초기사회 형성에 대한 연구가 소홀한 것도 사실이다.[4] 본 논문은 이점을 직

---

1) 중국은 이민족과 한족의 공동 역사물이다. 이에 대하여 필자가 인지하고 있는 개념은 제5장의 주석 1)을 참고할 것.
2) 5호16국의 개념에 관한 설명은 「서문」 후반부의 관련 내용을 참고할 것.
3) 呂一飛, 『胡族習俗與隋唐風韻』(北京, 書目文獻出版社, 1994), 2쪽.
4) 갈족의 초기사회 형성에 관하여 직접적으로 서술한 연구 논저는 필자가 과문한 탓인지는 몰라도 거의 찾아볼 수 없고, 대부분은 간접적으로 극히 적은 일부분만 서술한 것이다. 예를 들면 唐長孺, 『魏晉南北朝史論叢』(北京, 三聯書店, 1955),

시하고 위진남북조 시대 중국 주변의 이민족 중에서 한족과의 문화 융합은 물론 종족 충돌에도 많은 영향을 끼쳤다고 할 수 있는 갈족의 문화에 관한 연구이다. 즉 갈족의 초기사회 형성에 필수적인 종족의 기원과 분포를 포함한 여러 가지 내용을 선정하여 서술하였다. 특히 기존의 연구서와 논문에서 자주 언급되는 한족과의 관계 즉 중원의 역대 왕조가 갈족에 대한 통치 과정을 다룬 일종의 갈족 정권 후조의 흥망사 위주가 아닌 문화를 중심으로 탐구한 문화사이며 사회풍속사이다.

본문의 연구 범위는 시간적으로는 위진남북조 시대 갈족 석씨가 후조를 건국하기 이전까지이다. 공간적으로는 河北 지역 즉 지금의 山西와 河北省의 중간 지대로 새롭게 이주해온 갈족을 중심으로 하였다. 이들 중에서도 并州 上黨郡 武鄕 지역으로 이동하여 지역성 정권(local dynasty)인 후조를 건립한 갈족과 新興郡 및 부근에 거주하는 갈족을 대상으로 하였다. 내용적으로는 위진남북조 시대 갈족의 초기사회 형성을 중심으로 하였고, 종족 근원, 분포 지역, 부락 조직, 의식주행, 종교 신앙, 혼인 형태, 상장 습속, 농업 경제, 축목 수렵 등의 비교적 명백한 현상을 중심으로 서술하였다.

연구 방법으로는 5호16국 시기에 관한 연구도 적을 뿐만 아니라 그 중에서도 갈족에 관한 연구는 물론 갈족의 초기사회 형성에 관한 논저는 필자가 과문한 탓인지 몰라도 상관 논저를 찾기가 매우 어려웠다. 설사 몇 편의 논저가 있다하더라도 해당 부분의 전문적인 연구가 아니고 단편적으로 극히 일부분을 언급한 경우가 대부분이었다. 그래서 본문은 최대한 원전 사료를 비교 검토하는 방법을 이용하였다. 특히 『晉書』를 중심으로 『十六國春秋』(『文淵閣四庫全書電子版』, 北京, 迪志文化出版, 1991. 이하 電子版이라 한다), 『十六國春秋輯補』, 『十六國春秋纂錄校本』, 『三十國春秋輯本』[5)]

414~427쪽 ; 白翠琴, 『魏晉南北朝民族史』(成都, 四川民族出版社, 1996), 181~221쪽 ; 汪波, 『魏晉北朝幷州地區硏究』(北京, 人民出版社, 2001), 120~129쪽 ; 呂一飛의 前引 『胡族習俗與隋唐風韻』, 149쪽와 178쪽 ; 張碧波 외 1인(編), 『中國古代北方民族文化史』(哈爾濱, 黑龍江人民出版社, 1993), 82~89쪽 등이 있다.

와의 상호간의 차이점을 비교 분석하여 서술하였고, 또『魏書』,『南齊書』, 『隋書』,『資治通鑑』과『太平御覽』,『鄴中記』,『文選』등의 상관 기록을 보조로 여러 사료의 결함을 보충하였다.

II. 갈족의 종족과 분포

1. 종족 근원

갈족은 일반적으로 눈이 깊고 코가 높으며 수염이 많다(深目高鼻多鬚). 이들은 국경 내로 들어온 흉노 19종족 중에서 羌渠種의 후예로 상당군(山西省 潞城 부근)에 흩어져 거주하였으며, 석씨는 바로 상당군 무향현(山西省 武鄉縣)의 대표적인 갈족이라고 한다.[6] 갈족의 종족 근원을 문헌에 나타난 명칭상, 주위 종족과의 관계상, 문화인류학상의 특이점 등을 중심으로 살펴보면 다음과 같다.

갈족의 명칭은 갈 또는 갈호로 일컬었고 晉代에 晉人의 雜胡에 대한 일반적인 칭호이다. 그 외에도 戎羯, 胡羯, 羯賊, 羯胡, 羯虜, 匈羯이라고 일컬어졌고,[7] 남북조 시기에는 또 契胡라고 일컬어졌다.[8] 그러나 갈족에 대하여

---

5) 각각에 대한 상세한 출전으로 臺北, 鼎文書局, 1987 판본을 사용하였다.
6) 『晉書』卷104「石勒載記」, 2707쪽. "石勒字世龍, … 上黨武鄉羯人也. 其先匈奴別部羌渠之胄."; 『魏書』卷95「羯胡石勒傳」, 2047쪽. "分散居於上黨武鄉羯室, 因號羯胡."이라고 하여 그 범위를 羯室로 한정하였다.
7) 『後漢書』卷48「臧宮傳」, 1450쪽. "戎羯"; 『晉書』卷86「張寔傳」, 2228쪽. "羯賊"; 同上書, 卷62「劉琨傳」, 1684쪽. "匈羯"; 同上書, 卷66「陶侃傳」, 1778쪽. "羯虜"; 同上書, 卷63「李矩傳」, 1707쪽. "凶胡臭羯"; 『文選』卷37「劉趙石勸進表」의 李善의 注에 인용한 王隱의 『晉書』「懷帝紀」에서는 "羯賊"이라 일컬었다; 『南齊書』卷57「魏虜傳」, 990쪽에서는 "羯胡"라고 일컫는 등 다양한 호칭이 있다.
8) 『文選』卷59의 沈休文,「齊故女陸昭王碑文」의 李善의 注에 인용한 朱鳳의 『晉書』와 『魏書』卷74「爾朱榮傳」, 1643쪽. "奉契胡武士"

엄격하게 정의한다면, 이들은 한어로 "戰士" 혹은 "勇猛者"를 나타내는 용어이다. 『新唐書』「西域傳」에 보면 용맹한 자를 柘羯이라하고 자갈은 한어로 戰士를 나타낸다고 기록 하였다.[9] 柘는 石國의 국명(城名)과 관계가 있으므로[10] 자갈은 석국의 전사 또는 용맹자라는 의미이다.[11] 석륵 역시 석국의 석으로 성씨를 삼았으며[12] 세력이 확대된 이후에는 종족을 거느리고 상당군 무향 羯室로 이동하여 거주하였다.[13] 이곳은 하북 지역으로 지금의 산서와 하북성의 중간지대이다. 새롭게 이주해온 갈족은 원래 이 지역에 거주하던 여러 잡호(혼혈종)와 함께 갈이라는 통칭으로 일컬었던 것이다.[14]

갈족의 종족 근원에 대해서는 현재 6가지 주장이 있다.

첫째, 갈족은 흉노 후예 혹은 흉노의 일파라는 주장이다. 갈족의 종족 근원에 대해서 그동안 학계에서는 갈족을 흉노의 일부라고 여겨왔다.[15] 즉 갈족은 중원에 진입하기 이전에 이미 흉노에 예속되어 있어서 "匈奴 別部" 또는 석륵의 조상이 "匈奴 別部 羌渠의 후예"[16] 혹은 "그 조상은 흉노의 별부이고 상당 무향 갈실에 나뉘어 흩어져 거주하였기 때문에 갈호라고 일컬었다."[17] 또 『世說新語』「識鑑篇」에서 宋의 劉義慶(liúyìqìng)은 석륵을 일컬어

---

9) 『新唐書』 卷221 「西域傳」, 6246쪽. "募勇健者爲柘羯. 柘羯者, 猶中國言戰士也."
10) 同上書, "石或曰拓支, 曰拓析, 曰柘時, … 王姓石, 治拓析城, … 有功, 爲石國王"
11) 万繩楠, 『魏晉南北朝史論稿』(安徽, 敎育出版社, 1982), 140쪽. 또 劉學銚, 『五胡史論』(臺北, 南天書局, 2001), 35쪽. 拓支 혹은 拓羯로 표기하며 모두 용맹하고 전투에 능한 석국의 전사를 뜻한다.
12) 趙丕承, 『五胡史綱(上)』(臺北, 藝軒圖書出版社, 2000), 114쪽에서 작자는 오히려 석륵은 석씨가 아니고 애당초 성씨가 없다고 하였다.
13) 『魏書』 卷95 「羯胡石勒傳」, 2047쪽. "分散居於上黨武鄕羯室"이라 하여 그 범위를 갈실로 한정하였다.
14) 『文選』 卷59의 沈休文「齊故安陸昭王碑」李善注引 朱鳳, 『晉書』. "前後徙河北諸郡縣, 居山間, 謂之羯胡."
15) 韓國磐, 『魏晉南北朝史綱』(北京, 人民出版社, 1983), 155쪽.
16) 『晉書』 卷104 「石勒載記」, 2707쪽. "匈奴別部羌渠之胄"
17) 『魏書』 卷95 「羯胡石勒傳」, 2047쪽. "其先匈奴別部, 分散居於上黨武鄕羯室, 因號羯胡."

"흉노 후예"[18]라고 하여 흉노와의 밀접한 관련성을 주장했던 것이다. 그러나 필자의 분석에 의하면 갈족의 신체상의 특징인 "深目, 高鼻, 多鬚"의 특징과 문화인류학상의 火葬을 시행하고 祆敎를 신봉하는 사실로 볼 때 흉노와는 다른 종족임을 알 수 있다.[19] 즉 갈호가 흉노의 후예라는 주장은 설득력이 부족하다. 단순히 사료의 기록처럼 흉노별부 혹은 흉노 통치하의 모종의 부락으로 흉노와 관계가 밀접하다고는 할 수 있지만 흉노의 일파는 아니다.

둘째, 갈족은 위진남북조 시기에 중원에 진입한 北狄 19종족 중에서 강거 또는 역갈의 후예라는 주장이다.[20] 그러나 강거에 대한 해석으로는 康居(康國)의 이역이라는 주장이 있다.[21] 그러나 필자의 분석에 의하면 소위 "羌渠之胄"는 강국의 속국인 석국의 왕실을 가리키며, 그들은 흉노에 의해서 전사로 편입되어 중원에 진입하였고 갈이라고 일컬어졌지만 흉노와는 다르다.[22] 갈족은 강거종을 귀하게 여겼으며 위진 시기에 흉노 좌부에 예속되어 병주 상당군 산간 지역에 거주하였다. 이후에 석륵은 胡部大(소수민족 1개 부락의 우두머리) 張背督(zhāngbèidū) 등 이민족(羌渠種) 출신들과 함께 흉노 좌부 우두머리인 劉淵(liúyuān)을 따라서 西晉에 반란을 일으켰다.[23] 그리고 중원에 진입한 북적 19종족 중의 역갈종은 힘이 세고 활을 잘 쏘는 무사를 가리킨다. 즉 『晉書』 「石季龍載記」의 기록에 등장하는 高力과 같다.[24] 이들이 바로 갈호 무사이고 東宮의 무사이며 역갈이라고 일

---

18) 또 南朝 宋의 劉義慶이 『世說新語』 卷中之上 「識鑑第七篇」에서 석륵을 일컬어 "匈奴之苗裔"라고 하였다.
19) 『史記』 卷110 「匈奴列傳」, 289쪽. "其送死, 有棺槨金銀衣裘, 而無封樹喪服, 近幸臣妾從死者, 多至數千百人." 즉 흉노의 장법은 화장이 아니고 토장(매장)이다.
20) 『晉書』 卷104 「石勒載記」, 2707쪽. "匈奴別部羌渠之胄"; 万繩楠, 前引 『魏晉南北朝史論稿』, 140쪽.
21) 譚其驤, 「羯考」, 『長水集』上册(北京, 人民出版社, 1987), 186쪽.
22) 馬長壽, 『北狄與匈奴』(北京, 三聯書店, 1962), 100쪽.
23) 『晉書』 卷104 「石勒載記」, 2709~2710쪽. "時胡部大張背督·馮莫突等擁衆數千, 壁于上黨, 勒往從之, … 乃潛邀勒軍騎歸河海."
24) 『晉書』 卷107 「石季龍載記」, 2786쪽. "故東宮謫卒高力等萬餘人當戍涼州"

컬었음을 알 수 있다. 이들은 일반적으로 강거종에 비해서 지위가 낮다.[25]

셋째, 갈족은 저족 혹은 강족이 흉노족과의 사이에 태어난 혼혈종이며, 강거지주는 바로 강족 渠帥의 자손이라는 주장이다.[26] 그러나 필자의 분석에 따르면 혼혈종인 것은 사실에 부합하지만 저족 혹은 강족과의 혼혈종이라는 주장은 무리가 있고, 강거지주는 바로 위 문장에서 설명한 것과 같다.

넷째, 갈족은 중앙아시아 소그디아나(Sogdiana, 粟特)와 타쉬캔트(Tashkent) 일대의 이란족(Iranian)이라는 주장이 있다.[27] 이 주장에 대해서 현재 학계에서는 서역의 月氏族의 일종과 관련이 깊다는 학설에 더욱 치중하고 있다.

다섯째, 갈족은 고대의 烏孫國과 塞國의 사이 즉 지금의 新疆省 塔城 지역 및 哈薩克의 五河 유역에 건립한 呼揭國의 후예라는 주장이 있다.[28] 즉 기원전 176년 흉노에 멸망되고 요행히 생존한 자들은 포로가 되어 노예로 전락하거나 부락의 포로가 되어 전부 몽고 고원으로 옮겨졌다. 호게가 바로 위진 시기의 갈족이다. 필자의 분석에 의하면 이들은 서진 시기에 또 흉노족을 따라서 진일보 중국 내지로 이동하였고, 흉노족은 그들을 흉노별부로 일컫고 한족은 또 잡호라고 일컬었다. 그 의미는 갈족은 진정한 흉노족이 아니라는 뜻이다.[29]

여섯째, 갈족은 西域胡의 일종으로 小月氏族과 관련이 깊다는 주장이 있다.[30] 또 여기서 말하는 서역호는 서역에서 이동해온 종족이 아니다. 敦煌과 祁連山에 거주하던 대월지가 흉노의 老上單于에게 격파되어 멀리 서역으로 도망간 후에, 그 일부가 保南山에서 한족과 잡거하였으며 이들을

---

25) 白翠琴, 前引 『魏晉南北朝民族史』, 183쪽.
26) 顧頡剛, 「從古籍中探索我國西部民族 - 羌族 - 」, 『社會科學戰線』 1980-1, 72쪽.
27) 譚其驤, 前引 『長水集』, 186쪽.
28) 陳可畏, 「古代呼揭國及其民族試探」, 『中國邊疆史地研究導報』 1989-6, 1~2쪽.
29) 張碧波 외1인(編), 前引 『中國古代北方民族文化史』, 83쪽.
30) 唐長孺, 前引 『魏晉南北朝史論叢』, 416쪽 ; 姚薇元, 『北朝胡姓考』(北京, 中華書局, 1962), 386쪽.

소월지라고 일컬었다.[31] 즉 갈족은 소월지의 일종으로 사료에 "匈奴別部之居山間者"[32]이며 대략 한대에 흉노의 위협 혹은 포로가 되어 중원으로 이주되었던 것이다. 필자의 분석에 따르면 현재 학계에서는 이 주장에 동조하는 연구자가 갈수록 증가하는 상황에 있다.

이상의 여러 학설을 기초로 필자가 몇 가지 방면에서 진일보 분석한 결과는 다음과 같다.

첫째, 성씨를 분석해볼 때 갈족은 서역호와 밀접한 관련이 있다. 즉 서역의 월지족 昭武 9姓에 溫, 石, 安, 曹, 米, 何, 火尋, 戊地, 史 등의 성씨가 있다.[33] 또 갈호의 여러 성씨에 석씨 이외에 張氏, 爾朱氏, 乙速孤氏 등도 있으며, 沮渠氏, 彭氏, 胡支氏, 白氏 등도 갈족과 관계가 있다는 주장이 있다.[34]

상당 무향의 갈족 우두머리 또한 석을 성씨로 삼았다. 우선 석륵의 어린시기 이름은 匐勒(fúlè)이었다. 륵은 아마도 복륵의 간략화한 것이며 그 의미는 부락 추장이다.[35] 즉 석륵의 원래 의미는 "石國人之部帥"이다. 『隋書』 「西域傳」의 기록에 의하면 월지족의 康國이 있고 그 속국에 石國이 있으며 "其王姓石"[36]이라 하였다. 결론적으로 석륵의 원래 의미는 갈실의 복륵으로 석국의 부락 추장의 의미이다.[37]

---

31) 『史記』 卷123 「大宛傳」, 3162쪽. "始月氏居敦煌·祁連間, 及爲匈奴所敗, … 其餘小衆不能去者, 保南山羌, 號小月氏." 또 『魏書』 卷102 「小月氏國傳」, 2277쪽. "其王本大月氏王寄多羅子也. 寄多羅爲匈奴所逐, 西徙後令其子守此城, 因號小月氏焉." 이외에 월지족에 관한 상세한 내용으로는 姚大中, 『古代北西中國』(臺北, 三民書局, 1981), 152~153쪽을 참고할 것.
32) 『文選』 卷59의 沈休文 「齊故安陸昭王碑」 李善注引 朱鳳, 『晉書』. "前後徙河北諸郡縣, 居山間, 謂之羯胡."
33) 『新唐書』 卷221 「西域傳」, 6243쪽. "君姓溫, 本月氏人. … 其地支庶分王, 曰安·曰曹·曰石·曰米·曰何·曰火尋·曰戊地·曰史, 世謂九姓, 皆氏昭武."; 万繩楠, 前引 『魏晉南北朝史論稿』, 140쪽.
34) 白翠琴, 前引 『魏晉南北朝史』, 185쪽.
35) 白鳥庫吉, 方壯猷(譯) 『東胡民族考』(上海, 商務印書館, 1934), 57쪽.
36) 『隋書』 卷83 「康國傳」, 1848쪽. "康國者, 康居之後也. … 支庶各分王, 故康國左右諸國並以昭武爲姓, 示不忘本也." 및 「石國傳」, 1850쪽. "其王姓石"

상당 張氏는 강거부에서 유래하였고 갈족이다. 장은 아마도 강거의 발음상 축약으로 부락 명칭으로 성씨를 삼은 것으로 보인다. 『晉書』「石勒載記」에 장배독 등이 무리 수 천명을 거느리고 상당에 주둔하였고 석륵도 그에게 의탁하였다는 기록이 보인다.[38] 또 『十六國春秋』「後趙錄」에 張季(zhāngjì)가 강거부 출신이라는 기록이 있고[39], 張越(zhāngyuè)은 석륵과 동향이고 석륵의 매부였다는[40] 기록으로 볼 때 장씨는 석씨와 동일한 갈족이다. 장씨가 석씨와 동족이라는 증거는 후조 정권에서 활약한 장씨의 지위가 그 증거이기도 하다. 즉 석륵이 처음 군사를 일으켰을 때 18기병 중에 張噎僕(zhāngyēpú)과 장월이 있었다.[41] 또 趙王을 일컬은 이후에는 張離(zhānglí)와 張良(zhāngliáng)이 門生主書로서 호인의 출입을 담당하였다.[42] 참고로 석호 통치 시기에는 장리와 장량은 尚書僕射에 이르렀다.[43] 그 외에도 張群(zhāngqún), 張豺(zhāngchái), 張敬(zhāngjìng), 張茂(zhāngmào), 張斯(zhāngsī), 張屈支(zhāngqūzhī), 張夷(zhāngyí), 張舉(zhāngjǔ), 張春(zhāngchūn), 장계, 張賀度(zhānghèdù), 張沈(zhāngchén) 등이 모두 고위직에 있었다.[44] 그 외에 冉閔(rǎnmǐn)이 후조를 찬탈하고 襄國에 진입하여 남녀노소를 막론하고 갈족을 살해할 때에 석씨 귀족과 장계 등 1만여 명이 양국을 도망친 사실만 봐도 장계는 한족(조인)이 아니고 갈족임을 알 수 있다.[45]

---

37) 姚薇元, 前引 『北朝胡姓考』, 357쪽.
38) 『晉書』卷104 「石勒載記」, 2709쪽. "胡部大張背督馮莫突等擁衆數千, 壁于上黨, 勒往依之, 深爲所昵."
39) 『太平御覽』卷730에 인용된 『十六國春秋』卷22 「後趙錄」, "張季, 字文伯, 羌渠部人."
40) 同上書, "張越上黨武鄕人, 勒之妹夫也."
41) 『晉書』卷104 「石勒載記」, 2708쪽. "後郭敖·劉徵·劉寶·張噎僕·呼延莫·郭黑略·張越·孔豚·趙鹿·支屈六等又赴之, 號爲十八騎."
42) 同上書, 卷105 「石勒載記」, 2735쪽. "以張離張良劉群劉謨等爲門生主書, 司典胡人出內, 重其禁法."
43) 同上書, 卷107 「石季龍載記」, 2786쪽. "以尚書張良爲右僕射."
44) 同上書, 2786~2792쪽.
45) 同上書, 卷107 「石季龍載記」, 2792쪽. "屯據四方者, 所在承閔書誅之, 于時高鼻多鬚至有濫死者半. … 光祿石岳·撫軍石寧·武威張季及諸公·侯·卿·校·龍騰等萬餘人

北秀容의 爾朱氏는 대대로 爾朱川에 거주하였고, 지역 명칭으로서 성씨를 삼았다. 이주씨 역시 갈족이다. 이들은 북위 시기에 爾朱羽健(ěrzhūyǔjiàn), 爾朱榮(ěrzhūróng), 爾朱兆(ěrzhūzhào), 爾朱天光(ěrzhūtiānguāng), 爾朱世隆(ěrzhūshìlóng), 爾朱度律(ěrzhūdùlǜ)등이 크게 활약하였다. 北齊에는 爾朱文暢(ěrzhūwénchàng), 梁에는 開封 爾朱季伯(ěrzhūjìbó), 隋에는 儀同三司 爾朱敞(ěrzhūchǎng), 唐에는 郎將 爾朱煥(ěrzhūhuàn) 등이 활약하였다. 이주씨는 당대에 이르러 河南 洛陽 출신으로 일컬어졌다가[46] 송대 이후에 朱氏로 고쳤다.[47]

또 代郡에 乙速孤氏가 있는데 이들 역시 갈족이다. 이들은 원래 乙速孤津에 거주하였고[48] 지역 명칭으로서 성씨를 삼았다. 을속고씨가 갈족이라는 증거는 『元和姓纂』 「五質」과 『通志』 「氏族略」과 「忠義傳」에 모두 을속고씨의 세계가 언급되어있고[49], 또 『北史』 「乙速孤佛保傳」에도 관련 기록이 있다.[50] 즉 북수용은 갈호의 집단 거주지이며 을속고진과 북수용천은 거리가 매우 가깝고 北秀容胡는 바로 갈족을 의미한다.

이상 몇 가지 성씨를 중심으로 분석한 결과 갈족은 흉노 통치하의 월지족과 관련이 깊지만 그렇다고 해서 월지족이라고 단언할 수는 없어도 서역호의 성분이 농후한 것만은 사실이다.

둘째, 갈족의 용모로 분석한 결과 이들은 흉노와의 관계보다 서역호와

出奔襄國."
46) 『文苑英華』 卷964 「彭城公夫人爾朱氏墓誌」, 『文淵閣四庫全書電子版』, 1991. "夫人爾朱氏, 河南洛陽人也. … 祖敞, 隋儀同三司金紫光祿大夫 … 金城郡開國公."
47) 筆沅, 『關中金石記』 卷4 「爾朱逵墓碣跋」, "碣在洛陽朱家河, 朱家河本名大谷河, 世傳爾朱之後, 改爲朱氏."
48) 顧祖禹, 『讀史方輿紀要』(臺北, 中文出版社, 1979) 卷44, 220쪽에 인용된 『隋圖經』. "乙速孤, 代郡津名, 源出馬邑郡南 … 代郡, 在今山西境, 隋大業初改朔州置, 治所在善陽縣. 大業三年, 改爲馬邑郡."
49) 『元和姓纂』 卷10 「五質」; 『通志』 卷29 「氏族略」과 卷166 「忠義傳」에 모두 乙速孤氏의 世系가 언급되어 있다.
50) 『北史』 卷85 「乙速孤佛保傳」, 2850쪽. "乙速孤佛保, 北秀容胡酋也"

훨씬 더 밀접한 관계를 가지고 있다.[51] 『晉書』「石季龍載記」에 갈족의 특징적인 용모를 "深目·高鼻·多鬚"[52]로 비정한 내용이 보인다. 이에 대하여 『晉書』「大宛傳」[53]과 『魏書』「康國傳」[54]에도 해당 지역 백성의 용모에 대해서 묘사하였는데 모두 갈족의 용모와 동일하였다. 즉 갈족의 용모는 강국과 월지 등 서역호와 흡사하고, 또 갈족의 대표 종족인 석륵을 서쪽 이민족을 뜻하는 융족의 후예로 기록한 것을 보아도[55] 갈족은 서역호와 밀접한 관계가 있음을 알 수 있다.

결론적으로 말해서 이들은 위진 시기 이전에는 흉노에 예속되었다가 점차 흉노족의 일부라는 형태로 중원으로 이주되어 주변의 잡다한 종족과 잡거하면서 남북조 시기에는 잡호라는 칭호로 일컬어졌던 것이다.

2. 분포 지역

주지하다시피 갈족은 갈 또는 호갈, 갈적, 갈호라고 일컬어졌고, 진대의

---

51) 용모상 특징은 한족과의 차이가 매우 심할 뿐 아니라 다른 일반 호족과도 분명한 차이가 있기 때문에 석륵은 자신의 종족을 타종족과 구별하기 위하여 일반적으로 흉노 혹은 흉노와 관계가 깊은 기타 이민족을 나타내는 호라는 글자의 사용을 매우 꺼렸다. 그래서 갈족을 국인, 갈어를 국어라고 일컬었다. 그 외에도 호자가 들어간 사물의 명칭을 모두 고치기에 이르렀던 것이다. 『太平御覽』 卷860에 인용한 『十六國春秋』 「後趙錄」, 『文淵閣四庫全書電子版』, 1991. "諱胡尤峻, 諸胡物改名, 胡榼曰搏鑪, 石虛改曰麻餅"등의 기록을 보면 알 수 있다. 또 『晉書』 卷103 「劉曜載記」, 2698쪽. "皆以胡·羯·鮮卑·氐·羌豪傑爲之."처럼 胡와 羯이 분명히 다른 종족으로 표기되어 있다.
52) 『晉書』 卷107 「石勒載記」, 2792쪽. "最胡狀, 目深, … 閔躬率趙人誅諸胡羯, … 于時高鼻多鬚至有濫死者半"
53) 同上書, 卷97 「大宛國傳」, 2543쪽. "其人皆深目多鬚" ; 『漢書』 卷96 「西域傳」, 3896쪽. "自(大)宛以西至安息國, … 其人皆深目, 多鬚髥."
54) 『魏書』 卷102 「康國傳」, 2281쪽. "其王本姓溫月氏人也. 舊居祁連山北昭武城, 因被匈奴所破, 西逾葱嶺, 遂有其國支庶各分王, 故康國左右諸國, 並以昭武爲姓, 示不忘本也. … 人皆深目·高鼻·多鬚."
55) 『晉書』 卷104 「石勒載記」, 2721쪽. "勒本小胡, 出於戎裔"

백성들이 잡호를 일컫는 칭호가 되었다. 그러나 엄격하게 정의한다면 하북 지역 즉 지금의 산서와 하북성의 중간지대로 새롭게 이주해온 여러 잡호라고 할 수 있다.[56] 이들을 다시 세분하면 병주의 상당군 무향에 거주하는 일파와 신흥군 부근에[57] 거주하는 갈족으로 나눌 수 있다. 그러나 318년에 前趙로부터 巴, 羌, 羯族 200만 명 이상을 옮겼고,[58] 후조 시기에 鄴城에만 호갈이 20여만 명에 이르렀다고 하였는데,[59] 이것이 바로 갈족의 분포 지역이 꼭 위의 두 지역에만 국한된 것이 아니라는 증명이다.

위진 시기에 갈족의 주요 거주지와 인구에 대해서는 첫째, 병주 상당군 무향의 석륵을 중심으로 하는 종족이다. 『晉書』「石勒載記」에도 석륵을 상당군 무향의 갈인이라고 하였다.[60] 그러나 무향에 갈족이 얼마나 거주했는지는 관련 자료가 없다. 병주 지역의 갈족은 석륵과 그의 후계자를 따라서 진입하였고 나중에 그들이 활동하던 세력 범위의 확대에 따라서 각 지역으로 이주하였다. 둘째, 일부 갈족은 석륵에 귀의하여 무향 이외의 병주 지역에 분포되었다. 즉 석륵이 靳準(jìnzhǔn)을 토벌할 때에 강족과 갈족의 항복한 자가 14만여 落이 있다고 기록되어 있다.[61] 대략 당시의 강족과 갈족의 상황은 1대3 정도로 차이가 있었던 상황에서[62] 14만여 락을 3등분하

---

56) 『文選』卷59 沈休文, 「齊故女郞陸昭王碑」의 李善의 注에 인용한 朱鳳, 『晉書』. "前後徙河北諸郡縣, 居山間, 謂之羯胡"
57) 顧祖禹, 前引 『讀史方輿紀要』, 160쪽.
58) 三崎良章, 『五胡十六國 – 中國史上の民族大移動 – 』(東京, 東方書店, 2006), 194쪽.
59) 『晉書』卷107 「石季龍載記」, 2792쪽. "閔躬率趙人誅諸胡羯, 無貴賤男女少長皆斬之, 死者二十餘萬, 尸諸城外." 즉 당시 업성에서 염민에게 살해당한 갈족이 20여만 명이고 그밖에 각 지역에서 거주하던 갈족과 요행히 탈출한 자 등을 합하면 갈족의 인구는 20만 명을 훨씬 초과한다고 하겠다.
60) 同上書, 卷104 「石勒載記」, 2707쪽. 그러나 『十六國春秋』卷11 「後趙錄」과 『魏書』卷95 「羯胡石勒傳」, 2047쪽. "分散居於上黨武鄕羯室"이라 하여 그 범위를 무향에서도 갈실로 한정하였다.
61) 『晉書』卷104 「石勒載記」, 2728쪽. "據襄陵北原, 羌羯降者四萬餘落. … 巴帥及諸羌羯降者十萬餘落, 徙之司州諸縣"
62) 汪波, 前引 『魏晉北朝幷州地區硏究』, 131쪽에 의하면 위진 시기 강족은 관중과

면 10만여 락이 갈족이라고 가정할 수 있고, 또 1락을 20~30명으로 계산하면[63] 200~300만 명 정도가 갈족이라고 추정할 수 있다. 또 349년 염민이 제위를 찬탈하고 무수한 갈족을 살해하였으며[64], 요행히 살아남은 1만여 명 등 일부분은 다시 양국과 관중으로 도망갔다.[65] 최후로 전진의 부견이 업성을 평정하고 관동의 호걸 및 여러 잡이 10만 호를 관중으로 이주시켰으며, 10년 후에 각 종족의 인구가 번성하였다는 기록이 있다.[66] 북조 이후에 갈족은 기타 종족과 융합하여 단일 종족으로서는 더 이상 존재하지 않게 되었다.

III. 갈족의 초기사회

1. 부락 조직

위진 시기 중원에 진입한 이민족이 19종이 있는데 이들은 모두 각자의 부락을 유지하고 있었고 다른 부락과 섞이지 않았다.[67] 갈족도 위의 19종과 마찬가지로 중원에 진입한 이후에도 대부분 자신의 고유한 부락 조직을 유지하였으며 각 부에는 크고 작은 지도자(酋帥)가 있었다. 예를 들면 석륵의 조부와 부친은 모두 부락의 小率이었고,[68] 상당의 갈족 장배독은 胡部

하시와 사천에 집중되어 있고 병주 지역에는 매우 적었다고 하였다.

63) 유목 사회의 落에 대한 인구 계산은 金榮煥, 『魏晉南北朝時期 北方民族史 硏究』 (서울, 아이반호, 2003), 98쪽의 유목민족의 부락 조직(部, 邑落, 落, 窮廬) 비교표를 참고할 것.

64) 『晉書』 卷107 「石季龍載記」, 2792쪽. "屯據四方者, 所在承閔書誅之, 於是高鼻多鬚至有濫死者半"

65) 同上書, "萬餘人出奔襄國"

66) 同上書, 卷114 「苻堅載記」, 2913쪽. "陛下寵育鮮卑·羌·羯, 布諸畿甸, 舊人族類, … 監國以弱卒數萬留守京師, 鮮卑·羌·羯攢聚如林."

67) 同上書, 卷97 「北狄傳」, 2550쪽. "凡十九種,皆有部落, 不相雜錯."

大였다.[69] 胡部大는 호족 부락의 우두머리를 가리켜 部大라고 하며,[70] 이것으로 짐작할 때 갈족은 당시에도 자신의 부락 체제를 유지하고 있음을 알 수 있다. 갈족의 이러한 부락 체제는 북위 말기 이주영이 발호하던 시기에도 여전히 유지되고 있었다.[71]

이처럼 갈족은 자신들만의 부락 체제를 유지하였을 뿐만 아니라 석륵이 후조 정권을 건립하고 난 이후에도, 자기 종족의 정체성을 유지하기 위해서 갈족을 국인 갈어를 국어라고[72] 일컬을 정도로 타 종족과의 융합보다는 자신의 독자성을 유지하기를 원했던 것으로 보인다.

2. 의식주행

복식은 민족을 식별하는 중요 표준 중의 하나이다. 위진 시기에 한족은 衣冠人士를 자처하며 넓은 도포에 큰 소매와 上衣下裳에 상의는 오른쪽으로 여미게 하였다. 이런 유형의 한족 복식은 5호와 북조 시기에는 다시 볼 수가 없었고, 대신에 유목 민족의 전통 복식인 左袵貝帶[73] 즉 소매가 좁은 상의는 왼쪽으로 여미고 바지 형태의 하의와 혁대를 두르고 머리에는 여러 가지 형식의 모자를 썼다는 것이다. 갈족은 흉노에 예속된 시기에는 유목

---

68) 同上書, 卷104 「石勒載記」, 2707쪽. "祖耶奕于父周曷朱一名乞翼加並爲部落小率."
69) 同上書, 2709쪽. 즉 소수민족 1개 부락의 우두머리를 가리킨다.
70) 『資治通鑑』 卷86 惠帝 永嘉元年條, 2731쪽. "胡人一部之長呼爲部大."
71) 『魏書』卷74「爾朱榮傳」, 1643쪽. "常領部落, 世爲酋帥"; 『元和姓纂』卷6「四紙」, 爾朱氏條, "其先契胡部落大人, 代爲酋帥, 居爾朱川."
72) 『晉書』卷104「石勒載記」, 2735쪽. "號胡爲國人"; 『晉書』卷95「佛圖澄傳」, 2486쪽에 갈어가 몇 가지 등장한다. 참고로 갈족의 언어인 갈어는 중원에 진입하기 이전에는 흉노에 예속되었기 때문에 언어 또한 점차 흉노화된 언어였을 것이다. 중원에 진입한 이후에는 점차 갈어를 포기하고 한어를 쓰기 시작하였고, 후조를 건국한 이후에는 문화 융합의 일환으로 본격적으로 한어와 한문을 사용하였을 개연성이 크다.
73) 陶克濤, 『氈鄕春秋』(北京, 人民出版社, 1987), 105쪽.

에 종사하였고, 그들의 복식 또한 흉노족과 기본적으로 대동소이하였을 것이다. 즉 羊皮와 氈 및 毛布로 제작한 옷과 가죽 모자와 가죽 신발을 착용했다. 중원에 진입한 이후에는 한족과 오랫동안 잡거한 이후에 갈족의 복식은 주로 麻布로 만든 의복을 입었고 점차 한족화 되었다. 석륵이 젊은 시절에 이웃에 거주하는 李陽(lǐyáng)과 麻池를 차지하기 위하여 다툰 적이 있는데,[74] 이것이 바로 마를 재배하고 베를 짜서 의복을 만들어 입은 것을 설명하고 있다.

음식은 대개 두 가지 방면으로 구분한다. 첫째는 음식물의 재료이고 두 번째는 요리 방법으로 구분할 수 있으며, 두 가지가 서로 결합하여 음식 문화를 형성한다. 각 민족은 전통 습속과 민족성의 기호 및 지역성의 차이와 서로 다른 요리 방식에 의거하여 종류가 다른 음식 문화를 형성하게 되는 것이다. 갈족은 원래 유목 민족으로 중원에 진입하기 이전에는 육식과 발효음식(肉酪)을 위주로 하였고, 중원에 진입한 이후에는 5곡 위주로 바뀠을 것이다. 그 증거로 郭敬(guōjìng)에게 굶주림을 호소하고 갈족을 노예로 팔아서 굶주림을 해결해 줄 것을 건의한 사실과[75] 석륵이 군사를 일으켜 각지를 돌아다닐 때에도 농업을 중시하는 일련의 제도를 시행하였다.[76]

중원에 진입하기 이전에 갈족은 窮廬에 거주하고 이동과 유목에 주로 종사하였다. 그러나 중원에 진입한 이후에는 점차 농업을 위주로 목축업을 부수적으로 하는 경제생활로 인하여 점차 한족과 유사한 정착 중심으로 변환했을 것이다.

유목 민족인 갈족은 말과 낙타를 주요 교통 도구로 삼았다. 이들은 중

---

74) 『晉書』 卷105 「石勒載記」, 2739쪽. "初, (石)勒與李陽鄰居, 歲常爭麻也, 迭相毆擊. 至是謂父老曰: 李陽, 壯士也, 何以不來? 漚麻是布衣之恨, 孤方崇信於天下, 寧讐匹夫呼!"
75) 同上書, 卷104 「石勒載記」, 2708쪽. "今者大餓, 不可守窮. 諸胡飢甚, 宜誘將冀州就穀, 因執賣之, 加以兩濟."
76) 同上書, 2720쪽. "人始租賦"; 同上書, 2724쪽. "始下州郡閱實人戶, 戶貲二匹, 租二斛."

원에 진입한 이후에도 여전히 말을 주요 활동 도구로 이용하였다. 즉 석륵이 "好騎射"[77] 하고, "能相馬" 하였으며, "기병"으로 궐기하여 활동한[78] 사실과, 또 참고적으로 石季龍(shíjilóng)시기에도 "행동이 날쌔고 활쏘기와 말 타기에 능숙하며 용맹함이 당시에 으뜸이었다."[79] 는 기록을 보면 말이 주요 활동 도구였음을 알 수 있다. 또 말의 보편적인 사용으로 마차가 갈족의 운수 도구로 사용되었을 것이다.

3. 종교 신앙

갈족의 종교 신앙은 흉노, 저, 강족 등과 다르고 西域胡와 관련이 깊음은 주지의 사실이다. 서역호의 종교 신앙과 비교 분석을 통하여 이에 대한 가설이 성립하는지를 증명하기로 하겠다. 갈족이 신봉하는 종교는 祆敎 즉 胡天(神)이었고, 석륵이 후조를 건립한 이후에는 불교를 신봉하였다. 이에 대한 구체적인 증거를 열거하면 다음과 같다.

1) "호율이 있고 요사를 설치하였다, … 부처를 섬기는 것을 호서라 하였다."[80]
2) "여러 부정한 귀신을 제사지내는 것을 폐지하였지만 호천신은 그 사례에 포함되지 않았다."[81]
3) "용양 손복도와 유수 등이 갈족 군사 3천 명을 조직하여 호천에 숨기고, 또 염민 등을 살해하려고 하였다."[82]
4) "제사를 지내는 것은 마땅히 본족(갈족)의 습속을 따라야 한다. 이민족과 갈

---

77) 『十六國春秋輯補』 卷11 「後趙錄」, 73쪽.
78) 『晉書』 卷104 「石勒載記」, 2708쪽.
79) 同上書, 卷106 「石季龍載記」, 2761쪽. "趫捷便弓馬 勇冠當時"
80) 『魏書』 卷102 「康國傳」, 2281쪽. "有胡律, 置於祆祠, … 奉佛爲胡書."
81) 同上書, 卷13 「宣武靈皇后胡氏傳」, 338쪽. "廢諸淫祀, 而胡天神不在其列."
82) 『晉書』 卷107 「石季龍載記」, 2791쪽. "龍驤孫伏都·劉銖等結羯士三千伏于胡天, 亦欲誅閔等."

족 백성으로 즐거이 부처를 섬기려는 자는 특별히 허락한다."[83)

5) "부처는 외국의 신으로 한족이 마땅히 제사지내고 섬기는 바가 아니다."[84)

6) "제사는 호천을 섬기는데, 서진 말기에 5호가 중원으로 도피하여 거주하였는데 어찌 천도가 없겠는가."[85)

이상의 내용을 정리하면 서역호의 일종인 강국의 월지족은 호천신을 섬기고 겸하여 불교를 신봉하였다. 이러한 현상은 위진 이후 중원에 이주한 갈족 석씨는 물론 기타 갈족들도 모두 호천신을 신봉하였고, 후조 건국 이후에는 겸하여 불교를 신봉하였음을 알 수 있다.[86) 불교를 신봉하는 현상은 北齊와 北周 말기까지 계속 유지되었다.[87)

胡天은 조로아스터교로 달리 祆敎, 火敎, 火祆敎, 拜火敎, 페르시아교로 불린다. 경전에는 善(光明神)과 惡(暗黑神)의 투쟁으로 구성되어 있다고 한다. 즉 불(火)은 광명의 대표로 聖火를 예배하는 것을 주요 의식으로 삼는다.[88) 갈족이 화장을 하는 것도 호천 신앙과 관계가 깊은데, 이 종교는 북조 시기에도 매우 성행하였다.[89) 또 호천교의 의식에는 신에게 제사를 지내며 춤을 추고 그리고 호천신에게 제사를 지내는 기간에 남녀가 상호 음란한 행위를 하는 것을 알 수 있다.[90) 또 갈족은 호천신을 숭배하는 것 이

---

83) 『資治通鑑』 卷95 晉成帝 咸康元年條, 3003쪽. "至於饗祀, 應從本俗. 其夷・趙百姓樂事佛者, 特聽之."
84) 『晉書』 卷95 「佛圖澄傳」, 2487쪽. "佛, 外國之神, 非諸華所應祠奉."
85) 『文獻通考』 卷348 「四裔考」, 『文淵閣四庫全書電子版』, 1991. "祠則胡天, 晉末五胡遁居中夏, 豈無天道."
86) 『魏書』 卷114 「釋老志」, 3029쪽. "石勒時, 有天竺沙門浮圖澄, … 爲石勒所宗信, 號爲大和尙, 軍國規模頗訪之, 所言多驗."
87) 『隋書』 卷7 「禮儀志」, 149쪽. "(北齊)後主末年, 祭非其鬼, 至於躬自鼓舞, 以事胡天. 鄴中遂多淫祀, 兹風至今不絶. 後周欲招來西域又有拜胡天制, 皇帝親焉. 其儀並從夷俗, 淫僻不可紀也."
88) 張碧波 외 1인(編), 前引 『中國古代北方民族文化史』, 88쪽.
89) 『魏書』 卷13 「皇后列傳」, 338쪽. "廢諸淫祀, 而胡天神不在其列."
90) 『隋書』 卷7 「禮儀志」, 149쪽. "至于躬自鼓舞, 以事胡天. 鄴中遂多淫祀, 兹風至今

외에 天地, 日月, 鬼神 등을 숭배하였다.[91] 즉 갈족 통치자들의 생활이 이와 같은데 일반 평민들의 경우에도 크게 벗어나지 않을 것으로 사료된다.

4. 혼인 형태

갈족 체제 형성의 상당 부분은 이동을 거치면서 주위 종족과의 융합에 의지하였고, 주위 종족과의 융합은 혼인이란 방법을 통하여 형성되었다. 혼인은 주위의 강력한 부락과 정치적 목적에 의하여 실시된 경우가 대부분이다. 그러나 위진 시기의 갈족은 한족이 보기에 비교적 기이한 혼인 방식을 가지고 있었다. 즉 부친이 사망하면 자식이 後母를 처로 삼거나 형이 사망하면 동생이 형수를 처로 삼는 "妻後母報寡嫂"의 방식이다.[92] 혼인의

不絶. … 其儀并從夷俗, 淫辟不可紀也." 참고로 여기에 사용되었을 가능성이 큰 악기 중에 羯鼓가 있다. 갈족은 문학작품이나 음악, 춤 등을 후대에 남기지 않았는데, 유일하게 후세에 전해지는 예술 걸작이 바로 갈고이다. 갈고에 대한 기록으로는 『太平御覽』 卷582 「鼓條」에 인용한 『大周樂正』과 『舊唐書』 卷29 「音樂志」, 1079쪽에 "羯鼓, 正如漆桶, 兩手俱擊, 以其出羯中, 故號羯鼓, 亦謂之兩杖鼓."이라는 기록이 있다. 張碧波 외1인(編), 前引 『中國古代北方民族文化史』, 89쪽에 말하기를 수당 시기에 이르러 갈고는 중요한 반주 악기중의 하나가 되었다. 隋代의 9部樂 중에서 갈고를 반주 악기로 사용하는 노래로는 「龜玆樂」「疏勒樂」이 있다. 당대에는 「扶南樂」, 「高昌樂」, 「龜玆樂」, 「疏勒樂」이 있다. 당시 매우 많은 사람들이 갈고를 연주할 줄 알았고 唐 玄宗은 갈고 연주의 고수였다고 하였다.

91) 『晉書』 卷104 「石勒載記」, 2708쪽. "君魚龍髮際上四道已成, 當貴爲人主."; 同上書, 卷105 「石勒載記」, 2748쪽. "勒以日蝕, 避正殿三日, 令群公卿士各上封事. 禁州郡諸祠堂非正典者皆除之, 其能興雲致雨, 有益於百姓者, 郡縣更爲立祠堂, 殖嘉樹, 準嶽瀆已下爲差等." 또 劉學銚, 前引『匈奴史論』, 337쪽에서는 이런 종류의 신앙을 泛靈信仰(Animism) 또는 薩滿信仰(Shamanism)이라 일컬으며 북아시아 초원 유목 민족의 원시 신앙은 모두 동일하며 흉노족이 대표적이라고 하였다. 『史記』 卷110 「匈奴傳」, 2892쪽. "歲正月, 諸長小會單于庭, 祠. 五月, 大會龍城, 祭其先·天地·鬼神. 秋, … 而單于朝出營, 拜日之始生, 夕拜月." 이 외에 흉노의 원시 신앙에 대해서는 陶克濤, 前引 『氈鄕春秋』, 213~216쪽을 참고할 것.
92) 후조의 경우에는 "妻後母"는 없고 단지 "報嫂"만 있다. 관련 기록으로는 『晉書』 卷105 「石勒載記」, 2736쪽; 『十六國春秋輯補』 卷13 「後趙錄」, 98쪽; 『十六國

대상이 망부의 직계 친속으로 제한되고 드물게는 항렬 순으로 伯叔 혹은 舅父가 처로 삼는 경우도 있었다. 현재 인류학자들은 이런 혼인을 "收繼婚"이라고 한다.[93] 흉노를 비롯한 강, 오환, 선비 등 북방 유목 종족 사회에 보편적으로 존재했던 풍속으로[94] 일부다처의 현상을 나타내주고 있다.

위의 사료에서 두 가지 의미를 파악할 수 있다. 첫째는 혼자된 부녀는 일반적으로 재가를 한다는 것이고, 둘째는 재가의 대상이 사망한 남편의 친족이라는 것이다. 위의 문제에 대해서 진일보 분석하면 다음과 같다. 주지하다시피 흉노, 선비, 갈족 등은 모두 무력을 숭상하는 종족이다. 각 종

春秋纂錄校本』卷2「後趙」, 10쪽이 있다. 그러나『太平御覽』卷120「後趙石勒」, 『文淵閣四庫全書電子版』, 1991.에서는 "執"으로 되어 있다. 報에 관한 해석은『左傳』宣公三年條, 杜預注引『漢律』,『十三經今注今譯』(長沙, 岳麓書社, 1994), 1174쪽. "淫季父(叔父)之妻曰報" 즉 손아래 사람이 손 위 사람의 처를 간음한 것을 보라고 한다. 즉 필자의 분석에 따르면 "妻後母報嫂"의 사료는 두 가지 의미를 포함하고 있다. 첫째는 과부가 된 부녀를 재가하게 하는 것이고 둘째, 재가의 대상으로 망부의 친속으로 제한하는 것이다.

93) 收繼婚의 등장에 대한 상세한 설명은 衛惠林,『社會學』(臺北, 國立編譯館, 1968), 176~177쪽. 또『魏書』卷15「昭成子孫列傳」, 386쪽. "當時獻明太子拓跋寔死後, 賀氏收繼爲(拓跋)翰妻所生." 이라고 하여 收繼라는 명칭이 등장한다. 또 劉學銚, 『胡馬渡陰山』(臺北, 知書房, 2004), 71쪽. 蒸報婚이라고도 한다.

94) 북방 유목 종족 사회에서 보편적으로 행해졌던 혼인 제도이다.『史記』卷110「匈奴傳」, 2879쪽. "父死, 妻其後母 ; 兄弟死, 盡取其妻妻之" ;『後漢書』卷90「烏桓傳」, 2979쪽. "其俗妻後母, 報寡嫂" ;『後漢書』卷87「西羌傳」, 2869쪽. "父沒則妻後母, 兄亡則納釐(寡婦)嫂" ;『晉書』卷105「石勒載記下」, 2736쪽. "又下書禁國人(胡人)不聽報嫂" ;『隋書』卷84「突厥傳」, 1864쪽. "父兄死, 子弟妻其群母及嫂" 북방 유목 종족 사회에 왜 이런 풍속이 생겨나게 되었을까? 이에 대하여 馬長壽, 『北狄與匈奴』(北京, 三聯書店, 1962), 57쪽. 흉노의 일반 민중은 가족 노동력의 상실을 보호하기 위해서 이고, 귀족에게는 귀족 혈통의 순결과 씨족 상호간의 관계를 단결시키기 위한 목적이라고 하였다. 林幹,『匈奴通史』(北京, 人民出版社, 1986), 176쪽. 초기에는 大家氏族共同體에서 이탈하지 못하게 하려는 관점에서 발생한 것이고 후기에는 가정 혹은 가족 중의 생산력을 증강시키기 위한 경제적 의의 때문이라고 하였다. 呂一飛, 前引『胡族習俗與隋唐風韻』, 115쪽. 인구 증식과 병력 자원의 보충 및 과부, 고아의 안정적 부양으로 사회의 안정과 발전을 꾀한다는 두 가지 목적에서 이런 혼인 제도가 생겼다고 하였다.

족은 초기 사회의 여러 습속이 붕괴되어가는 과정에서 종족의 안전을 유지하고 가축과 목초지를 타종족의 침입으로부터 보호하며, 또 중원 농경민족의 재산과 인구를 약탈하기 위해서 전쟁은 초원 유목 민족에게는 일상적인 작업이었다. 크고 작은 전쟁은 매년 발생하였고 성인 남자들은 전사로써 참가하게 되고 이러한 상황에서 전사들의 대량 사망과 과부와 고아의 급격한 증가는 심각한 사회 문제가 되었다. 성년 남자의 대량 사망은 필연적으로 병력 자원의 감소와 인구의 감소를 초래하여 종족의 존망이 걸리게 되었다. 또 대량의 과부와 고아의 부양 또한 심각한 사회 문제로 변했다.

이 두 가지 사회 문제를 해결하기 위한 유일한 방법은 과부의 재가를 허락하는 것이었다. 또 재가의 대상도 사망한 남편의 친족으로 한정하는 것은 혈통의 보존과 혈연적 유대 관계가 깊은 관계에서 양육하는 것이 여러 가지 방면에서 유리하기 때문이다. 이렇게 하면 인구를 증식하여 병력 자원을 보충할 수 있고 고아의 부양도 해결되어 사회의 안정과 발전을 가져오게 되는 것이다. 그래서 『後漢書』「西羌傳」의 "부친이 사망하면 즉 후모를 처로 삼는다. 형이 사망하면 형수를 처로 받아들이기 때문에 나라에는 홀아비와 과부가 없고 종족이 번성하였다."[95]는 현상이 이루어지는 것이다. 즉 호족 습속 중에서 과부 재가는 자주 볼 수 있는 일이고 사회 여론의 비난도 받지 않았다.

5. 喪葬 습속

인생은 대략 출생, 성년, 결혼, 사망의 4단계를 거치고, 그 과정에서 誕生禮, 成年禮, 婚姻禮, 喪葬禮의 4가지 인생 의례가 생겨났다. 특히 상장례는 인생에서 마지막에 치르는 의례이며 상례와 장례로 구분된다. 이것은

---

95) 『後漢書』卷87「西羌傳」, 2869쪽. "父沒則妻後母, 兄亡則納釐嫂, 故國無鰥寡, 種類繁熾."

친척과 주변의 절친한 사람들이 죽은 자에 대하여 치르는 殮殯祭奠의 의식이고, 동시에 애도와 기념과 평가를 나타내는 행위이다. 일반적으로 삶과 죽음에서 두 가지를 동등하게 중요시했지만,[96] 죽음의 의미는 아무래도 삶의 의미보다 소홀하게 여기기 쉬운 것이 인지상정이다. 그래서 옛 성인들은 역설적으로 죽음의 의미를 더욱 강조하곤 하였던 것이 아닐까?[97] 그래서 선진 시대의 예제를 기록한 『儀禮』와 『禮記』에는 상장례에 대한 것이 중요한 지위를 차지하고 있으며, 이에 대한 규정도 엄밀하고 번잡하게 기재하였던 것이다.[98]

북방 유목 종족 역시 중원의 한족보다는 덜하지만 상장례를 중시하였음을 알 수 있다.[99] 이러한 삶과 죽음이라는 인생의 전부 과정, 또 누구도 피할 수 없는 현실에 대해서 유목민인 북방 종족의 관념이 문화와 습속에 어떻게 투영되는지를 분석하는 것도 상당히 의의가 있으리라 생각한다. 왜냐하면 삶과 죽음은 인간 활동의 가장 중요한 부분이고, 이에 대한 처리 방법과 관념 형태는 바로 해당 종족에 대한 이해를 쉽게 하기 때문이다. 그래서 위진남북조 시기 한족과 심각한 종족 갈등을 초래하기도 하였던 갈족을 이해하는 한 가지 방법으로 죽음에 대한 그들의 관념과 처리 방법인 상장을 선택하였다. 왜냐하면 상장 습속은 동서고금을 막론하고 가장 느리게 변하는 것으로, 상장의 관념과 절차 속에 숨어있는 전통 정신은 해당 종족

---

96) 『論語』 「爲政」, 前引 『十三經今注今譯』, 1883쪽. "生, 事之以禮；死, 葬之以禮."
97) 『孟子』 「離婁下」, 前引 『十三經今注今譯』, 2119쪽. "養生者不足以當大事, 惟送死可以當大事."
98) 『儀禮』와 『禮記』는 상장례에 대하여 죽은 자의 신분상의 존비와 친척간의 혈연 관계의 친소의 다름에 근거하고, 그 위에 종교적 관념까지 가미한 것으로 음식, 의복, 거주, 빈객의 접대, 복상 기간, 금기 등 여러 방면에 비교적 엄밀하고 번잡한 규정을 하였다.
99) 呂一飛, 前引 『胡族習俗與隋唐風韻』, 138쪽. 즉 중원 한족의 상장 의례는 종법 관념과 등급 관념 이외에 종교 관념이 결합된 것으로, 후대의 유생들이 이러한 전통을 계승 발전시켜 더욱 번잡하고 실행하기 힘들게 만들었다. 이에 반하여 북방 유목 종족의 상장 의례는 단지 종교 관념에만 치중하였음을 알 수 있다.

의 전통 문화를 이해하는 첩경인 것이다. 겸하여 유목 종족인 갈족의 상장 습속을 통하여 당시 북방에서 활동하던 여러 유목 종족과의 문화적 공통성이 존재하는가를 살펴볼 수 있다.

갈족은 종교 신앙이 서역호와 동일할 뿐만 아니라 상장습속 또한 흡사하다. 앞에서 서술한 것처럼 갈족이 흉노의 일파라면 갈족은 흉노와 같은 토장을[100] 실행하는 것이 당연하다. 그러나 갈족은 흉노와 다른 화장을 행했으며, 저족, 강족, 돌궐족, 서역호 등과 더불어 모두 화장을 하였다.[101] 『隋書』「石國傳」에 이르기를,

"조부모의 화장하고 남은 유골은 금으로 만든 옹기에 가득 채워서 상위에 두고 그것을 둘러싸서 돌면서 갔다."[102]

또 『晉書』「石勒載記」에 이르기를,

"또 조서를 내려 갈족 백성들에게 금지하게 하였고, … 그 화장하는 명령은 갈족의 습속과 같게 하였다."[103]

이상의 내용으로 갈족의 상장습속은 서역호의 일종인 석국의 상장 습속과 같음을 알 수 있다. 이 외에 갈족의 상장 습속을 알 수 있는 기록으로는 석륵의 모친 王氏夫人이 사망했을 때 시행한 秘密葬(潛埋)과 虛葬이 있다. 『晉書』「石勒載記」에 이르기를,

---

100) 『史記』 卷110 「匈奴列傳」, 2892쪽. "其送死, 有棺槨金銀衣裘, 而無封樹·喪服, 近幸臣妾從死者, 多至數千百人."
101) 呂一飛, 前引 『胡族習俗與隋唐風韻』, 149쪽.
102) 『隋書』 卷83 「石國傳」, 1850쪽. "以王父母燒餘之骨, 金甕盛之, 置于床上, 巡繞而行."
103) 『晉書』 卷105 「石勒載記」, 2736쪽. "又下書禁國人, … 其燒葬令如本俗"

"석륵은 모친 왕씨부인이 사망하자 몰래 산 계곡에 장사지내서 그 상세한 위치를 모르게 하였다 … 양국 성 남쪽에 허장(빈 묘소)을 하였다."[104)]

즉 갈족은 잠매와 허장을[105)] 실행했다. 소위 잠매는 망자의 신체를 땅 속 깊이 매장하고 지면에 어떤 흔적도 남기지 않는 것을 말한다. 잠매와 허장의 방법과 형식에 대해서 『宋書』 「索虜傳」에 이르기를,

"사망하면 곧 시신을 깊이 매장하고 봉분의 흔적도 없게 한다. 장례를 치를 때는 모두 거짓으로 관을 설치하고 분묘를 만들며, 생전에 사용하던 수레와 기물, 용구 등을 모두 태워서 망자에게 보내준다."[106)]

---

104) 同上書, 卷104 「石勒載記」, 2720쪽. "勒母王氏死, 潛瘞山谷, 莫詳其所. … 虛葬于襄國城南."
105) 曹永年, 「說潛埋虛葬」, 『文史』 31(北京, 中華書局, 1988), 79~85쪽. 잠매와 허장은 간략하게 허장 또는 위장이라고도 한다. 이것은 16국 시기와 북조 시기 북방 유목 종족의 상층 통치자들에게 유행하던 일종의 허장 형식이다. 즉 묘 주인의 시신을 다른 장소에 깊이 매장하고, 그와 동시에 공개적인 매장 장소에는 망자의 기물과 용기 등만을 매장하는 것이다. 잠매 허장의 본래 의의는 비밀을 유지하기 위한, 즉 사후 세계의 안전을 위하여 시행하는 방법이다. 呂思勉, 『中國民族史』(上海, 中國大百科全書出版社, 1987), 1182쪽의 "胡人處中國, 多有自疑之心, 乃爲虛葬之法" 즉 호족 자신의 힘이 그리 크지 않고 또 한족 문화의 강대한 세력 안에 포함되는 경우는 필히 의심하는 마음이 생겨서 허장을 한다는 논리이다. 이러한 묘장 방식의 특징은 가묘가 2개 이상으로 하나는 공개적인 허장 묘지와 다른 하나는 비밀의 실재 묘장처로 나뉜다. 역사상 첫 번째의 잠매 허장은 『晉書』 卷104 「石勒載記」, 2720쪽. "勒母王氏死, 潛空山谷, 莫詳其所. 旣而備九命之禮, 虛葬於襄國城南"이 있다. 또 이것과 관련된 내용으로는 同上書, 卷105 「石勒載記」, 2752쪽. "夜瘞山谷, 莫知其所, 備文物虛葬, 號高平陵";『太平御覽』卷556 所引『鄴中記』, 『文淵閣四庫全書電子版』, 1991. "石勒陵在襄國";『太平寰宇記』卷59 「河北道」八, 『文淵閣四庫全書電子版』, 1991. "荊州龍崗縣條"勒尸別在渠山葬之. 夜爲十餘棺分道出埋, 以惑百姓";『晉書』卷127 「慕容德載記」, 3172쪽. "乃夜爲十餘棺, 分出四門, 潛葬山谷, 竟不知其尸之所在(虛葬於東陽陵)"(위 문장의 괄호안의 글자는 『十六國春秋』「南燕錄」을 참고하여 필자가 보충한 것이다.)

위에 인용한『宋書』의 북방 유목 종족에 관한 기록은 대부분이 제3자를 통해서 전해들은 이야기가 많아서 전부 믿기도 그렇지만 그렇다고 믿지 않는 것도 위험하다. 그러나 현재 발굴된 탁발선비족의 묘장으로 볼 때 모두 땅속 깊이 매장하고 봉분의 표시도 없게 만든 잠매이다.[107]

6. 농업 경제

농업은 건국의 근본으로 농업 경제가 발전하면 경작지가 확대되고 양식 생산량이 증가되기 때문에, 백성의 생활은 풍족하고 사회가 안정되며 국력이 증강되는 것이다. 이러한 도리는 병주에 거주하면서 한족과의 융합 정도가 높은 갈족의 입장으로 볼 때도 매우 당연한 것으로 그들은 농업의 생산과 발전을 매우 중시하였다. 중원으로 진입하여 병주에 거주하던 갈족은 한족과 잡거하면서 일부는 농업에 종사하여 한족 지주의 傭工이 되거나 노예로 팔려갔으며, 일부는 상업에 종사하였다.[108] 또 병주 북부의 일부 부락은 여전히 축목에 종사하기도 하였다.

갈족은 병주 지역에 집중 거주하였는데, 위진 시기에는 여러 해에 걸쳐 발생한 전쟁과 빈번한 천재지변으로 병주 지역의 농업 발전에 심각한 영향을 끼쳤다. 이로 인하여 병주 지역의 농업 생산은 결핍되고 계속되는 기근과 흉년으로 백성의 생활은 곤궁하였다.[109] 이러한 상황 하에서 병주 지역

---

106) 『宋書』卷85「索虜傳」, 2322쪽. "死則潛埋, 無墳壠處所, 至於葬送, 皆虛設棺柩, 立冢槨, 生時車馬器用皆燒之以送亡者."
107) 宿白, 「東北·內蒙古地區的鮮卑遺跡」, 『文物』1977-5, 47~53쪽의 完工, 札賚諾爾, 巴林左旗 등의 묘장이 모두 땅속 깊이 매장하고 봉분의 표시도 없는 잠매의 형태로 이루어져 있다.
108) 『晉書』卷104「石勒載記」, 2707쪽. "(石勒)年十四, 隨邑人行販洛陽" 또 同上書, 卷105「石勒載記」, 2738쪽. "然百姓私買中絹四千, … 巧利者賤買私錢, 貴賣於官." 위 기록에 의거하면 갈족 부락 사람들 중에 行販과 매점매석 및 개인의 화폐 주조 등으로 볼 때 일부는 상업 활동에 종사하고 있음을 알 수 있다.
109) 『晉書』卷102「劉聰載記」, 2672쪽. 또『資治通鑑』卷89 愍帝 建興2年條, 2815

으로 밀려들어온 갈족은 한족의 토지를 점령하였다. 비록 그들이 양전을 빼앗고 경작하는 소를 탈취하는 등 한족의 농업 생산에 어느 정도 영향을 끼친 것은 피할 수 없는 현실이었다. 그러나 한족과 융합하기 시작한 갈족의 농업 생산과 경영에 대한 적극적인 참여는 병주 지역의 경제에 새로운 활력을 가져왔다. 5호16국 시기에 이르러 병주 지역은 잠시이지만 평화적이고 농업 생산도 어느 정도 회복 단계에 진입하고 있었다. 그리고 갈족의 병주 지역에서의 경작과 생산은 당시 병주를 기반으로 하는 흉노 정권 전조를 신속히 붕괴시켜 대체하였을 뿐만 아니라, 그들의 주요 경제 활동을 농업 경제로 변화시키는 주요 원인이 되었고 나아가서는 원시 부락연맹 체제에서 봉건 정권 후조로 변화시키는 원동력이 되었던 것이다.[110]

이러한 시대 배경 하에서 병주 상당군 무향 갈실 출신의 석륵은 어려서부터 농경에 종사하고 일찍이 노예로 팔려가서 농업 노예로 생활하였으며,[111] 농업에 대해서 뼈저리게 느꼈기 때문에 농업 생산을 중시하였다. 석륵의 농업에 대한 조치는 흉노족 劉漢 정권의 병주자사로 재임하면서 나타나게 되었다. 즉 병주에 기근으로 반란이 발생하였는데, 『晉書』「劉聰載記」에 이르기를,

> "평양에 대규모 기근이 들어 유랑자와 반란자는 10명에 5~6명이 사망하였다. 석륵은 석월을 파견하여 기병 2만 명을 거느리고 병주에 주둔하여 반란자들을 다스리도록 하였다."[112]

즉 평양에 기근이 발생하여 사망자가 속출하였는데, 석륵이 군사 2만을

쪽에 "大饑" 등의 기록이 자주 보인다.
110) 汪波, 前引『魏晉北朝幷州地區硏究』, 134~135쪽.
111) 『晉書』卷104「石勒載記」, 2707~2708쪽. "(石)勒亦感其恩, 爲之力耕. … 旣而賣 與仕平人師懽爲奴. … 每耕作於野."
112) 同上書, 卷102「劉聰載記」, 2673쪽. "平陽大饑, 流叛死亡十有五六. 石勒遣石越 奉騎二萬, 屯于幷州, 以懷撫無叛者."

병주에 주둔시키며 기근을 해소하고 유랑자와 반란자들을 다스렸던 것이다. 또 同上書에 이르기를, "人始租賦"[113]하고, "始下州郡閱實人戶, 戶貲二匹, 租二斛"[114] 이라 하여 양국에 진입하여 冀州를 취득한 후에는 「晉令」에 의거하여 호세 제도를 반포하기도 하였다. 이것은 서진에 비해서 약간 경감되었다.

同上書에 이르기를,

> "전부 24개 군과 호 29만을 조국의 영역으로 하고 … 사신을 파견하여 주와 군을 순행하며 백성에게 농사와 양잠을 장려하게 하였다."[115]

319년에 석륵이 조왕을 일컬은 이후에는 즉시 농업 생산력을 발전시키는 조치를 내리고, 유랑민을 받아들여 농업에 종사하게 하여 다스렸다. 참고적으로 후조 정권을 건립한 이후에 농업 생산력을 증진시키기 위한 여러 조치를 살펴보면 다음과 같다. 同上書에 이르기를,

> "우상시 곽호를 권과대부로 삼고 전농사자 주표와 전농도위 육충 등과 함께 주와 군을 순행하며 호적을 바르게 살펴서 규정하고 백성에게 농업과 양잠을 장려하게 하였다. 농업과 양잠의 성과가 가장 뛰어난 자에게는 오대부의 작위를 하사하였다."[116]

농업을 관장하는 전문 관리를[117] 각 지역에 파견하여 농업을 장려하고

---

113) 同上書, 卷104「石勒載記」, 2720쪽.
114) 同上書, 2724쪽.
115) 同上書, 卷105「石勒載記」, 2730쪽. "合二十四郡, 戶二十九萬爲趙國封內." : 2735쪽. "遺使循行州郡, 勸課農桑."
116) 同上書, 2741쪽. "以右常侍霍皓爲勸課大夫, 與典農使者朱表・典農都尉陸充等循行州郡, 核定戶籍, 勸課農桑. 農桑最修者賜爵五大夫."
117) 同上書, 卷24「職官志」, 736쪽. 농업을 관장하는 전문 관리로는 太僕이 있으며

업적이 뛰어난 관리는 작위를 주기도 하였다. 또 同上書에 이르기를,

> "여러 유랑민 3만여 호를 내쳐서 다시 농업에 종사하게 하고 수재를 설치하여 그들을 다스리게 하였다."[118]

그 외에 북방의 백성들이 사망하고 유랑한 자들이 많아서 노동력이 매우 부족한 상황에서 석륵은 유랑민을 안치하는 조치를 내렸다. 아울러 한족 백성 및 여러 소수 민족을 사민하여 도성 및 부근에 이주시키고[119] 인구 증식을 장려하였다.[120] 이상의 기록으로 미루어볼 때 갈족 석륵이 농업을 매우 중시하였음을 알 수 있다.

典農都尉 등을 관할하였다.
118) 同上書, 卷105 「石勒載記」, 2738쪽. "散諸流人三萬餘戶, 復其本業, 置守宰以撫之."
119) 同上書, 卷104 「石勒載記」, 2724~2725쪽. "徙降人二萬餘戶于襄國. … 徙平原烏丸展廣·劉哆等部落三萬餘戶于襄國." 또 후조의 徙民에 관해서는 三崎良章, 前引『五胡十六國 - 中國史上의 民族大移動 -』, 193~194쪽에 의하면 16국 중에서도 사민의 사례가 가장 많은 나라는 후조로서 30회 이상의 사민을 확인할 수 있으며, 또 그 이동하는 곳도 가장 광범위하였다. 석륵은 이미 전조의 장군이었던 시대부터 양국에 거점을 두고 있어서 계속해서 양국 주변으로의 사민을 실행하였다. 310년대에 양국으로 옮겨진 인구는 사료에 숫자가 나타나 있는 것만으로 30만 명 가까이 이르고, 그 중에는 오환 15만 명이 포함되어 있었다. 또 318년에 전조로부터 파, 강, 갈족 200만 명 이상을 옮겼다. 329년에 전조를 멸망시키고부터 수년 동안에도 전조가 지배하고 있던 관중으로부터 양국과 기주를 중심으로 확대하여 관동으로의 사민을 전개하였다. 즉 329년에 전조를 멸망시켰을 때에 한족 9,000여 명을 양국으로 저족과 강족 300만 명을 사주(수도권)와 기주로 옮기고, 333년에는 옹주와 진주의 저족과 강족 50만 명 등을 관동으로 옮기는 대량 사민을 실행하였다. 이것은 후조가 전조의 중심 부분을 차지한 결과이며, 이들 중에는 나중에 전진을 건국하는 부씨와 후진을 건국하는 요씨도 포함되었다. 결론적으로 갈족 정권 후조의 사민은 철저히 농업 노동력을 확보하기 위한 것이었다.
120) 同上書, 卷105 「石勒載記」, 2737쪽. "黎陽人陳武妻一産三男一女, … 賜其乳婢一口, 穀一百石雜綵四十匹"

并州 지역의 갈족은 농업 생산을 중시하는 동시에 기타 농작물의 생산도 발전시켰다. 서진 시기에 병주 지역의 갈족은 이미 인삼을 재배할 줄 알았다. 同上書, 「石勒載記」에 이르기를,

> "집 동산에 인삼이 자랐는데, 꽃과 잎이 매우 무성하고 모두가 사람의 형상을 하고 있었다.[121]

이라 하여 인삼을 재배한 사실을 알 수 있다. 또 마의 재배도 활발했음을 알 수 있는데, 同上書에 이르기를,

> "처음에 석륵은 이양과 더불어 이웃으로 살면서 매년 마지(마를 물에 담궈서 부드럽게 할 수 있는 연못)를 차지하려고 번갈아서 치고받고 하였다. 이때에 이르러 어르신들에게 일러 말하기를 이양은 장사인데 어찌 오지 않았습니까? 마를 물에 담궈 부드럽게 하던 일은 벼슬하지 않았을 때의 원한이다. 내가 지금 천하가 존중하며 믿는데 어찌 보통 사람과 원수를 맺겠는가!"[122]

즉 석륵이 미천할 때에 이웃 주민 이양과 마지를 차지하려고 다툰 적이 있었다. 이 자료에 근거하면 병주 지역의 갈족은 한족과 더불어 마 재배를 하였으며, 아울러 마지를 활용하여 생산에 운용하였음을 알 수 있다.[123]

---

121) 同上書, 卷104「石勒載記」, 2707쪽. "家園中生人蔘, 花葉甚茂, 悉成人狀."
122) 同上書, 卷105「石勒載記」, 2739쪽. "初, 勒與李陽鄰居, 歲常爭麻池, 迭相毆擊. 至是, 謂父老曰..「李陽, 壯士也, 何以不來? 漚麻是布衣之恨, 孤方崇信于天下, 寧讐匹夫乎!"" 유사한 기록이 前引『十六國春秋』卷11 ; 卷23 의 기록과『太平御覽』卷120에 있으니 참고할 것.
123) 『魏書』卷110「食貨志」, 2855쪽. "其麻布之鄉, 一夫一婦布一匹."의 기록에 의하면 병주 지역의 각 군현은 마로써 세금에 충당하였다. 이것으로 당시 병주 지역의 갈족은 마를 재배하는 기술이 이미 상당하였고 재배 범위도 비교적 광범위함을 알 수 있다.

결론적으로 병주 지역의 농업 생산의 발전은 석씨 후조 정권의 정치와 경제 발전에 견실한 기초를 확립하였다.[124] 즉 후조는 병주 지역의 경제력을 기반으로 중원에서 상당기간 정권을 유지하여 5호16국 시기 전반기에 북방의 강자로 군림할 수 있었던 것이다.

7. 축목 수렵

갈족은 병주 지역에 진입한 이후에 농업 생산에 종사하는 동시에 여전히 축목 경제 활동도 유지하고 있었으며, 이로 인하여 병주 지역의 축목업 발전에 커다란 공헌을 하였다. 병주 지역은 주지하다시피 대량의 흉노와 기타 유목 민족이 잡거하던 지역으로 광활한 토지와 풍부한 목초가 생산되어 유목과 축목업 발전에 유리한 조건을 구비하고 있었다.[125] 또 축목업은 갈족에 있어서 정치와 군사상의 중요한 생산 활동이며 생활상에 있어서도 빠져서는 안 될 중요한 경제 활동으로 중시하지 않을 수 없다.

축목업의 대표적인 사육 동물은 소, 양, 낙타, 말(牛羊駝馬) 혹은 돼지, 양, 말(猪羊馬)이며[126], 그 중에서도 말이 첫째이다. 석륵이 처음 18기를 모아 도적 무리를 형성한 사실과 나중에 汲桑(jísāng)과 더불어 수백 기병을 거느리고 군사를 일으켜 후조 건국의 기반을 건립했을 때에도 모두 기병 위주였다.[127] 또 석륵은 집이 가난하여도 유목종족 출신으로 능히 말의 관상(相馬)을 볼 줄 알았다.[128] 『晉書』「石勒載記」에 이르기를,

---

124) 『晉書』 卷106 「石季龍載記」, 2763쪽. "季龍以租入殷廣, 轉輸勞煩, 令中倉歲入百萬斛, 餘皆儲之水次."할 정도로 농업 생산이 증가하고 양식의 저축이 풍부해졌다.
125) 汪波, 前引 『魏晉北朝幷州地區硏究』, 141쪽.
126) 『晉書』 卷51 「束晳傳」, 1431쪽. "猪羊馬牧, 布其境內"
127) 同上書, 卷104 「石勒載記」, 2708~2709쪽. "遂招集王陽 … 八騎爲群盜. 後郭敖 劉徵 … 號爲十八騎. … 勒與汲桑帥牧人乘苑馬數百騎以赴之." 즉 석륵과 최초로 무리를 이루어 활동한 자들은 8기이고 후에 18기 및 수백기로 확대되었는데 이들은 모두 기병 위주였다.

"사환의 집 부근에 말 목장이 있으며, 목솔인 위군, 급상과 더불어 왕래하였다. 석륵은 능히 말의 관상을 볼 줄 알아서 스스로 급상에게 의탁하였다. 일찍이 무안과 임수의 목장에서 일했고 유격전을 전문으로 하는 군사에게 잡히기도 하였다. 마침 사슴 무리가 곁을 지나갔는데 군인들이 다투어 쫓아갔으며 석륵은 이에 석방되었다."[129]

위의 기록으로 보면 당시에 개인 혹은 관영 말 목장(馬牧)이 있음을 알 수 있다. 또 관영 말 목장에는 전문적으로 축목을 생산하고 관리하는 관리자(牧率)가 있었다.[130] 갈족인 석륵과 기타 소수 민족들이 말 목장에 고용되어 생산에 종사하였다. 축목업의 주요 지역은 병주의 무안과 임수 등이 중심지였다. 그 외에 갈족 석륵은 이미 상마를 할 수 있을 정도로 말 축목에 능숙했음을 알 수 있다. 이에 대한 구체적인 증거로는 석씨 후조 정권은 관영 말 목장 이외에도 개인이 말을 사육하고 있음을 알 수 있다. 『晉書』「石季龍載記」에 이르기를,

"국내에 말이 적어서 이에 사사로이 말을 기르는 것을 금지하였고 은익한자는 허리를 자르는 형벌에 처했으며, 백성의 말 4만여 필을 거두어 국가 재산으로 편입시켰다 …. 또 주와 군의 관리의 말 1만 4천여 필을 거둬들였다."[131]

---

128) 劉學銚, 前引『胡馬瀚陰山』, 58쪽. 상마는 말의 관상을 보고 말의 우열을 가리는 기술이라고 하였다. 즉 초원 유목 민족은 원래 말 타고 활쏘기에 능숙하여서 말의 얼굴 모양을 보고 그 말의 우열을 가리는 소질이 있었던 것이다.
129) 『晉書』卷104 「石勒載記」, 2708쪽. "(師)慣家鄒於馬牧, 與牧率魏郡·汲桑往來, (石)勒以能相馬, 自託於(汲)桑. 嘗傭於武安臨水, 爲遊軍所囚. 會有群鹿傍過, 軍人競逐之, 勒乃獲免."
130) 陳連慶, 『晉書食貨志校注』(吉林, 東北師範大學出版社, 1999), 112쪽. 서진 시기에 太僕의 속관으로 中典牧都尉와 左典牧都尉가 있고, 典牧 아래에 구체적으로 축목 인원을 관리하는 牧率이 있으며 이들은 주로 축목 노예들을 관리하는 신분이다.
131) 『晉書』卷106 「石季龍載記」, 2771쪽. "以其國內少馬, 乃禁畜私馬, 匿者腰斬, 收

이처럼 단기간에 국내에서 수만 필의 말을 징발할 수 있다는 것은 갈족의 양마 현황이 상당한 수준에 이르렀음을 알 수 있다. 북위 말기 갈족 이주영이 병주에서 축목업을 적극 발전시킨 것을 보아도 축목업의 중요성을 짐작할 수 있다.[132] 또 군졸들이 사슴 무리를 사냥하러 다니는 것을 볼 때 수렵 경제도 중요한 경제 형태 중의 하나였다. 즉 갈족 석씨 통치자들은 병주 지역에서 빈번하게 수렵 활동을 진행하였고 또 규모도 크고 범위도 광대하였다. 예를 들면 석호는 조왕을 일컬은 이후에 사냥을 갔다가 말에서 떨어진 경우가 있고,[133] 도성에 桑梓苑을 건립하여 금수를 사육하였다.[134] 그 외에도 石宣(shíxuān)은 사냥을 매우 좋아하였는데, 『晉書』 「石季龍載記」에 이르기를,

> "이미 달려가서 쫓는 것에 싫어함이 없어서, 이르는 행궁에 진열하고 사방 각 1백리를 한도로 금수를 몰고 에워싸서 모두 그 장소에 모았다."[135]

이처럼 行宮 부근에서 대규모로 위렵하는 것을 볼 때 아마도 행궁 부근에 커다란 국가 소유의 관영 동산이 있고[136] 각종 금수를 사육하고 수렵에 종사하였음을 알 수 있다.

참고로 갈족의 수렵 경제 발전은 다음과 같다. 수렵 경제의 존재는 갈족 농업 생산 발전의 필연적 결과이다. 갈족은 원래 유목과 축목 및 수렵

百姓馬四萬餘匹以入于公, … 又取州郡吏馬一萬四千餘匹."
132) 『魏書』 卷74 「爾朱榮傳」, 1644쪽. "牛羊駝馬, 色別爲群, 谷量而已."
133) 『三十國春秋輯本』 「王度二石傳」, 31쪽. "出獵墜馬"
134) 『鄴中記』, 『文淵閣四庫全書電子版』, 1991. "石虎以 … 鄴城西三里桑梓苑, … 又並有苑囿養獐·鹿·雉·兎"
135) 『晉書』 卷107 「石季龍載記」, 2781쪽. "旣馳逐無厭, 所在陳列行宮, 四面各以百里爲度, 驅圍禽獸, 皆募集其所."
136) 同上書, 卷104 「石勒載記」, 2708쪽. "復東如赤龍·騄驥諸苑中, 乘苑馬遠掠繒寶, 以賂汲桑" 즉 赤龍과 騄驥는 석륵이 18기를 모아 도적질을 하고 있을 때 자주 약탈하던 동산이다.

을 병행하던 종족이다. 그들은 중원에 진입한 이후에 농업의 발전을 중시하기 시작하였지만, 부수적으로 유목과 축목 및 수렵활동을 완전히 포기한 것은 아니다. 그러나 각 소수 민족이 북방의 영토를 개척하는 과정에 백성들은 농업을 포기하게 되었고 북방의 농업은 심각하게 파괴되었다. 당시 수렵 경제의 존재는 바로 농업 생산이 여전히 낙후되었다는 현상을 반증하고 있는 것이다.

결론적으로 말해서 갈족은 병주 지역으로 진입하여 농업 생산을 진행함과 동시에 축목업의 발전도 유지하고 있었다. 또 한족과 더불어 공동으로 생산과 생활하는 과정에서 축목업 경제는 점차 주도적인 위치에서 보조적인 위치로 밀려났다. 또 갈족의 경제 상황은 축목 경제로부터 농업 경세로 변화하는 과도기에 진입하였으며, 자신의 봉건화와 한족과의 융합을 실현함과 동시에 병주 지역 경제의 회복과 발전에 적지 않은 공헌을 하였다.

Ⅳ. 결 어

위진 이후부터 중원으로 이주하여 병주를 중심으로 거주하던 갈족은 5호16국 시기에는 후조라는 강력한 정권을 건립하여 중원을 통치하였다. 이들은 장기간에 걸쳐서 중원으로 이동하였고 한족 문화의 영향과 적극적인 흡수 노력으로 다른 이민족에 비해서 진일보 발전하였다. 이들이 이렇게 신속히 한족의 문화를 받아들여 융합 발전시킬 수 있었던 것은 그들 자신의 문화가 비교적 다양하고 개방적인 것이다. 즉 이러한 문화를 형성한 갈족 자체가 종족 근원상 다종족 연합체로서 내부적으로는 지속적인 융합을 시행하였고, 외부적으로는 중원의 한족과 문화변용의 실현에 적극적인 데 그 원인이 있다고 하겠다. 이러한 결과로 갈족은 위진남북조 시기는 물론 그 흔적이 후대에까지 이어져서 수당 시대 다종족 다문화 형성의 중요한 계기를 제공하기도 하였다. 이러한 인식을 바탕으로 주요 내용을 귀납하여 정리하면 다음과 같다.

첫째, 명칭과 분포 방면으로는 1)명칭은 갈 또는 갈호로 일컬었고 진대에 진인의 잡호에 대한 일반적인 칭호가 되었다. 그 외에도 융갈, 호갈, 갈적, 갈로, 흉갈이라고 일컬어졌고, 남북조 시기에는 또 계호라고도 일컬어졌다. 그러나 갈에 대하여 엄격하게 정의한다면, 이들은 한어로 "전사" 혹은 "용맹자"를 나타내는 용어이다. 결론적으로 말해서 이들은 위진 시기 이전에는 흉노에 예속되었다가 점차 흉노족의 일부라는 형태로 중원으로 이주되어 주변의 잡다한 종족과 잡거하면서 남북조 시기에는 잡호라는 칭호로 일컬어졌던 것이다. 2)분포 지역은 하북 지역 즉 지금의 산서와 하북성의 중간지대로 새롭게 이주해온 여러 잡호라고 할 수 있다. 이들을 다시 세분하면 병주의 상당군 무향에 거주하는 일파와 신흥군 부근에 거주하는 갈족으로 나눌 수 있지만, 꼭 위의 두 지역에만 국한된 것은 아니다. 북조 이후에 갈족은 기타 종족과 융합하여 단일 종족으로서는 더 이상 존재하지 않게 되었다

둘째, 생활 습속 방면으로는 1)부락 조직은 자신들만의 부락 체제를 유지하였을 뿐만 아니라 석륵이 후조 정권을 건립하고 난 이후에도, 자기 종족의 정체성을 유지하기 위해서 갈족을 국인 갈어를 국어라고 일컬을 정도로 타 종족과의 융합보다는 자신의 독자성을 유지하기를 원했던 것으로 보인다. 2)의 생활은 갈족은 흉노에 예속된 시기에는 유목에 종사하였고, 그들의 복식 또한 흉노족과 기본적으로 대동소이하였을 것이다. 즉 양피와 전 및 모포로 제작한 옷과 가죽 모자와 가죽 신발을 착용했다. 중원에 진입한 이후에는 한족과 오랫동안 잡거한 이후에 갈족의 복식은 주로 마포로 만든 의복을 입었고 점차 한족화 되었다. 3)식 생활은 원래 유목 민족으로 중원에 진입하기 이전에는 육식과 발효 음식을 위주로 하였고, 중원에 진입 한 이후에는 5곡 위주로 바꿨다 4)주 생활은 중원에 진입하기 이전에는 궁려에 거주하고 이동과 유목에 주로 종사하였다. 그러나 중원에 진입한 이후에는 점차 농업을 위주로 목축업을 부수적으로 하는 경제생활로 인하

여 점차 한족과 유사한 정착 중심으로 변했다. 5)교통 방면에서는 말과 낙타를 주로 이용하였고, 중원에 진입한 이후에도 여전히 말을 사육하고 마차를 주요 활동 도구로 이용하였다.

셋째, 풍속과 습속 방면으로는 1)종교는 위진 이후 중원에 이주한 갈족 석씨는 물론 기타 갈족들도 모두 호천신을 신봉하였고 후조 건국 이후에는 겸하여 불교를 신봉하였다. 기타 신앙으로는 호천신을 숭배하는 것 이외에 천지, 일월, 귀신 등을 숭배하였다. 2)혼인 습속에서는 한족이 보기에 비교적 기이한 혼인 방식, 즉 부친이 사망하면 자식이 후모를 처로 삼거나 형이 사망하면 동생이 형수를 처로 삼는 "妻後母報寡嫂"의 방식이다. 즉 북방 유목 종족 사회에 보편적으로 존재했던 풍속으로 일부다처의 현상을 나타내주고 있다. 3)상장 습속은 흉노와 다른 화장을 행했으며, 후조를 건국한 이후에는 잠매와 허장도 병행하여 실행하였다

넷째, 경제 활동 방면으로는 1)농업은 위진 시기 한족과 잡거하면서 일부는 농업에 종사하여 한족 지주의 소작농(傭工)이 되거나 노예로 팔려갔으며 또 일부 부락은 여전히 축목에 종사하기도 하였다. 그러나 한족과 융합하기 시작하면서 농업 생산과 경영에 대하여 적극적으로 참여하여 그들의 주요 경제 활동을 농업 경제로 변화시키는 주요 원인이 되었다. 아울러 인삼과 마의 재배도 농업과 더불어 병행되었다. 2)축목 활동은 개인 혹은 관영 말 목장(馬牧)이 있음을 알 수 있고, 또 전문적으로 축목을 생산하고 관리하는 관리(牧率)가 있었다. 그 외에 수렵 활동도 진행하였는데 규모도 크고 범위도 광대하였다.

갈족은 한족과의 문화변용에 주도적인 역할을 담당하면서 남북조 시대 5호의 일원으로 역사 형성에 있어서 중대한 영향을 끼쳤지만, 이후에는 오히려 지나친 문화변용으로 인하여 점차 한족 등에 융합되어 중국 역사상에서 그 면모를 찾아보기가 힘들게 되었다.

(『중국연구』 78, 2019년)

참고문헌(출현 순서에 따라)

1. 사료

『左傳』,『十三經今注今譯』, 長沙, 岳麓書社, 1994.
『論語』, 同上.
『孟子』, 同上.
『儀禮』, 同上.
『禮記』, 同上.
『十六國春秋』(『太平御覽』卷127 引用本)
『十六國春秋輯補』, 臺北, 鼎文書局, 1987.
『十六國春秋纂錄校本』, 同上.
『三十國春秋輯本』, 同上.
『史記』, 同上.
『漢書』, 同上.
『後漢書』, 同上.
『魏書』, 同上.
『晉書』, 同上.
『北史』, 同上.
『南齊書』, 同上.
『宋書』, 同上.
『隋書』, 同上.
『舊唐書』, 同上.
『新唐書』, 同上.
『資治通鑑』, 臺北, 世界書局, 1987.
『通志』, 臺北, 商務印書館, 1987.
『文獻通考』,『文淵閣四庫全書電子版』, 1991.
『太平御覽』, 臺北, 商務印書館, 1987.
『鄴中記』,『文淵閣四庫全書電子版』, 1991.
『文選』, 同上.

『世說新語』, 同上.
『文苑英華』, 同上.
『關中金石記』, 同上.
『元和姓纂』, 同上.
『太平寰宇記』, 同上.

2. 저서

劉學銚, 『鮮卑史論』, 臺北, 南天書局, 1994.
呂一飛, 『胡族習俗與隋唐風韻』, 北京, 書目文獻出版社, 1994.
唐長孺, 『魏晉南北朝史論叢』, 北京, 三聯書店, 1955.,
白翠琴, 『魏晉南北朝民族史』, 成都, 四川民族出版社, 1996.
汪　波, 『魏晉北朝幷州地區硏究』, 北京, 人民出版社, 2001.
張碧波 외 1인(編), 『中國古代北方民族文化史』, 哈爾濱, 黑龍江人民出版社, 1993.
万繩楠, 『魏晉南北朝史論稿』, 安徽, 敎育出版社, 1982.
劉學銚, 『五胡史論』, 臺北, 南天書局, 2001.
趙丕承, 『五胡史綱(上)』, 臺北, 藝軒圖書出版社, 2000.
韓國磬, 『魏晉南北朝史綱』, 北京, 人民出版社, 1983.
譚其驤, 『長水集』上冊, 北京, 人民出版社, 1987.
馬長壽, 『北狄與匈奴』, 北京, 三聯書店, 1962.
姚薇元, 『北朝胡姓考』, 北京, 中華書局, 1962.
姚大中, 『古代北西中國』, 臺北, 三民書局, 1981.
白鳥庫吉, 『東胡民族考』, 上海, 商務印書館, 1934.
顧祖禹, 『讀史方輿紀要』, 臺北, 中文出版社, 1979.
金榮煥, 『魏晉南北朝時期北方民族史硏究』, 서울, 아이반호, 2003.
陶克濤, 『氈鄕春秋』, 北京, 人民出版社, 1987.
衛惠林, 『社會學』, 臺北, 國立編譯館, 1968.
劉學銚, 『胡馬渡陰山』, 臺北, 知書房, 2004.
馬長壽, 『北狄與匈奴』, 北京, 三聯書店, 1962.
林　幹, 『匈奴通史』, 北京, 人民出版社, 1986.
呂思勉, 『中國民族史』, 上海, 中國大百科全書出版社, 1987.
陳連慶, 『晉書食貨志校注』, 吉林, 東北師範大學出版社, 1999.

三崎良章, 『五胡十六國-中國史上の民族大移動-』, 東京, 東方書店, 2006.

3. 논문

顧頡剛, 「從古籍中探索我國西部民族-羌族-」, 『社會科學戰線』 1980-1
陳可畏, 「古代呼揭國及其民族試探」, 『中國邊疆史地研究導報』 1989-6.
金榮煥, 「5胡16國 시기 匈奴族 정권의 文化變容 연구」, 『中國學研究』 24, 2003.
曹永年, 「說潛埋虛葬」, 『文史』 31, 北京, 中華書局, 1988.
宿 白, 「東北·內蒙古地區的鮮卑遺跡」, 『文物』 1977-5